中国历史1000问

凡禹 / 编著

台海出版社

图书在版编目（CIP）数据

中国历史 1000 问 / 凡禹编著 . — 北京 : 台海出版社 , 2025. 2. — ISBN 978-7-5168-4106-8

Ⅰ. K20-44

中国国家版本馆 CIP 数据核字第 202525SG47 号

中国历史1000问

编　　著：凡　禹

责任编辑：陈国香　　　　　封面设计：于　芳

出版发行：台海出版社
地　　址：北京市东城区景山东街20号　邮政编码：100009
电　　话：010-64041652（发行，邮购）
传　　真：010-84045799（总编室）
网　　址：www.taimeng.org.cn/thcbs/default.htm
E-mail：thcbs@126.com

经　　销：全国各地新华书店
印　　刷：三河市龙大印装有限公司
本书如有破损、缺页、装订错误，请与本社联系调换

开　　本：710毫米×1000毫米　1/16
字　　数：323千字　　　印　　张：22
版　　次：2025年2月第1版　　印　　次：2025年4月第1次印刷
书　　号：ISBN 978-7-5168-4106-8

定　　价：68.00元

前　言

——历史可以这样读

中华文明有着悠久绵长的历史，从洪荒的远古时代到有可信文字的夏、商、周三代，从战火纷飞的春秋战国到一脉相承的秦汉帝国，从波澜起伏的三国两晋南北朝到辉煌灿烂的隋唐盛世，从几人欢喜几人愁的五代十国到文明高度繁荣的宋朝，从繁华落尽的大明王朝到日薄西山的大清王朝，从琉璃般易碎的民国时代到伟大的中华人民共和国盛世……在中华民族繁衍生息的这片土地上，数不尽的帝王将相纵横天下、道不完的英雄豪杰慷慨悲歌。然而，要在较短的时间里全面掌握这些历史知识，无疑是很费力的！且不说那些稗官野史、逸闻琐事，单单中华正史就有二十六部（二十四史加上《新元史》《清史稿》）之巨！为了满足当代读者快速了解历史知识的需要，我们编写了这部《中国历史 1000 问》以飨读者。

本书以时间为序，从远古的史前文明说起，一直叙述到公元 1912 年清朝灭亡。与同类书相比，本书虽都是选取历史片段、概述历史事件，但选取面宽泛，从而使本书的信息量颇为庞大。此外，本书在叙述时力求尊重史实，不妄加评论，让读者做阅读的主人，去思考、去感悟……总而言之，本书是一部集知识性、趣味性、通俗性于一体的中国历史普及读物。

古人说读史使人明智，今人说读史使人开阔。历史可以是苍白的，也可以是华丽的；历史可以是沉重的，也可以是轻快的；历史可以是完整的，也可以是支离破碎的；历史可以是新奇的，也可以是陈旧的；历史可以是生与死的考量，也可以是血与火的再现，历史更是悲与欢的洗礼！但历史的烟尘终将远去，而时光的脚步却从未停歇。“今人不见古时月，今月曾经照古人。”抚今追昔，回首那些穿梭在文字中的古今的人、事、物，你会在墨香里触摸到历史的真实内涵——原来历史竟然可以这样读！

CONTENTS | 目录

第五卷　百家争鸣、群雄并立

春秋战国

第一卷

远古有多远

史前文明揭秘

中华文明源远流长，但水有源、树有根，中华文明的源头在哪里呢？远古文明到底有多远呢？问题的答案可以追溯到汉字产生以前，在那个亘古洪荒的岁月里，先民们通过口口相传的神话讴歌着远古的历史。于是，盘古开天辟地、女娲造人、神农尝百草、黄帝铸鼎飞天、大禹治水等优美动人的故事承载着史前文明的历史演进，激荡在华夏民族的血脉里，永远，永远！

◆盘古是如何开天辟地的？

传说很久以前，天和地还没分开，宇宙就像一个大鸡蛋，一团混沌。就在这个大鸡蛋中，盘古正悄悄地孕育着。有一天，盘古忽然醒来睁开眼，但他觉得奇怪：怎么四周黑暗一片，什么也看不见？黑暗使他闷得发慌，接着又是万分烦恼，他实在忍不住了，向旁边一抓，竟抓到了一把大斧子。于是，他拼尽全力，狠狠向前劈去，随着山崩地裂般的一声巨响，那个曾紧紧包着他的混沌的大鸡蛋被他劈开了。

这个大鸡蛋中那些轻而清的东西缓缓向上升去，慢慢变成了天；另外那些重而浊的东西渐渐沉下来，一点点变成了地。于是，当初混沌不分的天地，就这样被盘古用大斧子给开辟出来了。

天和地被分开后，盘古怕它们会再合拢起来，就用头顶着天、脚踩着地，伸直了腰站在天地之间，随着天地的变化而变化着。每天，天升高一丈，地加厚一丈，而盘古的身子也随之增长。就这样，一万八千年又过去了，天升得极高了，地也变得极厚了，盘古的身体也长得极为高大。

盘古到底长了多高呢？据说有九万里那么高。盘古成了巍峨的巨人，像一根长长的大柱子撑在天地间，不让它们再重新合拢在一起，回到那混沌中去。

不知多少年过去了，盘古就是那样在孤独寂寞中做着这支撑天地的辛苦工作。后来，天和地被固定住了，但盘古也到了精疲力尽时。终于有一天，轰的一声，他倒在地上死了。后人称赞盘古是“垂死化身”，他用了自己的整个身体来使这新诞生的世界变得更加美丽、璀璨。

◆为什么说女娲是人类的始祖？

传说自从盘古开天辟地以来，大地毫无生气。这景象使得另一位天神女娲感到非常孤独，总觉得天地间似乎少了什么。有一天，女娲找到一处清澈的水塘，就蹲下身，拿起黄泥，照自己的模样做了一个泥娃娃。当她把这个泥娃娃放到地面上时，泥娃娃居然蹦蹦跳跳地活了起来。女娲心里欢喜，于是继续用黄泥捏了许多人，还给他们戴上头饰。女娲一心想让这些充满灵性的人布满大地，夜以继日地工作。

后来，女娲觉得这样造人的速度太慢，于是从崖壁上拉下一条枯藤，伸入一个泥潭里，搅上浑黄的泥浆，再把藤条一甩，泥点溅落的地方就出现了很多跳着叫着的人，和以前用泥土捏的人一模一样。不久，大地上就布满了人类的踪迹。这些赤裸的人围着女娲欢呼跳跃，虔诚地感谢她，然后就分散到各地生活。

大地上虽然有了人类，女娲的工作却并没有终止。她又考虑：人是要死的，怎样才能使他们继续生存下去呢？后来，女娲终于想出了一个办法。让男人和女人结婚配对，叫他们自己去创造后代。这样，人类就生儿育女，世世代代繁衍下来。女娲创造了人类，被尊为人类的始祖。

◆钻木取火是何时开始的？

原始社会初期，人类以狩猎为主，生吞活剥、茹毛饮血，过着非常原始的生活，他们还不知道利用火，什么东西都生吃。其实，火的现象，自然界早就出现了。火山爆发，有火；电闪雷鸣，常引起森林火灾。最初，原始人看到火，还以为是什么怪物，怕得要命。后来，当人类看到野兽被大火烧死后，又闻到火中散发出的阵阵肉香，才敢接近火，去取灰烬中的熟肉吃。经过品尝，人们才发现被火烤熟的东西竟然那么香甜可口。于是，人们渐渐地学会了用火烤东西吃，并且想办法把火种保留下来使它不灭，好长期使用。但是，保留火种却不是一件容易的事，每当遇到刮风下雨，火种很容易熄灭。

不知又过了多少年，一个叫“燧人氏”的人发现，用两块燧石互相撞击摩擦，能够撞击出火来。于是，他马上把这一惊人发现告诉人们，并教人们采集这种“火石”。他还发现，用一根坚硬而尖锐的木棒在另外一根木头上使劲地钻，木头上也能钻出火星，这便是“燧人氏”钻木取火的由来。

◆你知道“巢居时代”吗？

在原始社会初期，人没有固定的住所，到了晚上只能露天夜宿或者住在山洞里。那时候的人还没有制造出既轻便又锋利的武器，只能靠经过粗糙加工的木棍和石头来抵御成群出没的野兽。而且每当遇到风霜雨雪，人们如果找不到适合居住的山洞，就要受冻，而且很容易得病。所以，原始社会的人往往很年轻就死去了。

后来，部落里有个人观察到天上的鸟儿用小树枝在大树上筑巢，在巢里生蛋并养育雏鸟，白天飞出去觅食，晚上飞回巢中，野兽再凶猛也捉不到高处的小鸟。这个人从中受到启发，学着小鸟的样子用木头在大树上搭建起房屋。从此，人类进入了“巢居时代”。人们尊称那个最早带领大家在树上“筑巢”的人为“有巢氏”。

人们白天出外采摘野果，猎取野兽，晚上就回到树上、栖宿在自己的“巢”里。高高的房屋使人远离了野兽的威胁，屋顶和四周的墙壁帮人挡住了肆虐的狂风和雨雪。原始的房屋虽然简陋，但是人们由此结束了居无定所的生活，从此不用再担心刮风下雨，也不用再惧怕凶残的野兽了。

◆伏羲与原始畜牧业有什么关系？

伏羲姓风，传说他的家乡在今天甘肃天水这个地方。那是个极乐之地，叫作“华胥国”。那里的人没有欲望嗜好，一切顺其自然，人人长寿，生活美满幸福，而且能够不避水火，在天空中自由往来。

伏羲的母亲没有名字流传下来，人们都叫她“华胥氏”。有一天，她到一个叫“雷泽”的地方游玩，发现了一只巨大的脚印。这个脚印是雷神留下的。雷神是位人头龙身、半人半兽的天神，他鼓起自己的肚子，就能发出响雷。出于好奇，她将自己的脚踏在大脚印上，立刻就有种被蛇缠身的感觉，回去就怀了身孕，十二年后才生下了伏羲。

伏羲生下来就具有超凡的神力。那时在位于天地中心的“都广”之野，有一棵名叫“建木”的神树。正午时候，太阳照在树顶之上，可以没有一点树影。伏羲就曾沿着这棵树登上了天。人们推举他为百王的首领，管理东方一万二千里的土地。

在上古时，由于人们用来捕鱼打猎的工具简陋，所以外出打鱼狩猎往往靠运气。运气好的，满载而归，运气不好的只有空手而回。这样，人们有时可以吃得很饱，而有时却得饿肚子。于是，伏羲就教人们在“大丰收”时，不要把所有猎物都吃掉，而把活着的野兽养起来，以便在打鱼狩猎一无所获时可以不饿肚子。这就是原始畜牧业的开端。

◆谁教会了人类农业耕作？

神农尝百草的同时，尝出了麦、稻、粟、高粱等五谷能充饥。神农氏通过观察还发现，人们吃完扔在地上的瓜子、果核、种子，到第二年又发出新芽，长出新的瓜蔓和植株。后来，他又发现天气、土地对植物有很大的影响。天气暖和的时候，植物发芽长叶，开花结果；天气变冷时，植物则落叶枯萎。而且，生长在黄土里的一些植物，在黑土里就生长缓慢；有些植物在干燥的土地里不能成活，在潮湿的土地里才生长茂盛。于是，他针对天气的情况和不同类型的土地，指导人们对植物进行人工培植，收集植物的果实种子作为食物，这样就不怕打猎时空手而归了。他们用木头制造一种耕地的农具，叫作耒耜。耒耜用来耕地、种植五谷，收获量就更大了。自从人们跟着神农氏学会了农业耕作，生存就开始有了保障，人类的生活就安定了。

传说中，神农氏除了发明农耕技术外，还开创了九井相连的水利灌溉技术等。

◆始祖黄帝有怎样的身世？

传说黄帝的先祖是有熊氏。有熊部落的首领少典与他的妻子附宝的感情十分融洽，做什么都要在一起。有一天，他们到姬水去游玩，天快黑的时候，突然阴云密布，轰隆隆的雷声响彻四野，银蛇般的闪电刺破夜空的黑暗。突然，一个霹雳就在他们头顶炸响，附宝觉得有一种奇怪的感觉控制了她。回家之后，她怀孕了。消息传开，族里的人们纷纷议论说："不得了！附宝因感应了上天而怀孕，这孩子一定是天神转世。"

附宝生下了一个虎头虎脑的男孩，他就是中华始祖黄帝。黄帝生下来相貌堂堂，他的前额高高隆起，眉宇间如同悬着日月，两条剑眉就像天上的闪电，传说他不到两个月就会说话，聪明无比，几岁时就能言善辩，口若悬河。到了二十岁就学到了很多东西，非常有教养，与人友好相处，办事果敢有力。由于他出色的才能和威望，很快就被推为部落的首领。

他发明了车船，便利人们出行；盖起了房屋，让人们脱离了"构巢而居"；发明了衣服，使人们不再受寒暑的侵扰；还懂得音律，创造了文字、算法，这些都给人们的生活带来很大的变化。部落里的人们便把他推举为首领，因为他长在姬水，便以姬为姓；因为他居住在轩辕之丘，以此为名，所以后人也称他为轩辕氏；又由于他在有熊部落，故亦称他为有熊氏。

◆华夏民族有何来历？

中华民族有五千年的悠久历史。上溯五千年的中国，已经有了很多部族，这些大小不一的部族，经过了长时间的拼杀和兼并，最后形成了两个强大的部族，这就是神农氏部族（它的首领是炎帝）和轩辕氏黄帝为首领的部族。

黄帝的部落曾与炎帝进行了三场大战，最终战胜了炎帝。从此黄帝声威远扬，各部落纷纷前来归附。黄帝为了便于管理，对天下进行了重新划分和组编。最低一级行政单位为井，然后是朋、里、邑、都、师、州。各州之间划明疆界，由黄帝委派的大臣去管理。

黄帝有四个妃子，有一个叫嫘祖的妃子很受人爱戴，传说养蚕的技术就是她发明的。

黄帝治国有方，国泰民安，四方安定，得到了万民的拥戴，渐渐产生了要享受一番的念头，于是大修宫殿都城。后来又在昆仑山顶建了一座行宫，在槐江边的山上修了一座花园，在青要山上还建了一座秘密行宫，里面有许多能歌善舞的宫女。

蚩尤是南方九黎族的首领。他的部落在南方逐渐壮大，并且逐渐与北方的炎黄部落发生冲突。最后二者在涿鹿展开大战。神话里是这样记载的：

黄帝率兵急忙赶往涿鹿。可是当他赶到涿鹿的时候，他的兵士已被蚩尤布下的毒雾阵层层包围，有的东逃西窜，有的晕倒死亡。黄帝毅然跳上指南车指挥军士冲出毒阵。蚩尤为阻止黄帝追杀，请来助战的"风伯雨师"。突然狂风大作，暴雨滂沱。黄帝也不甘示弱，请天女帮忙。不久风停雨散，黄帝乘势打败了蚩尤。

黄帝为了防止蚩尤反扑，就驯养猛兽助战。他将猛兽饿上几天后，又命军士穿上蚩尤部落的服装去逗弄它们，它们一旦向穿着蚩尤部落服装的士兵发起攻击，就能得到一些小动物吃。经过这样长期反复的驯养，猛兽一看见穿蚩尤部落服装的人就扑过去狂撕乱咬，黄帝就利用猛兽将蚩尤彻底打败了。

对于蚩尤的死，有很多种传说，有的说黄帝捉住蚩尤后将他杀死，他死的地方长出一片红枫林，枫叶上还有斑斑血迹。也有的说黄帝杀死蚩尤之后，蚩尤流出来的血灌满了一个峡谷，使那个深深的峡谷变成了一个红色的盐池。蚩尤被砍下脑袋，尸首分解——后来这个地方被叫作解州。传说汉代时，冀州地区曾经有人挖出像铜铁一样坚硬的骷髅，还有两尺来长的牙齿，坚不可摧，据说那就是蚩尤骨和蚩尤齿。

涿鹿之战确立了轩辕黄帝在中原的统治地位，黄帝和炎帝也成了中华民族习惯上共同信奉的帝主和祖先，直到现在，中国人还自称为"炎黄子孙"。

◆三皇五帝分别是谁？

三皇五帝，是中国在夏朝以前出现在传说中的"帝王"。从三皇时代到五帝时代，历年无确数，最少当不下数千年。近代考古在中原地区发现的裴李岗文化、贾湖文化等，从7000年前至10000年前中国已经进入农业社会，其中出土的具有文字性质的龟骨契刻符号与约3000年前的殷商甲骨文有类同和相似之处。三皇五帝是中华上古杰出首领的代表。

三皇有以下几种说法：

燧人、伏羲、神农（《尚书大传》）；伏羲、女娲、神农（《风俗通义》）；伏羲、祝融、神农（同上）；伏羲、神农、共工（同上）；伏羲、神农、黄帝（《古微书》）；自羲农，至黄帝，号三皇，居上世（《三字经》）；天皇、地皇、泰皇（《史记》）；天皇、地皇、人皇（民间传说）。

第五种说法由于《古微书》的影

响力而得到推广，伏羲、神农、黄帝成为中国最古的三位帝王。此外，汉朝的《纬书》中称三皇为天皇、地皇、人皇，是三位天神。后来在道教中又将三皇分初、中、后三组：初三皇具人形；中三皇则人面蛇身或龙身；后三皇中的后天皇人首蛇身，即伏羲，后地皇人首蛇身，即女娲，后人皇牛首人身，即神农。

五帝有以下几种说法：

黄帝、颛顼、帝喾、尧、舜（《大戴礼记》）；庖牺、神农、黄帝、尧、舜（《战国策》）；太昊、炎帝、黄帝、少昊、颛顼（《吕氏春秋》）；黄帝、少昊、颛顼、帝喾、尧（《资治通鉴外纪》）；少昊、颛顼、帝喾、尧、舜（伪《尚书序》），以其经书地位之尊，以后史籍皆承用此说，于是这一三皇五帝说被奉为古代的信史；黄帝（轩辕）、青帝（伏羲）、赤帝又叫炎帝（神农）、白帝（少昊）、黑帝（颛顼）（五方上帝）。

“三皇说”所指诸人，是中国祖先处于史前各个不同文化阶段的象征。有巢（巢皇）、燧人（燧皇）、伏羲（羲皇）分别代表蒙昧时期的低级、中级、高级三个阶段；神农代表野蛮时代的低级阶段；女娲则是更早的创世纪式的神人，在神话中又和伏羲结合创造人类。“五帝说”所指诸人，主要是父系家长制的部落联盟盛期及其解体时或原始社会末期实行军事民主制时期的一些部落酋长或军事首长人物。

现今大部分的说法是伏羲氏、神农氏、轩辕氏被称为“三皇”，少昊、颛顼、帝喾、尧帝（唐尧）、舜帝（虞舜）被称为“五帝”，这些说法起源于春秋战国。

◆甲骨文的发明者是谁？

相传仓颉在黄帝手下当官，黄帝分派他专门管理圈里牲口的数目、屯里食物的多少。可慢慢的，牲口、食物的储藏在逐渐增加，光凭脑袋记不住了。仓颉犯难了，就发明了结绳记事的办法，先是在绳子上打结，用各种不同颜色的绳子表示各种不同的牲口。但时间一长，那些大大小小、奇形怪状的绳结都记了些什么，连他自己也忘记了。于是，仓颉就想造出一种简单易记的符号，记下重要的事情。就这样，仓颉在洧水河南岸一个高台上的屋子里住下，专心致志地造起字来。

有一天，仓颉正在思索的时候，突然看见天上飞来一只凤凰，嘴里叼着的一件东西掉了下来，正好掉在了仓颉面前。仓颉拾起来一看，上面有一个蹄印，可仓颉认不出这是什么野兽的蹄印。这时正好走来一位猎人，仓颉就向他询问。猎人看了看说：“这是貔貅的蹄印，它与别的野兽的蹄印不一样。其他野兽的蹄印，我一看也知道。”

听了猎人的话，仓颉很受启发。他想：“既然一个脚印可以代表一种野兽，我为什么不能用一种符号来表示我所管的东西呢？万事万物都有自己的特征，如能抓住事物的特征，画出图像，大家就都能认识。这不就是字吗？”

从此开始，仓颉便注意仔细观察各种事物的特征，他按照这些东西的特征画出图形，造出了许多象形文字来。比如“日”字是照着太阳红圆的模样描绘的，“月”字是仿照着月牙儿的形态描绘的，“人”字是端详着人的侧影画的。可是这些字应该往哪里写呢？一天，有个人在河边捉住一只大龟，前来请仓颉给它造字。仓颉发现龟背上有排列整齐的方格子，便依照这个样子造了“龟”字，又把“龟”字刻在龟背上的方格子里。没想到这只龟乘人不注意爬进河里去了。三年以后，这只背上刻字的龟又被人捉住。人们发现刻在龟背上的字长大了，字迹也更明显。于是，仓颉就命人找到许多龟壳，将自己造出的字都刻在龟壳的方格子里，然后用绳子串起来，献给黄帝。

黄帝非常高兴，立即召集九州的首领，让仓颉把字传授给他们。从此以后，中华民族就有了自己的文字——甲骨文。

◆大禹用什么方法治水？

在尧舜担任首领期间，黄河流域经常发生水灾，良田沃土、房屋牲畜，都被滔滔洪水所淹没，许多百姓流离失所。舜接替尧担任部落联盟首领后，把治水的鲧流放到羽山，将治水的重任交给了鲧的儿子禹。

禹总结父亲治水失败的教训，认为治水前首先要对地势有所了解。于是，他带领一批助手沿着黄河做实地考察，察看山川水势。他们踏遍了九州大地，终于查清了地势，探明了河道。禹于是决定采取开渠排水、疏通河道的方法，把洪水引到大海里去。

治水工程开工后，禹和众人一起劳动，曾经三过家门而不入。第一次，他带人修渠路过自家门口，听到屋内刚出生的儿子正哇哇啼哭，他是多么想亲一亲自己的骨肉啊，可想到治水任务艰巨，还是噙着泪水离开了。第二次经过自己的家时，儿子已会叫爸爸了，妻子在门口见到他疲倦的神情，心疼地劝他回家歇几天，禹摇摇头说："不行啊，水没有治好，我不能回家。"禹第三次经过家门口时，儿子已会走路了，跑来拉着爸爸的手让他回家。禹是多么想跟着儿子回家，可最终还是放弃了。他亲了亲儿子，转身大步流星地奔向了工地。

禹治水"三过家门而不入"的事迹鼓舞了人们，经过 13 年的努力，终于带领大家疏通了河道，把洪水引入水道，给洪水安了一个"家"。咆哮的河水被驯服了，昔日被淹的土地变成了粮仓，人们筑室而居，又过上了幸福的生活。

因禹治水有功，舜就把部落联盟首领的职位传给了他。后人感念这位治水英雄的功绩，为他修庙，尊他为"禹神"。中华大地也被称为"禹域"，意思是说，这里是大禹治理过的地方。

第二卷 父传子、家天下的开启

尘封的大夏记忆

这是一段挥之不去的尘封记忆，这是中国史上第一个王朝定鼎中原、走向文明的开启，这是一个等级森严的阶级时代的诞生日记。在这个父传子、家天下的王国里，拂去历史的面纱，你会清晰地看到禅让成绝唱的本来史实、涂山大会铸九鼎的瑰丽画卷、征西河的烈烈征尘、夏桀纸醉金迷的千年往事……

◆中国第一个朝代是如何诞生的？

舜晚年的时候，禹完成了治水的大业。于是，舜带着妻子到外地去了，他让禹在他走后接替他的职位。那时有个习惯，老首领让贤以后，为了让新首领行使权力，早日树立威信，使民众的心逐步转移到新首领身上，老首领要离开都城，去过普通人的日子。

舜死后，禹按照华夏部落联盟的传统，为他举行了祭奠，办理丧事，守孝三年。虽然禹的势力已经很大，还是按照部落联盟的传统，表示让位给舜的儿子商均，自己住到老根据地阳城去。但是这时的形势已和以前大不一样了，所谓“天下诸侯皆去商均而朝禹”（《史记·夏本纪》），也就是四方拥护禹的氏族、部落的酋长们，都不去朝见商均，而去朝见禹，表示拥护禹作领袖。这是社会发展的必然趋势。“禹于是即天子位，南面朝天下，国号曰夏后，姓姒氏”（《史记·夏本纪》），我国历史上的第一王朝——夏王朝就这样诞生了。从此，父亡子继的家天下制度便取代了任人唯贤的公天下制度，禅让成了绝唱。从时间上来推算，这是在公元前2100年至公元前2000年之间的某一年。夏后即夏王，古书中称的夏后氏，就是指以禹为首的姒姓夏族。

◆“九鼎之尊”的典故从何而来？

大禹在巡视期间，看到多数部落首领服从他，可是也有的部落首领并不把他这个领袖放在眼里。

一次，禹在涂山开部落首领大会，会上用各部落自己贡献出的铜铸成了九个大鼎，九个大鼎象征九州。每个鼎上铸着各州的地理出产、珍禽异兽，然后将九鼎运至宫中，号称是镇国之宝。各部落首领定期向禹王进贡时，都要向九鼎致礼，这就是“九鼎之尊”的典故。拥有九鼎的禹王，当然也就成了九州大地的主人。这九个鼎流传下来也就成了封建国家政权的象征。同时，铸鼎的故事告诉我们，禹时手工业和冶炼技术已得到了发展。

夏禹开始在部落联盟中拥有无上的权力，九鼎的铸成，使他有机会把这权力强化和神圣化，使它更加巩固，以便把各部落统一在一起。

◆是谁发明了五刑？

禹在位时，皋陶为理官（即法官），受禹命而作五刑，即墨、劓、剕、宫、大辟。其中死刑因罪行大小与身份高低而有所不同：大罪戮于原野，大夫戮于朝，士戮于市。又根据不同情况，肉刑可减为流放，分三等：大罪流于四裔，次之流于九州之外，再次之流于千里之外。

另据《夏书》曰：“昏、墨、贼，杀，皋陶之刑也。”昏，即以己之恶而掠人之美；墨，为贪赃枉法；贼，为乱杀无辜，三罪皆应处死。

◆中国最早的一部历书是什么？

夏禹元年，“颁夏时于邦国”（《竹书纪年》）。夏时，当即《夏小正》。《夏小正》是夏朝的历书，是现存最早的历书，该历是以星象与物候相结合的阴阳台历。《夏小正》中所用的月份是“夏历”的月份，把一年分为12个月，每个月的物候、气象、天文、农事、田猎以及相关的农事活动都有比较具体的记载。因为《夏小正》中所记载的历法是与农业生产的季节变化密切相关的，为农民安排各个季节的农事提供了重要依据，所以人们就把夏历也叫作“农历”（俗称阴历），现在我们每年过的春节，就是夏历年的第一天。

◆夏朝的科学成就有哪些？

相传，夏、商、周三代皆设有观

察日月星辰的天文台。“夏为清台，商为神台，周为灵台”，汉代沿称清台或灵台，这是中国最古老的天文台名称。

相传，夏初，“五星如连珠，明如合璧。”(《孝经钩命诀》)这是指木、金、水、火、土五星在天空出现时恰好形成一串。据以电子计算机模拟测算，夏代这一天象出现在公元前1953年2月23日。它是世界上有关这一星象的最早记录。

启之子仲康时，天文官羲和失于职守，日将食，未报。日食发生，天昏地暗，“瞽（乐师们）奏鼓，啬夫（管理农事的官）驰，庶人（百姓）走”(《书经·夏书·胤征》)，造成一片混乱。羲和因之被杀。这次日食，据电子计算机模拟测算，发生在公元前1876年10月16日。因其首载于《书经》，故称“书经日食”。它是世界上最早的一次日食记录。

夏朝帝廑八年，“天有妖孽，十日并出”(《竹书纪年》)。早在尧时，也曾发生过这种天象。古人无法理解这个问题，就编出后羿射日的神话。现代学人则有新说，或说那是以十干纪日，故曰“十日”。或说那是东方有十个以太阳为图腾的氏族为乱。其实，皆为臆说。这是一种特殊的气象景观，即幻日现象，也叫“假日”。1934年1月22日，在西安天空曾“七日并出”。半个世纪后，于1986年12月19日上午九时，西安上空又有“五日并出”。这种景观其他地方也时有出现。1990年12月下旬，立陶宛就出现“四日同天”的奇观。幻日现象是由于高空出现乳白色薄幕状卷云层，云是由高空低温形成的正六角柱形冰晶组成，对阳光发生折射和反射，遂形成“假日”。古人虽不识其理，以之为怪，却生动而具体地记下了这一奇特天空景观。

夏朝帝发七年，“泰山震”(《竹书纪年》)。这是世界上最早的地震记录。以此为始，在约四千年间，中国文献记载地震资料多达一万五千条，可以确知无疑的有八千余条。如此丰富的地震资料，在全世界是独一无二的。

夏的末代帝王桀十年，“夜中，星陨如雨”(《竹书纪年》)。陨星雨并不罕见，仅中国文献记载的即多达九十七次。然而，在世界上有关陨星雨的如此古老的确切记载却是罕见的。此外，夏代有着发达的酿酒业。相传，帝女仪狄善作米酒，进之禹。禹尝之，甘甜可口。可是，禹不无忧虑地说：后世必有因此而亡国者。又相传，杜康始造秫酒，即高粱酒。杜康有的说即夏的第六个王少康。酿酒与农耕相并始，约有上万年历史。而米酒之神与秫酒之神相传故事都出之于夏代，这就并非偶然了。

◆谁建立了第一个真正意义上的国家？

在禹统治时期，随着生产力的发展，产品有了较多剩余。由于粮食产量有所增加，人们学会了酿酒。手工业也有了飞跃的进步，人们在劳动过程中学会了冶铜。用铜打制的器皿比较坚硬，而且柔韧性比较强。由于产品有所剩余，人们互相之间又需要对方的物品，因此产生了商品交换。

后来，禹在东巡的时候死在会稽，伯益为他举行丧礼，挂孝、守孝 3 年。3 年的丧礼完毕后，伯益效仿大禹的样子避居起来。当年大禹为舜举行葬礼后曾将继承人的位置让给舜的儿子，而舜的儿子没有继承帝位，而是让给了有才德的禹。伯益本假意将王位让给大禹的儿子启。可是伯益万万没想到，启一点儿也不客气，登上了王位。各部落首领也纷纷前来朝贺。古代“禅让”制度就这样被破坏了，这是私有制出现后的一种必然现象。从此，父子、兄弟相传的王位世袭制度确立了。禹传子、家天下，这是中国历史上的又一次重大变革。

伯益正在等启来请他继位，没想到美梦成空，伯益十分恼火，率领兵士攻打启。启早已做好了防备，没费多大力气就将伯益杀死了。

启建立了夏以后，站稳了脚跟，划天下为“九州”，“九州”的官员称为“九牧”。启让九牧去管理九州，九牧不是过去的部落首领，他是国王派去的地方长官，必须绝对服从国王的旨意。

在经济上，夏开始征赋，作为财政上的开支费用，又配备了军队。从此，真正意义上的国家诞生了。

◆你知道“少康中兴”的历史吗？

太康，夏朝君主，生卒年不详，启长子，启病死后继位。太康自小跟着父亲启享乐，即位后生活比启还腐败，只顾饮酒游猎，不理政事，在去洛水北岸游猎时，为后羿夺去国政。太康实际上只在位两年（名义上在位 29 年），病死，葬于阳夏（今河南省太康县西）。太康死后，后羿立仲康为王。仲康名义上在位 13 年，实际上仍由后羿专政。仲康不甘心作傀儡，一心想夺回大权，曾派大司马胤侯去征伐后羿的党羽义和，试图削弱后羿的力量。终因实力薄弱，反被后羿软禁，无力恢复夏的天下。仲康因此忧闷成病而死，葬于安邑附近。仲康的儿子相又戴上了王冠，继后羿专权的寒浞怕相以后的势力壮大，就派大儿子浇带兵去杀了相。

相被杀后，相的妻子缗正怀有身孕，缗是从墙洞里钻出才得以偷生的，并在母族有仍氏部落那里生下了相的遗腹子少康。少康从小聪明，并通过母亲知道了祖上蒙羞和家族的惨祸，他立志要发愤图强，复兴夏室，以雪前耻。

光阴似箭，少康转眼间长到 20 岁了。为复兴夏朝，他学习各种本领，做着复兴基业的准备。最初，他在外祖父那里管理畜牧业，同时也抓紧时间学习带兵打仗的本领。不料，一年夏天，少康是相的遗腹子的消息传到寒浞那里，使寒浞大为震惊，他本以为夏氏后人已被灭绝了。听到这个消息，寒浞顿时心神不安，他知道不除掉少康，以后就有可能成为心腹大患。于是，寒浞立即派儿子浇带领一班人马，前来捕杀少康。

少康预先得到消息，赶紧逃到虞舜的部落有虞氏那里，躲过了浇的追捕。当时，有虞氏的首领叫思，一向对后羿、寒浞的暴政不满，又见少康气度不凡，大有夏人先祖的遗风，就让他在部落里担任庖正（管理膳食的官），学习管理财物的本领。这样，少康就变成了一个文武双全的人。后来，虞思看到少康为人忠实可靠，办事精明强干，就把自己的女儿嫁给了他，并把一块叫作“纶”的地方交给他管理。

由于寒浞篡权后，对臣子和百姓未布恩施德，且滥施酷刑，朝野上下无不怒愤填膺。那些原来帮助后羿灭夏的人和被寒浞灭掉的斟寻、斟灌的旧部，这时都集中起来，帮助少康打击寒浞，最终灭掉了寒浞父子，重新夺回了夏家王朝。

少康即位后，注意吸取太康失国的教训，对内实施德政，与民共苦，与民同乐。对外妥善解决与周围其他部族的关系，使四方安定，国内祥和，就连过去与夏处于敌对状态的一些部族也都前来朝贺和表示臣服，从而使得政权稳定，国势强盛，这就是史书上所载的“少康中兴”。

◆夏桀王到底有多暴虐？

夏朝最后一个君主桀的名字叫履癸，“桀”是后人给他起的谥号。他是一个文武全才的天子，传说他赤手空拳可以搏斗虎豹，又能把弯曲的金属钩用手拉直。但他不会治理国家，而且性格暴虐。他甚至发明了一种酷刑，称为“炮烙”。就是在铜柱上涂抹膏油，下面燃烧炭火，命令犯人赤足在铜柱上走过，犯人滑下去就掉到火炭上被活活烧死。

大臣关龙逄劝阻桀不要施行暴政和酷刑。桀对他说：“你只知道别人的危险在眼前，却不知道自已的危险也在眼前。”于是将关龙逄用炮烙处死，这倒使得关龙逄成为中国历史上第一个留下名字的忠臣和直臣。

桀的王后妺喜喜欢听绸缎撕裂时发出的声音，桀就命宫女在她身旁不停地撕绸缎。据传，桀的富有和奢侈也是空前的：肉可以堆积得像山一样，用来装酒的池塘可以行驶船只。有莘部落的首领伊尹警告桀这样下去可能会亡国，桀大怒反驳：“人民有君主，犹如天空有太阳。太阳亡，我才亡。”于是全国人民诅咒他：“这个太阳什么时候才会灭亡，我们宁愿跟你同归于尽。”

第三卷

前有商汤、后有商纣

高度发展的殷商青铜文明

玄鸟生商是传说，还是图腾崇拜？伊尹“桐宫”放太甲是出于大公无私，还是别有用心？商朝为什么一而再、再而三地迁都？武丁为什么三年不发一言？为什么说妇好是世界上的第一位女帅？纣王从来就是残忍、昏庸的吗？酒池、肉林是什么样子的……透过这一个个问题的答案，一个真实的商朝一览无遗！

◆商人产生于什么时候？

相土，商民族的第三任首领。虽然司马迁著《史记·殷本纪》时，有提到他，不过没有描述其事迹。祖父契因协助禹处理洪水完毕，被虞舜委任司徒一职，负责掌管教育人民的权力，同时封于商（今陕西省商州地区），使商民族因此诞生。相传相土的曾孙商侯冥死后，长子王亥继承了侯位，没有再做夏王朝的水正，而是一心经营牧畜业。但是当时的马主要产在北方，在中原地区还比较少，而且饲养起来也很困难，所以驯马一直发展不快。王亥就将牛加以驯服来驾车和驮运东西。牛的行动不如马快，但是牛的繁殖和驯养比马快。在不长的时期里，王亥就驯服了大批牛群。

远在三千年前的中国大地上，因为没有道路，交通不便，各地区间的互相往来是很不容易的。就是较大的方国、部落之间，在陆地上也只有少数道路可通，相互间的贸易交换是不多的。王亥驯服了牛作驮运工具以后，就经常赶着牛羊和用牛马驮运的方物

（土特产品）在东方地区各方国、部落间进行贸易交换。由于王亥和各方国、部落间的贸易交换往来次数多，大家又知道他是商族人，都管他叫商人。所以，我国把做生意的人叫作“商人”，就是来源于商族王亥服牛负贩的故事。王亥服牛负贩为商业发展做出了贡献。

◆商王是如何治理商朝的？

夏王朝因夏桀荒淫腐败，终被施行仁政的商汤在鸣条一战中打败，商汤率师凯旋西亳（今河南偃师西），召开了有众多诸侯参加的“景亳之命”大会，得到三千诸侯的拥戴，取得了天下共主的地位。就这样，在夏王朝的废墟之上，一个新的强盛的统治王朝——商朝在铁血之中诞生了。

商王朝在商王统治下，有着整套的统治机构，数量巨大并有相当战斗力的军队，监狱刑罚俱全，广泛使用奴隶，商代社会确是一个相当发达的奴隶社会。

商王以下有一套统治机构，分“内服”和“外服”，即王畿内外，中央和地方。

内服中负责政务的官叫尹，辅佐商王处理国家大事，古书中称为相，如成汤时的伊尹、仲虺，武丁时的师般、傅说等。尹以下有各种事务官，叫多尹，分别管理修建王宫、耕种王田、奉派出使等。主管各种手工业的叫司工。还有一种从奴隶中挑选出来的小臣，如管理农耕的小籍臣、管理山林的小丘臣、管理车马的小马臣、管理治病的小疾臣等。史官是文官，掌管祭祀、占卜、典礼、记录王事等。管占卜的叫“贞人”，祝、巫专搞宗教活动。女巫是奴隶，需要时被焚烧来求雨。掌刀笔记录王事的叫作册。武官有多马、多亚、多射、多犬等，奉命征伐、追捕逃亡，管理步兵、射手、田猎、车马（战车）等。

外服是王畿外臣服于王朝的诸侯，其长官为侯伯，对商王朝负担边防、进贡、纳税和征伐等义务。也有商王派驻地方的督官，如管理农田种植的叫甸，管理畜牧的叫牧。

商代已经有了后世所说的五刑。甲骨文中的伐，是用戈砍头；黥，用刀在脸上刻文涂墨；劓，用刀割去鼻子；宫，用刀割去男子生殖器；刖，用锯锯去脚。还有监狱，幸即手铐、脚铐；执，用幸铐双手；圉，即关人的监狱。

◆商朝迁都有什么重要意义？

据《史记·殷本纪》上说，商王

朝自仲丁以后，废嫡而立诸弟子，诸弟子或争相代立，造成了殷有“九世之乱”的局面。诸侯、方国趁着商王朝内部的混乱之机，迅速发展起来，与商王室分庭抗礼。身为奴隶主的王公贵族整天只顾吃喝玩乐，忙于争夺权力，完全不理国家大事，不顾奴隶的死活。生活在水深火热之中的奴隶，纷纷起来反抗，社会动荡不安。商朝内忧外患，危机四伏。阳甲死，弟盘庚立。为了改变商王朝动荡不安的局面，盘庚决定把都城迁到殷，在那里开垦荒地，长期定居。因为盘庚认为：第一，殷地的土地比较肥沃，自然灾害比较少，在这里建设都城有利于发展农业生产。第二，迁都以后，一切都得从头做起，奴隶主贵族不能过分享受，这样阶级矛盾就可以缓和一些。第三，迁都可以避开危险的反叛势力，都城比较安全，统治可以稳定些。

可是迁都的决定招致许多人反对，反对的人主要是奴隶主贵族。他们害怕到了新的地方不能照旧享乐。盘庚是个办事十分坚决的人，他绝不因为有人反对就改变主意。他把奴隶主贵族召集起来，对他们发表了两篇训诰。

第一篇训诰是劝说，告诉大家搬到殷去的好处。第二篇训诰是威胁，用强硬的口气，警告大家一定要老老实实地服从迁都命令，否则就要进行严厉的制裁。

盘庚用了软硬兼施的手段，终于把首都迁到了殷。可是斗争并没有结束。老百姓到了一个新地方，生活不习惯，吵嚷着要回老家。奴隶主贵族乘机煽动大家要求搬回老家。

盘庚又发表了一篇训诰，用强硬的语气制止住了奴隶主贵族的反对。过了几年，局面才安定下来。奴隶们在这里被迫没日没夜地劳动，把殷建设成了一个十分繁荣的都市。从此，商朝的都城就固定在殷城，政治上比较稳定，社会经济和文化也就有了更大的发展。

盘庚迁都，一度复兴了商朝，使得殷商这个奴隶制国家，在我国文化发展史上放出了灿烂夺目的光彩，成了当时世界上的文明大国。

◆世界上第一位女帅是谁？

在商王武丁统治期间，商王朝达到了鼎盛时期。妇好是武丁多位妻子中的一位。妇好的名字频繁地出现在殷商时期的甲骨文中，这不仅仅因为她是商王的妻子，更重要的是，她是活跃在武丁时期的一名杰出的政治活动家和军事家。

妇好不仅经常受商王之命主持名目众多的祭祀活动，而且在军事方面也表现出了杰出的指挥才能。妇好每次出征，都带有成千上万的人马，在当时来说，可谓是一支浩浩荡荡的大军。妇好墓中曾出土了四把铜钺，两大两小，上面都刻着“妇好”二字的铭文。其中两把大的铜钺，每把都重达八九千克。这两把巨大厚重的铜钺象征着商王朝极高的王权，而铭刻在上面的“妇好”二字则显示出她在军事方面至高无上的权威。

妇好是中国历史上同时也是世界历史上最早的女军事统帅，是中国女性的杰出代表。妇好在后来历代商王的心目中仍享有崇高的地位。武丁死后，他的后人没有把妇好作为依附于武丁的妻子与武丁合葬，而是单独保留了妇好自己的墓穴，祭祀祖先时也特意为妇好举行祭祀仪式。

◆祖甲的改革效果如何？

武丁在位59年而病死，他的后代为他立庙，尊称为高宗，古书中又称为武王。从甲骨卜辞中知道他有三个入于祀典的王后，称为妣戊、妣辛、妣癸。第一个王后生祖己（孝己）以后死去，续立的王后生了祖庚继承王位，后来也死去。再立的王后生的儿子叫祖甲。

祖甲出生时，武丁已年老，老来得子，分外宠爱。祖已死后，已经立了祖庚为太子，武丁又听了续妻的话，想废祖庚而改立他宠爱的祖甲为太子。祖甲从小知礼仪，认为这是不合于商王朝的制度，是不义的，怕引起王室内部兄弟间争夺王位的矛盾，重演“九世之乱”的局面，便偷偷地离开王都，到当年他父亲生活过的平民家中去。他学武丁当年在民间一样，和平民们在一起生活，参加一些劳动，了解平民和奴隶们的生活状况。武丁此时年老而无力顾及祖甲的出走，后来得知祖甲是到他当年生活的地方去和平民们在一起，也就放心不管了。武丁死后，王位就由祖庚来继承。

祖庚名曜，甲骨文中也称祖庚，即位时年纪已经不小，若按武丁死时年纪在80以上推算，则祖庚继位时也是60岁左右的老人了。因武丁给他打下了稳固的统治基础，开创了一个强盛的局面，他即位后，坐享了约十年的清福就病死了。祖庚死后，祖甲继王位。祖甲名载，古书中一般称作“帝甲”，晚期甲骨文中也称祖甲，廪辛、康丁时期的卜辞中称为父甲。祖甲继位时正是商王朝最兴旺的时期，四方称臣、远近纳贡。在王族内部也因武丁统治有方，在位时就将一些有势力的王室亲贵们分封到大邑商的四周和一些被征服的方国中去担任官职或者戍守，他们共同捍卫商王朝对四方的统治，这就减少了王族内部许多争权夺利的矛盾。

祖甲急于求成，想用过激之政建立史上贤王们曾有过的功绩。他的改革涉及国政的方方面面，其中包括：将历代先王分为亲疏不同的大宗和小宗，并把相应的祭祀之庙也分为大小两种；他还改革文字和历法，力图留名青史；同时，对殷人最为看重的占卜之道也作了种种限制。这些改革措施在当时就引起守旧派的强烈反对；在他之后的六代商王的朝野上下，随之出现了革新派与守旧派之间的不断争执和相互打击。

为了限制大大小小的奴隶主贵族对人民过分盘剥、过多榨取方国的贡物，怕这些大小亲贵们的奢侈、贪心引起方国和人民的反抗，削弱商王朝的统治，祖甲还下令将成汤所定的刑法——《汤刑》加以修订，想借祖宗的威力以严刑来限制这些不孝子孙。可是这样一来，反而加剧了这些亲贵们对祖甲的不满，故意对他刁难，当朝不朝，应贡的也不贡，大有各自为政之势。商王朝的统治实际上被削弱了。

◆商纣王有多荒淫残暴？

商代末年，国势衰弱。纣王虽是一个暴君，但并不是一个酒囊饭袋，而是一个极聪明的人。纣王从小就有过人的才智，能言会道，特别善于辩论。他只要跟人辩论，是很少输的，他能把死的说成活的，能把错的说成对的，这一套本领日后帮了他的大忙，他的如簧巧舌曾经征服了很多诸侯。这种天资让商纣王认为自己超人一等，养成一种骄纵的习性。而毁了他自己也毁了商代江山的，还有他的另外一个大毛病，就是好淫乐、图享受，纵酒无度，沉迷音乐。

有一次攻打有苏氏，有苏氏为了和商媾和，就让大臣们到全国选美女，妲己就是这样作为礼品而贡献给纣的。自从得到这个绝世美女以后，商纣王好淫乐、图享受的习性就发展到难以收拾的地步。他为妲己盖了一个大宫殿，这就是方圆数里、高过千尺的鹿台，从全国各地拿来数不尽的金银财宝，堆在鹿台的各个角落。

在玩乐这一点上，他比夏桀有过之而无不及，他经常把要办理国家急事的大臣堵在门外，而他在鹿台里尽情淫乐。他和妲己坐在高台上，令下面的男男女女一起都脱光衣服跳舞、嬉戏，干一些不堪入目的事情，他便在这种荒唐中得到了满足。

他叫乐师涓创作了淫荡的音乐，放肆的舞蹈，用颓废的旋律来满足他的需求。他让人多方收集狗马和奇特的玩物，充实他的鹿台。就这他还是嫌不够，他进一步扩建沙丘的园林楼台，大量捕捉野兽飞鸟放养在里面，他还把鹿台下面的池子灌满了酒，在宫殿周围到处悬挂着各种肉，组成肉林，他和妲己就在这样的环境中享乐。

纣不但荒淫无度，而且还十分残忍，对待臣下一律采取重刑，稍有不是，就会被折磨得死去活来。他的心上人妲己还发明了一种独特的刑具，叫作炮烙，用起刑来，十分残酷。这刑具是用铜制成的，长五尺有余，宽约三尺，用刑时，将它放在火上烤红，将人捆在上面，人的身体一接触，马上就会烧得吱吱响，疼痛难忍，一会儿就会命归黄泉。

第四卷 武王建周、犬戎破镐

一个真实的西周时代

这个时代，公刘迁周族于豳、周太王周原定居、太伯让王建吴国、季历开疆辟土、武王建周、箕子朝鲜建国家；这个时代，武王孟津观兵、武王伐纣灭商、犬戎破镐；这个时代，周武王制定雅乐、周公制礼规言行……斑驳的龟甲镌刻着历史，璀璨的青铜礼器上铭记着岁月的年轮，这是一个真实的西周时代！

◆周王朝的奠基人是谁?

古公亶父在周原上带领人民开垦荒地，修筑沟渠。古公亶父还命令官吏修建起一座座宗庙和宫殿。在宗庙和宫殿的外围又垒起坚固的城墙。古公亶父在上层统治阶级进行了改革，他首先废除了戎狄的一些习俗，设立了司徒、司马、司空、司土、司寇等官位。这样，周人向阶级社会大大迈近了一步，而古公亶父便成了这个新生国家的君主。所以，后世的周人称古公亶父为太王，尊奉他为周王朝的奠基人。

◆谁被称为吴国始祖?

《史记·周本纪》记载，周朝太王古公亶父有 3 个儿子：长子太伯，次子仲雍，少子季历。太伯是太王长子，按照古代传位给长子的传统做法，他是理所当然的国君继承人。但季历是个非常贤明之人，而且其子姬昌（即后来的周文王）也深受古公亶父的喜爱。《史记》记载，古公亶父曾说："我们国家在这一代就要出现能使我们兴盛强大的人才了，除了姬昌还能有谁？”

太伯看出父亲有意传位给三弟季历，以便将来让姬昌继位，并且侄儿姬昌的确有超人的才能，非常人能及，太伯决定主动把继承权让给季历，并嘱咐三弟，好好培养自己的儿子姬昌，为周族开创出一番伟业。待到古公亶父意欲退位，打算传位的时候，太伯和季历都坚决推辞，谁也不肯接受王位。

最后，太伯为了断掉别人拥立自己为王的念头，毅然带着二弟仲雍离开周地，赶往远离家乡的东南蛮荒之地，并断发文身，遵行当地人的生活习俗。周部族的人见太伯意志坚决，就只好奉季历为王。这就是史上著名的太伯让王的故事。太伯虽身处蛮夷之地，但能够与当地人打成一片，渐渐在吴地建功立业，被拥立为王，国号“吴”，是为吴国始祖。

◆周朝和商朝是怎么从合到分的？

周和商很早就发生了关系。武丁时的卜辞中有“令周侯”和“璞（伐）周”的记载。《易经》中载武丁伐鬼方，周人也参加，并因战功得到商的赏赐。这些史料说明了周至晚在武丁时已接受了商王朝边侯的封号。

季历即位后，继续发展生产，周的实力日益增强。当时商王是武乙。武乙曾经授予季历征伐大权，以辅助殷商征讨四方。季历率领军队向西灭程（今陕西咸阳）、向北伐义渠（今宁夏固原），并活捉了义渠首领献给武乙。

到了武乙之子文丁为商王时，任命季历为“牧师”，即诸侯的方伯首领，让他执掌商朝西部地区的征伐重权。有了征伐之权，出师有名，季历开始大举出兵，降服始乎之戎、翳徒之戎等部落，声威大振，附近诸多部族纷纷主动来投，周部族实力得到了迅速增长。

当然，季历在位期间，主要进攻的目标都是山西境内的北方部族，他们虽部落众多，但没有强大的国家政权，力量十分分散，比较容易征服。

周人在开疆辟土之初，选择这些力量薄弱的部落作为征伐对象，是完全正确的。而且，这些戎人四处侵袭，对殷商政权也有威胁，周部族的这些军事行动自然得到了商王的首肯。通过这些战争，周部族的实际力量大为加强，在商的诸多方国中的地位也得到了很大的提高。

后来，商王文丁困死季历。但季历的死并没有削弱周的实力，反而让周的继承人文王姬昌对商产生了极大的敌意。而且，姬昌吸取了先人的教训，对商十分警惕。为了不使先人的悲剧重演，姬昌一直采取低调的策略来转移商对周的注意力，同时暗中扩大自己的实力，后来成功颠覆了商王朝的统治。

◆《周易古经》的作者是谁？

周文王姬昌在周地施行德政，发展生产，招纳贤才，在当时引起了其他一些诸侯的注意。

商朝诸侯崇侯虎在自己的封地（陕西户县）得到报告，说西面岐山下的周文王在大行仁义之道，势力扩张极快。崇侯虎不敢怠慢，急急忙忙赶到朝歌向纣王汇报情况，借此表功。

纣王听后便命令西伯昌来朝歌觐见，随后"囚西伯于羑里（今河南汤阴北部）"，也就是说将西伯投入了监牢，这一关，就是七年。周文王被囚，每日闭门待罪无事可做，便将伏羲所创八卦演变为八八六十四卦，并且为之作了卦爻辞，代表万事万物，无穷无尽，内藏阴阳消息之机。这样，《周易古经》就形成了，这部书对后来中国文化产生了巨大的影响。

◆周朝建立，谁的贡献最大？

商纣王时期，姜子牙闲来无事，常到渭河边去钓鱼，他钓鱼的方法很特别，他用的是直钩，并且从不在钩上放鱼饵。他一边钓鱼，一边唱道："太公钓鱼，愿者上钩。"虽然几天也没有钓到一条鱼，但他仍然每天按时来到渭河边垂钓，姜太公的行为终于引起了人们的注意。一天，一位叫武吉的砍柴人好奇地坐到姜太公身边，与他聊了起来。姜太公自我介绍说："老朽姓姜，名尚，字子牙，道号飞熊。"武吉听了姜太公自号"飞熊"，觉得很可笑。便说："像老先生您这样整天坐在这渭水河边用直钩钓鱼。一个连鱼都不会钓的人，竟然自号飞熊，真是可笑。"姜太公听了武吉的话，只淡淡地一笑。后来，周文王听说渭水河边有位老者用直钩钓鱼，料到此人一定是位奇才，于是带上厚礼去聘请姜子牙。姜子牙入朝后被封为太公，做了军师，后升为丞相，辅佐文王、武王伐纣，建立了周朝。

◆商纣王是怎么死的？

商纣王晚年，对人民的统治已到了丧心病狂的地步，他杀死了比干，关押了箕子，大臣们纷纷向国外逃，周武王感到讨伐纣的时机成熟了，就向诸侯们宣告道："纣王罪孽深重，不得不很快消灭他。"

于是他率领几万名将士、三百多辆兵车，向东讨伐纣。两个多月后，他们到了商的京都朝歌的郊外，武王左手拄着黄色大斧，右手拿着白色旌旗，举行誓师大会。武王道："古人有句话说得好，'母鸡是不报晓的，母鸡报晓了，就会倾家荡产'。现在商纣王只听女人的话，整天只顾淫乐，不理朝政，他残酷地对待百姓，人民一点活路也没有，所以我今天起兵攻打纣，这是应天命、顺人心的事，各位一定要努力。否则我们将对不起人民，对不起我们的祖先，更对不起天。"

宣誓完毕，诸侯军队集结了几万人、四千辆战车，陈兵于牧野，要和纣决一死战。这里离纣王所在的朝歌只有70余里。

纣王听到武王这么快就起兵攻打自己，一下把他从鹿台的温柔富贵之乡中拉回到残酷的现实，慌忙调遣大批的奴隶和战俘开赴牧野。

战斗的号角刚刚吹响，姜太公率领几百精兵冲上前去，纣王调出几千人马出阵应战。战约几个回合，姜太公的人马眼看渐渐不敌纣王之兵，他就领兵往自家阵中逃跑。纣王一看姜太公大败，立即吩咐全军掩杀过去，追至一个山谷，突然间，像雷一样的声音响起，武王的兵马一起从山间的各个角落杀出来，一时间，商兵乱了阵脚。纣王一看大势不妙，立即杀开一条血路，骑着马飞也似的跑了。

纣王逃回到城内，登上鹿台，穿上锦绣之衣，将鹿台的财宝聚集起来，长叹一声，命令手下架上干柴，一把大火送他也连同他从人民那里搜刮来的无数财宝一起归天了。

◆谁是礼乐的创始人？

把商纣王彻底消灭后，武王进入商都，将商的畿内分为邶、鄘、卫三个国家，以邶封纣子禄父（即武庚），鄘、卫则由武王之弟管叔鲜、蔡叔度分别管制，合称三监，另外还有一说是管叔监卫、蔡叔监鄘、霍叔监邶，以监视武庚。安排好后，武王派兵征伐尚未臣服的商朝诸侯，据记载征服者有99国，臣服652国。武王四年（约前1043年），武王还师西归，在他新迁的都邑镐京（即宗周，今陕西西安）举行大型典礼，正式宣告周朝的建立。周朝初期的统治者为了稳固自己的统治，建立起中国历史上完整的宫廷礼乐制度。统治者在宗教、政治等仪式典礼中所用的音乐和乐舞，后人称为礼乐。

周武王姬发是礼乐的创始者，在

他兴师伐商的征途中，军中常表演歌舞以鼓舞士气，消灭了商朝后又作了《象》和《大武》等大型歌舞欢庆胜利。公元前11世纪，周成王姬旦在位时，制定各种贵族生活中的礼仪和典礼音乐，用它来加强宗法社会的等级制度。

雅乐的主要形式有四种：一是六代乐舞，包括黄帝、唐尧、虞舜、夏禹、商汤、周武王留下的顶极规格的乐舞，用于祭祀神明、天地、祖先；二是小舞，有羽舞、皇舞、干舞、人舞等项目；三是诗乐，差不多是载于《诗经》中的“大雅”“小雅”“颂”；四是宗教性乐舞。

在礼乐制度里，其歌唱、舞蹈、器乐演奏所用的调式、乐曲及演奏次序，甚至乐器种类、数目，表演时间、地点、场合都有繁琐的规定，里面有一种沉重的压抑感，反映了贵族阶级庄严神秘而呆板沉闷的美学观念。

◆周礼是怎么形成的？

西周初年，实际掌握周朝大权的摄政周公姬旦制定了完整的周礼系统，它决定了人们的生活方式，起着调节社会矛盾、稳定社会秩序的作用。周礼的思想核心是天命观。天命观的本质是德。德是人的行为，“以德配天”是天人交合的方式，与殷商民族求天、祭天、问天的一元决定论有了区别。周公把周人取代殷商成为统治民族归因于德，文王“明德慎罚”，德行敦厚，勤劳谨慎，具备了“德”，才得到上天和小民的认可，被赐予王权，这不但是周人王统的理论论证，也是周公对周王朝统治构成的规定。“以德配天”肯定了人的主观努力。周礼之下的统治者同人民一样不能再像殷商民族那样依靠上天、列祖列宗的恩惠和启示生活，而要主动地靠有德的生活方式来取得上天的监督和赏罚。

由这种天、德二元基础出发，周礼形成了一系列伦理道德观念，它们成为周礼的精神和核心。在统治上，周公从“敬德”出发，阐发了“保民”和“慎罚”的主张，以之作为“德”。这一点不但是周朝统治的中心思想，经战国儒家弘扬后，也成为全部中国宗法政权的根本规范。从“德”的各种涵义引申出“君子”，这个合德的人的概念，把“有孝有德”作为“君子”的规范，以君子为“四方之则”。“孝”与“德”并行，“孝”是传统宗族宗法观念的伦理化，“追孝”是周人用礼器追念、祭祀先人的活动的总称，以祖先为核心的宗族观念发展为“孝”

的伦理范畴。

◆俗语“天子无戏言”从何而来？

周成王有个弟弟，名叫叔虞。他们兄弟俩非常要好，形影不离。有一天，周成王和叔虞在一起玩耍，周成王随手攀摘了一片梧桐树叶，用剪子剪成了玉圭的样子，送给了弟弟叔虞，随口道：“我把这作为信物，封赐给你！”玉圭是古代帝王和大臣使用的一种高贵的礼器，是长方形的，上面有一个角。叔虞接过树叶后，心里非常高兴，随后把这件事告诉给周公。

周公觉得这件事非同小可，就找到周成王，问他：“你赐给叔虞一块封地，这是真的吗？”周成王笑嘻嘻地说：“哪有啊，我只不过是跟弟弟开个玩笑罢了。”周公闻听此言，立刻板起脸来，严肃地说：“天子说出来的话不能当玩笑，只要出口，就成了最高的法律。你说的任何一句话，史书都会记载下来，然后按照礼仪去完成，还有乐师把它谱成歌曲四处传颂。哪能随便说说呢！”

周成王听了周公的教训，低着头不敢说话了。后来就遵守诺言，把唐国（今山西一带）封给了叔虞。于是，“天子无戏言”就流行开来，成为历代皇帝不得不遵守的准则。

◆你了解“成康之治”吗？

周灭商后第四年（约前 1043 年），周武王病逝，其子姬诵即位，是为周成王。成王年幼，由周公旦摄政，代成王行事。管叔因企图继王位，对周公旦摄政极为不满，于是散布流言，并煽动蔡叔、霍叔，怂恿武庚及东方诸方国，以“周公将不利于孺子”为借口，公开叛乱，是为“天下闻武王崩而叛”。周公旦面对来自内外两方面的敌对势力，多方权衡，决定兴师东征。周公东征共历时 3 年之久，杀武庚和管叔，流放蔡叔，霍叔被废，彻底平定了三监及武庚之乱。同时消灭了包括殷、东、徐、熊、盈、攸、奄、九夷、丰、蒲姑、淮夷和东夷诸国等参加叛乱的五十多个小国。之后，周公还政于成王，周进入巩固时期。周成王亲政时，以殷王朝的覆灭为鉴，以兢兢业业著称。周康王继承成王治国，国家继续繁荣。成王、康王均致力于向东南方开拓疆土，以加强周王朝在东南方的影响。当时，周朝国力强盛，成王和康王曾多次会盟诸侯，国内各种矛盾缓和，社会安定，生产繁荣，出现了一片升平景象，史称“成康之治”。

◆谁被誉为中西交流第一人？

周成王的曾孙周穆王姓姬名满，他一生中多次同四方作战，每战必胜，武功卓著，堪称一代盛世帝王。周穆王不仅勤于政务，而且十分喜好出游。

造父是周穆王主政时期最著名的养马、御马高手。造父一共驯养了4匹千里马，分别为乘匹、盗骊、骅骝、绿耳，加上其他4匹良驹，一并献给了周穆王。穆王见过之后大喜过望，于是封造父为御马官，专管天子的车马，并经常让造父驾着快马香车载着他四处兜风。

这8匹骏马奔跑起来，有的足不践土，有的快比飞鸟，有的昼夜行千里，有的背上生翅……绝对是神奇非凡，令人艳羡不已。平日里，穆王把这些马放养在东海岛的龙川附近。据说那里有一种草，名叫“龙刍”，传说“一株龙刍，化为龙驹”。这样，那些骏马在吃过龙刍之后，更是如虎添翼，神奇无比。

英俊的穆王想周游天下，就命造父驾着八匹骏马拉的车子，带着一队人马，从今西安的宗周（镐京）沿渭水向东进发；从黄河渡口盟津渡过黄河，沿太行山西麓向北挺进，直达阴山脚下；转而长途西行，绕河套，溯河源，登上了巍峨的昆仑山；再西行数千里，到达了西王母之邦。

西王母在风景最美的瑶池设盛宴款待穆王一行，举觞奏乐，热情洋溢。穆王赠送给西王母大批中原特产和锦绸美绢，西王母酬以当地名贵的瑰宝奇珍。西王母请穆王游历其国中的山川名胜，穆王书“西王母之山”，并种植槐树留念。临别时，穆王流连忘返，西王母劝饮再三，并作歌曰：“祝君长寿，愿君再来！”穆王此行往返三万五千里，带回了中亚和西域广大地区人民的深情厚谊。有的学者甚至认为穆天子西行之旅可能已经在欧洲中部的华沙平原地区留下了足迹。

◆“国人暴动”是怎么回事？

周厉王（周朝第十个王）即位后，有些年份旱涝无常，农业生产遭受了很大的损失，饥民到处都有，但官府却无人出来赈济。周厉王为了聚敛财富，以备享用，命虢公长父和荣夷公遍告天下：将山林川泽统归王室所有，不准百姓樵采和渔猎。周厉王的做法不仅给平民生活造成了极大的困难，连一些中下层的贵族也都蒙受了损失，一时间人们各执己见、议论纷纷。

王命遍谕全国后，厉王便命荣夷公和虢公长父到处查看施行情况，发现拒不执行的轻者杖责、重者杀头。于是，平民之间的议论就变成了怨言和咒骂。为了能堵住众人的嘴，厉王派人从卫国请来了巫师，让他用巫术去人群里寻找曾私议朝政和咒骂自己的人。卫巫倚仗厉王的权势，开始随意栽赃，很多无辜的人死于非命。迫于卫巫和厉王的淫威，人们在公开的场合不敢说话，在路上碰到熟人也不敢打招呼，只能用眼神示意。

厉王满以为用这个方法已经压制住了人们心中的怒气，便更加悠然自得。大臣召穆公私见厉王说："防民之口，甚于防川！"提醒厉王应该广开言路，择良言用于政事、弃秽语于沟渠，厉王却根本就听不进去，一意孤行。公元前841年，又逢灾害，百姓借此举行大规模暴动，周厉王无法抵御，被迫出逃。史称这次暴动为"国人暴动"。

◆"共和行政"知多少？

国人暴动时，周太子静躲进了召穆公家中，被人知道后，哀愤已极的百姓围住了召穆公的家。召穆公见当时已无法劝解众人，只得把自己的儿子充作太子交给了他们，使太子得以脱险。厉王逃到了彘地，朝中就由召穆公和周定公共同主持朝政，号为"共和"，这一年（前841年）即共和元年。关于"共和"，还有一说是由卫国之君共和伯摄政，故称共和。

共和行政十四年，周厉王崩，统治权力由摄政大臣转交给了周厉王的太子静，即后来的周宣王。共和行政是周王朝历史上一个独特而重要的时期。由于《史记》一书由共和元年（前841年）开始系年记事，这一年就被视为中国历史有确切年代记载的开始。

◆西周败在了哪个皇帝手中？

周幽王是周宣王的儿子，是西周有名的腐朽昏聩的末代天子。周幽王十分宠爱美妃褒姒，在其生下儿子伯服以后，他废了原皇后申和太子宜臼，改立褒姒为后，伯服为太子。但褒姒生性不爱笑，幽王为了让她开心，不惜上演一场又一场闹剧，直到把国家给赔上。

周朝为了防备犬戎的进攻，在骊山修建了二十多座烽火台，每隔不远就有一座，这就是今天长城的雏形。如果犬戎打过来，最先得到消息的兵士就把烽火烧起来；周围关卡的兵士见到烟火，也把烽火烧起来。白天燃烟，晚上升火。这样就能迅速传递紧急信息，附近的诸侯见到了，就能及时发兵救护。大臣虢石父为取悦幽王和王后，建议幽王和王后到骊山去，晚上的时候把烽火点起来，附近的诸侯见了一定会快马加鞭赶来。王后褒姒见了这许多兵马扑个空，就有可能会笑起来。

于是，幽王带着褒姒，前往骊山举行盛大宴会。到了深夜时分，幽王真的下令燃起烽火。报警信息迅速传往附近的属国。王畿附近的属国国君都以为镐京有紧急军事行动，立即集合军队，火速驰援。早上的时候，诸侯之师果然来到骊山。幽王毫不在意地派人通知诸侯：这是他在用烽火解闷。属国国君劳累奔驰，气急败坏，只好偃旗息鼓，恨恨而归。王后褒姒终于嫣然一笑，幽王为此大赏虢石父。

幽王为了取悦褒姒，又下令申国杀掉原太子宜臼。申侯对于自己的女儿申被废后本就十分恼怒，这次又见幽王杀死自己的外孙，于是联合缯国，勾结犬戎，对幽王大兴问罪之师，攻打周朝都城镐京。兵临城下，幽王再次命令属下急燃烽火向属国求救。属国国君因有上次的教训，都不着急出兵，慢腾腾地向镐京进发。援军到达前，镐京就已陷落。主持政务的姬友战死，那个出馊主意的虢石父在战乱中被杀，幽王、伯服都被犬戎杀了，褒姒被掳走了。西周就此灭亡。

第五卷
百家争鸣、群雄并立

春秋战国

从周平王东迁洛邑，到齐国降秦这五百多年。有百家争鸣的思想大碰撞，有群雄并立的割据大分裂，有战争频仍的社会大动荡……

◆周平王迁都洛邑出现了什么情况？

公元前 770 年，周平王迁都洛邑。因为镐京在西边，洛邑在东边，历史上把周朝在镐京做国都的时期，称为西周；迁都洛邑以后，称为东周。而东迁之后的周王朝很快就像众臣所预料的那样，势力范围已远远小于镐京，更在多数诸侯国之下。从此，诸侯不听王命，甚至以兵力相要挟的现象时有发生。周天子名义上是各国共同的君主，实际上他的地位只相当一个中等国的诸侯。

◆《春秋》这本著作主要讲什么？

《春秋》是鲁国国史，是中国史传散文的第一部作品，也是中国现存先秦典籍中年代最早的编年体史书。它的记事以鲁国十二公为序，起于鲁隐公元年（前 722 年），终于鲁哀公十四年（前 481 年），共 242 年。《春秋》文笔简约，记载有诸侯的攻伐、盟会、祭祀、灾异、礼俗等大事，共 17000 多字。

相传，《春秋》是孔子依据鲁国史官所编《春秋》加以整理修订而成。孔子在编订《春秋》时，在字里行间寄寓了自己的思想和主张，创立了后人所谓“微言大义”的“春秋笔法”，为后来诸子百家竞相著书立说开了风气之先。

◆谁开了春秋五霸之先声？

公元前771年，周幽王在骊山（今陕西临潼城东南）被犬戎攻杀，周都镐京（今陕西西安）被洗劫一空。次年，周平王被迫迁都洛邑（今河南洛阳），历史上的东周之世由此开始。郑国是东周初期政治上最为活跃的诸侯国，郑庄公是郑国活跃时期领导集团中的核心人物，他在祭足等人的辅佐下，初践王纲，用武于列国，拉开了春秋争霸的历史序幕。周桓王三年（前717年），郑庄公统军侵略陈国，俘获大批财物。周桓王六年（前714年），郑庄公声讨宋殇公不朝周桓王的罪过，打败宋国军队。同年，北戎出兵攻打郑国。郑庄公率兵抵御，将戎军全部歼灭，大获全胜。周桓王八年（前712年）秋天，周桓王率周军及蔡、卫、陈等诸侯联军伐郑，郑庄公率郑军抵抗，双方于繻葛（今河南长葛）展开激战，周师大败。此战后，郑庄公因此名声大振，宋、卫等宿敌都来讲和。

周桓王十九年（前701年），郑庄公与齐、卫、宋等大国诸侯结盟，俨然已是诸侯霸主。后代史家称之为“郑庄小霸”。郑庄公在春秋纷争中脱颖而出，开了春秋五霸之先声。

◆管鲍之交是怎么回事？

管仲（约前723年或前716年—前645年），春秋时期齐国颍上（今安徽颍上）人，史称管子，是春秋时期齐国著名的政治家、军事家。管仲少时丧父，老母在堂，生活贫苦，不得不过早地挑起家庭重担，为维持生计，与同乡鲍叔牙合伙经商。鲍叔牙富有，本钱出得多；管仲贫穷，本钱出得少。赚了钱后，管仲给自己分得多。鲍叔牙手下的人不服气，说管仲贪财。鲍叔牙却不这样认为，他说：“管仲家里等着钱用，是我乐意多分给他的，怎么能说他贪钱？”后来，鲍叔牙辅佐公子小白，管仲辅佐公子纠，小白、纠是齐襄公的两个兄弟。

公元前686年，齐襄公死。纠和小白听到消息，都急着赶回齐国夺王位。管仲对纠说：“小白在莒国，离齐国很近，万一让他先进了齐国，事情也就麻烦了，请公子允许我先带一支人马去截住他。”

果然不出管仲所料，小白正往齐国赶。路上，遇到管仲的阻挠。管仲向小白射了一箭，小白大叫一声，倒在车里。管仲以为小白已死，就不慌不忙地护送纠返回齐国。他哪里知道，他射中的只不过是小白的带钩罢了。

待到纠进入齐国国境的时候，小白早已当上了齐国国君，也就是历史上的齐桓公。

齐桓公即位后，下令杀死了纠。管仲经鲍叔牙的举荐，加之齐桓公宽大为怀，不计前嫌，竟委任他掌管国政。管仲感动地说："在我为公子纠囚禁受辱时，鲍叔牙不以我为无耻。生我者父母，知我者鲍叔牙！"后来，人们就用"管鲍之交"来形容友谊之深。

◆齐国是怎么称霸中原的？

齐桓公五年（前 681 年）是齐桓公霸业的开始之年。此前，齐国曾几度与鲁国交战，但没有取得多少胜利，这使齐桓公与管仲认识到仅靠自己的力量是不能称霸天下的，他们想到了利用周天子。

齐桓公首先与周室结亲，他迎娶周庄王之女共姬，向全国诸侯表明自己与周天子的亲近关系。在拉拢到周天子之后，齐桓公又以尊崇周天子为口号，取得各国诸侯的支持。正好在这时，宋国发生了宋万之乱，齐桓公便召集诸侯于齐国的北杏（今山东东阿）会盟，他借用了周天子的名义，说是要与诸侯共同帮助宋国安定政局。但以鲁国为首的一些国家却没把齐国提出的会盟当回事，齐桓公便以此杀鸡骇猴，制服了鲁国。随后，齐桓公又软硬兼施，把卫国和郑国拉入同盟。

齐桓公七年（前 679 年），在齐国的帮助下，原先国内政局很混乱的宋国和郑国实现了初步的稳定。齐桓公的霸主地位终于被各诸侯国认可，齐国开始称霸中原。

◆你知道讳疾忌医的由来吗？

扁鹊是春秋战国时的医学家，姓秦，名越人，齐国渤海莫（今河北任丘）人。有一次，扁鹊来到了齐国，齐桓公知道他声望很大，便宴请扁鹊。扁鹊见到齐桓公以后说："君王有病，就在肌肤之间，不治会加重的。"齐桓公不相信，连连说："我没有病。"

五天后，扁鹊再去见齐桓公，说："大王的病已到了血脉，不治会加深的。"齐桓公仍不信，等扁鹊走后，对身边的人说："医生就是这样，总把没病的人说成有病，好显示他们的医术。"

又过了五天，扁鹊又见到齐桓公时说："病已到肠胃，不治会更重。"齐桓公十分生气，不再理他。

五天又过去了，这次扁鹊一见齐桓公，就赶快避开了。齐桓公十分纳闷，派人去问。扁鹊说："病在肌肤之间时，可用熨药治愈；在血脉，可用针刺、砭石的方法达到治疗效果；在肠胃里时，借助酒的力量也能达到；可病到了骨髓，就无法治疗了，现在大王的病已在骨髓，我无能为力了。”

果然，五天后，齐桓公身患重病，忙派人去找扁鹊，而扁鹊已经走了。不久，齐桓公就死了。

◆齐桓公为何会饿死宫中？

公元前643年，齐桓公病重，无亏等五个公子相互争夺君位，易牙与竖刁则乘机作乱。他们堵塞了宫门，加高了墙，不许任何人进入王宫，齐桓公在宫里没有人照顾。有一个宫女翻墙来到了齐桓公的居室，齐桓公说他又饿又渴。宫女说易牙和竖刁堵住了宫门，拿不到任何吃喝的东西。齐桓公这才慨叹自己用错了人，不久饿死在了宫中。

齐桓公死后，五公子相互争夺君位，谁也不理会齐桓公的后事。齐桓公的尸体开始腐烂生蛆，蛆还爬出了房门。直到他死后的第六十七天，易牙与竖刁扶立无亏为国君，公子昭逃到了宋国，无亏才将齐桓公的尸体装入棺材之中，等待厚葬。第二年，宋襄公帮助公子昭返国并且登位，是为孝公。同年的八月，在齐孝公的主持之下，才正式安葬了齐桓公。

◆什么原因导致重耳走上逃亡路？

晋献公（？—前651年），姬姓，晋氏，名诡诸，春秋时代的晋国君主，在位26年，曲沃武公之子，因其父活捉戎狄首领诡诸而得名。晋献公即位后用士蔿之计，尽灭曲沃桓公、庄伯子孙，巩固君位。他奉行尊王政策，提高自己的声望。晋献公五年（前672年），晋伐骊戎，得骊姬及其妹，二人受到晋献公宠幸。十二年，骊姬生奚齐，晋献公有意废太子，使太子申生居曲沃，公子重耳居蒲，公子夷吾居屈。十六年，晋灭霍、魏、耿。晋献公二十一年（前656年），晋发生了骊姬之乱，骊姬设计陷害太子申生，申生逃到新城，十二月自杀。骊姬又诬告重耳、夷吾，二人只好离开都城，退居蒲、屈。年老昏庸的晋献公以为重耳、夷吾要谋反，就派人前去追杀。

重耳逃到了翟国。不久晋献公病重，临终前立了骊姬的儿子奚齐为王。大臣们不服，晋献公一死，奚齐就被大夫里克所杀。大夫荀息在骊姬暗中指使下，又立了骊姬另一个儿子悼子为王。结果，荀息和悼子又被里克杀了，晋国陷入一片混乱。国中无主，大臣们把逃亡在外的夷吾请回晋国，立他为王，这就是晋惠公。

晋惠公执政后，怕重耳与自己争位，就派刺客去翟国刺杀他。重耳避难于翟国，身边有赵衰、咎犯、贾佗、先轸、魏武子五位贤士相随。他在翟国十二年，娶妻安家。后发现晋惠公要害自己时，已经四十多岁的重耳只得与妻子作别，带着从人离开了翟国。

重耳一行先后流亡至卫、齐、曹、宋、郑等国，最后来到楚国。楚成王非常器重重耳，用对待诸侯的礼节接待了他。后来，秦穆公派人来接重耳，重耳决定到秦国去，楚成王为他饯行，还送了许多东西给他。

公元前 637 年，晋惠公去世了。秦穆公派军队护送重耳回国，流亡 19 年、62 岁的重耳回到祖国，当上了君主，是为晋文公。

◆晋文公是怎样当上中原霸主的？

公元前 636 年，重耳在秦的援助下回国继位，即晋文公。他备尝“险阻艰难”，即位后发奋图强，任用有才干的赵衰、狐偃等人，并注意发展农业、手工业生产。经过一年，初登君位的晋文公开始了他的称霸中原的大业。当时，晋国内，晋惠公的无能使作为大国的晋国默默无闻，而新君的继位，激发了晋国人的希望，举国上下空前团结有力；晋国外，齐桓公的霸业已经结束，周天子被王子带逼迫到了外地，天下群龙无首，争执骤增，而狄人和楚国则乘机侵扰和图谋中原。这与齐桓公称霸之前相似，中原各国又面临着由谁来完成“尊王攘夷”的使命。这时，晋国率先解决了王室的政治矛盾，杀了王子带，让周襄王复国，完成了“尊王”的任务。

公元前 634 年，齐孝公为了当上霸主，挑起了中原各国的征战。楚国乘机介入，率各国攻击齐国及其盟国宋国。宋国眼看支持不住了，只好向晋国求援。而此时的晋国对军队的编制进行了改革，正想找个像样的理由进军中原。于是在公元前 632 年，晋文公联合齐、秦两国救宋，决心与楚国争霸中原。晋文公采取诱敌深入、集中兵力、各个击破的方针，令晋军“退避三舍”，占据了有利位置。随后，晋军大败楚军。这就是历史上著名的“城濮之战”。

战后，晋文公和齐、鲁、宋、卫等七国之君盟于践土（在今河南），并得到周王的策命。这年冬天，晋又会诸侯于温（在今河南），周王也被召赴会，晋文公继齐桓公成为了中原霸主。

◆烛之武是如何迫使秦军撤退的？

公元前 630 年，晋文公联合秦国

去征讨郑国。晋国的兵马驻扎在郑国西边，秦国的兵马驻扎在郑国东边，声势浩大。郑文公慌了神，连忙召集群臣商量对策。郑国的大夫佚之狐对郑文公说：“如果请老臣烛之武去见秦穆公，凭他的口才定能说服秦国退兵。”郑文公赶紧派人去请来了烛之武。

烛之武趁着黑夜以一根长绳滑下城墙，直奔秦营，在营门之前放声大哭。秦穆公让手下人把烛之武叫了进来，问道：“你到我们军营里来哭什么呢？”烛之武说：“老臣哭郑也哭秦呀！”秦穆公感到奇怪，问他是什么意思。烛之武说：“秦、晋两国围攻郑国，郑国就要灭亡了！灭亡郑国如果有益于秦国，那也不枉您千里迢迢地带兵前来。但郑国灭亡，直接受益的是晋国，您为什么要损耗兵力来使邻国强大呢？邻国实力变得雄厚，就等于您的力量被削弱了。如果您不灭郑国，郑国就会成为秦国去往东方道路上的主人，贵国使臣来往经过，我们为他们提供食宿给养。再说晋国哪里有满足的时候？它既以郑国作为东边的疆界，又要扩张西边的疆土，如果不图谋秦国，它到哪里去夺取土地呢？希望您还是多多考虑这件事。”秦穆公觉得烛之武说得很有道理，就放弃了攻郑，并且决定与郑国结盟，接着又派杞子、逢孙、杨孙等大将帮助郑文公戍守郑国的边疆。

◆贩牛商人弦高是怎样变成使臣的？

公元前628年，晋文公即位8年后病死，他的儿子襄公即位。此时，秦廷中有人劝说秦穆公乘机讨伐郑国。秦穆公于是派百里奚的儿子孟明视为大将，蹇叔的两个儿子西乞术、白乙丙为副将，率领三百辆兵车，偷偷地去打郑国。次年二月，偷袭郑国的秦军进入滑国地界（在今河南），忽然有人拦住去路，说是郑国派来的使臣求见秦国主将。孟明视大吃一惊，亲自接见那个自称使臣的人，并问他前来干什么。“使臣”说：“我叫弦高，我们的国君听到三位将军要到郑国来，特派我送上一份微薄的礼物，慰劳贵军将士。”接着，他献上四张熟牛皮和十二头肥牛。孟明视原打算在郑国毫无准备的时候，进行突然袭击。现在郑国使臣老远跑来犒劳军队，这说明郑国早已有了准备，要偷袭就不可能了。他收下了弦高送给他们的礼物，对弦高说：“我们并不是到贵国去的，你们何必这么费心？你请回吧。”弦高走了以后，孟明视对他手下的将军说：“郑国有了准备，偷袭没有成功的希望，我们还是回国吧。”然后，他们便顺手灭掉滑国，唱凯而归。

其实，弦高不是使臣，只是个贩牛的商人。当时，他赶着牛要到洛邑去贩卖，听说秦军要偷袭郑国，心里十分焦急。他明白：如果秦军偷袭得手，那么自己国家的百姓就会遭殃。他急中生智，冒充郑国使臣骗了孟明视，郑国至此安定了下来。

◆崤山之战的战况如何？

晋文公去世后，晋国听说秦国趁着晋国办丧事的时候攻郑，非常气愤。晋国在秦军回国的必经之地崤山（今河南渑池、洛宁一带）布下了重兵，专等秦军的到来。

再说秦军灭滑以后，抢掠了大量金银珠宝、粮食衣物，班师回国。四月初，秦将孟明视率领军队到了渑池（今河南省渑池县）。白乙丙对孟明视说：“离这儿不远就是崤山了，我父亲再三嘱咐要多加小心，咱们可得千万注意，防备晋军有埋伏啊！”孟明视说：“有什么好怕的？过了崤山，就是咱们秦国的地界，我在前边开路，你们放心走吧！”

孟明视派勇将褒蛮子做先锋，自己紧紧跟着，在前面开路。秦军走着走着，忽然听到远处有鼓角的声音，有人大喊：“不好了，晋兵来了！”秦军一听，队伍顿时乱了起来。孟明视说：“不要慌，深山野岭，哪儿来的晋军？你们放心走吧，我来断后。”说完，他跟在队伍的最后头。又走了一段路，有人跑来报告：“前边的路让乱木给堵死了，没法通过。”孟明视跑到前面一看，只见横七竖八的木头上竖着一面红旗，旗杆有三丈多高，旗上大大一个“晋”字。孟明视故作镇静，大喊道：“这是晋军吓唬人的，不要停留！”他吩咐士兵放倒红旗，搬开乱木，开路前进。

这边秦军刚放倒红旗，那边晋国大队军马就杀出来了。原来这里是崤山最高的地方，晋军人马都埋伏在山谷当中。红旗是晋军的信号，按照事前约定，晋军见红旗一倒，便立即冲杀出来，直扑秦军。秦军不敢抵抗，四散逃命。晋军又放了一把火，霎时间山谷变成了火海。秦军争相逃命，你推我挤、互相践踏，烧死的、挤死的、踩死的不计其数。孟明视、西乞术、白乙丙三员大将都成了晋军的俘虏。

◆华元用什么方法替宋国解了围？

公元前 595 年，楚庄王派申舟出使齐国，途中必须经过宋国，楚庄王却又不许申舟按照当时的惯例向宋国借道。申舟说："郑国人固执死板，倘不借道，我很可能会被他们杀死。"楚庄王说："若果如此，我一定会替你报仇。"申舟至宋，果为宋人所杀。楚庄王闻讯大怒，亲率大军伐宋。当年九月，楚师围宋都城。

宋使人至晋求救，晋人不愿发兵救宋，却派大夫解扬去告诉宋人不要投降，诡称晋之大军将至。解扬经过郑国赴宋，被郑人抓住献给了楚庄王。楚庄王厚待解扬，让他劝宋人投降。解扬假意答应，但在登上观察敌情的巢车与城上的宋人对话时，却告诉宋人晋国即将尽起大军前来援助。楚庄王以解扬背信而欲杀之，解扬说："我完成了国君交给我的命令，这才是真正的守信。"楚庄王释放了他。

楚军长期围城，从公元前595年直至公元前594年，并在城外盖房种地，做出打算长期围困的样子。宋人害怕起来，执政华元亲自于夜间偷入楚营，把楚军主将子反从床上拉起来对他说："我国已粮尽援绝，燃骨为炊、易子而食。但我们宁愿与国俱亡，也不愿订城下之盟。如果你们肯退兵三十里，我们就唯命是从。"子反害怕华元用强，不得不答应华元的要求，并与他私下订立了退兵的盟约。第二天，子反将此事报告楚庄王，楚庄王命楚军后退三十里，宋国遂与楚国结盟，决定修好停兵。

◆秦穆公称霸西戎的功臣是谁？

秦国地处渭水流域，于西戎、北狄之间。周宣王时封秦仲为大夫，秦仲在攻伐戎、狄的战争中战死；其子庄公继续攻伐西戎，被周宣王封为"西陲大夫"。西周灭亡，秦襄公因护送平王东迁有功，被封为诸侯，占据了以岐、沣为中心的广大地区，建都于雍（今陕西凤翔），势力逐渐发展起来。经过一百多年，到秦穆公时，秦国发展成为强盛的奴隶制国家。

秦穆公的霸业得益于善用人才，招来许多贤人为他辅佐政事，如当时著名的政治家百里奚协助秦穆公改革内政、发展生产，使秦国国力渐强。在晋称霸时，秦也很想向东发展自己的势力。秦晋崤之战后，秦向东扩张的道路被晋所阻。于是，秦穆公采用谋臣由余的计谋转而向西发展。

在由余的指点之下，秦国对戎人的山川地理、民情风俗了如指掌。于是，秦国开始了对戎人的大规模征伐。短短一年里，秦国共消灭了戎人十二个大的部落，开拓疆土千余里，终于在西方称霸。

◆**为什么说楚庄王一飞冲天？**

秦穆公称霸的同时，位于南方的楚国迅速发展其势力，乘机灭掉了周边一些小国。但楚庄王登上楚国国君宝座后，却不理朝政，每天只知田猎消遣，回到宫中就与宫女日夜饮酒作乐，他还颁布一道禁令：有敢谏者，死无赦。

有一天，大夫伍举求见楚庄王，楚庄王问道："你是来喝酒、听音乐呢，还是有话要对我说？"伍举答道："我不喝酒，也不听音乐，是来给您说隐语解闷的。"伍举说："有只大鸟三年不飞也不动。大王，请您猜猜是什么鸟。"庄公略一沉思，道："我明白了，这不是凡鸟。三年不动，是在决定志向；三年不飞，是在生长翅膀。它不飞则已，一飞冲天；不鸣则已，一鸣惊人。"伍举明白了楚庄王的意思，高兴地退了出去。

又过了几个月，大夫苏从去向楚庄王进谏。楚庄王下令解散乐队，遣散舞女，每天临政。他杀掉了几百名恶吏，任用了几百位贤人，楚国出现了政治清明、国势强盛的局面。

◆**鄢陵之战的结局如何？**

公元前 575 年春天，楚国以汝阳之地为代价诱使郑国叛晋归楚。此举激怒了晋国，晋厉公决定兴师伐郑，楚共王领兵救郑，两军相遇于鄢陵（今河南鄢陵西北）。楚军采用以往策略，在黎明时突然逼近晋军营垒。晋军填井平灶，疏散行道，列队应战。由楚逃晋的苗贲皇献计晋厉公。他认为楚中军兵力强大，左、右军兵力薄弱，应首先改变晋军中、下军严整的阵容，诱使楚左、右军进攻中军，然后集中上、中、下军与新军共击楚精锐的中军王卒。晋厉公听从了苗贲皇的计谋。楚共王见晋军兵力薄弱，率中军进攻，遭到抗击。楚共王伤目，中军后退，晋军乘势猛攻楚左、右军。激战从晨至暮，楚军伤亡惨重，只得暂时收兵，在夜间补充兵力，准备鸡鸣再战。后因主帅子反醉酒，不能商议军机，楚军被迫夜遁。晋军不费吹灰之力就攻进了楚国的军营。

楚军班师，到达瑕邑，楚共王派人对子反说：城濮之战，先大夫子玉使军队覆灭，当时国君楚成王不在军中，因而责任要由子玉来承担。这次战败，您不要认为是自己的过错，这是寡人的罪过。子反叩头认罪。令尹子重和子反平时有矛盾，就派人去说了一些讽刺挖苦和威胁的话。子反准备以死谢罪，楚共王赶紧派人去阻止，还没赶到，子反就自杀了。

鄢陵之战，并没有从根本上挫败楚军的精华，晋、楚争夺霸主的争斗仍然没有停止。但这次战争使晋厉公扬威于诸侯，开始图霸中原。

◆晋国选择和戎有哪些原因?

公元前569年，山戎人无终国的君主嘉父想与晋国交好，派使者去晋国表达友好之意。戎狄之人对中原各国的侵扰由来已久，他们虽然不至于影响到中原各国的存亡，但速来速去的侵扰却使各国伤透了脑筋。但跟他们讲和，华夏大国又放不下架子。所以，晋悼公就说："戎狄之人贪婪而不讲情义，不如兴兵讨伐他们。"晋臣魏绛则劝说："诸侯新近才顺服了我们，陈国又来求和，正要观察我们的表现。我们有德行，人家就会亲近我们，否则就会有二心。我们兴师伐戎，楚国就会乘机进攻陈国；我们不能救援陈国，就等于是抛弃了它，诸侯各国随即也会背叛我们。"晋悼公听了这话，觉得也有道理，就问："我们与戎人讲和又会怎样呢？"魏绛回答说："和戎有五方面的好处。第一，戎人喜欢居住在有草有水的地方，看重货物而轻视土地，我们就可以用东西换他们的土地；第二，讲和之后，边境上平安无事，住在边境地方的人民就可以安心种地，不会往内地迁移；第三，戎人顺服我们之后，四邻都会受到震动，诸侯也会对我们望而生畏，不敢随便背叛；第四，以德行安服戎人之后，我们也不用兴师动众；第五，总而言之，不用武力而用道德感召力，远近的国家都会发自内心地服从我们。"

晋悼公最终采纳了魏绛的意见，决定与戎人讲和。自此之后，晋国才把力量全部集中于处理中原事务，扼制住了楚国势力，称霸中原。晋悼公在称霸之后重奖了魏绛。

◆赵氏孤儿是一个怎样的故事?

晋国有个大夫叫赵衰，曾辅佐文公成就霸业。赵氏为晋国世族，赵衰的儿子赵盾，作为晋国的执政大臣，历事襄公、灵公、成公三朝。赵盾的儿子赵朔在晋景公时，继任大夫之职，还娶了晋成公的姐姐。

公元前597年，担任司寇的晋国大夫屠岸贾图谋作乱以控制晋国政权，决定首先消灭赵氏势力。借口赵穿（赵盾的族弟）曾刺杀晋灵公，指其责任在于赵盾，想借此铲除赵盾一族。有个叫韩厥的人偷偷把消息告诉了赵朔，让他逃走，赵朔不肯，只是将自己未出世的孩子托付给了韩厥，说：“倘将来生女名文，生男叫武，文人无用，武可报仇！”

屠岸贾擅自带兵在下宫袭击赵氏，灭了赵朔整个家族。赵朔的妻子因为是国君的姑母，没有被杀，她怀着赵朔的遗腹子逃进了宫里。不久，赵朔的妻子果然生了个男孩，屠岸贾闻讯追杀到宫里来，赵夫人把孩子藏在裤子里，默默祷告：“姓赵的该绝种，你就哭吧；如不该绝种，你就不要出声！”孩子一声也不响，屠岸贾搜不出来，认为孩子被运出宫了，便到处悬赏缉拿。

赵家生前有一位忠实门客叫公孙杵臼，在当日赵府被围的时候，便约同门客程婴一齐殉难。程婴不同意这种做法，他说：“我们应该设法保住赵家血脉，这才是对赵家最大的报答。”公孙杵臼问程婴：“扶立孤儿，让他以后继承祖业，与死相比，哪个更难？”程婴说：“死很容易，扶立孤儿太难了！”公孙杵臼说：“你受赵家的恩情比我深，你就承担那个比较难的任务吧。要逃开屠岸贾的追杀，必须有人牺牲自己，我就去完成简单的任务吧。”公孙杵臼说：“找一个最近出生的婴儿，冒称是赵氏孤儿，由我抱着躲到首阳山，你去告密，屠贼搜着了假的，就不会再搜下去了。”程婴说：“我妻子刚生下一个男孩，和孤儿的生日相近，可以代替。”公孙杵臼说：“你立即去抱儿子过来，然后去找韩厥，把孤儿设法安置好！”

安排好了之后，程婴去找屠岸贾，说：“我没能力保护赵氏孤儿，你们如果能给我千金，我就告诉你们孤儿藏在哪里。”屠岸贾马上答应了程婴，派兵跟随程婴去找公孙杵臼。公孙杵臼被发现后，故意抱着婴儿大骂程婴不仁不义，屠岸贾毫不怀疑，将公孙杵臼和婴儿杀死了。程婴带着赵氏孤儿躲了起来。

十五年之后，韩厥借晋景公占卜神灵的机会，将下宫事变的真相告诉了晋景公。晋景公下令将屠岸贾抓了起来，并召回了程婴和赵氏孤儿赵武，将赵氏的封地也赐还给了赵武。孤儿赵武光大了赵家门楣，赵家逐渐成为晋国最有势力的家族之一。

◆哪位大臣“以不贪为宝”？

有个宋国人在山上开凿石料的时候，发现了一块宝玉。他非常高兴，便将宝玉拿回家，请一个玉工鉴别。玉工看了后，赞不绝口地说：“这块玉是个宝贝啊。你得小心了，别在别人面前展示宝玉，还要时刻防备别人把它偷了去！”

其实，宋人请玉工来家，已引起了邻居的注意。宋人心里很不安，怕万一有个闪失，到头来空欢喜一场，便把宝玉秘密藏好。尽管如此，他还是担心宝玉会被人盗走。可是如果把它卖掉，又怕给别人占了便宜。他想来想去，最后决定把它赠送给一个有身份的人，这样多少还能留下些人情。过了几天，他见没人注意，便带了宝玉悄悄地前往都城。

到了都城，宋人去拜见掌管工程建设的大臣子罕，献上了宝玉。子罕姓乐，名喜，字子罕，是宋国的一位贤臣，是著名的清官。子罕见来人献宝给他，不解地问：“你把如此贵重的宝物送给我，大概是要我帮你办什么事吧？”宋人慌忙摇头说：“我没什么事要您帮我办。据玉工鉴定，这块宝玉是稀有之物，所以把它献给您。”子罕说：“我以不贪为宝，而你以玉为宝。你把玉给了我，你就丧失了宝；我收下了你的玉，也就丧失了‘不贪’这个宝。这样，我们两个人都丧失了宝，还是让大家都各自保留自己的珍宝吧。”宋人见子罕说了不收宝玉的道理，也无可奈何，只得跪下恳求道：“小人拥有如此珍贵的宝物，反而很不安全，把它献给您，也是为了免除祸患。”

子罕想了一下，就命一位玉工把这块宝玉雕琢修饰一番，送到市场上卖了一个公道的价钱，把钱交给了宋人，并派人把他送回家。宋人非常感激子罕。

◆伍子胥为何要逃出楚国？

楚平王囚禁了伍奢后，想杀掉他。费无极对楚平王说：“要杀伍奢，必须连他的两个儿子一起杀掉，否则后患无穷。”楚平王一听大悦，忙派费无极去办此事。费无极找到伍奢，逼着他写了一封家信。

伍尚和伍子胥听说父亲被楚平王囚禁起来，不知是何原因，正在着急，忽然收到父亲的信，信上写道：我因违背楚平王的旨意，被囚禁起来了，如今大王想命你们二人前来听候他的命令。如果你们二人替父把这件事办成，大王可免父一死，盼速来，否则大王会治我们的罪。

伍尚对伍子胥说：“我们立即收拾东西，马上动身。”伍子胥拦住了哥哥，说道：“请再仔细看一遍家书，那个‘来’字和‘治’字，还有‘罪’字，墨迹重而且比其他字都大一号，若连起来读就是‘来治罪’。父亲一定是被逼所写，他已经暗示我们去了一定会被治罪。而且我们一去，楚平王可能会一起杀了我们父子三人；如果我们不去，楚平王怕我们为父亲报仇，还不敢轻举妄动，对父亲也奈何不了。”

伍尚为人忠厚，深受礼节影响，认为不听父亲的话是不孝之子。而且他也十分忠君，认为如果楚平王真想杀了他们，他也不想再活着了。兄弟二人谁也劝不了谁，只有洒泪而别。伍尚刚一到楚都，就被费无极派人抓了起来。费无极问伍尚：“你兄弟现在何处，如果你说了出来，我就让你们父子团聚，放了你们。”伍尚破口大骂：“你这个祸国殃民的奸臣。”费无极气急败坏，用各种刑法折磨伍尚。过了不久，伍奢和伍尚便被费无极处死。接着，费无极又下令四处张贴告示，重金悬赏捉拿伍子胥，伍子胥只好逃出楚国。

◆吴王阖闾是怎样夺回王位的？

春秋时，吴王寿梦有四个儿子，都很有才干，他最喜欢小儿子季札，便想让季札继承王位。可是，兄弟四人和睦团结，季札无论怎样也不肯答应。寿梦只得临死前立下遗嘱，死后王位先传给老大，老大传给老二，老二传给老三，老三传给老四，总之，王位必须先传给兄弟，不可传给儿子。

寿梦死了，根据他的遗愿，老大继承了王位。老大做了几年国王后便亲自带兵攻打楚国，战死在沙场，王位由老二来继承了。

老二做了国王以后，也带兵打仗，战死在阵地，王位只得由老三来继承了。公元前527年，老三得了重病，临死时，要季札继承王位，季札一直没有做国王的念头，只得跑到深山去隐居起来了。这样，根据当时的继承法，王位就该由老大的儿子光继承了。

老三死了，丧事还没办完，老三的儿子僚串通一班大臣篡夺了王位。光十分气愤，一心想把王位夺回来。于是，光便找由楚逃吴的伍子胥商量，伍子胥又找来一位侠客专诸，三人一起商量了刺僚的计划。

吴王僚喜欢吃鱼。一天，光对僚说：“我请来一位专烧大鱼的名厨，明天请您一同品尝这厨师烧的鱼，怎么样？”僚很高兴地答应了。

第二天，吴王僚带上几十名卫士来到光家里吃饭，僚十分谨慎，每上一道菜，先让让卫士尝一口，然后才端上去。待到煮鱼时，专诸早已将一把锋利的匕首藏在鱼肚里。大鱼煮好后，专诸将鱼端了上来，僚闻到那鲜美的鱼味后，早已是垂涎三尺。突然，专诸从鱼肚里将匕首抽了出来，立即向僚胸口刺去，僚措手不及，连遭数刀，被杀死了。

接着，光带上士兵，直奔王宫，杀死了僚的一批大臣，占领了王宫。在士兵们的拥护下，光夺回了王位，他就是后来的吴王阖闾。

◆《孙子兵法》是谁写的兵书？

《孙子兵法》，也称《兵策》《吴孙子》《孙子十三篇》，全书十三篇从十三个方面详细讲述了行军打仗的要诀与智谋，共五千九百余字，为春秋时代著名军事家孙子所著。是我国历史上最早也最著名的一部军事著作。

孙子，名武，字长卿，生于春秋时代的齐国。孙子原是陈国陈完（后改称田完）的后裔，名将田书和著名军事家司马穰苴是其先祖，正因如此，孙子得以从小诵读《司马穰苴兵法》、《太公兵法》以及《管子》等优秀军事文化典籍，为其学习和继承前人的兵法研究成果和形成自己的军事思想奠定了基础。

后来，孙子来到吴国，在伍子胥的极力推荐下，受到吴王阖闾的召见，孙子向吴王献上了自己苦心钻研蔚为大观的兵法十三篇，得到吴王的赏识。之后，孙子辅佐吴王破强楚、伐齐晋，为吴国春秋霸主地位的奠定立下了不朽的功勋。然而，就在吴国强大之时，孙子却急流勇退，悄然隐去，不知所终，惟留下《孙子兵法》传诵人间。

孙子兵法思想，既自成体系，独放异彩，又与其他各家互相融通，相映生辉，在政治上，继承了先王们治国御众的统御策略；在思想方法上，又与道家、儒家有许多相通或相似之处；军事上，基本承袭了姜尚、管仲等用兵制服之策，如奇正、利害、阴阳和神速、戒备等，正是因为孙子集中了中国古代先哲的智慧，才使得《孙子兵法》留传后世，千古不衰。

《孙子兵法》是中华民族文化宝库里的一颗珍宝，不但被我国人民所推崇，也越来越被世界所公认。早在一千多年前我国的唐代，《孙子兵法》就流传到外国，陆续被翻译成英、法、德、意等多种文字，受到世界的广泛关注。孙子是中国的孙子，而《孙子兵法》则是全世界人民共有的财富。

◆鲁昭公客死他乡的原因何在？

公元前517年，鲁国公室失去实权已有四世（宣公、成公、襄公、昭公），而季氏掌权已有三世（文子、武子、平子）。此时，鲁昭公在位，季平子专权。有多家贵族与季平子有过利益冲突，其中的一些矛盾本属微不足道，但他们为了个人利益，就鼓动鲁昭公用武力消灭季氏。鲁昭公兵败，出逃到齐国。鲁昭公本想与季平子讲和，而与鲁昭公一起出逃的其他家族则暗中作梗，因为他们害怕季平子的报复。因此，鲁昭公此后再也未回到自己的国家，而鲁国国内也始终未立新君。就这样，鲁昭公到死时一直在齐国流亡，鲁国国内则是无君的状态。

公元前511年，鲁昭公在齐国流亡了七年之后，客死在该国的乾侯。所以，在鲁国史书《春秋》的记载中，总是说“公在乾侯”。

◆弭兵之会有何意义？

弭兵之会是由受大国争夺之祸最深的宋国发起的，前后共两次，是春秋后期中小诸侯国要求停止争霸战争的会盟。春秋中叶后，晋、楚争霸日趋激烈。楚联秦，晋联齐，南北对峙、旗鼓相当。长江、黄河流域大小诸侯国几乎全部卷入战争，终年争斗，兵连祸结，几无宁日，受害最深者以郑、宋为甚。

公元前579年，宋大夫华元约合晋、楚于宋相会，订立盟约，此为第一次弭兵之会。三年之后，楚乘晋国发生内争之机，撕毁盟约，再度与晋争霸，楚、晋经过一系列战争，晋连败楚国，并侵入齐、秦等大国，国势再度上升。但不久，晋国六卿赵、韩、魏、智、中行、范氏之间内争再起，无力外顾。这时楚也受制于吴，不思北进。宋国大夫向戌再次约合晋、楚于宋都，齐、秦、鲁、郑、卫、曹、许、陈、蔡、邾、滕等国也积极参加，举行了14国诸侯共同与会的第二次弭兵之会。会议主要决定晋、楚原有属国此后对晋、楚同样朝贡。虽然这是以牺牲小国利益来满足晋、楚两国贪欲的，但此后四十多年间，晋、楚之间再未发生较大战争，这对恢复和发展社会经济、安定人民生活是十分有益的。

◆刺杀庆忌的人是谁？

公元前515年，公子光在伍子胥的帮助下，成功地登上王位，是为吴王阖闾。吴王僚的儿子公子庆忌则逃到艾城，招纳亡命之士，邀周围的国家相助，准备攻打吴国，以报杀父之仇。

阖闾听说庆忌的计划后，召见伍子胥说：“庆忌有攻打吴国的想法，他在世一天，我就一天也不得安宁。我想找个勇士去刺杀他，以绝心头之患，你有这样的人选吗？”伍子胥说：“我有一个叫要离的门客，大概可以办成这件事。”阖闾说：“庆忌有万夫不当之勇，一个门客怎么行呢？”伍子胥说：“他虽然只是一个门客，但实际也有万夫不当之勇。”阖闾便让伍子胥请要离见面。

见面后，要离提出了一个刺杀庆忌的计划，阖闾同意了。第二天，伍子胥带要离上朝，要离假意请吴王出兵伐楚，吴王斥责要离，要离强争。吴王大怒，命左右砍掉要离右臂，关进监狱。伍子胥吩咐狱卒放走要离，吴王便杀了要离的妻子和儿女。

要离逃出吴国后，就投奔了庆忌。庆忌虽然聪明，却难以想象会有如此残忍的苦肉计，非常信任要离。在要离的鼓动下，庆忌决定出兵伐吴。在伐吴的路上，要离侍机将庆忌杀死了。

◆夫差曾让霸位给谁？

吴、越都是长江下游的国家。吴属于荆蛮，都城在姑苏（在今江苏）；越属于越族，都城在会稽（今浙江绍兴）。春秋中期，晋楚争霸时，晋国曾联合吴国对付楚国，吴的国力也日益强大。公元前506年，吴王阖闾用楚的亡臣伍子胥和军事家孙武率军伐楚，楚军大败，吴军直入楚国都城郢。这时楚得到秦的救援，越国又乘虚攻吴的都城，吴被迫撤兵。

阖闾死后，其子夫差继位，于公元前494年伐越，并大败越于夫椒（今江苏太湖洞庭西山），围越王勾践于会稽。勾践求和，并愿意做吴国的附属国。

公元前487年，吴国在江北修建邗城（今江苏扬州），又开通邗沟，联结江淮，通粮运兵，大败齐兵于艾陵（今山东泰安）。公元前482年，吴国又与晋、鲁的国君及周天子的代表会盟于黄池（今河南封丘）。由于当时越王勾践趁机进攻吴国都城姑苏，夫差把霸主地位让给了晋定公后回师吴国，这件事就被称为“夫差让霸”。

◆你知道孔子武艺超群吗？

孔子在中华民族中一直享有“文圣”的称号，但他其实是一个文武双全之人，只不过武名被他的文名所掩盖，未能引起应有的重视。据《列子》记载：“孔子劲，能招（扛举）国门之关。”

春秋战国时，贵族子弟都要受六艺教育。孔子的“射艺”，在当时就很有名，《礼记·射义》载：有一天举行“乡射”，孔子“射于矍相（地名）之圃，观者如堵墙”，可见其射艺之精。在先秦的“武艺”概念中，善跑也是一技。而孔子在这方面，堪称“飞毛腿”，《淮南子》称他“足蹑郊（狡）兔”——连奔跑的兔子都能捉到。

在孔子的诸多“武艺”中，驾车可能是他最精通、最娴熟的一门。《论语》中记载了这样一则故事：孔子听别人说他博学而缺乏足以成名的强项，便与弟子商议选一艺来展示专长。在射箭、驾车之中，孔子经权衡而选定驾车，可见其驾驭战车的本领比射箭更强。

◆中国第一部《刑书》出自谁手？

公元前 543 年，子产当上郑国的正卿。为了强兵富国，子产坚定地实行社会改革。他命令把田地划清边界，修好农田设施，宣布土地私有。在私田上立法按亩收税，把农民按户口加以编制。他又规定农民有战功的，可以当甲士。甲士是战斗时战车上主要的军事人员。和平时期，甲士出任诸侯国的小官吏，立了战功的农民也可以做甲士，这就打破了以前对甲士身份的限制，促进了社会关系的变化。对贵族当中那些忠心国事，生活比较俭朴的人给以嘉奖；对那些横行无忌、奢靡浪费的人给以惩罚，限制旧贵族不敢为所欲为。他还准许百姓议论政治，并虚心听取大家的意见。

为了保证改革的顺利进行，子产十分注重法治。为了让国家有法可依，他组织人员制订了一套国家法律——《刑书》。这套《刑书》开始是刻在竹木简上，由国家的官吏施行。公元前 536 年，子产下令将《刑书》铸在鼎上，摆在王宫门口，使全国百姓都能够看到《刑书》，这就是史书上记载的刑鼎。

◆祁黄羊荐人有什么样的标准？

祁黄羊是春秋时晋国的大夫，是晋平公手下非常得力的谋臣。一次，晋平公对祁黄羊说：“南阳县缺一位县令，你看派谁去能把那里治理好呢？”祁黄羊说：“我认为解狐是最合适的人选。”晋平公听了祁黄羊的话，十分好奇地问：“你平时对解狐没有好感，甚至很少往来，现在你怎么会推荐他去南阳作县令呢？”祁黄羊说：“大王，您是问我谁做南阳县令最合适，而没有问我对谁的印象如何啊！”

晋平公听取了祁黄羊的建议，任命解狐为南阳县令。果然，解狐很有才干，为当地百姓办了不少好事，受到人们的称颂。晋平公对解狐的政绩非常满意，更满意祁黄羊举荐人才得当。

又有一次，朝廷急需一名法官，晋平公急召祁黄羊征询他的意见。祁黄羊对晋平公说："祁午当法官最为合适。"晋平公惊讶地说："祁午不是你儿子吗？你推荐他做法官，难道不怕引起别人的非议吗？"祁黄羊心胸坦荡地说："大王问我谁当法官合适，我考虑的也只是谁能担当起法官这个职务，而根本没有去想被推荐人与我的关系。祁午是我的儿子，我知道他会成为一名称职的法官，所以我才推荐他。"

晋平公听取了祁黄羊的建议，任命祁午做了法官。但他总是有些放心不下，便不时派人去了解祁午在任的情况。派去的人回来向晋平公报告说：祁午办事公正，受到大家的一致好评。从此，晋平公对祁黄羊更加信任。

这件事传到了孔子的耳中，他感叹说："祁黄羊真是大公无私呀，荐举人才不回避仇人，也不回避亲人。"

◆卧薪尝胆的典故从何而来？

公元前496年，越王允常死去，他的儿子勾践继位。吴王阖闾得到消息，借机出兵大举攻越，吴、越两军大战于槜李。吴军大败，吴王身受重伤，不久死去，他的儿子夫差继位。临死前，阖闾曾对夫差说："千万不要忘记越国的仇恨！"

夫差继位后，不忘父仇，一边整顿内政，操练兵马；一边扩充军备。他还指定一个人每天问他一遍："夫差，你忘掉越王杀父之仇了吗？"他则大声应答："深仇大恨，岂敢忘怀！"就这样，夫差励精图治，使吴国逐渐强大起来。

勾践得知夫差准备征讨越国，就想先发制人，举兵灭吴。谋臣范蠡、文种坚决反对。可勾践听不进去，带兵三万攻吴。夫差立即率领精兵良将进行反击，两军激战于太湖一带。越军大败，勾践带着残兵败将困守在会稽山上，被夫差率领的追兵团团包围。

勾践苦思冥想，也没有计策退兵，范蠡建议忍辱求和。于是，勾践派文种到吴国军营里拜见夫差求和。夫差本想同意，可伍子胥极力反对。勾践闻讯以为走投无路，就准备与夫差拼个你死我活。文种、范蠡认为应当另找出路，他们觉得夫差好色，他的权臣伯嚭贪财，这是敌人的致命弱点，越国可以利用这些来达到求和的目的。

于是，文种暗地里用美女、宝器

买通了吴国大夫伯嚭，然后再拜见夫差求和。伯嚭因收受美女、宝器在先，便也在一旁帮腔。夫差就答应了讲和，但他要求勾践和范蠡到吴国来服役。

勾践把一切国事都托付给文种，然后就带着妻子和范蠡来到吴国。夫差派人在阖闾墓旁筑了一间简陋的石屋，将勾践夫妇、范蠡赶入屋中，让他们穿上罪衣罪裙，负责看坟养马。夫差有时还故意羞辱勾践，出游时让他牵马徒步跟随；回来时让他更衣、脱靴，甚至上厕所也让他侍奉。勾践担心自己忘掉耻辱，每天夜里睡在柴草上，还在门上挂一只苦胆，每次吃饭时都要先舔一舔苦胆，以此鞭策自己，这就是“卧薪尝胆”的典故。

◆文种为什么被越王勾践所杀？

越王勾践灭了吴国，开了个庆功大会，大赏功臣，可就少了个范蠡。后来传说他带着美女西施，隐姓埋名跑到别国去了。范蠡走前，给文种留了一封信，说：“飞鸟打光了，好的弓箭该收藏起来；兔子打完了，就轮到把猎狗烧来吃了。越王这个人，可以跟他共患难，不可以共安乐，您还是赶快走吧。”文种不信。

一天，勾践把文种叫到自己的身边，对他说：“你教给我攻打吴国的七条计谋，我只用了三条就打败了吴国，还有四条在你那儿，你还不如跟着吴国的国王去，试试你的计谋，看是不是能救了他们。”说完就给了他一把剑，让他自杀。文种一看，正是当年夫差叫伍子胥自杀的那口宝剑。文种后悔没听范蠡的话，只好自杀了。

◆范蠡为什么自称“陶朱公”？

范蠡对成就越国的霸业起了至关重要的作用。灭了吴国后，范蠡感到自己的名气太大了，又深知勾践的为人，于是就决定离开越国。在一个夜晚，他带着家眷离开了祖国，来到了齐国。

范蠡在齐国改名换姓，自称“鸱夷子皮”，在海边耕种，做商业买卖。就这样勤劳数年，集聚了许多财产，成了一个大富翁。齐国人觉得他是个了不起的人，就推举他为相国。他做了一阵，感到还是没兴趣。一天夜里，他在月光下散步，感叹道：“我做官做到了相国，挣钱挣到了成千上万的财产，做人做到这一点，也就不错了。我的一切都达到了顶点，对我来说并不是好事。”于是就辞去了自己的官位，将自己的万贯家财都分发给穷人，从齐国的大地上悄悄地消失了。

范蠡来到了一个叫陶的地方住了

下来，自称“陶朱公”，就在这个地方做买卖，开作坊，事业干得很红火。很快，他又成了一个富人，人们传说他的财富足可以抵得上一个国家的收入，即所谓的“富可敌国”。后来，人们常以陶朱公来表示富翁。

◆老子的《道德经》著于何处？

老子姓李名耳，字聃，是春秋后期著名的大哲学家。据《史记》记载，他出生在楚国苦县厉乡曲仁里（今河南鹿邑一带）的一个李姓人家。刚一降生，人们就发现他的相貌不同于常人：前额宽阔，耳垂特别大。于是，父亲干脆给他取名叫李耳，又用一个表示大耳垂的“聃”作他的字，希望他真的福旺寿长。

老子从小聪明好学，广泛阅读了各种书籍。为了开阔自己的眼界，在二十多岁的时候，老子孤身一人来到了全国的政治文化中心——东周都城洛阳。很快，凭自己的才干，他当上了国家图书馆的官员。

在这个当时最好的读书环境里，老子如饥似渴地拼命读书，逐渐成为全国知名的大学问家。许多人不远千里前来向他请教问题，孔子也曾专门向他请教有关礼制的问题。

当时东周正一天天衰落下去，还爆发了长达五年之久的内战。老子觉得洛阳没法待了，他决定去民风淳朴、战乱极少的秦国安度晚年。

老子骑着青牛，没几天就到了函谷关，一过函谷关就是秦国境内了。这时，守关的官员尹喜迎出来恭恭敬敬地向老子施礼说:“老先生途经这里，未曾远迎，希望您别见怪。素闻先生学问广博、见识精深，既然路过这里，就请小住几日，将您的真知灼见写成一部书，一来可让我拜读，二来可让天下老百姓受到您的教诲，请您不要推辞！”

老子被尹喜的真挚所感动，便住下来，把自己关于道德、无为而治、以柔胜强以及对宇宙、人生、社会等方面的见解全部融于一书之中，写成一部五千余字的《道德经》。这部书最核心的内容就是“道”。老子认为“道”是宇宙的本源，世界上万事万物的形成和发展都由“道”转化和生成。老子的这一思想成为中国古代思想的源头之一,一直到现在还深深地影响着国人。

◆豫让为何两次行刺赵襄子？

豫让是春秋时期晋国人，在智伯瑶手下做事，智伯瑶非常看重他。赵襄子联合韩、魏消灭了智伯瑶后，豫让下定决心要为智伯瑶报仇。

于是，豫让改变姓名，混进宫廷，企图找机会刺杀赵襄子。由于赵襄子警觉，豫让被发现了，赵襄子把他抓了起来。经审问，赵襄子认为豫让肯为故主报仇，是个义士，便将他释放了。

豫让并不死心，为了改变相貌和声音，他在全身涂抹上油漆，又吞下烧红的木炭，改变了自己的声音，乔装成乞丐，等待机会报仇。

一天，豫让打听到赵襄子出行会经过赤桥，就事先埋伏在桥下，准备刺杀他。赵襄子路过赤桥时，胯下的马突然惊跳起来，埋伏在桥下的豫让被卫士抓了起来。虽然豫让改变了容貌和声音，但赵襄子还是认出了他。

赵襄子说："我上次放了你，这次不能再放你了。"豫让突然放声大哭，赵襄子以为他怕死，可豫让却说："我不是怕死，只是想到我死以后，再也没有人能替智伯瑶报仇了。"赵襄子听了非常感动，就解下佩剑说："我不想动手杀你，你自尽吧。"豫让接过剑，请求说："我两次行刺都没有成功，对不起我的主人。如果您能脱下外衣让我砍几剑，借以寄托我为主人报仇的真心，那我死也瞑目了。"

赵襄子非常赞赏豫让的气节，当即脱下锦袍递给豫让。豫让把锦袍挂在柱子上，猛砍三剑，叫道："智伯瑶，我到九泉之下来见你了！"说完，豫让便挥剑自杀了。

◆西门豹是怎样治理邺城的？

西门豹是战国时魏国著名的政治家，他聪明能干，深得魏文侯的信任。魏国的邺城（在今河北）是个军事要镇，魏文侯任命西门豹为邺城的最高行政长官——县令。

西门豹到邺城上任，见田地荒芜、人烟稀少，就把当地父老请来，询问原因，父老们告诉他：每年夏天，漳河都要发大水。巫婆说是主管漳河的水神河伯每年要娶一位漂亮姑娘，他就保佑人们风调雨顺，不然就兴风作浪。所以每到巫婆挑女人时，穷人们都带着家人远走他乡。

西门豹明白了，他想了个办法。到给河伯送媳妇那天，西门豹也来了，他对巫婆说："这个女孩不漂亮，你去跟河伯说，过两天再给他送一个漂亮的来。"就命令士兵把巫婆扔到河里去了。过了一会儿，又让士兵把巫婆的大弟子和另外两个弟子扔到河里去了。接着把几个乡绅也扔到河里去了。剩下的官吏赶紧磕头求饶，表示再也不敢搞迷信害人了。周围的人起初感到很吃惊，后来看到一个个作恶多端的人都淹死了，心里别提多痛快了，他们非常佩服西门豹。

西门豹接着就征发老百姓开挖了十二条渠道，把黄河水引来灌溉农田，田地都得到灌溉。在那时，老百姓开渠稍微感到有些厌烦劳累，就不大愿意。西门豹说："老百姓可以和他们共同为成功而快乐，不可以和他们一起考虑事情的开始。现在父老子弟虽然认为因我而受害受苦，但可以预期百年以后父老子孙会想起我今天说过的话。"直到现在邺县都能得到水的便利，老百姓因此而家给户足，生活富裕。

◆战国七雄具体是哪七个国家？

春秋末期，中原大国晋国也日渐衰落。晋的权力由栾、解、赵、魏、韩、智六家大夫把持，后来只剩韩、赵、魏、智四家，四家中智伯瑶势力最大，野心也最大。智伯瑶打算下一步侵占韩、赵、魏三家的土地，于是把赵襄子、魏桓子、韩康子三人请到家中，设宴款待。席间，智伯瑶对三人说："为了重振晋国雄风，我主张每家献出一百里土地和相应的户口交国君掌管。"韩康子害怕智伯瑶的势力，首先表示赞同；魏桓子心里不愿意，但也不得不表态，也把百里土地和九千家户口交给智家。智伯瑶见赵襄子一言不发，便用言语威胁他。赵襄子性格耿直，看智伯瑶贪婪的样子，非常气愤，便说："土地是祖宗遗产，要送给别人，我实在不敢作主。"智伯瑶听罢立刻翻脸，智、赵席上争吵不休，赵襄子一甩袖子走了。智立刻决定讨伐，并亲自带兵马为中军，让韩为右军、魏为左军，三军直奔赵城。赵襄子寡不敌众，边战边退，退到晋阳（今山西太原）闭关固守。整整打了两年的仗，智军就是攻不下赵城，智伯瑶就筑坝放水冲淹晋阳城。

大水淹进晋阳城以后，赵襄子焦虑不安，愁眉不展，就与谋士张孟谈探讨对策。张孟谈分析说："我看韩、魏把土地割让给智家并不是心甘情愿的，我们何不派人游说，把韩、魏争取过来，请他们帮我们一起对付霸道的智伯瑶。"赵襄子就派张孟谈连夜出城，直奔韩、魏两营。韩、魏二大夫正担忧自己的前途，经张一说，都赞同合力对付智伯瑶。

于是，韩、赵、魏三家全歼了智家军，并乘势瓜分了晋国土地。公元前403年，三家派使者去见周天子，要求晋封他们为诸侯。周天子见木已成舟，就顺水推舟，正式晋封韩康子、赵襄子、魏桓子三人为诸侯。从此以后，韩、赵、魏与秦、楚、燕、齐四国并称为“战国七雄”。

◆李悝是怎样进行改革的？

公元前406年，魏文侯任用李悝进行改革，在经济上实行“尽地力之教”和“平籴法”，在政治上采取了一套对新兴地主阶级利益有利的政策和措施。

“尽地力之教”鼓励自由开辟耕地，勤劳耕作，发展小农经济，增加生产。“平籴法”是把好年收成分为上中下三等，坏年收成也分成上中下三等，好年成由官府按等级出钱籴进一定数量的余粮，此即后世专制王朝的“均输”、“常平仓”等法的先河。

李悝在政治上推行的改革措施是实行“食有劳而禄有功”和“夺淫民之禄以来四方之士”的政策。军事上，创立了常备“武卒”制度，使国家保持强大的军事力量。李悝在全面改革的同时，不断广泛收集春秋末期以来各国的法律条文。在这个基础上，李悝编著了我国历史上第一部系统的法典《法经》，用法律形式把地主阶级的利益确定了下来。从李悝改革开始，战国时代各国政治、法律、军事、经济、文化的革新逐渐进入更深入、更广泛的层面。

◆乐羊为何婉谢魏文侯的封赏？

乐羊，中山国人，战国魏文侯时期的大将，是乐毅先祖。乐羊初为魏相国翟璜门客，中山国君姬窟发兵犯魏，翟璜举荐了乐羊。可是乐羊之子乐舒是中山王的将领，而且曾杀死了翟璜之子翟靖。但是翟璜深知乐羊为人，不计恩怨，力保乐羊为帅。乐羊出兵后，为了不打扰百姓的生活，他们从小路去进攻中山国。乐羊率领的军队作战英勇无比、军纪严明，乐羊下令：途中如有骚扰百姓者，斩！所以，乐羊的军队得到了中山国百姓的拥护。魏国军队一路势如破竹，很快打到了中山国都城，中山国毫无准备。

中山国国君听说是乐羊率军而来，便让乐舒劝其父退兵。乐羊没有答应，还劝儿子投降。乐舒说：“父亲先别攻城，我和国君商议一下，看他是否愿意献城投降。你先给我一个月的时间。”

一个月一晃就过去了，仍不见中山国投降。乐羊准备攻城，这时乐舒又在城头出现，请求再给一个月的时间，乐羊又答应了。又过了一个月，中山国还不投降。魏国大臣议论纷纷，说乐羊不忍心攻城，怕害死儿子乐舒，而随军出征的将士也众说纷纭。

这时，乐舒第三次出现在城头上，请求再宽限一个月，乐羊又答应了。将士们忍无可忍，对乐羊的不满之言便传到了乐羊的耳中。乐羊没有生气，对大家语重心长地解释了不攻城是因为怕失去民心。众将士一听乐羊的话，才知错怪了主帅。

三个月最后的期限到了，乐舒被绑在城头，中山国国君对乐羊说："你若想活着见你儿子，就退兵！"乐舒哭得伤心欲绝，他一是恨没听父亲的话；二是想让父亲看见他如此伤心，顾及父子情义，而放弃攻城。乐羊大喊一声："攻城！"全体将士纷纷英勇杀敌。一番拼杀之后，城门已被攻破。中山国国君一看大势已去，一刀杀了乐舒，自己也上吊而亡。乐羊率大军攻入城中，中山国军队统统投降。乐羊下令：一定要善待俘虏，对待百姓不许骚扰。乐羊找到儿子尸首后，放声痛哭。

回国后，魏文侯知道乐羊为国弃子，决定给乐羊盖一座将军府。乐羊婉言谢绝了魏文侯，对魏文侯说："主公，你不让我立军令状，说明您信任我。我三个月不攻城，您不但没有责怪我之意，反而派人去慰问我，说明您仍然信任我，这是对我最大的奖赏！"

◆墨子守城的妙招是什么？

楚国的大夫公输般替国君楚惠王设计了一种攻城的工具，比楼车还要高，看上去高得能够触到云彩，所以叫云梯，楚惠王准备用它进攻宋国。

公输般是鲁国人，后来人们称他鲁班。公输般使用斧子非常灵巧，技艺高超，无人能比，谁要想跟公输般比一比使用斧子的本领，人们就会说他不自量力，成语"班门弄斧"说的就是这个意思。

楚国想进攻宋国的事引起了许多人的反对，其中有一个叫墨子的人。墨子，名翟，是墨家学派的创始人，他听到楚国要利用云梯去攻打宋国，就赶快跑到楚国去阻止楚惠王发兵。

墨子到了楚国的都城郢都后，先去劝说公输般不要帮助楚惠王攻打宋国，并要求公输般带他去见楚惠王。墨子很诚恳地劝说楚惠王，楚惠王听他说得有道理，但就是没有动摇攻打宋国的决心，在一旁的公输般认为用云梯攻城必能获胜。

墨子直截了当地说："你进攻不会占到什么便宜，你能攻，我能守。"他从身上解下系着的皮带，围在地下当作城墙，又拿几块小木板当作攻城的工具，叫公输般来演习一下，比一比本领。

公输般采用一种方法攻城，墨子就用一种方法守城。公输般采用了九套攻法，把攻城的方法都演示出来，却被墨子守城的高招一一破解。

楚惠王听了墨子一番话，又亲自看到墨子守城的本领，知道要打胜宋国没有希望，只好放弃了进攻宋国的打算。就这样，墨子运用智慧阻止了一场一触即发的战争。

◆商鞅变法为什么失败？

春秋时期秦国的孝公即位以后，决心图强改革，便下令招贤。商鞅自魏国入秦，并提出了废井田、重农桑、奖军工、实行统一度量和郡县制等一整套变法求新的发展策略，深得秦孝公的信任，任他为左庶长，开始变法。经过商鞅变法，秦国的经济得到发展，军队战斗力不断加强，发展成为战国后期最富强的封建国家。

商鞅变法主要包括以下几个部分：第一是实行连坐法，就是把老百姓组织起来，几家为一个组，让他们互相监督，如果其中有一个人犯罪了，其他人也要跟着受惩罚；第二是鼓励发展生产，废除井田制，实行重农抑商制度；第三是鼓励兵士杀敌立功，军队中的官位大小，就是要看他立下的功绩有多大。但新法在执行过程中却遇到了很多麻烦，执法不严的现象十分普遍。通过商鞅的努力，新法执行得非常顺利，秦国的实力大增，国力雄厚，人民安居乐业，前方将士英勇杀敌，所向披靡。

秦孝公对商鞅也愈加器重，封他为大良造，这是朝廷中重要的官职，并让他领兵去攻打魏国。当时魏国的力量已经很弱，秦军一到，魏兵不堪一击，秦军接连攻下多个城池，最后将魏国的都城也攻下了。商鞅凯旋而归，秦国的老百姓都自觉地到路边欢迎他。由于商鞅功勋卓著，秦孝公就把商等 15 个城市封给了他。商鞅原来不叫商鞅，叫卫鞅，因为这时他有了商的封地，他才叫商鞅。

过了几年，秦孝公去世了，他的儿子惠文王继位。不久，商鞅被逼造反。惠文王得知这一消息，立即发兵攻打商鞅。最后，商鞅兵败被杀。商鞅死后，新法被废，秦国历经近 20 年的变法毁于一旦。

◆田氏代齐是怎么回事？

公元前 490 年，齐景公死，国、高两氏立齐景公的儿子荼为君。田乞

（田桓子之子）发动武装政变，杀死荼，打败了高氏、国氏、弦氏、晏氏四大贵族，拥立阳生为君，为齐悼公，田乞自立为相。

公元前 485 年，齐悼公被杀，齐简公立。公元前 481 年，田常（田乞之子）与贵族监止分别担任左、右相。田常继续采取大斗出、小斗收的办法来笼络平民，实力大增。当年五月，田常再次发动政变，杀齐简公，另立齐平公。五年之后，“齐国之政皆归田常”，田氏占有的土地比齐君的封邑还大，在外则和晋通使，成为齐国的实际统治者。

公元前 391 年，田常的曾孙田和将国君齐康公放逐到海上，田和成了事实上的齐国国君。公元前 386 年，田和被周安王封为诸侯，并沿用齐国的国号，史称“田氏代齐”。

◆申不害的改革措施如何？

申不害是郑国人，是战国时期法家的杰出人物。后来，当韩非子总结法家思想时，认为法家的三把利刃之一，即法、术、势之中的“术”，就是由申不害发扬光大的。申不害担任韩国之相时，韩国的政治状况相当混乱。晋国的旧法还没有完全废弃，韩国的新法令又随之颁布；前代君主的法令还未收回，新君主的法令又制定了出来，并且往往是新旧矛盾、前后相悖。申不害在韩国的改革主要有以下几点：建立“循功劳、视次第”的按功行赏制度；国君平时无为，使臣下揣摩不到自己的意图，决策时则要“独断”，让臣下只能按国君决定行事，君主则“静观”考察臣下，这叫“无为”之术；任用官吏要称职，不许越职办事，要经常监督、考核；用出其不意的办法慑服臣下；国君操生杀大权。

在申不害为相的 14 年中，韩国加强了中央集权，政局比较稳定，达到了强韩的目的。

◆孙膑是怎样智斗庞涓的？

孙膑和庞涓是同学，拜鬼谷子先生为师一起学习兵法，两人情谊深厚，并结拜为兄弟。庞涓先行下山，并得到魏王重用，孙膑则继续潜心学习，才能远远超过庞涓。后来，墨子有位叫禽滑厘的徒弟到了魏都，向魏惠王举荐孙膑。魏惠王就责问庞涓，庞涓只好请来了孙膑。魏惠王见到孙膑不胜欢喜，孙膑对魏惠王也是有问必答，且头头是道，魏惠王由此对他倍加喜爱，重用之意溢于言表。魏王如此对待孙膑引起了庞涓的不快，便私下暗算，以奸计骗取孙膑的家信，并作以删改，然后告知魏王，说孙膑里通外国。魏惠王在不明就里的情况下相信了庞涓，并将孙膑处以膑刑（除去膝盖骨），还在脸上刺了字。

庞涓假模假样地命人把孙膑送到静室休息，医治膝伤，每日都给他送好菜好饭，自己也常去探望他，陪他谈心解忧。一个多月后，等孙膑的伤口长好了，庞涓就骗孙膑把其祖传的《孙武兵法》写给他。后来，孙膑知道了真相，心想："庞涓真是衣冠禽兽！我怎能把《孙武兵法》传给他呢？"又想："若是不写，他就会把我杀了。"孙膑想出一个自救的办法。

一天晚上，孙膑突然疯了，他把饭菜都掀翻在地上，又把刻好的书简扔在火里，不停地叫骂。庞涓命人把孙膑扔到猪圈里。孙膑在猪圈里倒头便睡，醒了以后拾起猪粪就往嘴里填。庞涓认为孙膑是真疯了，刻写兵书的事就此搁了下来。

孙膑拖着残疾之身，在猪圈中出出进进，每日疯疯癫癫的，却没人看出他是装疯。禽滑厘听说了孙膑的遭遇，便用齐威王的名义派了个使团去见魏惠王。到使团回国的前一天夜间，禽滑厘将孙膑藏进了封得严严实实的车中，把他的衣服换给使团中的一个人穿上，照样躺进猪圈里。过了几天，假扮孙膑的人也跑回齐国。庞涓发现孙膑不见了，还以为孙膑掉到井里淹死了！他万万没想到，这时孙膑早就平安地到了齐国。

◆田忌赛马的智囊是谁？

齐国国君齐威王与齐国大将田忌都很喜欢赛马，而且每次比赛都押下大赌注。由于田忌的马比不上齐威王的马，所以田忌总是输。

一次，田忌赛马又输给齐威王，回家后闷闷不乐。这时，逃难到齐的孙膑在田忌家做门客。于是，孙膑就说："下次您带我到赛马场看看，或许我能帮您赢得比赛。"

不久，赛马的日子又到了，田忌叫人用车子把孙膑推到赛马场。看了几场比赛后，孙膑了解了比赛规则：参赛者要将各自的马分成上、中、下三等，而后依次轮赛，上等对上等，中等对中等，下等对下等。比赛完毕，只要自己的马能两次名列前茅，就算赢。于是，孙膑对田忌说："先用您的下等马对他的上等马，再用您的上等马对他的中等马，最后用您的中等马与他的下等马比，这样肯定能赢。"田忌就吩咐手下人按孙膑说的办。

接下来，第一场齐威王的马胜出，而第二场、第三场都是田忌的马跑在最前面，结果田忌赢了比赛。齐威王感到很意外，就问田忌是从哪里找的宝马。田忌没有隐瞒，向齐威王说出实情，并趁机把孙膑推荐给齐威王。齐威王见孙膑很有才华，就把他留在身边给自己出谋划策。

◆围魏救赵是谁支的招？

公元前356年，赵国国君赵成侯在平陆（今山东汶上）和齐威王、宋桓侯相会结好，同时又和燕文公在阿（今河北境内）相会。赵国的举动引起魏惠王的极大不满。适逢公元前354年，赵国向依附于魏国的卫国动武，迫使卫国屈服称臣。于是，魏国便借口保护卫国，出兵攻赵，包围了其国都邯郸。赵与齐有同盟关系，这时见局势危急，遂于公元前353年遣使向齐国求援。

齐威王闻报赵国告急，就召集文武大臣进行商议。丞相邹忌反对出兵救赵。齐将段干朋则认为不救赵既会失去对赵国的信用，又会给齐国争雄造成困难，因而主张救赵。但他同时又指出：应先派少量兵力南攻襄陵，以牵制魏国。待魏军攻破邯郸，魏、赵双方均师劳兵疲之际，再予以正面攻击。段干朋的计谋完全符合齐国统治者的根本利益，齐威王欣然采纳，他决定以部分军队联合宋、卫南攻襄陵，主力暂时按兵不动，静观事态的发展。

魏国以主力攻赵，两军相持近一年。当邯郸形势危在旦夕，且赵、魏两国均已非常疲惫之时，齐威王认为出兵与魏军决战的时机业已成熟，于是就任命田忌为主将、孙膑为军师，统率齐军主力救援赵国。

田忌打算直奔邯郸，同魏军主力交锋，以解救赵围。孙膑不赞成这种硬碰硬的战法，提出了“批亢捣虚”“疾走大梁”的正确建议。他建议田忌迅速向魏国的都城大梁（今河南开封）进军，切断魏国的交通要道，攻击它防备空虚的地方。他认为一旦这么做，魏军必然被迫回师自救，齐军可以一举而解赵国之围，同时又能使魏军疲惫于路，便于最终战胜它。

田忌采纳了孙膑的作战建议，统率齐军主力迅速向大梁方向挺进。魏军获知情报后，不得不由庞涓率主力急忙回救大梁。这时候，齐军已把桂陵（今山东菏泽东北一带）作为预定的作战区域，迎击魏军于归途之中。魏军由于长期攻赵，兵力消耗很大，加上长途跋涉急行军，士卒疲惫不堪，面对占有先机之利、休整良好、士气旺盛的齐军的截击，顿时陷入了被动挨打的困境，终于遭受到一次沉重的失败，这就是史上著名的“围魏救赵”。

◆“退兵减灶”是怎么一回事？

公元前342年，魏国派兵攻打韩国，韩国向齐国求救。那时候，齐威王已死，他的儿子齐宣王派田忌、孙膑带兵救韩。齐军依照孙膑的计策，又一次猛捣魏都大梁。庞涓得到本国的告急文书，只好撤围回国，与魏太子申的兵马合力夹击齐军。

一天，庞涓察看了一下齐军扎过营的地方，发现齐军的营盘占了很大的地方；派人数了数做饭的炉灶，足够十万人吃饭用的，庞涓当时惊出了一身冷汗。第二天，庞涓带领大军赶到齐国军队第二次扎营的地方，数了数炉灶，却只能供五万人用的了，庞涓得知后一阵窃喜。

到了第三天，庞涓追到齐国军队第三次扎营的地方，仔细数了数炉灶，只剩了两万人用的。庞涓这才放了心，他笑着说：“我早知道齐军都是胆小鬼。十万大军到了魏国，才两天工夫，就逃散了一大半。”其实，这是孙膑在运用“退兵减灶”的方法诱敌。他命令齐兵将武器辎重沿路丢弃，并逐日减少军中做饭时堆制的锅灶，使庞涓产生错觉，误以为齐军兵士大部逃亡，已溃不成军。

庞涓果然上当，率兵一直追到齐国境内马陵（在今河北）。马陵道十分狭窄，庞涓恨不得一步赶上齐国的军队，便吩咐大军摸黑往前赶去。忽然前面的兵士回来报告说：“前面有乱木塞路。”

庞涓上前一看，果然见道旁的树全被齐兵砍倒了，只留下一棵最大的没砍。这时，一个兵士看到树上刻了一行字，因为天色渐黑，庞涓便叫人举火辨认，只见上面写的是：“庞涓死于此树下。”庞涓大吃一惊，连忙吩咐将士撤退，可是已经晚了。因为火光即为孙膑给齐军规定的放箭信号。顷刻，原已埋伏好的齐军万箭齐发，魏军死伤惨重，庞涓兵败被擒。

◆颜斶是怎样驳倒齐宣王的？

战国时，齐国有位学识渊博的高士颜斶，他正直无私，受到很多人的尊敬。齐宣王也非常仰慕颜斶的才华，便下令召颜斶进宫。

颜斶来到齐宫，走到殿前的阶梯处停住了脚步。齐宣王非常奇怪，就说："颜斶，过来吧。"谁知，颜斶却对齐宣王说："大王，你过来。"这时，大臣们都说："大王是君主，你是臣民，大王可以叫你过来，你怎么可以叫大王过去？"颜斶说："如果我走到大王面前，说明我羡慕他的权势；如果大王走过来，说明他礼贤下士。与其让我羡慕大王的权势，还不如让大王礼贤下士的好。"

齐宣王很恼火地问颜斶："是君王尊贵，还是士人尊贵？"颜斶不假思索地说："当然是士人尊贵！从前秦国进攻齐国时，秦王曾下过一道命令：有谁敢在高士柳下惠坟墓五十步以内的地方砍柴，格杀勿论！他还下了一道命令：有谁能砍下齐王的脑袋，就封他为万户侯，赏金一千。由此看来，一个君主的头连一个已死的士人坟墓都不如啊。"

齐宣王无言以对，觉得自己理亏，说："听了您的高论，才知自己的想法错了。希望您接受我为您的学生！我保证您以后衣食无忧。"颜斶却辞谢说："我情愿大王让我回去，每天粗茶淡饭，也像吃肉那样香；安稳而慢慢地走路，足以当作乘车；平安度日，其实并不比权贵差。"颜斶说罢，便告辞了。

◆孟母为什么三迁？

孟子很小的时候，父亲得病死了，由母亲一手把他拉扯大。孟母是一个有知识、有教养的女人，她为了抚养儿子，替人家洗衣服、纺线织布，省吃俭用，任劳任怨，一心想把孟子培养成才。

起初，孟子家距墓地很近，他常和邻居的孩子们一起到墓地里去看热闹，和小伙伴们玩给死人送葬一类的游戏。孟母觉得这种地方不适合孩子住，对孩子成长没有好处。于是，孟母就赶紧搬家了。

母子二人搬到一个闹市附近住下来，市场上一天到晚叫卖声、吵嚷声不绝于耳。时间一长，孟子又学起那些小商小贩的吆喝声来。孟母觉得这种环境也不利于孩子成长，便再次搬家。

这回，孟母把家搬到一个学堂附近。学生们朗朗的读书声不时从学堂里传出来，那些来学堂读书的人个个斯文讲礼貌。于是，孟子就学着这些人的样子拿书来读，和人见面时也仿照那些读书人行礼作揖，变得非常懂事有礼貌。孟母看在眼里、喜在心头，觉得这个地方对孟子的成长大有帮助，于是就一直住了下来。

后来，孟子一天天长大了，到了上学的年龄。孟母就节衣缩食地省下钱来，送他到学校上学读书。

在母亲的督促下，孟子发奋苦读，博览群书，终于成为一个学识仅次于孔子的思想家，被儒家列为“亚圣”。

◆庄周梦蝶有什么意义？

庄子，名周，是战国中期道家学说的集大成者。

一天，庄子在白天做了一个梦，梦见自己变成一只大蝴蝶飞舞在草地上，完全沉浸在一片欢乐之中。忽然，庄子一觉醒来，不禁大吃一惊：咦，我怎么是庄子呢？刚才还是一只蝴蝶！他摇了摇头，认真地思索着这样一个问题：就我个人来讲，不知道是庄子做梦化为蝴蝶，还是蝴蝶做梦化为庄子？不管怎样变化，万事万物都是在梦中度过的。

◆是谁让秦国不敢出兵六国？

苏秦，字季子，战国时期的韩国人，是与张仪齐名的纵横家。苏秦出身贫寒，素有大志，曾随鬼谷子学习纵横捭阖之术多年，与张仪同出自鬼谷子门下。公元前 329 年，苏秦先到了秦国，游说秦惠王。但当时秦国刚刚处死商鞅，非常不欢迎到处游说的士人。苏秦于是向东到了赵国，赵肃侯的弟弟奉阳君很不喜欢苏秦，苏秦只得离开了赵国，去了燕国。

苏秦在燕国逗留了一年多，公元前 328 年才得到燕文侯的召见。苏秦向燕文侯分析当前形势，说强大的秦国有吞并各国的野心，燕国之所以还没有受到侵扰，是因为赵国挡在前面，牵制了秦国。苏秦劝说燕文侯与赵国联合起来对抗秦国。燕文侯很赞同苏秦的意见，于是就资助了苏秦车马钱财，让他出使赵国，进行合纵抗秦。

此时，不喜欢苏秦的奉阳君已经死了，苏秦乘机以同样的道理劝说赵肃侯。赵肃侯听了很动心，决定任苏秦为相国，还送给苏秦很多钱财用来游说各诸侯国加盟。苏秦又先后游说了韩、魏、齐、楚四国的国君，四国最后都同意组成同盟抵抗强秦。于是，六国合纵成功，苏秦做了合纵联盟的盟长，并且担任了六国的国相，主管联盟的事。

苏秦北上向赵王复命，途经周的都城洛阳时，随行的车辆满载着行装，各国诸侯派来送行的使者很多，气派比得上帝王。周显王听到这个消息赶紧命人清扫苏秦将要经过的道路，并派使臣到郊外迎接慰劳。苏秦的兄嫂和妻子见了他，态度也都变得非常恭敬。

苏秦回到赵国后，派人把合纵盟约送交秦国，秦国从此很长时间不敢出兵侵略六国。

◆谁帮助秦国破了“合纵抗秦”计？

张仪（？—前309年），魏国大梁（今河南开封市）人，与苏秦是师兄弟，都曾拜鬼谷子为师，学习纵横之术。从鬼谷子那里学到本领后，张仪去了秦国，把他那一套“连横”亲秦的策略说给秦惠王听，秦惠王很赞赏，就拜他为相国。张仪倡导的“连横”中心意思是：秦国太强大了，不论哪个国家，只有依赖秦国，跟秦国联盟，去对付其他国家，才能取得胜利。

这时，楚国打算和齐国联盟，共同对付秦国。齐楚都是大国，如果结盟，对秦国就是一个严重威胁。于是，张仪向秦王请求去楚国拆散齐、楚的联盟，秦王答应了。

公元前313年，张仪来到楚国后，买通了靳尚和楚王的其他宠臣，这才去拜见楚怀王。两人见面后，张仪以秦情愿把商于（在今陕西、河南一带）之地600里归还楚国为诱饵利诱楚、齐两国断交。利令智昏之下，楚怀王就一面派人去跟齐国断交，一面派使臣跟随张仪去秦国，办理土地移交手续。

到了秦国，张仪却说只答应给楚六里地。这时，齐国因楚国背盟，就派使臣去秦国，约好一起去打楚国。楚王得知张仪欺骗自己后，气急败坏，下令发兵10万去攻打秦国。但秦国早已有所准备，齐国也派部队来帮助秦国作战，结果楚军大败，楚国汉中一带土地全被秦国夺去了。后来，张仪用同样方法欺诈蒙骗六国，结果破坏了其他国家“合纵抗秦”的计划。

◆赵武灵王为何要改穿胡服？

赵武灵王（约前340年—前295年），是战国中后期赵国君主，名雍，嬴姓赵氏。先秦时期男子称氏不称姓，故当称为赵雍，死后谥号武灵。赵武灵王在位时，发现胡人作战都用骑兵。他们身穿短衣，骑在马上，往来如飞，挽弓射箭，灵活方便。于是，赵武灵王打算让自己的子民改穿胡人服装，学习骑马射箭，从而建立一支强大的骑兵。

赵武灵王以身作则，第一个穿起胡服。文武百官上朝时，见赵王穿着短衣窄袖的胡服，都大吃一惊，议论纷纷。赵武灵王的叔父公子成更想不通，他推说有病，不肯上朝。赵武灵王亲自到叔父家中，耐心地劝说他：

"赵国四面临敌，如果没有骑马射箭的装备，如何能守住疆土呢？过去，中山国恃仗齐国撑腰，侵入我们国土，掳掠我们的人民，先王把这件事看成奇耻大辱。我要改变服饰，学习骑射，是为了保卫国家，为先王报仇雪耻。叔父一定要支持我！"赵武灵王一番话打动了公子成。赵武灵王很高兴，马上赏给公子成一套胡服。第二天，公子成穿了胡服上朝，朝中官员见了，都不敢再反对了。

◆伐齐有功的乐毅为什么返回了赵国？

公元前284年，乐毅统领赵、魏、秦、韩、燕五国的军队攻伐齐国，在济水西侧把齐国军队打得大败而逃。后来诸侯各国的军队都各自回国了，而乐毅继续率领燕军独立追击齐军，一直追到齐国都城临淄。

齐王在齐军连续失败后，逃出都城临淄，最后到了莒城。乐毅领兵攻进临淄，把齐国的珠宝玉器、财物祭品全都运送到燕国。燕昭王亲自到济水岸边慰劳军队，进行赏赐，给士卒犒劳。之后，又把昌国之地赏给乐毅，封他为昌国君。慰劳完毕，带着齐国的俘虏及其掳获的大量金银物品返回燕国，又派乐毅继续攻取没有降服的齐国城邑。

乐毅带兵在齐国征战了五年，攻下七十多个齐国的城邑，并把这些城邑都改为郡县，归属于燕国。最后仅剩下莒城、即墨两座城池尚未攻破。这时，燕昭王死了，他的儿子即位称为燕惠王。惠王本就对乐毅心怀不满，再受到齐人反间计的挑拨，就更加怀疑他了。于是，惠王派骑劫代替乐毅为将，并召回乐毅。

乐毅担心回燕被杀，就返回了老家赵国。赵国君王很尊重乐毅，也十分信任他，封他为望诸君，把观津之地封给他，还对燕、齐发出警告。燕、齐两国也奈何乐毅不得，他就在赵国住了下来。

◆田单破燕使用了怎样的战法？

乐毅伐齐，最后只剩下了莒城和即墨两个地方没有攻破。由于齐愍王已死，莒城的大夫就立其子为王，是为齐襄王。这时，乐毅又派兵进攻即墨，即墨的守城大夫在战斗中受伤死了。

由于即墨城里没有守将，士兵人心惶惶。这时候，即墨城里一个齐王的远房亲戚田单就带领大家守城，抵御燕军的进攻。后来，骑劫代替乐毅指挥燕军攻城。骑劫上任后，遂下令燕兵围攻即墨，燕国士兵里里外外将即墨围了好几层。田单经过冥想苦思，想出了一条破敌之计。他下令将全城的各种各样的牛集中到军营来，精心挑选了一千多头牛；随即命令士兵请来裁缝，给每头牛身上披一块绸子，上面画着大红大绿的古怪花样；在牛角上捆两把锋利的尖刀，尾巴上系一捆浸透了油的苇束。

一天午夜，田单下令凿开十几处城墙，命士兵把牛成群结队赶到城外，还在牛尾巴上点着了火。牛被烧得疼痛难忍，牛性子一下子发作起来，一千多头牛愤怒地朝着燕军兵营方向猛冲过去。齐军的五千名“敢死队”成员也拿着大刀长矛，紧跟在牛队后面，冲杀上去。城里的老百姓都一起来到城头，拿着铜壶、铜盆，狠命地敲打，为士兵和火牛呐喊助威。

一时间，震天动地的呐喊声、鼓声、铜器声和火牛的怒吼声、士兵的冲杀声响成一片。燕国人睡眼朦胧间，看见火光冲天，成百上千脑袋上长着刀的怪兽向他们的兵营冲过来，吓得腿都软了，哪儿还敢抵抗呢？一阵乱战，燕军开始败退。骑劫坐着战车，想杀出重围，结果却被齐兵围住，乱刀砍死。就这样，燕国损兵折将，大败于火牛阵。

于是，齐军乘胜反攻。那些被燕国占领的地方的百姓都纷纷起兵，杀了燕国的守将，迎接田单的到来。几个月后，齐国就收复了被燕国所占的城池。田单又把齐襄王从莒城迎回临淄，齐国这才渡过了几乎亡国的危险。

◆冯谖怎样给孟尝君“买义”避祸？

孟尝君，妫姓，田氏，名文，战国四公子之一，齐国宗室大臣。其父靖郭君田婴是齐威王幺儿、齐宣王的异母弟弟，曾于齐威王时担任军队要职，于齐宣王时担任宰相，封于薛（今山东滕州东南官桥、张汪一带），权倾一时。田婴死后，田文继位于薛，是为孟尝君。据载，孟尝君有三千食客，其中有一个叫冯谖的。冯谖因为家境贫困，托人在孟尝君门下做一名食客。孟尝君问他有什么爱好和特长，冯谖都说没有。孟尝君笑了笑，就接纳了他。一次，冯谖自告奋勇替孟尝君去他的封地薛邑收债。临行时，冯谖问：“收完债后，买些什么回来？”孟尝君说：“先生看着办，买些我缺少的东西吧。”

到了薛邑，冯谖派官吏把百姓叫来核对好债券，宣布：孟尝君说这些债全都免了！然后，就烧掉了债券，百姓感激得欢呼万岁。

冯谖回去复命，孟尝君问他买了些什么回来。冯谖说："我想您缺少的只有仁义了，就自作主张为您买了仁义回来。"孟尝君问："仁义怎么买呢？"冯谖说："您只有小小的薛邑，却不体恤子民，反而放高利贷。我假借您的名义，将所有的债全免了，这就是替您买的仁义。"孟尝君很不高兴。

一年以后，孟尝君被齐愍王罢了官，丧气地回到薛邑。百姓扶老携幼，出城百里迎接孟尝君。孟尝君感慨地对冯谖说："先生为我买的仁义，我今天看到了。"

冯谖说："狡猾的兔子有三个洞穴才可以避免死亡，如今您只有一个洞穴，还不能高枕无忧。"于是，冯谖便替孟尝君游说魏国。魏国决定聘孟尝君当宰相。齐愍王听到这个消息，连忙向孟尝君道歉，请他官复原职。冯谖让孟尝君乘机求取齐王祭祀祖先的祭器，在薛邑设立齐王的宗庙。这样，孟尝君就永远不会失去薛邑了。等到宗庙落成，冯谖说："三个洞已经挖好了，您可以安心了。"这就是成语"狡兔三窟"的来历。

从此，孟尝君在齐国当了几十年宰相，没有祸事上身。

◆楚怀王为什么客死在秦国？

公元前 299 年，秦王派人送信与楚怀王，约他在武关相会，当面结盟。大臣昭睢劝怀王发兵自守，不去赴约，认为秦为虎狼之国、言而无信；怀王的儿子子兰却劝怀王前去赴约。楚怀王听从了子兰的话，动身前去秦国。秦国命一个将军诈扮为秦王，并在武关埋下伏兵。楚怀王一到，秦国便关闭关门，劫持了楚怀王，把他带到秦都咸阳。到咸阳后，又强迫楚怀王在章台宫像藩臣一样朝见秦王，并威胁他，要他割地给秦国。楚怀王坚决不答应，秦国便把他扣留在咸阳。

楚国大臣见怀王被扣，为安定国家，便迎立在齐国为质的太子为楚王，是为楚顷襄王，并把这个消息告诉秦国。秦王恼羞成怒，派秦军出武关攻楚，杀楚军 5 万人，攻下 16 座城池。

公元前 297 年，楚怀王从秦国逃跑。秦国发现后，立即派军队封锁了通往楚国的所有道路。楚怀王只好从小路逃到了赵国；后来，他又准备逃到魏国去，途中被秦国人抓了回去。第二年，楚怀王在秦国羞怒成疾，客死秦国。

◆燕昭王为什么盖有"黄金台"？

战国时，燕国燕王哙愚昧昏庸、

忠奸不分，用子之为丞相，国家十分混乱。齐国趁机讨伐燕王，燕王哙死了，子之被齐军剁成肉酱；后来，在中原各国的干涉下，齐国才退兵；一直在韩国做人质的公子职回国继位，这就是燕昭王。

燕昭王决心复兴燕国，而最要紧的工作就是招揽人才。燕昭王去向郭隗请教，郭隗于是讲了个故事启发燕昭王，说古时候有个国君打算用千两黄金去买一匹千里马，但三年也没买到。有个人辗转打听到有个地方有匹千里马，可赶到时那匹马已死了，这个人就用五百两黄金把死马的骨头买了献给国君。国君大怒，那个人说：“天下人知道您花五百金买马骨头的消息，就会把骏马送上门来的。”果然，不到一年时间，人们就献来三匹千里马。讲完这个故事，郭隗说：“大王您如果真想招贤纳才，不妨就从我身上开始吧。”

于是，燕昭王盖了一座金碧辉煌的宫殿，举行隆重的仪式，恭敬地把郭隗请到宫殿里去住，每天都要像学生请教老师那样前去探望。燕昭王还修筑了一座高台，用以招徕天下贤士。台上放置了许多黄金，作为赠送给贤士的见面礼，这就是著名的“黄金台”。

燕昭王爱慕贤能的名声风传天下，各国才士争先恐后地奔赴燕国。其中不乏勇将名士：武将剧辛从赵国来，谋士邹衍从齐国来，屈庸从卫国来，乐毅从魏国来……一时间，燕国人才济济。

◆屈原为何痛沉汨罗江？

屈原（约前340—前278），战国末期楚国丹阳（今湖北秭归）人，楚武王熊通之子屈瑕的后代。屈原是中国最伟大的浪漫主义诗人之一，他创立了“楚辞”这种文体，也开创了“香草美人”的传统，代表作品有《离骚》《九歌》等。屈原从小受到良好的教育，二十多岁时担任楚怀王的左徒，深得楚怀王的信任。后来，楚怀王听信谗言，疏远了屈原。但屈原没有计较，还和往常一样就国家大事向楚怀王进言。楚怀王不但听不进屈原的忠告，还撤了他的职，让他去当三闾大夫，管些无关紧要的事。

屈原对楚怀王的昏庸不明感到很失望，他把满腔的悲愤倾泻到诗句中去，写下了文学史上著名的长诗《离骚》。后来，屈原听到楚怀王被秦国劫持、死于他乡的消息，悲愤交加，写下了《招魂》一诗。这时的楚国，太子横登上了王位，即为楚顷襄王。顷襄王重用兄弟子兰和靳尚，排斥屈原。他免除了屈原的官职，将他放逐到湘南一带。

又过了两年，楚国郢都被秦国攻占了，宫殿成了一片瓦砾，楚顷襄王也逃到江东。屈原复兴祖国的理想彻底破灭了，他怀着壮志未酬的痛苦，吟着他最后的诗篇《怀沙》，投入了汨罗江中。屈原投江的日子是农历五月初五，后人为了纪念他，将这天定为端午节，并传下了端午节龙舟竞渡、吃粽子等传统风俗。

◆蔺相如为何戏耍秦王？

公元前 283 年，赵惠文王得到了一块非常宝贵的玉璧，相传它是楚国人卞和采到的，所以又叫它“和氏璧”。秦王听说赵国得到了和氏璧，就想骗过来据为己有。于是，秦王派一位使者去见赵惠文王，说秦国愿拿十五座城市来换那块和氏璧。

赵惠文王派蔺相如带着玉璧前往秦国。秦王听说赵国将玉璧送来了，赶紧召集朝中大臣，在王宫中会见蔺相如。

蔺相如将玉璧捧给秦王，秦王把玩了好半天，可就是不提换城的事。蔺相如站在一边，看到眼前这幅情景，心想：秦王果然不怀好意，全然没有要给我们城的意思。于是就上前对秦王说：“大王，您也许没有注意，和氏璧有一点毛病，请让我指出来给您看。”

秦王听蔺相如这么一说，就把玉璧交给了他。蔺相如拿到玉璧向后退了几步，靠到了后边的柱子上，圆瞪着眼睛，满脸怒气，对秦王说：“我王知道和氏璧是稀世之宝，因为您喜欢，愿意拿十五座城市来换，所以派我来这里。但今天看起来，您傲慢无礼，毫无诚意，要我们的玉璧，又不想给我们城市。现在玉璧就在我的手里，如果您一定要逼我，我就和这玉璧一起在这柱子上撞碎。”秦王怕蔺相如真的要砸玉璧，忙说：“先生，请不要这样，我说了话怎么能不算数呢？”接着，就让左右取来地图，把准备给赵国的十五座城市指给蔺相如看。蔺相如看透了秦王要通过此举来骗取自己手中的玉璧，就说：“我国大王为了送这宝贝，斋戒了五日，而且我临行之时，他们还举行了隆重的欢送仪式。如果您也是诚心诚意的，您也应该同样斋戒，才能接受这玉璧。”秦王心想：反正你也逃脱不出咸阳，就答应了。

回到秦国馆驿后，蔺相如就吩咐随从扮成一个穷苦老百姓，将玉璧藏在怀里，偷偷地溜出秦国，将玉璧完好地送回了赵国。

过了五天，秦王斋戒结束，就召集群臣和外国使节，来举行受璧仪式。蔺相如从容地走到了宫殿中，对秦王说道:“贵国自穆公以来，共有二十几位君主，但没有一位能守信义。我担心您也蒙骗我，使我赵国既失去宝贝，又得不到你们秦国的城市，所以我已派人将玉璧携回国内。秦王要是把十五座城市先割让给我们赵国，我们赵国哪里敢不交出玉璧呢？”

秦王一听，羞愧难当，想杀蔺相如，又恐惹人耻笑，就让蔺相如回赵国了。其实，秦国本来就没打算用城换璧，只不过想借此来试探一下赵国的态度和实力罢了。

◆成语“鸡鸣狗盗”的渊源是什么？

成语“鸡鸣狗盗”的来源和齐国公子孟尝君有关。一次，孟尝君出使秦国，被秦王扣留。孟尝君害怕被秦王杀掉，急于脱身，去求秦王的宠妃在秦王面前为他说情。秦王的宠妃非常喜欢狐狸皮袄。孟尝君正好有一件世上独一无二的白色狐狸皮袄，不巧的是已经献给了昭王。这下可愁坏了孟尝君，他问遍了所有门客，寻求解决办法。有一个人说，他可以夜里学狗叫到王宫里把那件狐狸皮袄偷回来。果然，这个门客在夜深人静时从王宫中偷回了狐狸皮袄。孟尝君把它献给秦王的宠妃，宠妃欣然接受，劝说秦王释放了孟尝君。

当孟尝君离开秦都后，秦王又后悔了，派人追捕孟尝君。孟尝君一路东逃，逃到函谷关前，已是夜半，依照关口规定，只有等到鸡鸣时才允许百姓出入。孟尝君让门客们想办法。门客中有一个善学鸡叫的。这个门客一学鸡叫，别的鸡也跟着叫了起来。关吏打开关门，孟尝君逃出函谷关，安全返回了齐国。

◆赵奢因何被赵惠文王封为马服君？

公元前270年，秦昭王派遣军队进攻赵国西北部的要塞阏与，企图由此进袭赵都邯郸。赵王召来大将廉颇和乐乘，问他们可不可以出兵援救阏与守军，二人都认为阏与路程太远，而且都是山路，通行艰难，很难求援。赵王很失望，又去问赵奢，赵奢回答说:“道路远而又艰难，就像两只老鼠在一条穴中相争斗，哪一方将领勇敢，哪一方就可以获胜。”赵王大喜，立即命令赵奢率赵军援救阏与。

赵奢率赵军从邯郸出发，出城三十里，传令赵军停止前进，并向军中下令："谁敢向我谈进军的问题就杀谁的头！"

这时，秦军在围攻阏与要塞的同时，派出一支部队绕到赵军背后，一直前进到武安之西，武安是邯郸西边的最后一道屏障。消息传到，一个军官按捺不住，向赵奢进言，请他急速前进援救武安。赵奢不听，下令斩杀这个军官，命赵军原地不动，并增加壁垒，整整18天未曾前进一步。秦军间谍潜入赵军，被赵军抓获，赵奢不但不杀，反而将他放走。这个间谍回去后，将情况报告了秦军统帅。秦军统帅因此放松了对赵军的警惕。赵奢将秦军间谍打发走后，命令全军立即出发，火速前进，一天一夜便赶到了前线，在离阏与50里的地方扎营，并立即修起壁垒。赵奢采纳了士兵许历的建议，指挥赵军猛攻秦军。秦军大败，弃甲而逃，伤亡惨重。阏与之战使秦国的东进计划暂时受阻。

战后，赵奢因功被赵惠文王封为马服君，与廉颇、蔺相如等重臣同列，许历也因功而被擢升为国尉。

◆"债台高筑"讲的是谁的故事？

周武王伐纣灭商，建立一统天下的周朝，可是天下传到周赧王的时候，周天子的土地，零零碎碎加在一起，也就几个县，不但比不上秦、楚这样的大国，连大国底下的臣子封地也比不上。这时，诸侯国中，秦国尤为强大，经常出兵平灭那些弱小的国家。有一回秦国包围了赵国的首都邯郸，结果却被魏国的信陵君打败了。赵国得救，秦兵战败，在各国引起了很大震动。当时楚国有一位名士叫春申君，便向楚国的国君楚考烈王建议说："大王，现在机会来了。秦国老想称王称霸，这次信陵君打败了它。假如您现在动员周天子联合几个国家，一齐攻打秦国，就能把秦国灭了。这样一来，您就成了各国的盟主。时不再来，机不可失啊。"于是楚考烈王就请求周赧王出面号令各诸侯参战，共同讨伐秦国。

周赧王企图借此重振周王朝的声威，于是，毫不犹豫地答应出面。可当时的周王朝又小又穷，打仗得有钱组织军队才行。为了组织一支几千人的军队，周赧王不得不向豪门富户借债，还立下字据：保证在灭秦之后，用战利品加倍偿还。

当时，周王朝已没有什么号召力了，而各国都惧怕强秦，除了楚国和距离秦国较远的燕国响应了周赧王的号召，其他国家根本没派兵，仗也就没打成。周赧王只好把刚刚凑齐的军队解散了，可他借来的钱已花得精光。周赧王没有钱还债，那些债主拿着字据天天登门讨债。周赧王无法应付，每次一见债主上门，他就躲进深宫后的一座高台上。后来，人们称这个台子为“债台”，以“债台”形容欠债过多无法偿还，“债台高筑”的典故就是这样来的。

◆邯郸大战的结局如何？

公元前258年，秦昭王因赵违约未割让六城给他，不听白起劝谏，派王陵进攻赵都邯郸，秦赵邯郸之战爆发。赵国上下同仇敌忾，共赴国难，坚守城池。平原君赵胜以国忧为先，身先士卒，听从李谈的劝告，裁减府邸人员和开支，组织敢死队3000人与秦军殊死决战，秦军为之退却30里，大大鼓舞了士气。

秦军久攻不下，几易其帅；邯郸久陷重围，易子而食。战事日紧，赵王遂遣平原君求救于楚、魏。楚王应从，派春申君率军救赵。求得楚国帮助，平原君再求魏援助，魏信陵君通过魏王爱妾窃得魏王虎符，率10万大军前往邯郸救围。

魏信陵君率领的10万大军与楚国的援军会合于邯郸，对秦军发起了猛烈的进攻；与此同时，邯郸的赵军也乘机反攻，秦军大败，邯郸解围。此战过后，赵国暂时渡过了亡国危险。

◆信陵君用什么办法救了赵国？

秦军围攻赵国国都邯郸时，赵国岌岌可危，平原君派人送信给魏王和信陵君，请求魏国出兵援救赵国。魏王接到赵国告急的求援信后，立即派遣晋鄙大将带领10万兵马去援救赵国。秦王闻讯后，立即亲自到邯郸督战，并且派使臣警告魏王说：“我秦国大军进攻赵国都城邯郸，早晚之间就要拿下这个城市；如果诸侯国家当中有谁敢出兵援救赵国，那么等我拿下赵国后，定要最先击败它！”魏王害怕了，连忙派人传令给晋鄙率领的魏国10万军队：立即停止前进，就在邺地驻扎待命。

信陵君因无法解除邯郸之围感到十分忧虑，他多次请求魏王下令火速救赵国，但魏王始终没有采纳他的意见。信陵君无计可施，便断然决定自己带着门客们准备奔赴邯郸同秦军拼杀。侯嬴劝阻了信陵君，并给信陵君出了一计。信陵君立即采纳了侯嬴的计谋，令人前去请求魏王宠妃如姬盗取调遣晋鄙的兵符相助。如姬在夜深时，趁魏王熟睡之机盗得魏王调兵所存的半个兵符，交给了信陵君。

信陵君带上朱亥一行人来到邺城，见到晋鄙，假托魏王有令要自己代替晋鄙的职务。晋鄙虽然将两块兵符合上了，但心里还是对此事产生了怀疑，打算拒不交出兵权。见此情形，朱亥大喝一声，立即拿出藏在袖中的重达40斤的铁锤，劈头盖脸朝晋鄙砸过去，一锤打死了晋鄙。随后，信陵君统率晋鄙的军队进攻围困邯郸的秦军，给秦军以突然打击。在魏军和赵军的内外夹击下，秦军被迫解围，仓皇逃走。

魏王非常恼恨信陵君杀死了大将晋鄙，信陵君也自知得罪了魏王。于是，信陵君便派遣其他将军率魏军回国，而自己留在了邯郸。

◆毛遂是怎么自荐的？

秦军包围邯郸时，赵国平原君去楚国求救。出发之前，平原君要挑选20名文武全才的人和他一道去。平原君的手下一共有三千多人，要选20人很容易，但他挑了半天，只挑出19人。这时，一个叫毛遂的人站了出来说："也许您不大认识我，但我就是您要找的最后一个人。"平原君就问毛遂："你在我的门下几年了？"毛遂说："三年了。"平原君说："我听人说，贤人在世上，就像一个锥子放在袋子里，它的尖很快会从袋中露出来的。你在我的门下已经三年了，并没有做出什么重要的事使得大家称颂你，我也没听说你有什么大的能耐，这就证明你的本事是十分有限的。我看你还是留下吧。"毛遂说："您说得很对，我以前没有露出尖来，就是您没有把我放到袋子里去，今天请求您把我放到袋子里去。"于是，平原君就带上了毛遂，另外19人在去楚国的路上经常私下拿他开玩笑。

到了楚国，平原君就和楚王商量楚军援赵之事。但任凭平原君怎么说，楚王就是不答应。这时，只见毛遂手按宝剑走了上去，斩钉截铁地对平原君说："先生，援赵的利害关系两句话就能说清，怎么和他从早上就说到了中午，还没有说成？"楚王看到这位不速之客，问："这是何人？"平原君说："是我的门人。"楚王喝道："还不给我下去，我正和你家先生商量大事，你来干什么？"

毛遂有意地向楚王面前走了一步，大声说道："你之所以对我无礼，是因为你坐在家里，依仗着你们人多。但是，就在这十步之内，你能显示出你楚国人多的优势吗？大王的性命实际上就握在我毛遂的手里。"楚王被毛遂说得不知如何是好，用求助的眼光望着平原君，平原君示意他听毛遂的话。然后，毛遂继续为楚王剖析了援赵抗秦的利弊得失。

楚王听毛遂分析得很有道理，就说："那就依毛先生的话，楚赵结盟抗秦。"毛遂怕楚王反悔，便让楚王与平原君歃血为盟。盟誓后，楚王派大兵救援赵国。毛遂对解邯郸之围起了很关键的作用。

◆秦王为什么要赐死白起？

公元前259年，秦王打算派兵进攻赵国都城邯郸，白起劝谏说："我们去攻打赵国的国都，赵军肯定拼死抵抗，别的国家也会帮助赵国，加上我们现在国内空虚，肯定会失败的。"可秦王不听，执意要发兵攻打赵国，还打算派白起带兵。白起借口生病，不能带兵前往。秦王便派王龁统兵，包围了邯郸，却久久不能攻下。这时，楚国的春申君和魏国的信陵君率军进攻秦军。楚魏联军和赵军里应外合，秦军大败。

白起听到这个消息后，对秦王说："您不听我的意见，现在怎么样？"秦王听了白起的话非常生气，免去他的官爵，令他迁居到阴密（在今甘肃）。白起出了咸阳不远，秦王又派使者赐白起一把宝剑，命他自杀。白起接过宝剑，满腔悲愤，长叹一声，挥剑自杀。

◆赵国名将李牧是怎样防御匈奴的？

李牧是赵国名将，曾经在赵国的代郡（在今河北）和雁门郡（在今山西）一带防御匈奴。李牧防御匈奴很有办法：首先，他致力于团结将士，使上下齐心协力；然后，他根据边境的实际情况开辟商业市场，把从市场上征收来的租税都作为军费开支，每天都买些牛来杀掉，犒劳士兵；第三，他加紧督促士兵练习骑马射箭，提高战斗能力；第四，命令军兵提高警惕，完善烽火等报警设施，并派出许多间谍侦探匈奴人的动向；第五，李牧不准士兵出去和匈奴人交战，匈奴兵一进入赵国边地，赵军立即点燃烽火，入城据守，拒不出战。这样过了几年，赵国并没有什么损失；匈奴人认为李牧是个胆小鬼，就连赵国的边防士兵也都这样看待李牧。

匈奴连续几年里都没有抢到什么，却始终认定李牧胆怯。李牧又经常赏赐将士，将士们无功受禄，于心不安，不愿意再接受赏赐，都愿意和匈奴人大战一场。李牧见士气已经养成，便从边防军中挑出1300辆战车，13000

名精锐骑兵，能擒敌杀将的精锐步兵5万人，善射的弓箭兵10万人，把他们全部调集在一起，准备作战。然后，李牧下令大开城门，将牛羊都驱赶到田野里。匈奴人闻讯后，立即前来抢掠。赵军佯装不胜，让匈奴人俘去数十人。匈奴单于见赵军不过如此，便率领大军进入边塞，想大捞一把。李牧见匈奴兵来到，便布下奇阵，命中军诱敌，左、右两军从侧翼包抄进击，形成包围，大败匈奴人，杀匈奴兵十多万人。之后，李牧率军乘胜消灭了襜褴部落，击破了东胡，并迫使林胡投降赵国。匈奴单于被打得抱头鼠窜，十几年都不敢靠近赵国边境。

◆主修都江堰的人是谁？

秦惠文王的时候，秦国灭掉了位于今天四川成都一带的蜀国，改为蜀郡，派官治理。公元前256年，李冰被任命为蜀郡太守。当时，蜀郡治下的岷江经常发生水涝灾害，人们难以安居乐业。于是，李冰和儿子一起行程数百里，沿岷江逆流而上，亲自勘察岷江的水情、地势等情况。在实地考察基础上，李冰确定了治理岷江的周密方案。终于，历经千辛万苦，李冰带领大家修建成了都江堰。为了工程的维护和长久的使用，李冰还制定了一系列维修和监控办法，有的至今还为人们所沿用。

李冰修建的都江堰具有很高的科技水平，在世界水利史上也占有一席之地。我国历史上曾修建过的许多水利工程中，唯独李冰修建的都江堰经久不衰，两千多年来一直发挥着防洪、灌溉、航运等多种功效，成为一项工程奇迹。

◆吕不韦是怎么走上丞相之位的？

公元前287年，秦昭襄王的次子安国君被立为太子，他的爱姬被立为正夫人，赐号华阳夫人。安国君有二十多个子女，其中有个叫异人的儿子排行居中。异人的母亲夏姬不受宠爱，异人就被作为人质送到了赵国。

原籍卫国的大商人吕不韦到赵国邯郸做生意时，认识了异人。当时，异人的生活过得很拮据，吕不韦决定资助异人，以异人作为投机政治的资本。吕不韦对异人说：“我能让您贵为天子，富有天下。”异人心知吕不韦所指，便和他促膝密语，说了很多肺腑之言。吕不韦说：“秦王老了，安国君如今又是太子。我听说安国君最宠爱华阳夫人，而华阳夫人膝下无子。您兄弟二十余人，而您排行居中，又在赵国作为人质，如何能被安国君重视呢？如此看来，即使秦王死后，安国君得立为秦王，您也没有多少把握和各位公子争夺太子之位。”异人深以为然，说：“那依先生之见，该如何是好？”吕不韦说：“我吕不韦愿以千金之资去为公子游说，让华阳夫人收公子为义子。”异人听后，忙跪拜说：“若先生的谋划真得以实现，我愿平分秦国与先生共享。”

于是，吕不韦便将许多钱赠于异人，以供他的日常用度及结纳宾客贤达之需。吕不韦还将自己的宠妾赵姬送给异人，赵姬生下的儿子嬴政，就是后来统一中国的秦始皇。随后，吕不韦尽购奇珍异宝，回秦国贿赂华阳夫人收异人当了义子。

秦昭襄王死后，安国君即位，但不久也去世了。吕不韦帮助异人逃回秦国，在华阳夫人的帮助下即位为秦庄襄王，吕不韦也由此做了秦国丞相。

◆中国历史上最年轻的卿相是谁？

吕不韦做了秦国丞相，八方搜罗门客，借以粉饰自己惜才爱士。许多人慕名前往，有一位年仅12岁的童子也来求为门客。这个童子名叫甘罗，他的祖父叫甘茂，曾担任秦国的左丞相。后来，甘茂受到别人排挤，被迫逃离秦国，不久就死于魏国。甘罗走投无路，只好投奔吕不韦。

甘罗从小能言善辩，深受家人喜爱。做了丞相吕不韦的门客后，甘罗生活上有了着落，心存感激，寻机报答。一次，秦欲派使赴燕，吕不韦请老臣张唐应命，屡劝无效。甘罗去见张唐，分析天下大势，数列出使利弊，说得张唐叹服，遂欣然应命使燕，帮了吕不韦一个大忙。此事不久，经吕不韦荐举，甘罗作为秦王特使，奉命赴赵，以雄辩之辞说服赵王发兵攻燕，秦不费一兵一卒，得城五座。甘罗立下奇功，满朝为之震动，秦王把甘茂充公的田宅赐还给他，又提拔他为上卿。

◆吕不韦是怎么丧命的？

秦庄襄王死了后，13岁的嬴政继承了王位，他就是后来的秦始皇。嬴政年少，朝政大权完全落在太后赵姬和丞相吕不韦手中，他们同宦官嫪毐狼狈为奸、专权弄国，根本不把嬴政放在眼里。嬴政一天天长大，对吕不韦产生了强烈的不满。

公元前238年，嬴政22岁，在旧都雍城举行了加冕典礼，从此，他就算正式做了国王，可以亲自处理朝政了。这对吕不韦来说很不利，于是他就想出一个借刀杀人之计，利用嬴政不在咸阳的机会，怂恿嫪毐叛乱。嬴政听到嫪毐叛乱，将计就计，命令吕不韦带兵去平叛。吕不韦只好带兵前往。谁料叛军不堪一击，没过几天，嫪毐便被抓住押解到咸阳。嬴政下令车裂嫪毐，并且诛杀了他的父族、母族和妻族。

嬴政知道嫪毐的叛乱与吕不韦有关，便派人调查吕不韦。调查清楚后，嬴政本想杀了吕不韦，但念他扶助父亲和自己登上王位有功，动了恻隐之心，只是罢免了他的丞相一职，让他回到自己的封地洛阳。但吕不韦不甘心退出政治舞台，暗中和六国诸侯保持密切联系，企图借助外国的力量东山再起。嬴政得知后勃然大怒，赐毒酒让吕不韦自尽了。

◆伯牙和钟子期是怎样的一对好友？

俞伯牙是楚国人，童年时就喜爱弹琴。后拜成连学琴。成连对他说："我只能传授给你琴曲，却不能转移你的性情。我的老师方子春，很会弹琴，也能转移人的性情。现在他正住在东海蓬莱，你愿意和我同去向他求教吗？"伯牙欣然同意，和成连一块来到了东海蓬莱山岛。成连留伯牙在山下，又对他说："你先在这里练琴，过些日子我会来接你。"伯牙孤身一人在岛上，生活清苦寂寞，便把心中的感受融汇海景岛色，作成了一支琴曲《水仙操》弹奏。琴曲刚刚作完，成连兴高采烈地来接他了。伯牙这时才明白，所谓方子春先生，不过是老师虚构的人物，他慨然地说道："这下子，老师真是转移了我的性情。"从此，伯牙弹琴出神入化，以致他奏琴时，连马听了都要仰脖对天嘶鸣。

有一次，俞伯牙去泰山游历，恰遇天降暴雨，他便避于一座山崖下肃穆地抚琴抒怀。他看到滂沱的雨水从峭壁险崖上倾泻，急转琴弦，奏出了时而高昂峻急、时而又缓缓缠绵的曲调，似流水长长。这时，一个叫钟子期的樵夫在雨中静静地听琴，竟忘了打柴，对伯牙说："先生弹的是《高山流水》吧？"伯牙点点头。接着，钟子期又说："琴抚得真妙。如志在高山巍峨，志在流水长长，再无可与你相比较的琴家了。"伯牙很佩服钟子期，把他视为知音。

二人别后的次年中秋，俞伯牙去找钟子期，可过了好久，还是没找见人。经打听，俞伯牙得知：钟子期已不幸染病去世了；临终前，他要人们把坟墓修在江边，好听俞伯牙的琴声。俞伯牙万分悲痛，来到钟子期的坟前，凄楚地弹起了《高山流水》。弹罢，他挑断了琴弦，把心爱的琴摔了个粉碎。悲伤地说："我的知音已不在人世了，这琴还弹给谁听呢？"

◆怎样的经历促使李斯发愤向上？

李斯生于战国末年，是楚国上蔡（今河南上蔡县西南）人，年轻时做过掌管文书的小吏。司马迁在《史记·李斯列传》中记载了这样一件事：有一天，他上厕所，不禁被吓了一跳，原来一大群正在抓蛆吃的老鼠被吓得四下逃窜。

还有一次，李斯去郡里的仓库巡视，发现粮食堆里有几只大老鼠正在偷吃着粮食。李斯去赶它们，老鼠毫不理会地继续细嚼慢咽。原来仓库里很少有人进来，老鼠没有半点儿恐惧感。看到仓里的老鼠养尊处优，长得又肥又大，李斯联想到厕所里的老鼠，不由得感慨万分：同是老鼠，由于所处的环境不同，其状况竟有天壤之别！人也同样，爬上去了就是贤者、君子，沦落下层就是愚民、小人，这和老鼠不是一样吗？

从此，李斯发誓要进入上流阶层。经过多年的努力，他终于受到秦始皇的重用，对秦国统一六国起了很大作用，后来担任了秦国丞相。

◆韩国游说秦国开凿郑国渠的意图是什么？

公元前237年，韩国为消耗秦的国力，使之无力攻伐六国，派遣水工郑国到秦游说兴修水利的必要性。嬴政采纳了郑国的建议，征发大量民工，由郑国主持，开凿西引泾水，通过瓠口（今陕西泾阳西北），东注北洛河的大型灌溉渠道。

后来，秦觉察出韩国的企图，欲杀郑国，郑国说"然渠成，亦秦万世之利也"。于是，秦国允许其继续施工，终于完成此项工程。渠成后，长三百余里，灌溉田地四万顷。从此，关中成为沃野，此渠也被命名为郑国渠。

◆李斯用什么办法使秦王收回"逐客令"？

公元前247年，李斯来到秦国，先在吕不韦手下做门客，并且在吕不韦的推荐下当上了嬴政的侍卫。李斯利用经常接近嬴政的机会，给嬴政上了《论统一书》，劝说嬴政把握机会，实现天下一统。嬴政欣然接受了李斯的建议，先任命他为长史，后又拜为客卿，让他制定吞并六国、统一天下的策略和部署。

后来，秦国宗室贵族借口有人在

秦国搞间谍活动，要求嬴政下令驱逐六国客卿，李斯也在被逐之列。李斯在离开秦国途中，写了《谏逐客书》，劝嬴政收回成命。他在《谏逐客书》中列举大量历史事实，说明客卿能够使秦国强大，劝嬴政为成就统一大业，要不讲国别，不分地域，广集人才。

嬴政觉得李斯说得有道理，立即取消了“逐客令”，打发人把李斯从半路上找回来，恢复他的官职，不久又提升他当了廷尉。

◆韩非怎样死在李斯的手上?

韩非，战国晚期韩国人，韩王室诸公子之一，战国法家思想的集大成者。公元前233年，韩非来到秦国，嬴政很高兴，和韩非促膝畅谈天下大事，但韩非口吃，善著书而不善言谈。韩非劝嬴政不要先征伐韩，应将赵国先消灭掉。嬴政以为韩非存有私心，便开始对他猜疑，置之而不重用。此时李斯、姚贾因嫉妒韩非的才能，也乘机进谗言诋毁韩非，说韩非本是韩国公子，终究是为韩着想而不为秦尽全力。如果秦王不用他，放他回韩国，将给秦国留下祸患，不如杀掉他。嬴政听信谗言，将韩非下狱论罪。李斯派人送毒药给韩非，要他自杀。韩非希望能面见嬴政，李斯不允，韩非被迫服毒，一代英才就此丧命。

◆嬴政为何要最先灭掉韩国?

自从嬴政消灭了嫪毐和吕不韦两大势力后，秦国有些衰微的国势立刻又强大起来。嬴政继承了几代先王的事业，继续扩张领土。秦国统一全国的条件成熟了。但嬴政知道单凭秦军的力量很难打败天下所有的诸侯，所以采纳了李斯、尉缭的建议，集中力量，先攻打弱小国家，进而壮大国势，扩大地盘。而且他还派人到六国搞间谍活动，用金钱收买一些大臣，让他们阻止或破坏抗秦联军，从而利用这个机会各个击破。

李斯认为韩国比较弱小，便建议嬴政先攻打韩国，他说:“大王，韩国在这六个诸侯国中，实力最弱小，我们可以先灭掉韩，实现中间突破，有利于我们攻打其他国家。”嬴政听从了李斯的建议。

公元前230年，嬴政派内史腾率领秦军浩浩荡荡攻打韩国，韩国灭亡，嬴政在韩国旧地设置了颍川郡。

◆王翦用什么样的计策破了邯郸?

公元前229年，赵国发生大灾荒，百姓苦不堪言，再加上前两年又发生了地震，百姓生活在水深火热之中。秦臣尉缭对嬴政说:“大王，赵国正在灾难之中，兵少马缺，我们可以乘此天赐良机灭赵！”于是，嬴政派老将王翦率领几十万秦军去攻打赵国。赵王派大将李牧、司马尚领兵抵抗。李牧作战经验十分丰富，年轻时曾经率领赵军大败匈奴、秦国。司马尚也十分勇猛，并且军纪严明。赵军利用地理优势，死死守城，不轻易出兵。两军相持很久，秦军一进攻，就被赵军打败，王翦一看硬攻达不到目的，便想利用内奸打开缺口。

王翦派人给赵王的宠臣郭开送去了重金，郭开早已被嬴政收买。郭开便按王翦的意思到处散布谣言：李牧、司马尚蓄谋造反。赵王偏听了郭开的话，杀了李牧、司马尚，又派赵葱、颜聚做大将。赵葱、颜聚没有作战经验，又不会团结将士。不久，王翦大败赵军，一举攻占了邯郸。赵王只好向秦国投降，赵太子嘉带领几百人马逃到代郡，自立为王。

◆荆轲刺秦王为何有去无回？

荆轲（？—前 227 年），战国时期著名刺客，战国末期卫国人，也称庆卿、荆卿、庆轲，是春秋时期齐国大夫庆封的后代。荆轲喜好读书击剑，为人慷慨侠义。后游历到燕国，被称为“荆卿”。在燕国，荆轲与杨屠及高渐离等关系亲密。高渐离擅长击筑，荆轲常与杨屠、高渐离在市井饮酒，酒酣则高渐离击筑，荆轲和乐而歌，又哭又笑，旁若无人。田光待荆轲很好，知他非庸碌之人，将他推荐给太子丹。

太子丹与荆轲纵论天下形势。太子丹再三请求荆轲出使秦国，最好是生擒嬴政，逼迫他交还诸侯所失国土，犹如当年曹沫逼迫齐桓公归还鲁国领土一样；如果不行，就杀嬴政，使秦内外相乱，君臣相疑，诸侯借机合纵，则有望击败秦国。荆轲说：听说嬴政用金千斤、邑万家来买逃将樊于期的头，如果能把樊于期的人头和燕国督亢之地（在今河北）献给秦国，嬴政一定会高兴地接见自己，也就可以趁机行事了。但太子丹不忍心杀害投奔他多年的秦将樊于期。荆轲私下找到樊于期说明来意，樊于期随后自刎。太子丹就让荆轲和勇士秦舞阳带着樊于期的人头和燕国督亢之地的地图出使秦国、刺杀嬴政。荆轲本想等一位朋友同去，但太子丹疑其后悔，荆轲怒斥太子丹，立即辞行。

从人白衣白帽送荆轲一行到易水边上，祭祀祈祷过后，高渐离击筑，荆轲和而歌唱：“风萧萧兮易水寒，壮士一去兮不复还！”随后大步上车，头也不回，驱车入秦。

到了秦国，他们先贿赂嬴政的宠臣蒙嘉，说燕国派使者带着珍贵的礼物前来表示臣服。于是，嬴政在咸阳宫举行隆重的接见仪式。荆轲手捧装着樊于期首级的匣子，秦舞阳捧着装有地图的匣子，相继来到大殿。刚走到台阶下，秦舞阳便被秦宫森严的气氛吓得脸变颜色身发抖，荆轲回过头笑着看了看秦舞阳，然后替他圆场说：“穷乡僻野之人，从来没有见过大王这样的气派，希望大王不要怪罪，容许我等完成使命！”随后，荆轲呈上地图，嬴政一点点展开图卷，展到最后，是一把寒光闪闪的匕首。荆轲以右手抢着匕首，左手抓住嬴政的衣袖，向他刺去。嬴政大吃一惊，一跃而起，由于用力过猛，挣破了被荆轲抓住的衣袖。惊慌之间，嬴政想拔身上的佩剑，但由于剑长，加之惊恐急迫，怎么也拔不出来。于是，只得绕着殿上的大柱躲避。

荆轲在殿上追逐着嬴政，那些吓呆了的侍臣手中又无兵器，只好上前徒手与荆轲格斗，御医夏无且将手中的药囊抡起来打向荆轲。

嬴政绕着柱子躲避荆轲，仓惶狼狈。侍臣们喊：“大王把剑推在背上！”嬴政这才恍然大悟，背负长剑，从肩头拔剑而出，向荆轲砍去，一下砍断了他的左腿。荆轲忍痛把匕首向嬴政掷过去，但没有击中，掷到后面的柱子。嬴政再上前以剑砍荆轲，荆轲身上八处被刺伤。荆轲知道大事不能成功了，靠在柱子上大笑，并且大骂嬴政，后来被杀。

◆秦国破燕的功臣是谁？

嬴政杀了荆轲后，立刻命令大将王翦率大军攻打燕国。太子丹带着兵马进行抵抗，但很快就被秦军打得落花流水、溃不成军。燕王喜和太子丹逃到辽东。

嬴政又派兵继续追击，立志把太子丹拿住，否则不肯罢休。燕王喜被秦王逼得没有办法，只好忍痛杀了太子丹，向秦国谢罪求和。

◆为秦国灭楚的功臣是谁？

公元前224年，王翦率领秦军60万浩浩荡荡地向楚国发起进攻。楚国也出动全国兵力进行顽强抵抗。到了交战前方，王翦下令兵士修筑壁垒，不许出战。楚国大将项燕以为王翦是到这里来驻防的，没想到这正是王翦的计策。在项燕毫无不防备的时候，早已憋足了劲的秦军突然向楚军发起攻势，60万人马以排山倒海的气势冲杀过去。楚国的将士抵抗了一阵，便纷纷逃命去了。王翦抓住战机，命令士兵穷追不舍。结果楚国的兵马越打越少，地方越失越多。后来，秦军一直打到楚国都城寿春，俘虏了楚王。项燕得知楚王被俘，觉得大势已去，便拔剑自刎了。公元前223年，楚国灭亡。

◆谁是秦国统一前的最后一个敌人？

楚国灭亡，嬴政命王贲率军又去攻燕。公元前222年，王贲灭掉燕国，之后又率兵攻占了赵国的代城。这时候，韩、赵、魏、楚、燕都被秦攻灭，六国中只剩下一个齐国。

齐国原来很强大，可齐王建一向胆小怕事，从不敢得罪秦国。每逢诸侯向他求救，他总是断然拒绝。齐王建认为齐国离秦国比较远，只要能够死心塌地听秦国的话，就不用担心秦国的进攻。可是看到了其他五国一一被秦国吞掉的时候，他才如梦初醒，马上着急起来，急忙派兵去守西面的边界，可为时已晚。

公元前221年，王贲带了几十万秦兵从燕国南部直扑齐国都城临淄。齐王建无计可施，只能坐以待毙。很快，秦军就进军到了临淄，齐王建向秦军投降了。

就这样，秦国在不到10年的时间里，把六国一个一个灭掉了，结束了长期的诸侯割据局面，建立了中国历史上第一个统一的多民族中央集权国家——大秦王朝。

第六卷
扫平六合、一统天下

秦时明月汉时关

秦始皇建立了中国历史上第一个中央集权的封建帝国——秦，但他的二世、三世，乃至于万世的梦想却被大泽乡农民起义的烽火燃烧殆尽；楚汉战争的硝烟散尽，刘邦在大秦帝国的废墟上建立起了大汉帝国，拉开了两汉四百多年的历史帷幕……这一刻，古今共观秦时明月汉时关！

◆中国历史上第一个称帝的人是谁？

春秋战国时期，各国的最高统治者一般都称为“王”，但秦统一中国以后，嬴政觉得自己是“德迈三皇，功过五帝”，“王”已不足以显示其尊贵，便令臣下议帝号。

诸大臣博士商议的结果认为：“古有天皇，有地皇，有泰皇，泰皇最贵。”因此上尊号为“泰皇”。然而，嬴政仍不满意，单取一个“皇”字，同时又采上古“帝”位号，号曰“皇帝”。自此，“皇帝”就代替“王”而成为最高统治者的称谓，而嬴政就成了中国历史上第一位皇帝。

◆郡县制是怎样的制度？

郡县制并非秦始皇所开创，只是到了秦始皇统一全国时，才实现了它的系统化和规范化，才成为整个国家的法定的行政制度，后人就称秦始皇推行郡县制。

公元前221年，李斯主张废除分封制，秦始皇决定对国家全面施行郡县制行政管理，在全国范围内确立了郡县制度。

最初，分天下为36郡，以后，随着边境的开发和郡制的调整，总郡数最多曾达到46郡。郡设郡守，郡守之下有郡丞、郡尉、监察史等。郡下设县，万户以下为小县，设县长。县令或县长之下又设县丞和县尉，也与上级政权一脉相承。县以下以乡、亭、里为单位，十里为一亭，十亭为一乡。

◆度量衡和货币于何时实现了统一？

秦统一前各国的度、量、衡各异，换算起来非常不方便。秦始皇统一六国后，对度、量、衡作了统一规定。度以十进：十分为一寸，十寸为一尺（合今23厘米），十尺为一丈。量亦以十进：十合为一升（合今200毫升），十升为一斗，十斗为一斛。衡的单位与进法是：二十四铢为一两，十六两为一斤（合今0.25千克），三十斤为一钧，四钧为一石。统一度量衡后，秦始皇下令把诏书铭刻在官府制作的度量衡器上，发至全国，作为标准器具。秦统一度量衡的措施在全国得到了认真的推行。度量衡的统一，在维护国家统一、推动经济发展方面，起了积极的作用。

秦统一前，各国所用货币不仅外形不同，称量单位也有差异。大致有布钱、刀币、圆钱、郢爰四大系统。除郢爰流行于楚国外，布钱流通于韩、赵、魏，刀币流通于齐、燕、赵等国，圆钱流通于秦、东周、西周和魏、赵等国。秦统一后，秦始皇下令统一全国货币，以黄金为上币，镒为单位；以方孔有廓圆钱为下币，以半两为单位，称为“半两”钱。货币的铸造权归国家所有，私人不得铸币，违者定罪，严加制裁。

◆“三公九卿制”具体指什么？

秦王朝消灭六国后，开始在全国推行封建官僚制度，以适应新形势，加强中央集权。秦王朝的中央政权是原秦国的中央政权的延续和扩大，但官职的名称和权力有许多变化。

在中央设立负责政务的丞相、太尉、御史大夫。丞相为百官之长，其职责是协助天子处理全国的政务，丞相使用的相印为玉石所制，上面的印纽为金制，所以称“金印”。官员上朝时官印要放在袋中用丝带系于腰际，丞相用的丝带为紫色，所以称之为“金印紫绶”。秦朝的丞相分为左、右，左丞相的地位高于右丞相。太尉是辅助皇帝以参理武事，同样也是“金印紫绶”。御史大夫负责监察工作，同时又要辅助丞相处理政务，为“银印紫绶”。丞相、太尉、御史大夫，在习惯上称为“三公”。三公相互牵制，如丞相虽是百官之长，但其仅负责民事，军事由太尉管理；太尉虽管军事，但并不直接掌握军队，也没有发兵权，发兵权归皇帝；御史大夫虽然地位比丞相和太尉低，但由于他负责监察百官，对丞相和太尉都有所牵制。三公互相牵制的结果是军政大权都掌握在皇帝手中。

在三公之下，设有一些处理具体事务的官员，一般称之为“九卿”，其实不止此数，其中主要有：负责宗庙礼仪的奉常、负责皇帝禁卫的郎中令、负责皇宫守卫的卫尉、负责京城防卫的中尉、负责皇室车马的太仆、负责皇室财政的少府、负责宫室修葺的将作少府、负责宗室亲属事务的宗正、负责全国司法的廷尉、负责全国财政的治粟内史、负责民族事务的典属国等，九卿都分别有自己的办事机构和属僚。

◆秦修长城、开灵渠的目的是什么？

公元前 214 年，秦将蒙恬率 30 万大军征伐匈奴，收复了河套南北的广大地区。为了巩固这一地区的统治，秦将原秦、赵、燕旧时的长城随地形修筑连接，建成了西起临洮、东至辽东的万里长城。万里长城对于抵御北方少数民族贵族的骚扰，保障内地人民的生产和生活，起到了重要作用。

秦始皇为开拓岭南地区，为秦军征服南越提供后勤保障，于公元前 217 年命监御史史禄开凿灵渠。灵渠沟通了湘、漓两江，连接了长江、珠江两大水系。灵渠的凿通使秦军解决了物资运输困难问题，为秦统一岭南起了决定性作用，也促进了岭南地区的发展。至今，灵渠这一巧妙的工程仍令现代工程师惊叹。

◆伐匈奴、置郡县的名将是谁？

蒙恬，其祖先为齐国人；祖父蒙骜，从齐入秦侍奉秦王，官职为上卿；父亲蒙武，弟蒙毅，都是名将。公元前 221 年，蒙恬因家世殊勋被拜为秦将，受命攻齐，拜为内史。

秦灭六国的最后阶段，逐渐强大起来的匈奴趁中原各诸侯国激烈征战无暇外及，占领了河套地区的所谓“河南地”。秦王朝建立后，匈奴的威胁成为最突出的问题。公元前 215 年，传说奉命入海求仙的卢生回到咸阳，向秦始皇报告鬼神事，奏上的《录图书》有“亡秦者胡也”的语句。秦始皇认为“胡”谓匈奴，为此，遂派大将蒙恬率军 30 万大举北伐匈奴。

蒙恬率军越过黄河，夺取了被

匈奴控制的高阙（今内蒙古杭锦后旗东北）、阳山（今内蒙古狼山）、北假（今内蒙古河套以北、阴山以南、大青山以西地区）等地。匈奴首领头曼单于在秦军的打击下，放弃河南地及头曼城向北退却。秦王朝收复河套以北、阴山一带地区后，增设44县，重新设置九原郡，在黄河岸上构筑城堡戍守。公元前211年，秦迁内地人3万户到北河、榆中（今内蒙古伊金霍洛旗以北）屯垦，进一步巩固了对这一地区的统治。

◆秦始皇派谁征服南越？

秦始皇消灭六国后，出兵南越便提上日程。从公元前221年起，秦始皇派尉屠睢率50万大军按照分路与合兵相辅相成的作战计划，进入与南越、闽越等接界之地区，“三年不卸甲弛弩”。公元前214年，五路大军开始按预定计划行动。秦军所向无敌，中国西南部、东南部的广大地区被征服，进而占据红河流域地区。后来，秦始皇在这些地区设置了闽中郡、桂林郡、象郡等郡。

◆世界上最早的“高速路”于何时建成？

秦始皇统一全国后，为了便于政令军情的传送和商旅车货的往来，下令在全国各地修筑驰道。驰道工程以秦的都城咸阳为中心向各地辐射，东至燕齐（今京津地区及山东），南达吴、楚（今江苏与两湖地区），北抵九原（今内蒙古包头西北），西通陇西（今甘肃临洮），形成较为完整的交通网络。驰道宽50步，路基较为坚固；道中央宽3丈，为车马专用道路，每隔3丈植松树一株，作为标志。驰道两旁辅以小径，为百姓行走之途。

公元前212年，秦始皇又命令大将蒙恬主持拓筑从九原至云阳（今陕西淳化西北）的直道，其间凿山填谷1800千米，解决了许多工程技术难题。这些“驰道”“直道”几乎可与现在的高速公路媲美，堪称世界最早的“高速路”。

◆秦始皇为什么要焚书坑儒？

公元前213年，秦始皇在咸阳宫举行盛大宴会。文武百官举杯同庆，纷纷歌功颂德。博士仆射周青臣对秦始皇说：“陛下创下前所未有的制度，以诸侯封地为郡县，今后得永享太平，万世无忧，自古以来，没有任何君王能比得上陛下的威德。”

博士淳于越不喜欢周青臣拍马屁，就批评郡县制。秦始皇听了淳于越的批评，有些不高兴，就让群臣来讨论郡县制的优劣。丞相李斯强烈反对淳于越的观点，并将问题大而化之，推向极端。李斯又花了10天时间，给秦始皇写了一份奏折，认为儒生只知钻研古书，妖言惑众，危害很大。他建议：非关秦国历史的史书全部焚毁；不是掌管图书的官方博士，不得私藏诗书及诸子百家的书；凡是有俩人以上集合讨论诗书的，斩首；以古制来责难现今制度的，灭族；官吏知情不报者同罪；接到焚书令30天内不执行者，一律判劳役4年，去筑长城；医药、占卜、园艺等实用学问的书例外；禁止私人办学，想学习政治、刑名、法令，可向地方官吏求教。秦始皇采纳了李斯的建议，开始烧书。不到30天，秦以前的古典文献尽皆化为灰烬，这就是史上有名的“焚书”事件。

第二年，两个为秦始皇炼长生不老药的方士侯生、卢生因不能完成任务，逃跑了。他俩在背后议论指责秦始皇凶残暴虐。秦始皇闻讯，一怒之下吩咐御史把咸阳儒生都抓起来拷打、盘问。最终秦始皇命令太监们把这些儒生活埋了，总计有460多人，这就是“坑儒”事件。

◆张良在什么地方行刺秦始皇？

张良，韩国人，祖父、父亲都做过韩国的相国。公元前230年，秦将内史腾率兵攻破韩国都城，韩王安被俘虏，韩国贵族也遭到秦军的杀戮。此时，年轻的张良还没有在韩国朝廷做官，侥幸逃了出来。此后三年，他变卖家产，离开家乡，到处结交英雄好汉，想替韩国报仇。后来，张良在淮阳学习礼法的时候，认识了一个大力士。张良为其制作了一个大铁锤，重达120斤。两人商量好，准备在秦始皇巡游的时候刺杀秦始皇。

公元前218年的春天，秦始皇带了大队人马出去巡视。一天，他们行到了博浪沙，张良预先探听到了消息，就和大力士在博浪沙道路两边隐蔽的树林里埋伏起来。等秦始皇的车队经过时，张良和大力士才发现：秦始皇的车队里有好几辆金碧辉煌的大车。原来，秦始皇怕被刺杀，每次出行都要准备好几辆一模一样的车，连近臣也不知道他哪天坐在哪辆车里。张良只好给大力士使了个眼色，大力士就把铁锤扔过去。哗啦啦一声响，大铁锤把一辆大车砸得粉碎，可秦始皇没坐在这辆车里。车队停下来，武士们到处搜查，张良他们已经逃走。秦始皇立刻下令在全国搜查，一定要把行刺的人捉到。可足足搜查了十天，什么也没查到。

◆**赵高是怎么篡权的?**

秦朝末年，各地起义者风起云涌。秦二世责备李斯身为三公之一却不能制止小小盗贼。李斯不敢以实相告，只好曲意逢迎，建议二世加重打击力度，以“轻罪重罚”的方法加强对百姓和百官的镇压和控制。结果杀人越多，越能成为忠臣；税民越重，越会成为明吏。所以，在这个时候，受刑被杀者越来越多。而二世本人则深居宫中，行乐不止，政事都由郎中令赵高决定。

对于赵高的独断专行，李斯时有不同看法，这使他逐渐成为赵高的眼中钉。赵高向二世诬告李斯，说李斯准备裂地称王，还说李斯的儿子李由与盗贼私通。李斯得知后，反诬赵高行为不轨。李斯又与右丞相冯去疾、将军冯劫进谏二世，请求减轻赋役、停止修建阿房宫。但在赵高的怂恿下，二世诏令将三人下狱治罪。二冯自杀，李斯则被腰斩，三族之人被杀。赵高被任命为中丞相，大权独揽，最终把秦朝推向了灭亡的边缘。

◆**陈胜、吴广为何要揭竿而起?**

公元前209年，九百多名被秦二世的暴卒驱赶的农民由阳城（今河南登封东南）赶赴渔阳（今北京密云）戍边，走到大泽乡（在今安徽）的时候，因暴雨耽搁了行期。按照秦律，戍卒误期是要处斩的。陈胜与伙伴吴广商议:“现在就是到了渔阳，也已过了期限。同样是死，大丈夫何不干一番轰轰烈烈的事业呢?”吴广觉得很有道理。于是，二人商量好打着楚将项燕的旗号，假借鬼神的力量号召大家起义。

第二天，伙夫上街买鱼回来，发现买来的鱼中有一条肚子胀得特别大。用刀割开，里面藏有一张帛书，上书“陈胜王”三字，这件事很快在戍卒中传开了。

入夜，戍卒围着篝火取暖，还在议论着白天那件奇事。忽听远处传来奇怪的声音，仿佛狐狸的叫声，叫声中还夹杂着人语，好像在喊:“大楚兴，陈胜王。”

第二天一早，大伙们都对着陈胜指指点点，越看他越像真命天子。陈胜、吴广见时机成熟，便杀死了两个押送戍卒的将尉，召集戍卒，动员他们说:“那些王侯将相，难道是天生的吗?这天下，穷人也可以坐一坐!”九百余名戍卒沸腾起来，齐声喊着:“对!咱们跟陈大哥造反!”

陈胜、吴广立刻叫人拿了一根竹竿，做了一面大旗，上书一个斗大的“楚”字。大家推举陈胜为首领，号称“将军”，吴广为副，号称“都尉”。他们很快占领了大泽乡。各地的老百姓饱受秦朝官吏的欺压，听到陈胜起义反秦，纷纷起义。

◆项梁、项羽以谁的名义号令天下？

公元前209年，陈胜、吴广在大泽乡发动了农民大起义，全国各地的老百姓纷纷起兵响应，秦朝的统治立刻陷入了摇摇欲坠的境地。这时，项羽所在的会稽地方长官殷通请项梁到府中议事，殷通说：“现在天下大乱，正是消灭秦朝的大好时机，我想乘这时候起兵，请您和桓楚作领兵大将，怎么样？”项梁说：“很好，不过桓楚不在这里，他因为犯了罪，逃亡在外，只有我的侄儿项羽知道。我去将项羽找来，让项羽去寻找桓楚。”说完，项梁来到府外，对项羽小声地说了一番话，再回来时，项羽也随着项梁一道来到大厅中坐下。项梁对项羽使了一个眼色，项羽走到殷通身边，突然拔出长剑，一剑砍死殷通。周围士兵大惊，一齐拥了上来。项羽一声大喝，连杀了一二十人，其他的人见项羽如此神勇，一个个吓得跪地求饶。

项梁将殷通的大印取过来，佩在身上，将各级官吏召集到府中，当众宣布：“我现在杀了殷通，我就是会稽的最高长官，我决定，起兵灭秦，愿随我一道起义的，请站过来！”话音一落，大家一齐拥了过来。项梁将地方上的豪杰、绅士一个个安排了合适的官位，组织起8000精兵，由项羽总领，发兵渡江北上，加入了推翻秦王朝的起义大军。

后来，项梁听从谋士范增的建议，在民间找到了一个楚国的王孙，立为楚怀王，以楚怀王的名义号令天下，共同灭秦。由于项梁领导有方，项羽英勇善战，项梁大军很快成为起义军中的一支生力军。

◆刘邦斩蛇起义是怎么回事？

刘邦是沛县丰乡（在今江苏）人。刘邦长大后不喜从事农业，他父亲把产业交给他二哥管理；他试着到官府去求职，当上泗水亭长。刘邦曾押送民夫去咸阳服徭役，偶然看见了秦始皇出巡的情景，阵容宏大，场面威严，令他羡慕不已，说：“我要像他那样就好了。”

有一次，刘邦又押着一批民夫到骊山去服役。刘邦一行人乘着夜色赶路，进入一片沼泽地。走着走着，前面探路的人突然跑了回来，说前面有一条白蛇！刘邦借着三分酒意说："壮士走路，还怕什么蛇？"拔出宝剑，壮着胆子，走上前去，把蛇斩为两截。后来就有人传扬说看见有老妇人哭诉她的儿子白蛇（白帝子）被赤帝子（刘邦）所杀，人们对刘邦崇拜不已，视他为非常之人；又传言说秦始皇看见刘邦家乡的方向有天子的五彩祥瑞之气。所以，沛县中很多人跑去依附刘邦，久而久之，刘邦就形成了一定的势力。

◆巨鹿之战有何战略意义？

章邯杀死项梁以后，把项羽、刘邦他们暂时撇开不管，渡过黄河，去进攻当时自称赵王的赵歇。赵王和他的谋臣张耳、陈余没有防备秦军的进攻，一战即溃，只好退到巨鹿（在今河北）固守。章邯派部将王离等人领兵包围巨鹿，他自己驻扎在巨鹿南边，接济王离。赵王被围困得有些顶不住了，赶快派人向楚怀王和其他几个趁农民大起义而称王的六国旧贵族求救。楚怀王派宋义和项羽北上救赵。

宋义带兵进到安阳（在今山东省曹县东）后，听说秦军势力强大，就驻扎下来不敢往前走了，急得项羽直跺脚。几次劝说宋义赶快进兵救赵无效后，项羽在一天早上冲进宋义住的营帐，一剑砍死了宋义，然后向全体将士宣布说："宋义按兵不动，想要谋反，我奉怀王密令，已经把他杀了。"将士们听说杀了宋义，都说杀得对，一致推举项羽为"假上将军"，愿意服从他的指挥。于是，项羽就派遣英布、蒲将军担任先锋，率领2万人渡过漳河，抢占对岸阵地。接着，他自己率领全部兵马渡过河去，解救巨鹿之围。

楚军全部渡过漳河以后，项羽命令每个士兵准备好3天的干粮，叫大家把渡河用的船全都凿沉了，把做饭用的釜全都砸破了，然后率领人马向秦军阵地挺进。项羽用这种破釜沉舟的办法，来显示他有进无退、誓必夺取胜利的信心和决心。

项羽指挥楚军很快包围了王离的军队，同秦军展开了9次激烈的战斗。楚军人人奋勇、个个争先，以一当十，终于把秦军打得大败，杀死了秦将苏角，俘虏了王离。章邯带着残兵败将急忙后撤。巨鹿大战以楚军胜利秦军失败而结束。那些旧贵族派来的援军，看到项羽大获全胜，又是佩服，又是害怕。从此，项羽就做了上将军，诸侯的军队都归他统率。

章邯派人到咸阳去讨救兵。当时，赵高正忙着篡权，一个救兵也没有给。赵王的谋臣陈余看到章邯的狼狈相，乘机写信给章邯，劝他投降。章邯也愿意投降。楚军由于缺少粮草，不便与秦军长期相持下去，项羽就接受了章邯的投降。

巨鹿一战，项羽率领楚军击溃了秦军的主力，扭转了整个战争的局势，为灭秦立下了不世之功。

◆秦二世死在谁的手上？

项羽俘秦名将王离，章邯投降后，赵高怕二世闻讯恼火，托病不去上朝。二世被起义形势吓得总做噩梦，就派人上门斥责赵高。

赵高看瞒不住秦二世了，就先发制人，与他的女婿咸阳令阎乐、弟弟郎中令赵成谋划，要杀死二世。于是，由赵成做内应，阎乐以搜捕盗贼为名，率兵进入二世居住的望夷宫，杀死卫士、宦官等数十人，并用箭射二世的帏幄。二世大怒，高呼左右，但无人应答。死前，他曾向阎乐央求，能否见赵高一面，说说为什么，被阎乐拒绝；二世又请求，情愿放弃帝位，做个郡王或万户侯，也被拒绝；最后，二世只要求和妻子做个黔首（平民），还是被拒绝了。阎乐说："我受丞相之命杀你，你的话虽多我却不敢禀报。"随即驱兵攻向二世，二世无奈，只得自杀。

◆子婴是怎么复仇称王的？

二世死后，赵高拿到传国玉玺，他与大臣们商量说："现在二世已经自杀了，需要重新拥立一位新皇帝。公子子婴宅心仁厚，又是二世的亲侄，不如由他来继位。但是皇帝这称呼需改一下，秦国原本也只是东周的一个诸侯国，自始皇帝统一天下之后，才改称皇帝。如今东方六国纷纷独立，秦国剩下的地盘不多了，再让子婴称皇帝不合适。我看还是让子婴先称王吧。"大臣们商议之后，同意了赵高的提议。按照当时制度，子婴需斋戒五天，然后再举行即位仪式。

子婴知道是赵高逼死了自己的叔叔秦二世的，现在赵高又拥立自己做秦王，子婴的心中充满了疑虑与不安。子婴跟他的两个儿子商量后认为，赵高会在继承王位的仪式上杀死子婴，以便自己在关中称王。子婴考虑了很久，终于决定在即位那天把赵高杀死。

到了子婴即位的日子，子婴诈称有病，诱使赵高亲自来请。赵高到了子婴斋戒的斋宫，结果被子婴的伏兵刺杀。赵高三族也被子婴下令全部诛杀。子婴杀了赵高，文武大臣一致拥立子婴为秦王。

◆反秦将领中是谁先入关中？

楚怀王令项羽随宋义救赵的同时，又派刘邦向西进攻关中，并与诸将约定“先入关中者王之”。刘邦于是率军从彭城出发，攻打秦军。由于秦军的主力部队都在与项羽的部队厮杀，无力顾及刘邦，他就乘虚率军攻破了武关（在今陕西），攻入关中。

子婴杀了赵高后，派了5万兵马守住峣关（在今陕西）。刘邦用张良的计策，派兵在峣关左右的山头插上无数的旗子，作为疑兵；另派将军周勃带领全部人马绕过峣关正面，从东南侧面打进去，杀死守将，彻底消灭了这支秦军。

公元前206年，刘邦先诸侯军进抵灞上（在今陕西）。后又与秦军多次交锋，秦军屡败。最后，秦王子婴向刘邦投降，刘邦遂入咸阳，秦朝灭亡。

◆刘邦为什么得民心？

刘邦的军队开进了咸阳后，刘邦在张良的建议下约法三章，对众百姓说：第一，杀人的偿命；第二，打伤人的办罪；第三，偷盗抢劫的办罪严罚。除了这三条，其他秦国的法律、禁令一律废除。老百姓可以安居乐业，不必惊慌。刘邦还叫各县父老和原来秦国的官吏到咸阳附近的各县去宣布这三条法令，并命令全军将士认真执行。

百姓听到了刘邦的约法三章，都甚为称赞，高兴得不得了。大伙儿争先恐后地拿着牛肉、羊肉、酒和粮食来慰劳刘邦的将士。从此，刘邦的军队在关中的百姓中留下了非常好的印象，深受广大百姓的爱戴。后来刘邦能夺取天下，与“约法三章”也有很大关系。

◆楚汉之争由谁而起？

刘邦攻下咸阳后，一想到项羽，就有些不安。项羽实力雄厚，拥有几十万大军，随时可能开进咸阳。于是，刘邦就听从手下人的建议，派人死守函谷关，不让任何诸侯进关。

巨鹿之战大获全胜后，项羽带领着千军万马向咸阳进发。来到函谷关，一看城门紧闭，项羽便说：“我是大将军项羽，你们速速打开城门。”把守城门的士兵答道：“沛公有令，没有他的批准，谁也不许进关。”项羽大怒，命英布率兵攻城。英布攻破函谷关后，项羽带领大军继续西进，把军队驻扎在鸿门（在今陕西）。

项羽安营扎寨后，有人来报：沛

公左司马曹无伤求见。原来曹无伤一看项羽军队壮大，刘邦没法与之相比，便向项羽告密说刘邦想当关中王。曹无伤走后，项羽召集群臣商议，决定次日攻打刘邦。

项羽的叔父项伯曾经杀过人，张良仗义相救，项伯始终不忘救命之恩。项伯一听说项羽攻打刘邦，知道张良也在刘邦手下，很担心他的安危，便连夜乘快马去见张良。张良听后，吃了一惊，忙来见刘邦。刘邦一听，吓得惊慌失措，忙问道："那我们应如何应敌呢？"张良说："项羽军队 40 万，而我们只有 10 万，如果硬拼，很可能被打败，我们不如请项伯回去说您不敢称王，正等项羽将军前来做决定呢！"刘邦听从了张良的建议。为了巴结项伯，刘邦提出与项伯联姻，项伯心里非常高兴。

项伯回到军营之中，便为刘邦求情，并说刘邦明天便来谢罪。项羽听了项伯的一席话，就下令明日不再攻打刘邦。次日一早，刘邦带着张良、樊哙和随从 100 多人来见项羽。刘邦一见项羽就说："将军战河北，我战河南，你我二人合力破秦，没想到我先入关。我在这里日夜盼望将军到来，现有小人在挑拨将军和我的关系啊！"项羽说："这是曹无伤说的。"

接下来，项羽摆酒设宴款待刘邦。项羽、项伯东向坐，亚父范增南向坐，刘邦北向坐，张良西向坐。席间，亚父范增几次以眼色示意，让项羽杀刘邦，可项羽视而不见。范增一看项羽没有杀刘邦的意思，便起身离座，找来项庄，让他以舞剑助兴为名，乘机杀了刘邦。

张良一看项庄舞剑，便给项伯使了个眼色，项伯也拔剑起舞来保护刘邦。接着，张良便找了个借口出去见樊哙。随后，樊哙持剑带盾闯入大厅，项羽见樊哙怒目闯入，大声问道："哪里来的人？"张良连忙答道："这是替沛公驾车的樊哙。"项羽吩咐侍从赏给他一坛酒和一只生猪腿。樊哙把酒一饮而尽，把生猪腿放在盾上，用宝剑割开，放在嘴里大口吃着。项羽一看，果然是位壮士，便说道："壮士，还能再饮吗？"樊哙说："臣连死都不怕，还怕再喝一坛酒吗？怀王与诸将有约：谁先破秦入咸阳便可称王，沛公今破关而未有封赏，大王却听小人之言，欲杀有功之臣，这样和暴秦又有什么区别呢？"项羽哑口无言。

过了一会儿，刘邦起身上厕所，张良跟出去。张良让樊哙保护着刘邦火速离开，刘邦说："我还没有告辞呢！"张良说："做大事不必太顾虑小节，行大礼不必拘泥于细小的谦让。如今人为刀俎、我为鱼肉，还告什么辞啊？我来代你辞谢。"于是，刘邦从小道逃跑了。

刘邦回到军中，立即杀了曹无伤，从此，揭开了楚汉争天下的序幕。

◆项羽分封十八王是怎么回事？

鸿门宴之后，项羽就率领大军浩浩荡荡直入咸阳。进了咸阳城后，项羽的军队杀了秦王子婴，毁了许多宫殿，又抢走了许多宝物，认为大功告成，可以衣锦还乡了。亚父范增对项羽说："关中地势险要，土壤肥沃，可以在此称霸。秦始皇就是占此有利条件，才得天下的。"项羽不以为然，说："富贵不回乡光宗耀祖，怎么行呢？秦始皇虽然在此得了天下，不照样被我推翻了吗？"范增说："您如果执意回江东，也要先把此地之事料理妥当，再起身也不迟。"项羽说道："亚父说得很有道理。"于是，项羽就想分封天下诸侯。范增劝阻说："项将军，您如果想统一天下，就不应该分封诸侯，而应像秦始皇那样设立郡县，所有大权集中在您一人手中。"项羽听后，很不高兴，说："亚父，你怎么让我学暴君秦始皇呢，那不会遭到天下人的反对吗？我身为楚国贵族，应分封天下诸侯，才能得人心。"范增一看项羽如此固执，也就没有再说什么。

项羽想：如何分封呢？自己可以称霸诸侯，别人也都很好安置。可刘邦怎么办呢？让他做关中王，自己心里不甘心；不让他做，又怕别人说自己有违楚怀王的旨意。于是，项羽请求楚怀王，让他收回当时的承诺，改变原来的约定。楚怀王本来就想夺项羽的军权，立即拒绝了项羽的请求。

项羽大怒，准备废了楚怀王，范增建言："天下未定，不可轻举妄动，您与其废了楚怀王，不如收回封王的大权，驾空了他！"项羽一听，觉得很有道理，便开始分封诸王。

项羽封刘邦为汉王，到偏远的南郑（今陕西省南郑市）去建都；他还不放心刘邦，又在刘邦附近分封了三地：雍、翟、塞，封秦朝的降将章邯为雍王、董翳为翟王、司马欣为塞王，以防止刘邦东进；又分封了其他一些起义有功的将领和六国旧贵族为王，总共封了十八个王。项羽自立为西楚霸王，凌驾于十八个王之上，建都于彭城。然后，项羽带着自己的军队返回彭城，衣锦还乡了。

◆霸王别姬是怎么回事？

据《史记·项羽本纪》记载，汉五年十二月，项羽被刘邦逼到垓下（今安徽省灵璧县）。刘邦立刻任命韩信为联军统帅，指挥大军作战。韩信命刘贾、英布军自南将楚军外围出路全部封闭，命彭越军自北封闭通路，韩信亲自率主力军三十万与刘邦本部军二十万合成一股，向困守垓下的十万楚军发起进攻，展开决战！项羽的人马少，粮食也快吃完了。他想带领一支部队冲杀出去，与汉军决一死战，但是刘邦和诸侯的人马多如虫蚁，把楚军包围得密不透风。项羽打退一批，又来一批；杀出一层，还有一层；这儿还没杀出去，那儿的汉兵又围了上来。

项羽一见无法突围，只好带兵回到垓下大营，吩咐将士要小心防守，准备瞅准机会再出战。

这天夜里，项羽进了营帐，心事重重，愁眉不展。项羽的妻子虞姬看见他闷闷不乐、一筹莫展的样子，便陪伴他喝酒解闷。

到了三更时，只听得一阵阵西风呼呼作响，风声里还夹着歌声。项羽侧耳细听，歌声是由汉营里传出来的，唱的全是楚人歌曲，唱歌的人很多。项羽听到四面八方都是楚歌，一下子愣住了。他想：怎么汉营里有这么多的楚人在唱楚歌呢？项羽听着听着就抽出随身带的宝剑，随口唱起一曲悲凉的歌来，歌的大意是：力气大得能拔倒一座山，气魄大得能压倒天下好汉，由于时运不利，乌骓马不肯向前跑。马儿不肯跑有什么办法？虞姬呀虞姬，我拿你怎么办呢？

项羽一连唱了几遍，如泣如诉。旁边的侍从也都伤心得抬不起头。这时，虞姬为不拖累项羽突围，自刎而死。项羽悲愤万分，抱着虞姬的尸体痛哭不已。

◆项羽为什么自刎而死？

虞姬自杀之后，项羽埋葬了虞姬，跨上乌骓马，带上自己的八百子弟兵冲杀出了汉军的十面埋伏包围圈。刘邦知道项羽已经突围，连忙派了5000骑兵紧紧追杀。项羽及自己的八百子弟兵与追击的汉军不断搏杀，渡过淮河，他的身边只剩下一百多人了。又经一阵打打停停，等到了东城（在今安徽）时，原来的一百多人只剩下28人。随后，项羽把剩下的28人分为四队，对他们说："看我先斩他们一员大将，你们可以分四路跑开，大家在东山下集合。"这时，汉军已像蝼蚁一样围了上来。项羽猛喝一声，向汉军冲去。汉兵抵挡不住，像没头的苍蝇一样到处乱窜。项羽冲杀到了东山下，所剩的四队人马也陆续赶来，一人未少！项羽豪气顿生，又带着28名亲兵冲向汉军。经过一阵厮杀，项羽斩杀了汉军一名都尉和几百名兵士，自己的楚兵只阵亡两人。最后，他带着26人杀出汉兵的包围，一直往南跑，到了乌江（在今安徽）。

乌江的亭长听说项羽败退，已备好一条小船停在那里。亭长劝项羽马上渡江，并安慰项羽说："江东虽然小，可还有一千多里土地，几十万人口。江东的人民对大王忠心耿耿，您过了江，还可以在那边称王。"

项羽苦笑了一下，说："我在会稽郡起兵后，带了八千子弟渡江。可今天，只有我一个人回到江东。即使江东父老同情我，立我为王，我有什么脸再见他们呢？"说完，项羽把乌骓马送给了亭长，26个兵士也都跳下马，个个手持短刀，同追上来的汉兵展开肉搏。他们杀了几百名汉兵，但楚兵也在此间一个个倒下，项羽的身上也有十几处受伤。项羽浑身是血，站在江边，最后朝江东方向望了望，然后毅然回转身，怒视汉兵，挥剑自刎。

◆韩信"千金一饭酬漂母"的典故有何启示？

韩信（约前231年—前196年），西汉开国功臣，公元前三世纪最杰出的军事家、战略家，中国军事思想"谋战"派代表人物，被后人奉为兵仙、战神。"国士无双""功高无二，略不世出"是楚汉之时人们对他的评价。韩信从小家里很穷，父母双亡后，他无依无靠，不会种田，又不会经商，只得到处流浪，到别人家里混口饭吃。有一段时间，他住在南昌亭亭长家里。刚开始，亭长全家对韩信还算客气。过了几个月，亭长的老婆就有些不满了，不是给韩信白眼，就是对韩信说些难听的话。韩信不好意思再待下去，就准备找亭长夫妇告辞，刚一到门口，就听见亭长的老婆说："光养着一个只吃饭、不出力的人，他若再不走，我们就得想点办法。"那个亭长说："再不走，就撵他走！"韩信一听这话，退了回来，不辞而别。

韩信离开了亭长家，无以为计，看到鱼市上有人卖鱼，就想以钓鱼为生。于是，韩信借了点钱买了鱼竿和鱼弦，来到河边钓鱼。

这一天，韩信早早来到河边，到了中午一条鱼也没钓到，肚子饿得直叫。这时，一位大娘在河边洗衣服，知道韩信是个穷孩子，从小就没了父母，很同情韩信，便把自己的干粮分给韩信吃。韩信实在是饿极了，道了声谢，就狼吞虎咽地吃了下去。

一连好几天，那位好心的大娘每天中午都分给韩信一些干粮。韩信实在过意不去，倒身下拜，说道："大娘，我天天吃您的干粮，将来我有本领之后，一定会重重报答您。"老大娘听了，叹了口气，说："我看你可怜，才给你干粮吃，我能指望你报答我什么呢！"韩信听了之后，十分感动，心想：将来等我有了本事，一定好好报答这位老大娘。

后来，韩信追随刘邦打天下，立下了大功。汉朝建立后，刘邦封韩信为楚王。被封为王爷的韩信衣锦还乡后没忘记那个给过他干粮吃的老大娘，他派人把老大娘接到自己府中，还赐给她一千两黄金。韩信"千金一饭酬漂母"的典故很好地诠释了中华民族受人滴水之恩、当以涌泉相报的传统美德。

◆刘邦为何在白登被匈奴所困？

秦、汉王朝交替之际，北方的匈奴也趁刘邦同项羽在中原展开大战的时机，不断南侵。

刘邦做了皇帝后，匈奴的冒顿单于（冒顿是人名，单于是匈奴王）带领了40万人马向汉朝攻来，并包围了韩王信（原韩国贵族，和韩信是两个人）的封地马邑（在今山西）。韩王信抵挡不了，便向冒顿求和。刘邦得知这个消息，派使者责备韩王信。韩王信害怕刘邦办他的罪，就投降了匈奴。

冒顿占领了马邑，又继续向南进攻。刘邦亲自带兵赶到晋阳，和匈奴对峙。这是公元前200年的冬天，寒风刺骨，天气特别冷。中原的士兵没碰到过这样冷的天气，冻得受不了，战斗力明显减弱。但汉朝的军队和匈奴兵一交战，匈奴兵就败走。一连打了几回，匈奴兵都败下阵去。后来，听说冒顿单于逃到代谷（在今山西）。刘邦派出兵士侦察，回来的人都说冒顿的部下全是一些老弱残兵，连他们的马都是瘦得皮包骨头，如果趁势打过去，准能打赢。

刘邦担心这些兵士的侦察不可靠，又派刘敬到匈奴营地看看虚实。刘敬回来说："我们看到的匈奴的确都是些老弱残兵，但我认为冒顿一定把精兵埋伏起来了，陛下千万不能上他们的当。"刘邦听罢大怒，说："你胆敢胡说八道，是想阻拦我进军吗？"说完，命令士兵把刘敬关押起来。于是，刘邦率军进攻匈奴，刚到平城（今山西大同），就被四下里涌出的匈奴兵包围起来。这些匈奴兵个个身强体壮，原来的老弱残兵全不见了。刘邦在部下的掩护下，拼命杀出一条血路，退到平城东北面的白登山。

冒顿单于的40万精兵把刘邦围困在白登山，整整七天七夜无法脱身。后来，刘邦在陈平的建议下以黄金、珠宝贿赂冒顿的阏氏（就是匈奴的王后），请她在单于面前说些好话。

冒顿单于听了阏氏的话，第二天一早，就下令将包围圈闪开一个缺口，放汉兵出去。至此，刘邦才逃回晋阳。

◆刘邦为何要对匈奴采取和亲政策？

"白登之围"后，刘邦一回晋阳就释放了刘敬。经过这一次险情，刘邦知道自己没有力量再去征服匈奴，只好回到长安。以后，匈奴一直侵犯北方，刘邦大伤脑筋，他问刘敬该怎么办，刘敬说："最好采用'和亲'的办法，大家讲和，结为亲戚，彼此可以安安稳稳地过日子。"刘邦同意了刘敬的建议，派刘敬到匈奴去说亲，冒顿当即同意了。

从此，汉朝以宗室女嫁给匈奴单于为阏氏，年年送一定量的絮、缯、酒、食等给匈奴；双方约为兄弟，开放"关市"。两族人民互通贸易。惠帝、文帝、景帝及汉武帝初年都采取了和亲政策，跟匈奴的关系暂时缓和了下来。

◆刘邦分封同姓王的后果如何？

刘邦建立汉朝后，出于政治军事的需要，分封了一批异姓王。但刘邦对异姓王心存疑忌。因此，千方百计想翦除异姓王，让同姓子弟为王来取代他们。

首先，刘邦以谋反罪逮捕韩信，撤其楚王称号，贬为淮阴侯。将韩信的封地一分为二，划分为两个诸侯国：任命从兄、将军刘贾为荆王来统治淮河以东53县；任命弟、文信君刘交为楚王以统治薛郡、东海、彭城等36县。接着，刘邦又以谋反罪诛杀彭越，并率兵征伐英布，逼使韩信、卢绾投奔匈奴。而后，以谋反罪废除赵王张敖，改任为宣平侯。这样，除国小势弱的长沙王吴芮外，异姓王都被消灭。

随即，刘邦以天下刚刚平定、儿子幼小、兄弟少等为借口而分封同姓诸侯王，以统治关东地区。以云中、雁门、代郡等53县立兄、宜信侯刘喜为代王；以胶东、胶西、济北、博阳、城阳郡73县立自己的私生子刘肥为齐王。

此后，刘邦还封刘长为淮南王、刘建为燕王、刘如意为赵王、刘恢为梁王、刘友为淮阳王、刘恒为代王、刘濞为吴王等。到公元前195年，刘邦共封刘姓11人为诸侯王，这为“七国之乱”埋下了祸根。

◆刘邦为何要杀白马立誓？

刘邦分封子弟亲戚为王之后，还是害怕刘氏江山不稳。公元前195年，刘邦知道自己很快就要不久于人世了，就召集了所有的文武大臣们到太庙里去立誓。

刘邦让侍臣牵来一匹白马，亲自主持了杀马宣誓的仪式。刘邦端起一杯冒着热气的马血酒起誓说：“当年有很多人追随我打天下，出生入死、南征北战，我已经给了他们许多应有的奖赏，有很多人被封王封侯。我从自己的良心上说，已经对得起他们了。但这些人当中，有不少人骄傲自大，甚至贪心不足、兴兵反叛，想要抢夺我刘家的天下。现在，我在这里当着祖宗的灵位，为子孙后代留下一条不许违反的信条，希望大家发誓遵守：从今以后，凡不是刘姓的人，一概不许封王；凡是没有立大功的人，一律不许封侯。谁要是违反这个盟约，天下人就共同讨伐他！”

刘邦起誓完毕，把马血酒半杯倒在地上，剩余的半杯一口气喝了进去。在场的所有人也都照他的样子，每人喝了马血酒，发誓一定要永远遵守这个盟约。

◆刘邦衣锦还乡的目的是什么？

刘邦虽然当了皇帝，但流氓无赖的本性不会改。年轻时，刘邦的父亲总批评他不务正业。一统天下后，在一次庆功宴上，刘邦居然当着群臣的面腆着脸问父亲：“父亲您看，我和哥哥相比，究竟谁的产业更多呢？”刘邦的父亲见他一副小人得志的模样，气得转身就走了。

公元前196年，淮南王英布谋反，刘邦亲自率兵征讨，不幸被乱箭射中胸部，伤势严重，立即起驾回长安。项羽曾经说过“富贵不还乡，犹如锦衣夜行”，其实，刘邦也有这样的想法。于是，刘邦决定回阔别多年的沛县看看。

刘邦在沛县逗留了10天，摆下酒席，将家乡的父老乡亲、亲戚朋友和昔日的弟兄伙全部请来，天天叙怀旧事，极尽人间欢乐。

◆“萧规曹随”是怎么一回事？

汉惠帝二年，萧何死了，曹参听

说了这个消息，告诉他的门人："赶快置办行装，我将要进京当相国。"待了没有几天，使臣果然召曹参进京。曹参当初地位卑微时，跟萧何友好，等汉朝一统天下后，俩人因地位悬殊，有了隔阂。到萧何临死时，所推荐的贤相却是曹参。曹参上任后，在用人和行政方面全遵照旧时的样子，不做任何更改；在法令方面也都按照萧何生前的规定治理国家，不做任何变动。曹参还经常在家里喝酒，喝得醉醺醺的。有大臣给曹参出主意、提建议，他就把那人请进相府一同宴饮，令人无法开口谈政事。

汉惠帝见曹相国这样，认为他是倚老卖老，心里很不踏实，于是找来曹参的儿子曹窋，对他说："你找个机会问问你父亲：国家大事全靠相国来主持。可他天天喝酒不管事，这么下去怎么能够治理好天下呢？"曹窋回家后照汉惠帝的话跟曹参说了。曹参骂着说："你懂什么，国家大事也轮到你来评说。"说着叫人拿板子把曹窋打了一顿。

次日，曹参上朝，汉惠帝就对他说："是我叫曹窋说的，你打他干什么？"曹参说："您跟高祖比，哪一个更英明？"汉惠帝说："我怎么能比得上高祖。"曹参说："我跟萧相国比，哪一个能干？"汉惠帝说："好像不如萧相国。"曹参说："陛下不如高祖，我不如萧相国，我们只要按照他们的规章照办就是了。"这就是"萧规曹随"典故的由来。

◆吕雉是怎样一个人？

吕雉是汉高祖刘邦的妻子。刘邦做了皇帝后，吕雉被立为皇后。吕雉心狠手辣，用权诈之术诛灭异姓王。刘邦一死，吕后就迫不及待地把刘邦的宠妃戚夫人抓起来，把她双手砍掉，双眼挖去，烧聋她的耳朵，逼她吃哑药，把她扔在猪圈里，号为"人彘"；接着，她又派人毒死了年幼的赵王如意。吕后还有意让惠帝去观看戚夫人。惠帝见戚夫人被吕后折磨得不成人形，放声痛哭，吓得生了一场大病。后来，惠帝派人对吕后说："这种事不是人干得出来的，我是太后的儿子，自认没能力治理天下。"从此，惠帝不理朝政，不久便抑郁而死。

惠帝去世后，吕后找了一个婴儿冒充是惠帝所生，由这个婴儿接替皇位，自己则开始垂帘听政。吕后为扶植吕家势力，把她的内侄、侄孙，如吕台、吕嘉、吕禄等封为王，还让他们掌握军政大权，在朝廷中形成吕氏外戚集团，由此开始吕氏专权汉朝的局面。

◆“周勃安刘”是怎么一回事？

公元前 180 年夏末秋初，吕后得了重病，她放心不下朝政大权，便发出诏令：封吕产为相国，吕平为未央宫卫尉，吕更始为长乐宫卫尉，又封赵王吕禄为上将军，吕种为中将。她还告诫吕产、吕禄说：“现在吕家掌握朝政，大臣们都不服气。你们千万要抓住兵权，守住皇宫。等我死时你们不必为我送丧，以防被人暗算。”

吕后一死，吕产在内护丧，吕禄在外巡防，防备得非常严密，到出葬那天，俩人果然遵照吕后的遗嘱谁也没去送葬，带着南北两军护卫宫廷，不敢离开半步。他们还精心谋划，准备劫持少帝，发起叛乱，篡夺刘氏江山。此时，忠于高祖刘邦的陈平、周勃等人也想先发制人，要乘此机会除灭诸吕，推翻吕家专政。怎奈兵权都在吕氏手中，况且又防备森严，无处下手，他们只好耐心等待时机。

后来，周勃设计拿到了调兵的符节和大印，派兵将吕产、吕禄等人诛杀。接着，又到各地去搜捕吕氏一族的人，不论男女老少，杀了个一干二净。这样，汉朝廷的大权又重新回到刘氏集团手中。经过大臣们的商讨，废除了吕后所立的皇上，迎立代王刘恒为帝，这就是历史上有名的汉文帝。

在这场激烈的消灭诸吕叛乱、安定刘氏天下的斗争中，周勃立下大功，史称这一事件为“周勃安刘”。

◆贾谊为什么早逝？

公元前 178 年，汉文帝刘恒准备提拔贾谊，朝廷中一些保守的老臣们坚决反对，说贾谊言过其实，将来一定会扰乱国家大事，还给贾谊捏造了许多罪名。于是，刘恒开始疏远贾谊。贾谊感到委屈，经常说一些牢骚话，刘恒听了，很不高兴，干脆把贾谊任命为长沙王的太傅，打发贾谊离开长安。

公元前 173 年，刘恒的弟弟、淮南王刘长阴谋造反，被文帝夺去了王位，刘长绝食而死。文帝觉得对不起弟弟，又把刘长的儿子一个个加封为公侯，还把负责刘长生活的许多大臣判了死罪。贾谊在长沙听到这个消息以后，给刘恒写了一封奏章，认为刘长是有罪的，刘长的死是应该的，不能再让他的儿子继承王位，语言相当激烈。刘恒把贾谊赶出长安后，一直没有贾谊的消息，忽然接到贾谊从远处寄来的奏章，虽然不同意贾谊的建议，但还是决定把贾谊调到自己身边来办事。

贾谊来到长安时，刘恒刚刚祭过鬼神天地，听说贾谊到了，立即召见。俩人一见面，刘恒便用“鬼神到底有没有？”等问题来问贾谊。贾谊的学问非常丰富，谈起鬼神的事情也头头是道，刘恒听了，陡生感叹：“想不到贾生的学问更加高深了！”便任命贾谊为自己的儿子梁王刘揖的太傅。

几年后，梁王刘揖入朝拜见皇帝，骑马时不小心摔到地上，流血过多而死。按当时规矩，诸侯王年轻时，太傅（老师）对他的生活起居要负责任，梁王骑马受伤而死，贾谊应该负照顾不周的责任。因此，贾谊觉得自己罪过不轻，忧伤过度，竟然病死，时年33岁。

◆汉文帝赏识周亚夫的哪一点？

周亚夫是西汉功臣周勃的儿子，汉文帝刘恒派他和另外两位将军分别驻扎在边境上防止匈奴进犯。

一次，刘恒亲自去犒劳将士。另外两个将军听说皇帝前来，立即下令营中的将官士兵列队欢迎。于是，刘恒一直纵车马进入大营。可是，当犒军队伍到了周亚夫所驻扎的细柳营时，只见军士们个个全副武装，箭上弦、刀出鞘，一副随时准备迎敌的样子。为刘恒开路的侍卫人马先到，可营门守卫不让他们进去。一会儿，刘恒来了，可守卫仍然不让进。犒劳将士就派人去通知周亚夫说：“皇上要进营劳军。”周亚夫这才传令，打开营门。营门的守卫又告诉刘恒的属下说：“周将军有规定：车马不许在军中疾驰！”刘恒就命令勒马慢行。

到了大帐，只见周亚夫行军礼，说是甲胄在身，不能下拜，只以军礼参见刘恒。刘恒听了肃然改容，犒完军后就离开了。

周亚夫如此无礼，刘恒竟然没有动怒，群臣都十分惊讶。而刘恒却感叹说：“周亚夫才是真正带兵的将军！先前那两个军营简直就像小孩儿做游戏一样，敌人要想偷袭，那是轻而易举的事。可他们哪儿能打得过周亚夫呢？”

从此，刘恒就十分赏识周亚夫，并升了周亚夫的官。后来，刘恒临死的时候，把太子叫到面前，还特地嘱咐说：“如果将来国家发生动乱，叫周亚夫统率军队，准错不了。”

◆李广因何被称为“飞将军”？

李广是陇西成纪（今甘肃中部）人，他的祖先李信是秦代将军。李广身体高大魁梧，臂长似猿猴，继承祖上善骑射传统，百步取人，百发百中。李广在对匈奴作战中屡立奇功，人称“飞将军”。

公元前165年，匈奴人大举进犯，李广从军作战，勇敢善射，立了战功，封为中郎将。李广为人木讷寡言，但有勇有谋、骁勇善战，冲关斩将，格虎斗兽，威震一时，以致汉文帝刘恒感叹地说：“假使李广生在汉高祖夺取天下之时，封一个万户侯当如拾草芥。”

李广不但武功出众，而且品德高尚。在军中，作战立功，得了赏赐，李广就分给部下；行军路上，水少，士卒喝完水，他才喝。所以，李广深受士卒爱戴。

◆晁错是如何惹祸上身的？

刘邦在汉朝初年分封同姓诸侯王的害处，汉文帝刘恒的儿子汉景帝当政时开始显现出来：诸侯王势力大，土地多，光齐、楚、吴三国的封地就占全国土地的一半；诸侯王在封地内征收租赋，煮盐铸钱，跟汉朝皇帝一样富有；他们还招兵买马，与中央政权尖锐对立。

晁错见到这种情况，就劝说景帝采取措施削弱和限制诸侯王，加强皇权。景帝接受晁错削藩的建议，着手削减了诸侯的封地，这自然引起了各个诸侯王的不满。

在吴王刘濞的带动下，公元前154年，吴、楚、赵、胶西、胶东、济南、淄川等七个诸侯王打着“请诛晁错以清君侧”“救护刘氏江山”的幌子，发动叛乱。叛军气势汹汹地向长安进发，景帝顿时吓破了胆。这时，一向妒忌晁错的大臣袁盎趁机向汉景帝说：“七国叛乱，全是由于晁错建议削藩引起的。如果按七国的要求，杀掉晁错，恢复他们原来的封地，他们就会撤兵了。”景帝想：那些诸侯王与自己是同一个祖先的族人，而晁错不过是个大臣而已，于是说：“如果杀掉晁错就可退兵，我自然不会因爱惜晁错而让天下人受罪。”为了保住皇位，汉景帝下令杀掉了晁错，真是一个刻薄寡恩的人！

◆周亚夫是怎样平叛七国之乱的？

汉景帝刘启杀了晁错后，但吴、楚七国并没有停止战争行动，还是继续向长安方向进攻。刘启无奈，只好派精通兵法和作战艺术的太尉周亚夫去平叛。

周亚夫率军平叛途中被一个叫赵涉的人拦住，给他献了一计，周亚夫采纳了赵涉的建议，果然收到了出奇制胜的效果。吴、楚联军的粮道被周亚夫率领的大军很快截断了，使得七国联军的粮草供应发生很大困难，士兵因为饥饿而纷纷逃散。周亚夫抓住时机发动猛烈进攻，大胜吴、楚七国联军，楚王刘戊畏罪自杀，吴王刘濞带着几千人杀出重围，逃窜到长江南岸的丹徒（今江苏丹徒）。刘濞想联合东越兵东山再起，周亚夫发出悬赏千金的布告通缉他，因此东越人不但没帮助他，反倒乘机杀了他，把他的首级献给了周亚夫。

经过约三个月的战争，七国之乱终于被平定。七国之乱被平定，汉文帝临终时的嘱托果然应验。

◆一生忠直的郅都为何遭冤杀？

郅都是汉朝河东郡大阳县人。汉文帝时代，他在皇帝身边当侍卫，称为“郎”，到汉景帝时代，就升为“中郎将”了。他生性胆大耿直，敢于直谏，经常顶撞大臣，有时候，连皇帝也敢顶撞。公元前150年，刘启任郅都为中尉，让他率领北军维护京师地区治安。郅都到任后，丝毫不为违法者的权势所动。凡犯法违禁者，不论何官何人，一律以法惩之。列侯宗室对于郅都是又恨又怕，背后叫他“苍鹰”，比喻其行法之凶猛。当时，景帝的太子刘荣被废为临江王，他在修建宫室时竟然侵占宗庙土地，因此被传往中尉府审讯。刘荣请求郅都给他笔墨，想写信直接向刘启谢罪，遭郅都拒绝。窦太后的侄子窦婴听说以后，派人悄悄给了刘荣一支笔，于是刘荣写信谢罪之后引罪自杀。窦婴把事情告诉了窦太后，窦太后认为是郅都逼死了临江王，将其免官放回乡里。

后来，刘启重新将郅都起用为雁门（在今山西）太守。为了避免与窦太后见面，又让郅都不必赴朝面谢，直接取道前往雁门郡。当时匈奴虽与汉朝和亲，却不满足于汉朝提供的财物，不时入塞掠夺，所过之处，抢掠一空。他们早就听说过郅都威名，得知他就任雁门太守，惊恐万分。于是，匈奴人派遣间谍到西汉，四处散布不利于郅都的谣言。窦太后早就不满郅都，听到这些谣言，立刻下令将郅都逮捕下狱。刘启争辩说：“郅都是忠臣。”窦太后反问：“这么说临江王就不是忠臣了？”在窦太后的坚持下，郅都最终被处斩。

◆中国历史上的“文景之治”是怎么一回事？

“文景之治”是指汉文帝刘恒和汉景帝刘启统治时的升平景象时期，是秦始皇统一天下以来第一次让后人称羡的时期。

刘恒在公元前180年被宗室大臣迎立为帝，在位23年，死后谥曰文。刘启是刘恒的儿子，公元前157年即位，在位16年，死后谥曰景。根据传统谥法，“道德博闻曰文”，“由义而济曰景”。文与景都是上好称呼。而刘恒与刘启减轻刑法，减赋税，亲儒臣，求贤良，年岁收成不好就下诏责己，又不大更张，一意与民休息。父子两人恭俭无为，在中国历史上成就“文景之治”。

文、景二帝先后统治了近40年。据史书记载，由于经济的复苏，百姓人给家足，国家仓库中堆满钱粮，串钱的绳子日久而腐烂，粮食年年相积而陈旧变质。因此，国家财富盈溢，社会人口激增，为后来汉武帝刘彻攻伐匈奴打下了雄厚的物质基础。

◆“金屋藏娇”出自哪位皇帝的口？

汉武帝刘彻的第一个老婆是陈娇，她是刘彻大姑馆陶长公主刘嫖的亲女儿，也就是刘彻的表姐。刘嫖本来打算巴结刘启的宠妃栗姬，想把女儿许配给栗姬的儿子、当时的太子刘荣，却遭拒绝。于是，刘嫖想起了刘彻，和刘彻的母亲王美人商议联姻之事。王美人应允之后，便去告知刘启，刘彻当时只有五六岁，而陈娇已是豆蔻年华，和刘彻年龄相差悬殊、不相配，刘启当时并未答应。

一天，刘嫖带着女儿阿娇进宫，正好见刘彻立在王美人身旁，便过去顺手抱在膝上，逗着问他：“你想不想娶媳妇啊？”刘彻傻乎乎地说：“想讨老婆！”刘嫖指着左右服侍她的一百多个宫女让侄儿挑，刘彻看了看，笑了笑，摇头不语。这时，陈娇出来了，刘嫖就指着女儿问：“阿娇好不好？”此时，阿娇面红耳赤，黑眸如水侧视刘彻。刘彻就憨憨地笑了，说：“金屋藏娇，好！好！”自此以后，“金屋藏娇”一说就流行开来。

◆独尊儒术产生在什么背景之下？

刘彻登上帝位后，在窦婴的辅助下采取了一系列措施，下诏各郡县，举荐贤良方正、直言进谏的人，其中最著名的是董仲舒。董仲舒向刘彻提出了“天人三策”的建议，意思是说：天是有意志的，人世间的事物是按天意存在和变化的，皇帝是天皇的代表，皇帝的权力是天皇授予的，人服从皇帝，就是服从天道。为维护宗法统治秩序，他特别强调“三纲五常”。在天道之下，君臣、父子、夫妻、兄弟之间，必须严守上下尊卑的礼节。

刘彻认为董仲舒的建议适合巩固宗法统治的需要，想重用董仲舒。可是，他的祖母窦太后崇信“黄老学说”，刘彻不敢得罪祖母，只好让董仲舒去做江都相。

窦太后、田太后死后，刘彻下令在政府里设置专门传授儒家学说的五经博士，在五经博士下面安排了五十名弟子。这些弟子只在五经博士的指导下攻读儒家经书，并规定每年对他们进行一次考试，他们只要在五经中能学通一经的就可做官，成绩优良者还可做大官。后来，博士弟子的人数逐渐增加到3000人。这样一来，学习儒家的经书，取得优异成绩便成了学士们做官的主要途径，其他诸子百家的学说便逐渐被摒弃掉了。依靠儒家学说做了官的人，自然会按董仲舒的理论来帮助刘彻治理天下，并用儒家学说来教育后代。这便是历史上所说的“罢黜百家，独尊儒术”。

◆汉武帝以什么借口剥夺了诸侯爵位?

公元前112年，汉武帝刘彻举行宗庙大祭，他以诸侯王向汉王朝祭祀宗庙的献金成色不好、斤两不足为借口，一次即剥夺诸侯爵位106人，废其封国，改设郡县。汉初因功封侯者140余人，至刘彻太初年间只剩下5人，他们只能得到丰厚的衣食租税，却没有参与政事的权力，汉代的分封制名存实亡。

◆张骞为何被称为张博望?

公元前138年，张骞奉汉武帝刘彻之命出使大月氏，率领百余人，从长安启程。张骞一行出了陇西，进入匈奴控制的河西走廊。匈奴骑兵发现了他们，就把他们抓了起来。匈奴单于把张骞等人全部扣留下来，为了让张骞投降，单于还给他找了个匈奴族的妻子。面对单于的威逼利诱，张骞始终没有屈服。10年后，匈奴人放松了戒备，张骞带着部下逃了出来。他们向西走了数十天，来到了大宛国（在今中亚）。

大宛国的国王派向导和翻译把他们送到了康居，康居人又把他们送到了大月氏。张骞到了大月氏，以为他的使命可以完成了，不料情况发生了变化。原来大月氏自从与匈奴交战失利后，迁居至妫水（今阿姆河）流域，征服了当地的大夏国，重新建立了自己的国家。这里土肥水美、物产丰饶，大月氏已不想再与匈奴交战了。张骞在大月氏逗留了一年多，多次劝说大月氏王与汉朝合作攻击匈奴，都毫无结果，只好动身回国了。回国途中，张骞又被匈奴给抓住了。幸好匈奴发生了内乱，张骞乘机逃了出来。

公元前126年，张骞终于回到汉朝。这次出使历经13年，张骞吃了不少苦头，当年出使的百余人，仅剩张骞、甘父两个。13年间杳无音信的外交使团突然归来，震动了京师。刘彻给张骞、甘父加官晋爵，并怀着好奇的心情倾听了张骞关于西域的报告。

张骞出使，使刘彻详细了解了西域各国的情况。过了几年，刘彻派大将军霍去病征讨匈奴，汉军打了大胜仗，消灭了匈奴骑兵三万余人，还控制了西河（今河西走廊、甘肃等地）地区。汉朝通往西域的道路已没有了障碍，于是，刘彻派张骞第二次出使西域。

这一次，张骞率领三百多人的使团，带着大批牛羊和金银财宝来到了西域的乌孙。同时，张骞还派他的副使带着礼物分别出使大宛、大月氏、康居、大夏等国。

乌孙王见张骞带来了许多财宝，很高兴。他派了使者随张骞一同返回长安。乌孙使者受到刘彻热情招待，他看到汉朝兵强马壮、经济繁荣，回去后报告了乌孙王。不久，乌孙和汉朝建立了友好关系。一年以后，出使西域各国的副使陆续回国，西域各国也派了使者前来长安答谢，汉朝同西域各国的关系日益密切起来。由于张骞功劳很大，刘彻封他为博望侯，因此，人们又称他为“张博望”。

◆淮南王刘安谋反成功了吗？

刘安是刘邦的孙子。在文帝刘恒时代，刘邦的8个儿子或者病逝，或者为吕后所杀，死亡殆尽，只有刘长与刘恒还健在。刘长在淮南国内骄奢过度，车马制度和天子一样，最终被人告成谋反下狱，被废去王位，以囚车迁往蜀地。刘长性情刚烈，在半路上绝食而死。老百姓哀怜刘长的遭遇，作歌谣传唱说：“一尺布，尚可缝；一斗粟，尚可舂：兄弟两人不相容。”刘恒听到歌谣后悔恨交加，将淮南国分为淮南、衡山、临江三国，分封给刘长的三个儿子，刘安就是其中一个，受封为淮南王。

刘安对于父亲的绝食而死，一直耿耿于怀。景帝时，吴楚七国发动了叛乱，刘安有心加入叛军与中央对抗，只是因为淮南国相的阻挠才没能成行。刘彻即位以后，刘安依然对皇位怀有觊觎之心，希望找机会取刘彻而代之。当时关东诸侯多以豪奢为尚，这些刘姓诸侯王在自己国内，平日里斗鸡走马，对政务一点都不关心。惟独刘安刻意博取声誉，重视抚慰百姓。因此，刘安声望日盛，宾客游士从之者如流。

公元前 122 年，刘安的庶子刘不害让儿子刘建上书刘彻，揭发刘安、刘迁父子图谋不轨，敦请刘彻派人调查。无奈之下，刘安饮鸩自杀。

◆“夜郎自大”的典故是怎么回事？

公元前 130 年，汉武帝刘彻派唐蒙出访夜郎国（在贵州西部），夜郎王当面问唐蒙：“汉孰与我大？”即问谁的疆域更大。这就是成语“夜郎自大”的出处。后来，汉朝在夜郎置犍为郡。

再后来，刘彻派张骞四处通使，寻求去身毒国（在今印度）的捷径，汉使到达西南部的滇国（在云南昆明）时，滇王也当面问汉使者：“汉孰与我大？”看来，夜郎自大并不止夜郎王一人啊！

◆卫青是怎样扬名四海的？

公元前 129 年，匈奴侵入上谷郡，杀掠吏民。汉武帝刘彻任命卫青为车骑将军，率领万骑，直出上谷抗击匈奴。初出茅庐的卫青率军在击溃侵入上谷之敌后，深入匈奴境内，直至龙城，斩获匈奴七百多人后凯旋而还。卫青初次出师就立下战功，刘彻极为高兴，赐卫青为关内侯，以示嘉奖。

龙城一战后，公元前 128 年，匈奴再次入侵，卫青奉命出征，率 3 万将士前往雁门迎击匈奴；将军李息出代郡，攻击匈奴后路，与卫青一路遥相策应。卫青率军直赴雁门后，与入侵匈奴展开激战，匈奴惨败，丢下数千具尸首狼狈逃窜。卫青二次出击均获全胜，显示出卓越的军事才能，声威鹊起。

公元前 127 年，刘彻不为匈奴在东线的进攻所动，采取匈奴东击、汉军西进的作战方针，果断地发动了著名的河南战役。可以说，这是汉对匈奴开战以来第一次战略决战的胜利。刘彻命令卫青第三次出征，统帅数万大军从云中（今内蒙托克托东北）沿黄河北岸向西北迅速挺进，一举攻占高阙（塞名，位于今内蒙杭锦后旗东北），切断了驻守河南地的白羊王、楼烦王与单于王庭的联系。然后，卫青立刻率兵南下，沿黄河直驱陇西（今甘肃临洮），完成了对白羊王、楼烦王的包围。等到白羊王、楼烦王察觉身陷重围之时，在河南的防线已经全面崩溃，只得率领残部西渡黄河，仓惶逃出塞外。这次战役，汉军歼敌数千人，截获牲畜十多万头，全部收复了河南地，取得了重大胜利。卫青对这次战役的指挥，一改汉军在以往作战中以伏击、阻击、增援为主的作战模式，而采用整个战役都是在长途奔袭、迂回包抄的运动作战的过程中完成的，等到匈奴察觉到汉军的作战意图后，早已陷入汉军的重围，失败的大局已定。卫青也因为夺取河南地有功，被封为长平侯。此后，卫青屡次攻伐匈奴，战无不克、扬名四海。

◆汉匈漠北战役汉军胜利了吗？

公元前 120 年秋，匈奴以两路大军，每路各数万骑，进袭右北平和定襄郡，杀掠汉吏民一千余人而去。于是，刘彻决心向匈奴单于本部和左贤王的势力发动漠北战役。为了确保作战胜利，刘彻调集了十万多骑兵，分为卫青、霍去病两大骑兵集团，并以大量步兵和 14 万匹马作为运送粮食、衣物、军械的运输大军。汉武帝让卫青和霍去病各领 5 万人马，分路进兵，并给卫青配备了久经沙场的老将李广、公孙贺和赵食其、曹襄等人为裨将，以确保漠北战役的胜利。汉武帝把最艰难的任务交给霍去病军。原计划让霍去病兵出定襄（在今内蒙古），专力攻击单于主力；以卫青军出代郡（在今河北）。以后从俘虏口供中得知单于主力在东部，又立即改由霍去病军出代郡，卫青军出定襄。

公元前 119 年春，大将军卫青和骠骑大将军霍去病受命后，即率军北进。此时，匈奴单于主力已退至漠北，并将其军需辎重转移至更远的后方。卫青出塞后，即得知匈奴主力确实在自己的前方。因此，他便命令前军李广部与右将军赵食其部合兵一处，从东路前出，掩护自己的侧翼，攻击单于军的左侧背，卫青亲率主力向单于进击。

为更有效地与匈奴作战，骠骑将军霍去病挑选从骠侯赵破奴、昌武侯安稽、北地都尉邢山、校尉李敢等充任裨将，并以原匈奴降将归义侯复陆支和伊即軒等人为向导，随军负责宿营保障、寻找水源、草场等。大军出代郡，向北进击。越过荒芜人烟的大沙漠，长驱直进两千多里，与匈奴左贤王部遭遇。霍去病军对左贤王军发动猛烈突袭，左贤王军大败，率亲信将领弃军而逃，霍去病趁胜追击，追至狼居胥山（今蒙古乌兰巴托以东），斩比车者，俘获匈奴屯头王、韩王等三人，将军、相国、当户、都尉等八十三人，俘虏和斩杀匈奴吏卒七万零四百四十三人，匈奴左贤王的军队几乎全部被歼灭了。

为纪念这次重要战役的胜利，霍去病命人在狼居胥山上修建了一个纪念台，同时又在姑衍山（今蒙古乌兰巴托市东郊）下，修了一个祭天台场，众士卒举起火炬，祭告天地，慰藉壮烈牺牲的英灵，将士们庆祝胜利的欢呼之声响彻云霄。霍去病军满载胜利的荣誉凯旋而归。至此，惊天动地的汉匈漠北战役，以汉军胜利而告终。

◆名曲《凤求凰》与司马相如有什么关系?

司马相如，字长卿，西汉蜀郡人，汉朝辞赋大家，精通琴艺。他在梁孝王刘武的梁园中住了几年，写出了他的名作《子虚赋》。刘武死后，他回到了老家，家中一无所有，家徒四壁，在家无法维持生计，只得去投奔老朋友临邛县令王吉。当地有个富豪卓王孙，他看王县令与司马相如的交情很不一般，便在家大摆宴席，宴请县令和司马相如。席间，司马相如应邀弹了琴，博得了满堂的掌声。

卓王孙有个爱女叫卓文君，不仅人长得美，还是一个才女，她喜爱音乐，尤其好弹琴。司马相如的琴声如此美妙动人，卓文君与他一见倾心，司马相如借机弹奏了一曲《凤求凰》向卓文君表达爱意。可他们二人的感情遭到了卓王孙的极力反对。然而，卓文君认定了司马相如，非他不嫁。在万般无奈中，卓文君只好半夜溜出家门，与司马相如私奔了。

◆李广为何到死难封侯?

“飞将军”李广一生征战拼杀七十余场，胜多败少，是匈奴人心目中最可怕的劲敌。但是，李广却因各种原因总没有得到相应的封赏，手下的将校们被封侯的人已有几十个，而李广自己却依然没有被封侯。一齐出道且能力和声名都远远在自己之下的堂弟李蔡已经身为丞相，位列三公之尊时，李广依然是一个普通将军。

李广有一次私下和占卜天象的王朔讨论自己难封侯这件事。王朔问他:“你是否做过违背良心的事?”李广想了一下说:“我镇守陇西的时候，羌人曾经起来造反，我用计哄骗他们，使他们投降了，后来我又用计把这800多投降者在同一天内杀死了。这是我引为遗憾的大事。”王朔叹息道:“给人带来灾祸的事，最严重的莫过于把已经投降的敌人杀掉，这就是将军所以没有被封侯的原因。”

◆为什么说桑弘羊是理财高手?

桑弘羊（前152年—前80年），

汉武帝时大臣，洛阳人，出身商人家庭，自幼有心算才能，13 岁入侍宫中。自元狩三年（前 120 年）起，终武帝之世，历任大司农中丞、大司农、御史大夫等重要职务，深得汉武帝刘彻宠信。刘彻在位时，由于连年征伐匈奴，需要花费大量钱财，于是找来桑弘羊商议。刘彻问桑弘羊："朕决心抗击匈奴，但和匈奴打仗需要大量军费，能不能增加农民的税收？"桑弘羊说："不可以。现在农民的负担够重了，除了交地税、服劳役外，还要用现钱缴纳赋税。如果农民不堪重负，他们会起来反抗，政局就会不稳定。"刘彻问："到哪里去筹集军费开支所需的钱呢？"桑弘羊说："天下有的是钱，却不掌握在您的手中。如果把它们拿出来，别说这点军费开支，就是要再多的钱也没问题。"刘彻一听，急忙问道："你快说，从什么地方弄钱？"桑弘羊说："本朝开国以来，冶铁煮盐都是商人去做，这些商人垄断了盐铁的生产和买卖，开采费用又不高，所以获利丰厚。如果将盐铁的经营权收回来，由官府实行专卖，既对国家财政有利，又能抑制豪强势力。"刘彻高兴地说："好，朕就按你的办法去做。"

桑弘羊在刘彻的支持下，推行了一系列财政经济改革措施，用他卓越的理财能力，为西汉政府立下了汗马功劳。

◆李陵降匈奴有什么隐情？

李陵是飞将军李广的孙子，勇猛善战，非常有才能，却受制于无能而又狂傲自大的上司李广利。李广利嫉才妒贤，心胸狭窄。

公元前 98 年，李广利率领 1 万精兵从酒泉出发，从天山右侧攻击匈奴右贤王的军队。以李陵之才能，本当担任一方要职，冲锋陷阵，然而，李广利却准备让他管后勤辎重。报国心切却又不谙世故的李陵自然不愿意，便对刘彻说："如果给我 5000 精兵，我就可以直接冲进匈奴单于的大帐！"刘彻听后很高兴，真给了李陵 5000 精兵，让他攻击匈奴。

一个月后，李陵的军队到达浚稽山（今蒙古图音河南），与单于的 3 万骑兵相遇。匈奴兵见汉军少，蜂拥围攻汉军。李陵赶紧命令军士放箭，千弩俱发，匈奴兵应弦而倒。匈奴兵溃逃，汉军乘胜追击，杀掉数千人。单于大惊失色，又聚集了镇守其他地方的 8 万兵马攻击李陵。李陵寡不敌众，边打边后退，向南走了几天后，才到达安全地带。这次，李陵的士兵又杀了匈奴兵三千多人。

面对如此强劲而毫不畏惧的对手，匈奴以为自己面对的乃是汉军精锐；而且此时李陵已退至离汉朝边塞不远的地方，单于也担心自己会中敌人引敌深入而围歼之计，因此准备撤走。就在这时，汉军中一个军官投降匈奴，并告诉匈奴，李陵的军队并没有后援，并且箭矢也快用完了。单于大喜，更猛烈地攻击汉军。最后，李陵军队的士兵几乎死光，李陵本人也被匈奴俘虏。

刘彻听说李陵被俘，便杀了李陵全家老小。本来，李陵是想逃回去继续为汉朝建功立业的，当刘彻杀了他全家后，他很难过，无奈之下，就投降匈奴了。

◆司马迁为什么写《史记》？

司马迁，字子长，夏阳（今陕西韩城）人。司马迁的祖先做过周代史官，他的父亲司马谈学识丰富，在汉武帝时担任太史令。司马谈寄望儿子能够传承自己的学业，自幼就对司马迁进行全面的教育。司马迁 10 岁时，就能诵读《左传》《国语》《尚书》等古代流传下来的经典著作，在文学和历史两方面打下了坚厚的基础。从 20 岁开始，司马迁到各地去游历，足迹几乎遍及全国。司马迁每到一处，凡是典籍中有记载或传说中著名的地方，都要亲身去考察踏勘，拜访当地的老年人。经过长年的游历和考察，司马迁开阔了视野，锻炼了观察分析事物的能力，积累了大量的原始素材，为写作《史记》提供了坚实的基础。司马迁 36 岁时，父亲司马谈因病辞世。司马谈生前正着手撰写一部历史书，已经搜集准备了材料，但才要动笔，便重病缠身。弥留之际，司马谈拉着司马迁的手再三嘱咐他要了却他的心愿——著史。司马迁眼含热泪，连声应诺，接受父亲的遗训。

公元前 108 年，司马迁任太史令，开始撰写父亲没能写完的史书。这时，他有机会接触中央政府的各种文件档案，并且在皇家藏书中博览了许多珍贵的书籍，知识更为丰富了，搜集到的资料也更加完备了。

然而，当司马迁 48 岁时，无妄之灾突然降临到了他的身上。司马迁的好朋友李陵被匈奴所俘，刘彻一怒之下，将他的全家都处死了。李陵得到这消息，被逼无奈投降了匈奴。司马迁与李陵相识多年，对李陵较为了解，他在刘彻面前为李陵辩解，触怒了刘彻，受到宫刑的处罚。虽然没有危及生命，却令司马迁蒙受了巨大的耻辱。

司马迁悲痛万分，几次想要自尽，可想到父亲的遗愿还没有完成，不甘心就此死去。司马迁决心顽强地活着，将那部史书写完。经过多年的艰辛笔耕，在53岁时，司马迁基本完成了不朽巨著《史记》。

《史记》计130篇，52万多字。其中包括“本纪”12篇，按帝王年代、世序记载帝王的事迹；“表”10篇，用列表的方法记载重大事件和重要人物，简明实用；“书”8篇，记载重要的典章制度，天文、地理现象，政治设施和社会经济等方面的情况；“世家”30篇，记载各国诸侯、王和孔子、陈胜等特殊重要人物的史事；“列传”70篇，记载重要官吏、名人、少数民族和邻国的历史，其中还有部分下层社会人物的传记。

◆你了解苏武的传奇经历吗？

公元前100年，刘彻正想出兵攻打匈奴，匈奴却派使者来求和，还把以前扣留的汉朝使者都放了回来。刘彻为了答复匈奴的善意，派中郎将苏武带着副手张胜和随员常惠出使匈奴。

苏武一行风餐露宿，长途跋涉，终于到达匈奴单于居住的地方。单于见苏武送礼上门，以为汉朝软弱，所以对苏武及使臣们极其傲慢无礼，并企图利用前次投降匈奴的汉朝使者卫律威逼苏武卖国求荣。苏武严辞拒绝叛徒卫律的游说，把叛徒卫律骂得狗血淋头。

于是，单于决定把苏武关在地窖里，不给他吃的喝的，想借此逼他屈服。当时正是入冬天气，外面下着鹅毛大雪。苏武忍饥挨饿，渴了就捧一把雪止渴；饿了扯一些皮带、羊皮片啃着充饥。几天过去了，他居然没有饿死。

单于见苏武软硬不吃，便下令把苏武放逐到北海（今俄罗斯西伯利亚贝加尔湖）去放羊。临行前，单于对苏武说：“等公羊生了小羊，才放你回去。”

北海荒无人烟，一年到头白雪皑皑，连鸟兽也很难见到。有时苏武饿得没有办法，就掘开野鼠洞，掏洞里的草料来充饥。每天，他一面放羊，一面抚弄“节杖”，希望总有那么一天，能够拿着节杖，重返汉庭。

公元前85年，匈奴单于死了，匈奴发生内乱，分裂成了三个部落。新单于没有力量再跟汉朝打仗，又打发使者求和。

公元前81年，汉朝与匈奴几经交

涉，匈奴才把苏武及其随员共9人放回长安。

◆王昭君为什么出塞？

公元前33年，匈奴呼韩邪单于来到长安，为了巩固和汉朝的关系，他提出了“和亲”的请求。汉元帝为了保证北部边境安全，决定挑选一位漂亮的宫女嫁给呼韩邪单于为妻。后宫的宫女听说要她们远嫁塞外，没有一个答应。正在管事的太监急得团团转时，来了个应募人，她就是王昭君。宫中的无聊生活，使王昭君感到厌倦，现在有了跳出樊笼的机会，她不愿放弃。管事的宦官立即上奏汉元帝，汉元帝下旨应允。

王昭君出行的那天，长安街道张灯结彩，京城的大小官员都来给她送行。王昭君出塞时带去的礼物非常多，一长溜骡马的背上驮满了东西，别的不说，光是丝织品就有一千八百匹。呼韩邪单于欣喜万分，既娶到年轻美貌的妻子，又加强了同汉朝的关系。他封王昭君为“宁胡阏氏”，意思是给匈奴带来安宁的皇后。

王昭君出塞后的第二年，给呼韩邪单于生了个儿子，名叫伊屠智牙师，长大后被封为右日逐王。几年以后，呼韩邪单于病故，他的另一个儿子复株累单于即位。按照匈奴人习俗，复株累单于娶王昭君为妻。以后，王昭君又生了两个女儿，长女叫须卜居次，次女叫当于居次。

◆汉哀帝为什么会失江山？

公元前7年，刚继位的汉哀帝无心处理国政，只顾宠爱那个柔媚的弄臣董贤。董贤是太子的侍从官，年少又漂亮，哀帝看上了他，起居相随，形影不离。

一次，两人白天睡在一起，汉哀帝一觉睡醒，想从被窝里爬出来，可衣袖却被董贤压住，欲将衣袖掣回，又不忍惊动董贤。自己又有事不能待他醒来，一时性急，哀帝竟从床头拔出佩刀，将衣袖割断，然后悄悄出去。从此，汉语有了“断袖之癖”一词，成为同性恋代称。

哀帝封董贤为大司马，仍嫌不够，在一次宴会上竟然说：要把天下也让给这个22岁的白面相公。后来，哀帝死，董贤失掉靠山，被抄家。

哀帝如此忠于“感情”，国事被弃之一旁。哀帝死后不到10年，王莽就篡汉。真是“断袖之癖”失江山啊！

◆王莽改制的结局如何？

公元前16年，王莽受叔叔王商的

推荐，被汉平帝拜为新都侯、光禄大夫。又过了几年，他的叔叔、大司马骠骑将军王根年老退休，王莽就代替他做了大司马，掌握了朝政大权。这时的皇室中，仅还有成帝、哀帝的外戚，以及王莽自己的一个叔叔王立，能够与王莽争权。为防止他们对自己的权力构成威胁，王莽通过逼他们自杀等各种方法，把他们一个个清除或挤走了。然后，自己又在朝廷中安插亲信，让他们做了大官。王莽还把自己的女儿嫁给汉平帝做皇后，这样，他又多了“国丈”这一身份，地位更加显赫了。

王莽的地位一天天提高，汉平帝也一年年长大了，他已经长到14岁了，多少懂得了一些事情。汉平帝看出王莽的野心不小，内心又是害怕，又是怨恨。王莽也渐渐感到逐渐成年的平帝可能对自己的权力扩张不利，就寻找机会杀害了平帝。

汉平帝死的时候才14岁，当然没有儿子。王莽从刘家的宗室里找了一个两岁的幼儿为皇太子，叫做孺子婴。王莽自称“假皇帝”（“假”是代理的意思）。有些文武官员想做开国元勋，迎合王莽的心意，劝王莽即位做皇帝，一直以推让出名的王莽这会儿也不再推让了。

公元9年，王莽正式即位称皇帝。改国号叫“新”，王莽自称“新皇帝”，都城仍在长安。这样，从刘邦称帝开始的西汉王朝到这时就结束了。

王莽做了皇帝以后，为了显示他的威德，也为了巩固统治，解决西汉末年社会上出现的各种矛盾，实行了一系列制度上的变革，这在历史上叫作“王莽改制”，但王莽改制最终失败。

◆绿林、赤眉起义分别由谁领导？

王莽称帝建立新朝不到10年，终于爆发了绿林、赤眉大起义。公元17年，长江中游地区连年灾荒，饥民们在王匡、王凤兄弟领导下发动起义。因为这支起义军最初驻扎在绿林山，故称绿林军。公元22年，绿林山地区瘟疫蔓延，绿林军离开绿林山，一路由王常等率领，叫作“下江兵”；一路由王匡、王凤等率领，叫作“新市兵”。分散的绿林军到处攻打地主武装，发展很快。他们的战斗沉重地打击了王莽在南方的统治。

公元18年，青州、徐州一带发生大灾荒，琅琊人樊崇率百余人于莒县起义。起义军人人皆以赤色涂眉，因而被称为“赤眉军”。公元22年，起义军与新军在成昌（今山东东平西）展开激战，新军大败。起义军乘胜追击，攻至无盐，杀敌万余。这次战役后，赤眉军势力大增，人数发展到十几万人。他们转战于山东、河北、河南、安徽等省交界的广大地区，瓦解了王莽在东部的统治。

绿林、赤眉大起义的爆发，使王莽的新朝统治摇摇欲坠了。

◆刘玄是怎样当上皇帝的？

就在绿林、赤眉起义席卷全国的时候，有一批没落的贵族和地主、豪强也乘机起兵造反。

南阳郡春陵（今湖南宁远北）乡的汉宗室刘縯、刘秀两人怨恨王莽废除汉朝宗室的封号、不许刘姓人做官的做法，发动族人和宾客七八千人在春陵乡起兵。他们和绿林军三路人马联合起来，接连打败了王莽的几名大将，声势越来越强大。

绿林军将士们认为人马多了，必须推选出一个负责统一指挥的首领，这样才能统一号令。一些贵族地主出身的将军利用当时有些人的正统观念，主张找一个姓刘的人当首领，这样才能符合人心。于是，春陵兵推举刘縯，可是其他各路的将领都不同意。经过商议，众人立了破落的贵族刘玄做皇帝。

公元 23 年，刘玄正式做了皇帝，恢复汉朝国号，年号“更始”，所以刘玄又称更始帝。更始帝拜王匡、王凤为上公，刘縯为大司徒，刘秀为太常偏将军，又封了其他的将领。从此，绿林军又称为汉军。

◆刘秀在哪一场战役中扬名天下？

更始帝刘玄做了皇帝后，就派大将四处攻伐城池。眼看汉军长驱直入，王莽慌了手脚，派司空王邑、司徒王寻率军四十余万，气势汹汹地向昆阳扑来，一场恶战迫在眉睫。当时昆阳城内的汉军只有八九千人，敌我力量悬殊，汉军众将认为：如果敌军长期围困，昆阳必被攻陷。于是，刘秀和李轶率领 11 名骑兵，冒死从城南突破重围去别处搬求救兵。

刘秀刚离开昆阳，王邑、王寻就命令士兵挖地道，并用冲车撞城门，箭像雨一样落在昆阳城里。汉军顽强应战，一次次击退了王莽军的进攻。这时，刘秀等人已赶到郾城和定陵，带着援军赶赴昆阳，向数倍于己的王莽军冲去。为了鼓舞城里守军的士气，刘秀修书一封，谎称另一支汉军主力已攻破宛城，派使者给城里守军送去。这封信后来被王莽军截获，使王莽军阵脚大乱。刘秀一看机会来了，立即组织了一支突击队向王莽军冲去。

王邑和王寻见刘秀的援军人数不多，不当一回事。他们两人亲自带着一万余人前来迎战，同时命令各营军队不得出击。刘秀的突击队冲入敌阵后，奋战拼杀。王邑军阵大乱，因军令限制，其他将领也不敢互相救援。刘秀率军左冲右杀，很快冲到王寻面前，将王寻杀死。城内守军见状，趁机杀出城来，内外夹攻，杀声震天动地。王莽军大乱，四处溃逃、互相践踏，死伤不计其数。恰巧此时风雷大作、雨下如注，昆阳城北的洼水陡涨。王莽军不少人落进洼水中淹死，尸体把河道都堵塞了。

汉军取得了昆阳大战的胜利，王莽的40万大军顷刻间化为乌有。官军败逃后，留下的粮草、兵器不计其数，汉军搬了一个多月还没搬完。昆阳大战是刘秀戎马生涯中的一个光辉战例，从此，刘秀扬名天下。

◆刘秀何以得江山？

昆阳大战以后，汉军又攻破了宛城，更始皇帝刘玄住进了宛城，更始帝的许多事情都依赖刘縯来办理。刘縯、刘秀的权力越来越大，引起了汉军中一大批首领的不满，大将军王凤、李轶等人便在刘玄面前议论，说刘縯迟早要自己当皇帝，建议刘玄早点做决定，杀掉刘縯。可刘玄胆小，几次都不忍心下手，最后还是李轶等人找了个借口，杀了刘縯。

这时，刘秀正带兵在外。为了斩草除根，刘玄决定寻找机会杀掉刘秀。他派人拿着自己的诏书去试探刘秀，只要刘秀表现出一点异常，就可以名正言顺地除掉他。使者一边对刘秀宣读诏书，一边观察刘秀的脸色：“太常偏将军刘秀英勇善战，特意封为破虏大将军、武信侯。”没等刘秀谢恩，又宣布说：“大司徒刘縯，一向图谋不轨，常常违抗皇帝的圣意，如今已被杀掉。”听到哥哥被杀的消息，刘秀心里大惊，但他猛然想起了《论语》一书中“巧言乱德，小不忍则乱大谋”的话，迅速冷静下来。听完诏书后，刘秀强忍杀兄之恨，磕头谢恩说：“陛下赏罚甚明。只是我建功微小，不值一提，皇上如此嘉奖，刘秀受之有愧。至于兄长刘縯发展到今天被诛杀的地步，实在是罪有应得。”刘秀的一席话，说得至为真诚，不要说刘玄派来的使者深信不疑，就是刘秀的部下也信以为真。

使者走后，刘秀只偷偷地痛哭了一场，暗暗下决心要为哥哥报仇；但表面上不动声色，连孝也不戴，动身到宛城去向刘玄请罪。

见了更始帝，刘秀言必称陛下，既显得十分恭谨，又表现得宽厚大度。他平时谈笑自如，没有半点哀意，只在夜深人静时才偷偷为哥哥的惨死痛哭。刘秀“忍辱偷生”的表演终于解除了刘玄的疑忌，保住了性命。三个月后，刘秀被派往河北去发展起义军的实力。从此，刘秀摆脱了刘玄的监视和控制，迅速招兵买马，扩充实力。在不到一年的时间里，刘秀便发展到十余万人，还有了一批能征善战、忠心耿耿的战将，于是便公开和刘玄分道扬镳了。

靠这批人马做班底，经过一番征战，到公元25年，刘秀称帝，建立了东汉政权。又经过12年时间，刘秀终于铲平群雄，坐稳了江山。

◆“马革裹尸”说的是谁？

马援，东汉开国功臣之一，汉族，扶风茂陵人，因功累官伏波将军，封新息侯。公元32年，马援投奔刘秀，并协助他西平隗嚣。在破羌安陇的战斗中，马援身先士卒，腿肚子被箭射穿，流血不止，仍坚持直到获胜，刘秀赐他三千只羊、三百头牛，他将这些犒品分发部下，因而深得将士的敬重和拥戴。

后来，马援被授予“伏波将军”称号，大家都来向他祝贺，其中有个名叫孟翼的官员。马援对孟翼说：“为什么先生不说些指教我的话，而一味夸奖我呢？”孟翼不知如何应对。马援说：“汉武帝时的伏波将军路博德，开拓了七个郡的土地，他的封地只有数百户。我的功劳比路将军小得多，封地多达三千户。赏大于功，先生为什么不在这方面指教指教我呢？如今，匈奴和乌桓还在北方不断侵扰，我打算向朝廷请求当个先锋，做个有志男儿。男儿应该战死在疆场，用马的皮革裹着尸体就行了（马革裹尸），怎么能躺在床上，死在儿女身边？”孟翼听了由衷佩服。

公元47年冬天，湖南地方暴动，这时，马援年已62岁，饱经风霜，有病在身，闻讯从床上一跃而起，披挂上马，请缨出战。马援率军奔驰在疆场上，屡战屡胜。由于南方气候炎热，很多士兵中暑死去，马援自已也病倒了，不久病死军中，实现了他“马革裹尸”的壮志。

◆董宣为何被称为强项令？

东汉光武帝刘秀非常了解民间疾苦，但皇亲国戚、功臣显贵们都不像皇帝那样为百姓着想，常常纵容自家的子弟和奴仆横行街市，无恶不作。刘秀碍于亲贵们的面子，也拿他们没有办法。因此，京都洛阳成了全国最难治理的地方，连换了几任洛阳令，还是控制不住局面。

最后，刘秀百般无奈，起用年近七旬的董宣做洛阳令。董宣知道光武帝的用意，就对权贵们违法的行为严格处理。

有一天，刘秀的姐姐湖阳公主的家奴在街上杀了人，董宣立即下令逮捕他。可是这个恶奴躲进公主的府第里不出来，官府不能进去抓人，董宣就派人昼夜监视。湖阳公主以为新来的洛阳令只不过是虚张声势而已，过了几天就带着这个恶奴出行。董宣得到报告，立即带人拦住了公主的车马，把凶犯从公主的车上拖了下来，就地正法。

湖阳公主觉得董宣太不给她面子了，就跑到皇宫找刘秀哭诉。刘秀没有办法，只好命人把董宣捉来，安慰姐姐说："我一定把他乱棍打死！"董宣被捉后，不仅不向湖阳公主认错，反而痛斥刘秀不守法度，然后一头向殿柱上撞去，碰得满头满脸都是血。刘秀赶紧让卫士给他包扎好伤口，然后打圆场说："你总得给公主一点面子，给她磕个头，赔个不是吧。"

董宣就是不磕头，刘秀让小太监使劲往下按他的脖子，可董宣用两只胳膊支撑着地，硬着脖子不认错。刘秀趁机对太监们说："这个老头子脖子可真够硬的，快把他撵出去吧！"湖阳公主也就不再说什么了。

刘秀非常欣赏董宣执法如山、宁折不弯的气节，立刻派人给董宣送去了30万赏钱。董宣把赏金全部分给了他手下的官吏和衙役。"强项令"的威名传遍了全国，整个洛阳城的豪强皇亲没有一个不怕他的，人们都称他是"卧虎"。

◆宋弘为何不娶公主为妻？

刘秀的姐姐湖阳公主寡居，看中了才貌出众的大臣宋弘。湖阳公主的确是好眼力，宋弘可以说是当时朝廷中第一等的人物，位至三公，品行方正，仪表堂堂。宋弘为人很有骨气，当年赤眉军打进长安，强行拉他入伙，宋弘宁可跳到渭河寻死，都坚决不从。后来宋弘被人救起，他又装死，就是不入赤眉军，从此天下扬名。刘秀建立东汉政权后，征宋弘入朝，封为太中大夫，其后又任大司空。

当时宋弘已经有了恩爱的妻室，

让他这样的铮铮硬汉抛妻离子，再娶湖阳公主，刘秀根本没有把握，所以不敢跟姐姐打保票，只能留心等机会。

有一天，刘秀找到了一个在宫中单独召见宋弘的机会，就让湖阳公主在屏风后面听着，自己在堂上接见宋弘。谈完公事后，刘秀试探着说："常言道，人显贵了就会换交新朋友，发了财就会娶新老婆。人情大概都是这样的吧。"宋弘听后，连连摇头说："我听说的一句俗语正相反：'贫贱之交不可忘，糟糠之妻不下堂。'"意思就是人在贫贱的时候交的朋友是真朋友，这样的朋友是不能相忘的；人在吃糠咽菜、不得志时娶的妻子是与你患难与共的妻子，这样的妻子绝对不能离弃。刘秀顿时呆了，也忘了宋弘就在眼前，情不自禁地转头对屏风后的湖阳公主说："这事不成了啊！"

◆班超为何投笔从戎？

公元62年，班固被召到京城洛阳做官，30岁的班超与母亲随同前往。由于家境贫寒，班超经常替官府抄写书籍，以取得一些收入。

时间久了，班超对整天抄抄写写非常厌烦，觉得长期干这种事没出息。一天，他正在埋头抄书，突然心有所感，把笔一扔，感叹说："大丈夫应当像傅介子、张骞那样，到西域去建功立业，取得高官厚禄，怎么能老是这样埋头在笔砚之间抄书呢！"同班超一起抄书的人听他说这话都不以为然，讥笑他是异想天开。班超义正辞严地说："你们这些庸碌无为的小人，怎么能理解壮士的志向呢？"不久，班超就参加了军队，后来成了东汉名将。

◆班超出使西域有什么意义？

班超"投笔从戎"后，在公元73年奉命出使西域。二百年的历史证明，在汉匈关系这架天平上，西域是个决定性的砝码。汉家联合西域，匈奴则势孤；汉家与西域绝交，匈奴则势强。欲制匈奴，必先联西域，去其右臂。这就是班超出使西域所肩负的战略使命。

班超一行来到鄯善（原名楼兰，在今新疆若羌县治卡克里克，地处西域南道），鄯善王对汉使起初殷勤而又热情，后忽变得疏远而怠慢了。班超意料到其中有故，可能匈奴也派来使者，鄯善王何去何从狐疑不定。这个判断从鄯善的使者口中得到证实。班超立即与同行的36个伙伴密商，当机立断，先发制人，夜袭匈奴使者，否则汉使必为其所害。班超遂率吏士，乘夜半风起，出袭匈奴使者。班超亲手格杀3人，伙伴们斩首三十余级，其余一百多人全被烧死。第二天，班超把鄯善王请来，鄯善王看到匈奴使者的人头，也为汉家使者的英勇果敢所震惊，遂打消狐疑，决意摆脱匈奴的统治，与汉家复通和好。

接着，班超一行经于阗（今新疆和田一带），争取了于阗王。于阗人主动杀死了匈奴派去奴役他们的"监护使者"。

班超继续西行，来到疏勒（今新疆喀什一带），得知疏勒王兜题并不是疏勒人，是龟兹王依仗匈奴势力杀死前疏勒王后，派来统治疏勒的。疏勒人恨他，可又不敢惹龟兹和匈奴。班超和几个伙伴来见兜题，出其不意，突然动手把他抓了起来，宣布他的罪状。疏勒人举国欢庆，推出自己人当国王。班超让疏勒人把兜题放回龟兹，让他去警告龟兹王，不准依仗大国势力欺压小国。

班超在西域，联合弱小民族，团结抗暴，先后打败莎车（今新疆莎车一带）、龟兹、焉耆（今新疆焉耆一带）等国，匈奴北单于在西域北道上的势力也被驱逐出去，西域五十多国又同东汉王朝建立起友好的关系。

◆中国第一部断代史是什么？

班固出身于有良好家学渊源的史学世家，自幼博学群籍，九流百家著作多有涉猎，学无常师，9岁即能作文。其父班彪死后，他继承父志，开始编写《汉书》。有人向刘庄告他"私作国史"，刘庄看了他所撰书稿后，十分重视他的才华，同意他编撰《汉书》。后由于窦宪事件的牵连，班固于公元92年死于狱中，《汉书》尚有八表和《天文志》没有完成，其妹班昭与同乡马续受和帝之命续之，终于完成了这部中国史学的第一部断代史著作。

《汉书》纪事起于高祖元年（前206年），迄于王莽地皇四年（23年），历12世、230年。包括十二纪，八表，十志，七十列传，共100篇。内容恢宏，结构严谨，其纪、表、志、传四部分的编排体例与《史记》相差无几，"纪"和"表"用来叙历史事件和历史进程，"志"述典章制度，"传"写各类人物及少数民族的历史。《汉书》将《史记》中"世家"一体废除，而改"书"为"志"，有意突出了"帝纪"对全书的统率地位，增强了"纪"的纲领性，同时"传"更加充实，"志"也更加明晰。

◆谁是中国最早的无神论者？

王充（27年—约97年），字仲任，东汉会稽上虞人，他的祖先从魏郡元城迁徙到会稽。王充自幼就很聪明，6岁开始读书识字，8岁到书馆学习，品学兼优。因此，被保送到京师太学深造，跟大学者班彪学习，后来游学洛阳16年。王充是东汉时期伟大的唯物主义思想家和无神论者。他在批判当时的神学迷信中，捍卫和发展了先秦以来唯物主义的思想传统，建立了元气自然论的唯物主义哲学体系。他的思想成就在我国古代思想史上具有重要的历史地位，他本人也被称为是中国最早的"通明博见"的无神论者。

◆窦皇后是怎样邀宠害政的？

窦皇后是汉章帝刘炟的皇后，传说非常美貌，而且从小就会读书写字，很有见识。她是东汉开国元勋窦融的曾孙女，只是她出生时，家中已经发生了变故，再无往日的显赫了。她生长在破落的名门里，自然也有一种不顾一切向上爬的野心。进宫后，她因为美貌和聪明，不仅受到刘炟的宠爱，而且得到了马太后的赞赏，赢得宫廷上下的一片赞扬。一年后，被册立为皇后。

窦皇后当上皇后以后，她的哥哥和弟弟都被提拔为高官，从此开启了东汉外戚干政的历史。窦皇后没有儿子，后宫之中只有宋贵人和梁贵人生了儿子。宋贵人的儿子刘庆居长，先被立为太子。

窦皇后深怕自己的地位受到威胁，就到刘炟那里陷害宋贵人，说她让母亲买了菟丝子行厌胜之术。厌胜之术是一种巫术，在东汉宫廷里被严令禁止。刘炟起初不信，但窦皇后又拿出一封模仿宋贵人笔迹写的信来。刘炟看后大发雷霆，把宋贵人赶出了宫，太子刘庆受到牵连，被废为清河王。之后，刘炟另立梁贵人的儿子刘肇为太子。窦皇后又怕梁贵人和她娘家将来得势，一直想找机会除去梁贵人。

后来，窦皇后与自己的兄弟内外勾结，大肆诬陷梁贵人的父亲要谋反。刘炟深信不疑，下令追查，结果梁贵人含冤而死。梁贵人死后，太子刘肇就名正言顺地成为了窦皇后的儿子，窦皇后的地位更加巩固。因为窦皇后的关系，窦家权倾朝野。

◆蔡伦是怎么发明纸的？

蔡伦（63年—121年）字敬仲，东汉桂阳郡耒阳（今湖南耒阳市）人，造纸术的发明者。蔡伦从小因家境贫困，被送进皇宫做了一名小太监，成为皇太子刘肇的侍从。章帝刘炟死后，刘肇做了皇帝，是为和帝。蔡伦被提拔为中常侍，兼任少府的尚方令，负责监制宫中御用的军械、用具和器皿。蔡伦本来就喜欢发明创造，如今让他负责用具、器皿的制作，正合他的心意。他看到写字用的绢帛太贵，丝棉纸也不便宜，竹简太笨重，麻纸又不宜书写，就想制造出一种既廉价又适宜书写的纸来。

蔡伦先研究了民间制造麻纸的技术。蔡伦发现制造麻纸很简单，只要把麻捣烂，压成薄片就行了。可这样造出来的纸太粗糙了。于是，蔡伦就把工艺弄得精细些，把麻捣得很烂，这样做成的纸是细腻一些了，可是麻里还有一些粗纤维捣不烂，做成的纸仍然不适宜写字。蔡伦想，麻能造纸，是因为它有纤维，那么，破布、破鱼网、树皮也有纤维，是否也能造纸呢？他把这些东西收集起来，浸在水里，用水煮，煮软后捣烂成浆，再用清水漂，然后把捣烂的纸浆刷在细帘子上，等细帘子上结了一层薄薄的而又均匀的纸浆后，把它晾干，揭下来就成了一张洁白细腻的纸了。这样，蔡伦改进造纸术的试验成功了，造出的纸不仅价格便宜，而且轻薄耐用。

◆虞诩破羌靠的是什么？

公元114年至119年，西南方的羌人发动武装起义，进攻汉朝的城池，汉安帝刘祜派任尚为中郎将，到与羌人交界的地方去驻守。朝歌长虞诩建议任尚成立骑兵。任尚把虞诩的计划写成奏章，向刘祜请示，刘祜立即批准实行。任尚按虞诩的办法，精选出一万骑兵，率领这一万多人进攻丁奚城（在今宁夏灵武南部），首战大胜。城中叛军首领杜季贡开城逃跑，被汉军杀死四百多人，夺得大量的牛马财物。任尚又将这次胜利的情况向皇帝详细报告，叙述虞诩的功劳。刘祜加封虞诩为武都太守（在今甘肃），命令虞诩立即上任。

虞诩接到任命后，立即率领下属到武都去上任，走到陈仓时，接到报告说前面有几千羌兵驻守，不能通过。虞诩叫随行人停下来，说要去调集大队人马保护自己，又假造了一封信，信中说支援的兵马很快就到，却故意让羌兵知道。羌兵已经在丁奚城吃了一次亏，赶快撤兵到别的地方去了，虞诩才顺利地通过了陈仓道。

通过陈仓以后，虞诩叫部下的士兵加紧赶路。虞诩到了武都，一查兵员数量，不足三千人，非常着急，只好加紧训练。不久就接到报告：羌兵几万人正在进攻赤亭（在今甘肃），情况很紧急。虞诩先不忙着去救援，却派出一支战斗力很弱的部队去赤亭进攻羌兵。两军一接触，汉兵立即败退逃回武都城中，羌兵随后追来，又把武都围住。

羌兵围住武都以后，开始向城内进攻。虞诩命令士兵放箭，羌兵攻了几次都没攻进来，反而死伤了许多士兵，只好暂时退下，等候机会再来攻城。

虞诩见羌兵退走，知道他们还要再来，便又使了一条疑兵计。第二天一大早，虞诩将城门大开，把三千士兵全部带出城外，命令士兵们一会儿出东门进北门，一会儿又出北门进东门，每出一次门，就换一次衣服和旗帜。羌兵远远看到汉军不断进出，穿的衣服、旗号又不同，认为汉兵在布置进攻，也不知道有多少汉兵在城中，不敢继续进攻，连忙后退。

当羌兵退到一条浅水河滩上时，汉兵就乘势追赶，羌兵大败逃走，虞诩赤亭、武都一战扬名天下。

◆《说文解字》是怎样的著作？

《说文解字》是东汉学者许慎独立编纂完成的大型字书，该书收字9353个，另有重文（异体字）1163个。此书完全改变了周秦时代训诂词典的方法，开创了全面系统解释字的形、音、义的新体例，构成了严整的字典编纂格局。全书以小篆为主体分析字形结构，分列为540部，始一终亥，部与部的排列顺序以部首的笔画和形体结构近似为准则。

许慎科学而有条理地分析阐述了汉字的产生和发展、文字的功用、汉字的构造等，在实践和理论上都达到了前所未有的高度。书中所收的字有经书（特别是古文经）中的常见字，包括篆文、古文、籀文、俗体等，既有先秦的字，也有汉代新产生的字，为后代考查汉字发展的历史提供了极宝贵的材料。近代识别甲骨文、金文，多依赖于这部工具书。

◆张衡有哪些成就？

张衡，汉章帝建初三年（78年），诞生于南阳郡西鄂县石桥镇一个破落的官僚家庭。公元100年，23岁的张衡回乡出任南阳太守鲍德的主簿，负责处理日常公文。公元111年，张衡被召到京师，先后担任郎中、太史令和公车司马等官职。其中，担任太史令时间最长，前后达14年之久。太史令是掌管天文、历法、气象以及朝廷祀典等事务的官职。这为张衡从事天文历算研究，提供了便利。

张衡继承和发展了前人的浑天理论，于公元 117 年制造了世界上第一架观测天象的“浑天仪”。浑天仪主要是用铜铸成的一个圆球，上面刻划着赤道、黄道、南北极、日月星辰以及二十八宿和二十四节气。铜球装在一根倾斜的轴上，利用水力旋转。铜球转动一周和地球自转一周的速度相同。铜球外面安有一个水平的环，表示地平线。铜球由东往西运动，刻在上面的恒星就从东方升到地平线以上，又向西落到地平线以下，和天空里恒星东升西落的情况完全相符。这样，人们坐在屋里，便能从浑天仪上看到天体运动的情况。

东汉时期，地震比较频繁。张衡经过长年研究，终于在公元 132 年制成了世界上第一架探测地震方位的仪器——地动仪。这架地动仪以精铜铸成，形似酒樽，上有隆起的圆盖，内部中央立一根上粗下细的铜柱，柱旁有八条通道，称为“八道”，道中安有发动机关，仪体外部周围铸有八条龙，按八个方向布列，每个龙嘴里都衔着一个铜球。对着龙头，八个铜蟾蜍蹲在地上。哪个方向要发生地震，正对着这个方向的龙嘴就会自动张开，铜球落入蟾蜍口中，发出地震的警报。

公元 138 年二月初三，地动仪西方龙嘴里的铜球忽然落了下来，可是住在洛阳的人丝毫没有感到有什么地动，有些学者怀疑地动仪的灵验。没过几天，陇西来人报告那里发生了地震，使大家极为信服。欧洲的第一架地动仪是 1880 年制成的，比张衡晚了一千七百多年。

张衡还创造出一种测定风向的仪器——相风铜鸟。相风铜鸟是在一根五丈高的竿顶上安放一只衔着花的铜鸟，可以随风转动。鸟头所对，就是风的方向。张衡创造的相风铜鸟和欧洲的候风鸡相仿。欧洲的候风鸡是公元 12 世纪才出现的，比相风铜鸟晚了一千年。

◆梁冀为何毒杀汉质帝？

梁冀是汉顺帝梁皇后的哥哥，官任大将军。他总揽朝政，骄横无理，欺压群臣，鱼肉百姓。当时的许多士大夫为了躲避监牢之灾和杀身之祸，被迫归乡务农。

公元 144 年，顺帝死后，梁太后抱着他两岁的儿子刘炳即皇帝位，史称汉冲帝。梁太后临朝听政，梁冀独揽了朝中大权。冲帝在位不到一年就夭折了。朝中群臣都要求立汉章帝的玄孙清河王刘蒜为帝。刘蒜已经17岁了，梁冀认为他要是当了皇帝，自己就没有掌权的机会了。为了维护梁家专权的地位，梁太后与梁冀密谋，又从皇族中选定了一个8岁的孩子立为皇帝，是为汉质帝。从此，梁冀气焰更加嚣张，卖官鬻爵，专横跋扈，为非作歹。

汉质帝自幼很聪明。他即位后第二年，一天梁冀在朝堂上打击和压制直言进谏的大臣，盛气凌人、不可一世。汉质帝便当着群臣的面指着梁冀说他是跋扈将军，并指出了他的许多过错。梁冀和梁太后知道质帝早晚会脱离他们的控制，于是下狠心将毒药放在蒸饼中，毒杀了质帝。接着他们又另立了15岁的刘志为帝，即汉桓帝。

◆梁冀因何被抄家？

汉桓帝即位后，梁冀认为自己已经彻底掌握了朝中的大权，没人再敢和自己对抗，便放心地过起豪华奢侈的生活来。不光生活豪华奢侈，梁冀还无穷无尽地搜刮财富，有时是明要，有时干脆就抢。在朝廷中，谁敢反对梁冀，梁冀就把他罢官免职，或治罪杀头，或派人刺杀，许多敢讲话的大臣都不明不白地被整死了。

公元159年，梁太后去世后，梁冀等人失去依靠。汉桓帝与宦官唐衡、单超、左悺、徐璜、具瑗联盟发动政变，把梁氏一门，不分老幼，都斩尽杀绝。接着，汉桓帝抄没了梁冀的家产，统计后发现，梁冀的家产竟相当于全国半年的租税收入。然后，又将五个太监同时封侯，称为“五侯”，共同掌握朝政大权。

◆党锢之祸是怎么一回事？

梁冀死后，几年间宦官势力几乎达到独霸政权的地位。内外重要官职多被宦官党徒把持，官僚集团的道路比梁冀死前更狭窄了。耿直派官僚、名士、太学生以及地方官学生、私门学生结成广泛的士人集团，展开了士人、宦官间的斗争。

耿直派官僚大都是名士出身。有些人已经做了大官，仍保持名士身份。如李膺做河南尹，与名士郭泰等人交结，被士人推为名士的首领。另外太学生3万余人，以郭泰、贾彪为首领。郭泰等人结合陈蕃、李膺等耿直派大官僚，评论朝政，褒贬人物，公卿大臣竭力接待士人，希望免受恶评。166年，汉桓帝指名士李膺、范滂等200余人为党人，下狱治罪。167年，汉桓帝赦党人回家，禁锢终身，不许再做官。这是第一次党锢之祸。

陈蕃等人死后，汉灵帝大兴党狱，杀李膺、范滂等一百余人，禁锢六七百人，太学生被捕一千余人。党人五服内亲属以及门生故吏凡有官职的人全部免官禁锢。这是第二次党锢之祸，对士族的打击是惨重的，内外官职几乎全部被宦官集团占据了。

◆领导黄巾军起义的人是谁?

东汉后期，宦官和外戚争权夺利，弄得社会极不安定，再加上各地水灾、旱灾和蝗灾不断，豪强地主乘机兼并土地，无数灾民没了活路，离乡背井成了流民。公元184年，汉灵帝刘宏在位的时候，终于爆发了一次波澜壮阔的黄巾起义。

黄巾起义是张角领导的。张角是巨鹿（在今河北）人，太平道的首领。太平道是道教的一派，他们信奉中黄太一之神，以《太平清领书》作为他们的经典，宣传“黄天太平”思想，认为只有到了太平的时代，人们才能不愁吃穿，过无忧无虑的日子。张角本人懂点医道，常常免费给农民治病，病治好了，他就劝人家参加太平道。穷苦农民为了摆脱困苦生活，把张角看成是救星，都纷纷信奉太平道。

黄巾起义军每打到一个地方，就焚烧当地的官府衙门，攻打豪强地主的坞堡，捕杀为非作歹的官吏和地主。地方州郡的长官和大地主吓得纷纷逃窜。虽然黄巾起义最后被东汉政府镇压下去了，但它沉重打击了东汉的统治。

◆张仲景为什么被称为“医圣”?

张仲景姓张，名机，字仲景，南阳郡涅阳（在今河南）人。张仲景天赋聪颖，勤奋好学，少年时学医于同郡张伯祖，尽得其传。

有一天，张仲景遇到闻名当世的才子王仲宣，当时王仲宣有20多岁，张仲景看了看他，对他说:“你已身患疾病，到40岁时就会落眉毛，落眉半年之后就会死去。”并且告诉王仲宣服用五石汤可免一死。王仲宣不相信他的话，拿了五石汤但没有服用。过了几天，张仲景又见到王仲宣，就问他:“你服药了吗?”王仲宣说:“服了。”张仲景说:“从你的气色看来，你并没有服药，你为何这样轻视生命呢?”王仲宣依然不相信，后来过了20年，果然如张仲景所说，王仲宣开始落眉毛，187天后死了。

汉灵帝在位时，张仲景被举为南阳郡的孝廉，并因此出任长沙太守。

公元195年以后，大规模的伤寒病又开始在全国各地蔓延流行，不到10年时间，仅张仲景自己家族200多口人就病死了134人，单因害伤寒而死的就有90多人。在家乡疬疫暴行的情况下，张仲景毅然辞去太守之职，返回故里，博览群书，广采众方，系统地总结了汉代以前的医学精华，根据自己丰富的医疗经验，写成《伤寒杂病论》一书，第一次系统完整地阐述了流行病和各种内科杂症的病因、病理以及治疗原则和治疗方法，并为后世临床医学的发展奠定了坚实的理论基础。后世医学者称张仲景为“医圣”。

◆外科祖师华佗是怎么行医的?

华佗是东汉末年伟大的医学家和药物学家。他从小就刻苦钻研学问，精通各种经书，尤其喜爱研究医学和养生的方法。后来他去徐州游学，拜名医为师，再加上自己不断的努力，终于获得了渊博的医学知识。内科、外科、妇科、小儿科和针灸科等，华佗样样精通，外科医术尤其高明。有一次，有两个官员闹头疼发热，先后找华佗看病。经华佗问明病情，给一个开了泻药，另一个开了发汗药。有人在旁边看华佗开药方，问他为什么病情相同，用药却不一样。华佗说：“这种病表面看来一样，其实不同。前一个病在内部，该服泻药；后一个只是受点外感，所以让他发发汗就好了。”这两人回去服药后，果然药到病除。

华佗不仅能治一些疑难杂症，还善于做开刀手术。他配制一种麻醉剂叫麻沸散。有个病人患肚痛病，痛得厉害，经过十多天，胡须眉毛全脱落下来。华佗诊断后说：“这是脾脏溃烂了，得赶快开腹治疗。”华佗让病人服了麻沸散，打开腹腔，把坏死的脾脏切除，再缝好创口，敷上药膏。过了四五天，创口愈合，一个月内便康复了。

◆郑玄注经有何特点?

郑玄，字康成，北海高密（今山东高密）人。因博古通今而闻名，尤其精通天文历学，曾跟随东汉著名经学家马融学习古文经，后来外出游学十多年，还乡时，他的学徒已多达数百人，因党锢之祸而遭囚禁后，闭门不出，隐居潜修经学。

郑玄注经，博采今古经文，融会贯通，将繁琐的气氛和阴阳五行的迷雾扫除得一干二净，从总体上把握经书的脉络，辨析学术，考溯源流，花费了很多精力整理篇帙，条贯篇目，确定编排。为此，他搜求各家学说，仔细考订异同，进行归纳和判断，做了大量细致的工作。

郑玄采取客观态度，公正地对各家经学取长补短、以理服人。他的这种治学精神和方法对后世影响很大，特别是他统一了今古文之争，更是对后世经学的发展有着重大意义。

◆"十常侍"弄权被谁所杀？

汉灵帝当皇帝的时候，最欣赏十个宦官，对他们的建议言听计从，国家大事都交给他们去办，这十个人是张让、赵忠、封谞、段珪、曹节、侯览、蹇硕、程旷、夏恽、郭胜，他们的职务都是内侍官，当时称为"十常侍"。这十个人串通一气，在皇帝面前报喜不报忧，灵帝被他们弄得晕头转向，还认为自己非常英明，朝中文武官员都是敢怒而不敢言。

公元 190 年，灵帝病危，知道自己快不行了，便和中常侍蹇硕商量让刘协继承皇位的事，让蹇硕杀掉何进。何进知道了这件事，灵帝死后，袁绍率领 5000 精兵随同何进进了皇宫，就在灵帝的棺材旁边拥立太子刘辩当了皇帝，大家对新皇帝三拜九叩、山呼万岁，袁绍立即进宫来捉拿"十常侍"。张让、郭胜等 9 人早已知道何进要杀自己，便先杀了蹇硕，然后一齐来到后宫，请何皇后（这时已尊为太后）代向何进说情，保自己一条性命，并说以前的坏事都是蹇硕一个人干的，现在蹇硕已经被杀掉了。何太后立即把何进请进内宫，劝说何进，何进听信了妹妹的话就没有再追究。

刘辩当了皇帝，何进既是国舅，又是大将军，朝廷大权掌握在他一个人手中，袁绍等一般大臣都劝何进早点除掉宫中的宦官，免得将来生事，可是何太后不同意这么做。何进和袁绍一商量，决定调京城以外的兵马入城，用地方的力量除杀宦官，逼太后同意。

"十常侍"（这时已剩下 9 人）知道了何进的计划后，决定先下手除掉何进。这时，以张让为首的一行 9 人来到何太后宫中，说何进听外人计策，非要杀掉我们 9 人，请太后做主。何太后让他们到大将军府中去请罪，张让说他们不敢去，最好是何太后把何国舅请进宫中，他们在宫中向何国舅赔罪道歉。何太后信以为真，便传何进到宫中议事。

何进接到妹妹的诏书，立即带着袁绍和曹操进宫见太后，袁绍的弟弟袁术率领 1000 精兵在皇宫外等候。进了皇宫中，何进吩咐袁绍和曹操在宫外等候，自己独自一人进去。何进走过一道宫门，大门便在身后悄悄地关上，起初不知道，等他反应过来时，早被张让埋伏下来的武士们一拥而上，三下两下给杀死了。

张让在城墙上将何进的人头扔了下来，说何进谋反已经被杀。袁绍大怒，率领袁术的1000精兵攻开宫门，杀进宫去，见到太监就杀。张让、段珪见大事不妙，连忙劫持皇帝刘辩和刘协冲出人群向城外逃跑，士兵们随后追赶，张让投河自杀。段珪在慌乱中丢了皇帝和陈留王，也被追兵捉住杀掉，其他的几个太监也统统被杀。至此，“十常侍”全被杀死。

◆桃园结义是怎么回事?

刘备是涿郡人，字玄德，家境贫苦，只能靠和母亲一起编卖草席、麻鞋过日子。东汉灵帝末年，社会发生动乱，刘备得到中山（今河北省定县）富商张世平、苏双的帮助，招募义兵，组织地主自卫武装。关羽、张飞前来应募。张飞字翼德，是刘备的同乡。他有一身武艺，好见义勇为。关羽字云长，是河东解良（今山西省解虞县）人，据说他本来并不姓关，因为年轻的时候好打抱不平，常常招惹是非。父母为了让他不再惹事，就把他关在后园空房里。有一天，关羽实在闷得慌，就偷偷打开窗户逃跑。突然关羽听到有啼哭声，便顺声找过去，发现是一老人在哭。一打听，知道是县令的小舅子仗势欺人，强娶她的女儿。关羽十分气愤，提着宝剑，就去县衙门把县令和他的小舅子杀了。闯了杀身之祸，关羽不得不逃离家乡。当他逃到潼关时，看见潼关城门上正挂着悬赏捉拿他的头像。凡是进出关卡的人，都要检查。他整了衣服，大胆地走到关卡前，对盘查他的士兵说:“我姓关……”从此以后，他就以假为真，改姓关了。

关羽过了潼关，东行到涿郡，结识了张飞。恰好刘备招兵，他俩就去报名了。刘备看他们武艺高强，很有才干，就和他们在花红叶绿的桃园里结拜为兄弟。刘备是老大，关羽是老二，张飞是老三，这就是历史上有名的“桃园结义”的故事。

◆董卓是怎么篡权的?

公元189年，时任大将军的何进召董卓进京诛灭宦官，八月，董卓率军未至洛阳而何进已被杀，皇宫大乱，宦官张让劫持少帝外逃。董卓闻讯，乘机引军护驾，途中遇见少帝，下马叩拜后，保护少帝还都。董卓到了洛阳后对袁绍说:“天下的君主，应由贤明的人来担任，每每想到灵帝昏庸，令人愤恨！陈留王似乎更好，现在我打算拥立他。”袁绍说:“现在皇上年轻，没什么不良行为，您想废嫡立庶，恐怕众人不会同意！”董卓按剑呵斥袁绍说:“天下的事情，难道不是由我来定夺吗！”袁绍大怒道:“天下的英雄难道仅仅只有你董公?”说完便抽出佩刀。董卓知道袁绍是累代显贵的大家，对他有所畏惧，所以未敢加害。而袁绍也怕董卓不会放过自己，就匆忙奔往冀州去了。袁绍的弟弟袁术听到消息，也逃出洛阳，出奔南阳。

九月，董卓召集百官，昂首说道:“当今皇帝昏庸柔弱，不可做天下的君主，现在我想改立陈留王，你们认为怎样?”大臣们都很惊恐，没敢回答。董卓又高声说:“过去霍光定夺废立大计时，田延年手握剑柄，准备诛杀反对的人。今天有谁敢阻拦我的计划，都以军法从事。”在座的人更加惊骇。董卓便在崇德前殿会集百官，胁迫何太后下令废少帝为弘农王，立陈留王刘协为皇帝，是为汉献帝。袁隗解下皇帝的玺绶，呈奉给陈留王，扶弘农王下殿，北面称臣。何太后哽咽流泪，大臣们也都心怀悲切，但没人敢说话。董卓接着迁何太后到永安宫。不久，董卓又用酒毒死了何太后，从此开始独掌朝政大权。

◆王允是怎样除掉董卓的?

公元192年，汉献帝生了一场病，身体痊愈后，在未央宫接见大臣。董卓得到通报，敦促其从郿坞到长安去面圣。为了提防有人刺杀他，他在朝服里面穿上铁甲，在乘车进宫的大路两旁，派卫兵密密麻麻地排成一条夹道护卫。他还叫吕布带着长矛在身后保卫他。

其时，王允和吕布早已设好计策。吕布安插了几个心腹勇士扮作卫士混在队伍里，专门在宫门口等候。董卓的坐车刚一进宫门，就有人拿起戟向董卓的胸口刺去。但是戟扎在董卓胸前铁甲上，刺不进去。

吕布见此情景，立即举起长矛，一下子戳穿董卓的喉头。随即，吕布从怀里拿出诏书宣布:“皇上有令，只杀董卓，别的人一概不追究。”董卓的将士们听了，都山呼万岁。长安的百姓听到奸贼董卓死了，欢声雷动，举杯相庆。

◆张鲁政权前后维持了多少年?

公元191年，五斗米教领袖张鲁与五斗米教另一领袖张修联合，率领民众，攻占汉中（今陕西汉中），杀死太守，消灭了当地的豪族武装。后又数次打败益州牧刘焉，占领了巴郡，建立起以汉中为中心，包括今陕西南部、四川北部广大地区的农民政权。张鲁政权持续约二十余年。公元215年，曹操攻汉中，张鲁投降，张鲁政权遂亡。

◆曹操从什么时候开始统揽朝政？

东汉末年，汉献帝刘协虽然名义上仍是汉朝皇帝，但从登基的第一天起，便在豪强军阀的挟持下，东奔西荡，颠沛流离。后来在国舅董承的护卫下，历经千辛万苦，回到首都洛阳。此时的洛阳，经过董卓的一把火，早已变得萧条冷落。汉献帝见无处居住，只好搬进原来的大宦官赵忠的家中。他接见百官的朝堂是一间大草棚，官吏进见，都站在荆棘丛生的草丛里。洛阳残存的老百姓，靠剥树皮、挖草根度日。献帝也没有吃的，只好命令尚书以下的大臣们砍柴伐薪，挖野菜充饥。

汉献帝返回洛阳的消息传出后，在群雄中引起强烈反响。一些谋士认为，在当前群雄混战的情况下，谁如果抓住了皇帝，“挟天子以令诸侯”，谁就可以号令天下，把持汉室朝政。袁绍是当时群雄中最有实力的，手下一个叫沮授的谋士劝他“挟天子以令诸侯”，但袁绍缺乏远见卓识，没有去接汉献帝。

曹操听说汉献帝到了洛阳，便主张前去迎驾。曹操对众将、谋士讲了他的想法，多数不同意，理由是他们所在的山东地面太混乱，兖州地位还不巩固，当务之急是多占地盘，惟有谋士荀彧坚决主张迎接献帝，曹操听罢荀彧的一番高谈阔论，朗声笑道：“此真子房也，正合孤意！”

随后，曹操便亲自带领一支人马把汉献帝一行接到了许昌。到许昌之后，曹操马上建造宫室殿宇，立宗庙社稷，祭祀汉室的列祖列宗。对此，汉献帝十分满意，当即拜曹操为大将军、武平侯，以出谋划策的荀彧为侍中。

曹操把汉献帝抓到手中之后，便开始“挟天子以令诸侯”，从而使其势力迅速扩大，为后来魏国的大统一奠定了基础。

◆你知道蔡文姬对文坛的贡献吗？

蔡文姬是东汉末年陈留（今河南开封杞县）人，她的父亲是当时的名人蔡邕。蔡邕是大文学家，也是大书法家，梁武帝称他：“蔡邕书，骨气洞达，爽爽如有神力。”蔡文姬生在这样的家庭，自小耳濡目染，既博学能文，又善诗赋，兼长辩才与音律就是十分自然的了。有一次，父亲蔡邕在黑夜里弹琴，忽然“崩”的一声断了一根弦。在一旁静听的文姬说，断的是第二弦。父亲认为她是偶然猜中的，又故意把第四弦弄断，问是哪根弦。文姬立即回答是第四根弦。女儿的辨音能力使蔡邕也极为惊奇，从此对她更加钟爱，视若掌上明珠。

蔡文姬成年之后，结婚不久丈夫就死去。她回到父亲身边，父亲被政敌打入狱中，判了死刑，在狱中悲愤地死去。文姬眼见与生父死别，却毫无搭救的办法。父亲死后，祸不单行，孤苦伶仃的文姬在战乱中又同大批难民一起，被南匈奴掠去。这是公元195年，文姬只有22岁。在那离乡背井的荒远地带，她当了一个匈奴首领的妻子，一住12年，生了两个孩子。后来，她终于有机会回到中原，原来的蔡家只剩下她一个女子。她与屯田都尉董祀结了婚，董祀对她关怀备至。夫妻感情甚好，生活稍安。

文姬归汉后，凭着自己的记忆，把父亲曾亲口教她背诵的四百多篇作品记录下来，使之得以流传后世。今天看到的蔡邕的作品，就是这样保留下来的。

◆曹操割发为的是哪般？

公元198年，曹操出兵讨伐张绣，当时，正值麦子成熟季节，曹操下令：“行军途中不得践踏百姓的麦子，违者斩首！”在他的严厉命令下，全军将士行军时路过麦地，格外小心谨慎。有时，骑兵们下马步行，或绕道行驶，曹操更是以身作则，倍加小心，深怕踏坏麦子。

半路上，曹操率领着大军朝前挺进，当行至一块麦地时，突然从地里飞出一只野鸡，这时，曹操的马受了惊，又踢又跳，进入麦地，他连忙收住缰绳，可是，受惊的马仍然踏坏了一片麦子，曹操看了心疼不已，马上下令：“停止前进！”曹操面对士兵，脸色阴沉，严肃地说：“全军将士们，我的马踏坏了麦子，请按军令处置我吧！”这时，一位大将连忙说：“您是全军之主，怎能受刑罚呢？”其他将士也议论纷纷说：“麦子是因马受惊后被踏坏的，并非大王有意。”曹操严厉地说：“军令面前，一视同仁，我是全军统帅，怎能带头不执行呢？”他拔出剑来想自杀，这时，全军将士都一齐跪下说道：“大王！您是全军主帅，不能自杀啊！”曹操见众将士跪在地上不肯起身，便“刷”地一剑，割下一把头发，扔在地上，以发代首。这时，全军将士才站了起来，一个个都很佩服曹操执法严明，以身作则。

◆孙策是怎么成为江东霸主的？

孙策的父亲是长沙太守孙坚。孙坚死后，孙策带兵投靠袁术。袁术看他少年英俊，很喜欢他，对别人说："要是我能有像孙郎那样的儿子，我死了也安心。”可袁术话虽这样说，却并不重用孙策。孙策曾经想当一个郡的太守，袁术没有答应他。孙策的舅父吴景在江东丹阳（今安徽宣城）当太守，被扬州刺史刘繇逼走。孙策向袁术提出让他到江东去帮舅父打刘繇，袁术因与刘繇也有矛盾，这才拨了1000人马给孙策。

孙策向南进兵，一路上有许多人前来投奔他。到了历阳(今安徽和县)，兵力已扩充到五六千人。孙策有个从小就很亲密的朋友周瑜，也带了人马来会合，孙策的力量由此壮大了起来。

孙策作战骁勇，再加上他的军队纪律严明，得到百姓的支持，因此，他很快渡过了江，不但打败了刘繇的人马，夺回丹阳，还攻下了吴郡和会稽郡。这样，江东6个郡的大片土地，都被孙策占领。孙策占据了江东，雄心勃勃地想进一步向北发展，打算趁曹操和袁绍在官渡相持不下的时候，偷袭许都，把汉献帝抓在自己手里。但正当他调兵遣将、准备粮草的时候，却遭到了仇家的暗算，被吴郡太守许贡的门客用暗箭射杀。

孙策临死前，召张昭等谋士和武将周瑜等面谕后事。他说："我弟孙权，年已19岁，希望你们像辅助我一样，好好辅助他。”然后，又把孙权召至病床前说："咱们兄弟俩，要论上阵打仗的本领，你不如我；至于选拔人才，任用贤人，我比不上你。希望以后你好好保住江东这份基业。”孙权牢记哥哥教诲，招贤纳士，使江东没有因孙策的死而遭受一点波折。从此以后，孙权实际上成了江东的霸主。

◆汉献帝究竟为何密下衣带诏？

曹操迎汉献帝到了许都后，朝政大权都握在了曹操的手中，朝中大小事务都得先报曹操，然后才禀明献帝。曹操自以为朝权在握，天下唾手可得，便不把皇上看在眼里，动辄要挟献帝要如何如何，弄得献帝无所适从，整日提心吊胆。随着年龄的增长，汉献帝越来越觉得受人摆布不是个滋味儿，而曹操的专横也让他忍无可忍。于是，他咬破手指，写了一道血诏缝在衣带里，然后把这条衣带送给外戚董承，要他设法除掉曹操。

董承接到密诏，秘密约了他的几个亲信，商量怎样除掉曹操。他们觉得自己力量不够，认为刘备是皇室的后代，一定会帮助他们，便秘密找刘备商量。刘备也认为曹操迟早会生代汉之意，同时也是自己争霸天下的障碍，便同意听命圣意，铲除曹操。

◆曹操和谁一起煮酒论英雄？

公元196年，刘备投奔曹操。刘备知道曹操想除掉自己，为了保存自己，他几乎不参与政事，整日在自己的园子里种花种菜。

一次，曹操派人去看看刘备在家里干什么，只见刘备在自己园子里种菜浇水，没有什么可疑，也就渐渐放心了。一天，曹操邀请刘备去喝酒。两个人一面喝酒，一面有说有笑，谈得很融洽。他们谈着谈着，很自然地谈到天下大事上来了。曹操拿起酒杯，说：“如今天下诸侯各踞一方，多如牛毛，但最后能成事的却如凤毛麟角。依您看，当今世上有谁算得上是英雄呢？”刘备说：“淮南的袁术，兵精粮足，可以算是英雄。”曹操笑道：“袁术是坟中枯骨，早晚会败在我手下。”刘备又说：“河北袁绍，占据冀州，手下能人很多，可以说是英雄。”曹操大笑道：“袁绍优柔寡断，贪图小利，不能算英雄。”刘备摇了摇头说：“除了这些人，我实在不知道还有谁算得上英雄了。”曹操说：“作为英雄，应该具有包藏宇宙之机、吞吐天地之志。”刘备问道：“那依您看来，谁能当得起这个称号呢？”曹操面露笑容，从容地对刘备说：“依我看，当代的天下英雄，只有您和我曹操两个人而已。”刘备在此之前，曾与董承同谋诛杀曹操，听到曹操这句话，以为曹操知道了自己的计划，大吃一惊，身子打了个寒战，连手里的筷子也掉了下来。正在这时，天上响起一声惊雷，刘备忙说自己受到雷声惊吓，这才把心中的惊惶掩饰过去。

喝完酒出来，刘备再三琢磨曹操的话，觉得曹操是把他看作唯一的敌手，将来不会轻易放过自己。打这以后，他一面和董承他们密谋除掉曹操，一面找机会离开许都。

◆哪位将军“千里走单骑”？

曹操与刘备煮酒论英雄后，刘备知道曹操野心勃勃，迟早有一天会对自己不利，便带领二弟关羽、三弟张飞及手下将士找了个借口逃离了曹操。

刘备逃离曹操后，无处可去，只好暂时驻扎在徐州。曹操遂率大军征讨刘备。一场大战后，刘备的军队溃散，张飞躲到了芒砀山，刘备只好投奔了袁绍。

曹操大败刘、张二人，立即派兵包围徐州。徐州只有很少的士兵，在关羽的率领下，誓死保卫城池。曹操得知关羽守城，决定收降关羽，所以，曹操没有派兵硬攻徐州。曹操手下的一位谋士道："丞相，您是不是想劝降关羽？"曹操点头，那位谋士道："我愿去劝降关羽！"曹操听后，说道："只要关羽能够归降，什么条件都答应。"那位谋士见到关羽，对关羽说道："关羽，你要认清形势，如今大军围城，曹丞相爱惜你，才没有下令攻城。如果你不投降，你两位嫂嫂也没命了，到时候你还怎么见你的大哥呢？"

于是，关羽说道："回去告诉曹丞相，答应我三个条件，我便投降；不答应，我宁可战死。第一，我不会投降曹操，我只投降汉献帝；第二，必须确保我二位嫂嫂的安全；第三，我一听说我哥哥刘备的下落，我便去找他，曹丞相不得阻拦。就这三条，如果曹丞相能够答应，我便投降；不答应，就让他攻城吧！"

那位谋士回来和曹操一说，曹操心想：关羽实在是不可多得的一员战将，我不如先让他归降我，再以礼相待。关羽这人讲信义，他一定会感激我，我再找机会杀了刘备，这样就可以达到目的了。想到此，他便派谋士告诉关羽，三个条件都答应。

关羽来到曹营，曹操非常热情，不仅对关羽视若上宾，三天一小宴，五天一大宴，而且对刘备的两位夫人也非常好。关羽确实很感激曹操，但他更不会背叛自己的大哥刘备。

后来，关羽知道了刘备的下落，给曹操留了一封信，带着两位夫人离开了曹营。关羽一路上过五关、斩六将，出了曹操的势力控制范围，来到了芒砀山。关羽听说三弟在此，非常高兴，哪知见了张飞，张飞举枪便刺，两位嫂嫂劝道："三弟，为何对你二哥如此无礼？"张飞怒气冲冲地说道："他投降曹贼！"两位嫂嫂赶紧解释，把事情的经过说了一遍。张飞知道错怪了二哥，倒地便拜，哥俩保护着两位嫂嫂见到了大哥刘备。

三兄弟又团聚了，"美髯公千里走单骑"的故事被人们一代代传颂下来。

◆刘备是怎么和诸葛亮结缘的？

刘备到荆州以前，在与各路诸

侯的征战中屡次失败。他从失败中总结经验，认为是没得到有才能的人辅佐自己。见到名士徐庶后，刘备对他很器重。徐庶见刘备爱才，就把闲居隆中卧龙岗的诸葛亮推荐给他。刘备心下欢喜，择日和关羽、张飞带着礼物到隆中卧龙岗去请诸葛亮出山辅助他。恰巧诸葛亮这天出去了，刘备只得失望地转回去。不久，刘备又和关羽、张飞冒着大风雪第二次去请。不料，诸葛亮又出外闲游去了。刘备只得留下一封信，表达了自己对诸葛亮的敬佩之情和请他出来帮助自己的意思。过了一些时候，刘备吃了 3 天素，第三次又去拜访诸葛亮。到的时候，诸葛亮正在睡觉。刘备不敢惊动他，一直站到诸葛亮自己醒来。诸葛亮深被刘备的爱才之心感动，向刘备提出“东联孙吴，西据荆益，南和夷越，北抗曹操”的统一全国的方略。诸葛亮畅谈了将来天下三足鼎立的形势，建议刘备乘机夺取荆州、益州，以此二地为基业，占据险要地势，然后与江东孙权结好，和西南少数民族融洽相处，在国内修明法度、整顿军队、发展生产、广积粮草，充实地方实力，静观时局变幻。一旦时机成熟，马上向北抗击曹操，统一全国，完成霸业。这就是著名的《隆中对》。

刘备闻言大喜，于是请诸葛亮出山辅佐自己。公元 212 年，诸葛亮助刘备占据益州，终成刘、孙、曹三足鼎立局面。这就是后人所说的“未出茅庐，三分天下”。

◆诸葛亮舌战群儒为的是哪般？

曹操平定北方以后，于公元 208 年率领大军南下，进攻刘表。他的人马还没有到荆州，刘表已经病死。刘表的儿子刘琮听到曹军声势浩大，吓破了胆，先派人求降了。这时候，刘备在樊城驻守。他听到曹操大军南下，决定把人马撤退到江陵。荆州的百姓听说刘备待人好，都宁愿跟着他一块撤退。

曹操赶到襄阳，听说刘备向江陵撤退，又打听到刘表在江陵积了大批军粮，怕被刘备占去，亲自率领五千轻骑兵追赶刘备。刘备的人马带了兵器、装备，还有十几万百姓跟着他，每天只能行军十几里。曹操的骑兵一天一夜就赶了三百多里，很快就在当阳长坂坡追上了刘备。刘备的人马被曹操的骑兵冲杀得七零八落，还亏得张飞在长坂坡抵挡了一阵，刘备、诸葛亮才带着少数人马摆脱追兵。但是往江陵的路已经被曹军截断，只好改道退到夏口。

曹操占领了江陵，继续沿江向东进军，很快就要到夏口了。诸葛亮对刘备说："形势紧急，我们只有向孙权求救一条路了。"正好孙权怕荆州被曹操占领，派鲁肃来探听刘备的虚实。诸葛亮就跟鲁肃一起到柴桑（今江西九江西南）去见孙权。诸葛亮见了孙权，说："现在曹操攻下了荆州，马上就要进攻东吴了。将军如果决心抵抗，就趁早同曹操断绝关系，跟我们一起抵抗；要不然，干脆向他们投降，如果再犹豫不决，祸到临头就来不及了。"孙权反问说："那么，刘将军为什么不投降曹操呢？"诸葛亮严肃地说："刘将军是皇室后代，才能盖世，怎么肯低三下四去投降曹操呢？"孙权听诸葛亮这么一说，也激动地说："我也不能将江东土地和十万人马白白地送人。不过刘将军刚打了败仗，怎么还能抵抗曹军呢？"

诸葛亮说："您放心吧，刘将军虽然败了一阵，但还有水军二万。曹操兵马虽多，但远道追来，兵士已精疲力尽。再说，北方人不习惯水战，荆州的人对他们不服。只要我们协力同心，一定能打败曹军。"孙权听了诸葛亮的一番分析，心里高兴，就立刻召集部下将领，讨论抵抗曹操的办法。之后，经过诸葛亮舌战群儒、巧妙周旋，终于达成了孙刘联合抗曹的战略联盟。

◆赤壁火烧曹营是谁出的主意？

公元219年，孙权与曹操的大军隔江对峙，一场恶战在赤壁北岩附近拉开了帷幕。诸葛亮作为刘备的军事代表，应东吴之邀，参与以周瑜为总指挥的对曹军的联合作战部署。

周瑜、诸葛亮商量用火烧曹营的办法，但当时正值隆冬季节，整天北风呼啸，将火烧向曹营必须有东风相助，但这时却不是刮东风的时候，去哪里唤东风呢？为此事，周瑜一筹莫展，坐卧不安。因为没有东风，他以前所做的一切都将前功尽弃。不得已，周瑜装起病来，躲在大帐中苦思冥想破曹大计。大战在即，总指挥却病倒大帐，这可急坏了东吴大大小小的各级将领，他们心中惴惴不安，唯恐破曹大事付之东流。谋士鲁肃更是万分焦急。

诸葛亮见时机已经成熟，便以探病的名义来到周瑜的大帐中。诸葛亮见到周瑜，对他说："周将军的病，在下能治，将军只要看了我开的药方，就会立即康复！"说完，在他手心写下

“欲破曹军，须用火攻；万事俱备，只欠东风”几行小字。

周瑜看罢，立刻兴奋地从床上跳了下来，请求诸葛亮帮忙。诸葛亮说：“将军的事，就是我的事，我当义不容辞！”

诸葛亮通晓天文，早已测出近日必有东风。周瑜凭借东风，将曹操的大军烧得死伤无数，狼狈逃窜。

◆赤壁之战对曹操意味着什么？

曹操接到黄盖冬至日率领粮船来降，船头有牙形青龙旗就是投降信号的消息，一直盼望这一天。冬至日来了，天色渐晚时刮起了东南风。一会儿，江面上就有一列帆船，迅速向北方驶来，船头插着牙形青龙旗。曹操不禁大喜，说：“黄盖一来，我就大功告成了！”他哪会想得到在黄盖的船上，装的不是粮草，而是浇上油的枯柴干草，外边盖上了帷幕。在离曹军水寨二里的地方，黄盖回头看到南岸周瑜已做好准备，只等他这里点火，就率领队伍打过江来；刘备也在樊口准备同时进兵。黄盖一声令下：“放火！”水手们早就准备好，霎时间，几条大船变成了火船，像一条条火龙漂向曹军水寨。水手们迅速跳上小艇，拔出武器，冲向曹营。

曹营的战船无法移动，士兵们被一条条火龙吓得魂不附体，纷纷逃跑。说时迟，那时快，火船已将曹军的战船一只接一只地点燃，呼呼的东南风助长了火势，江面上火光冲天，曹军被烧死、踏死、挤死、淹死的不计其数。周瑜、刘备的战船上人马也乘势驶过江来，与曹军混战起来。

黄盖大船后的几十只小船迅速逼近曹营，一面放火箭，一面寻机杀敌。老将黄盖盯着曹操的帅船驶去，果然见到曹操正向一条小船上逃跑，他举刀高喊：“曹操！哪里逃！黄盖来了！”

曹操已经跳进了张辽前来迎救的小船，连头也不敢回。张辽拉弓搭箭，射中了黄盖肩膀。老将军“呀”地一头栽入冰冷的水中，恰巧被东吴老将韩当的船救起，黄盖因此保住了性命，曹操趁机逃走了。

曹操带着几千残兵败将，摆脱了孙刘联军水路、陆路的追击，由陆路逃回许昌，从此再也没有力量向南进军了。

赤壁之战以孙刘联军的胜利、曹军的失败而宣告结束，这是我国战争史上一次以少胜多、以弱胜强的著名战例。

◆曹操采纳谁的计谋取得渭南大捷？

公元211年春，曹操进兵关中，声言讨伐汉中张鲁。讨汉中，要经过关中，马超就范，则是曹操效法晋献公伐虢灭虞之计；如果马超不借道，则是公开反叛朝廷，曹操就可以名正言顺地讨伐了。马超自然不允许曹操兵临关中。韩遂、马超集合关中诸将侯选、程银、杨秋、李堪、成宜、张横、梁兴、马玩等十部人马集结潼关，拦阻曹操入关。曹操派曹仁督军西征，兵临潼关坚壁不出战。

同年七月，曹操亲临前线。八月，曹军与关西兵在潼关夹关对阵。曹操抓住马超急于求战的心理，故意设置疑兵，摆出决战姿态，暗中用舟船在渭水搭浮桥，出其不意，夜间渡河，结阵于渭南。马超得知曹军渡河，亲自领兵偷营，曹操早有防备，设伏袭击，大败马超。九月，曹军全部渡过渭水。在渭南逼近韩、马联军。韩遂、马超集重兵于第一线，阻击不成，速战不得，连吃败仗，深知不是曹操对手，重兵集结，后防空虚，于是向曹操提出割地求和。曹操采纳了贾诩的离间计，离间马超和韩遂，使二人心生疑隙。这时曹操突然发起总攻。由于韩遂、马超有了隔阂，互相防范，不能并兵形成拳头作战，结果被打得大败。成宜、李堪等被杀，马超、韩遂逃奔凉州，关中大部被曹操占领。这一仗便是曹操有名的渭南大捷。

◆刘璋为何投降刘备？

公元213年，诸葛亮留关羽守荆州，与张飞、赵云率军溯江入蜀，增援刘备。之后，诸葛亮设计攻克了益州所属的城池，包围成都（益州治所，今四川成都）。诸葛亮派督邮李恢招降张鲁部将马超，令引西凉精兵进抵成都北郊，城中吏民皆震恐，刘备又派简雍劝刘璋投降。当时，成都城内有精兵3万，粮秣可维持一年。刘璋不欲久战伤民，遂率部出降。

公元214年，刘备进了成都，自称益州牧。刘备进入成都后，开办官市，稳定物价，恢复生产，很快巩固了在益州的统治地位。

◆张辽是怎样在逍遥津扬名的？

公元215年，孙权趁曹操对汉中用兵之机，亲率3万大军直扑合肥（今安徽合肥），而合肥的曹军仅有张辽、乐进、李典等将领及7000守军，双方兵力悬殊。

于是，张辽部署好战略，连夜招募敢跟随自己出战的士兵，一共得到800人。次日凌晨，张辽带着800勇士杀进孙权阵中。孙权的军队刚刚到达，还没有做好作战的准备。张辽身先士卒冲入敌阵，杀死数十人，斩下两名将领的首级，然后一直冲至孙权麾下。

孙权见张辽来势凶猛，大为惊恐。左右护卫的军士一时也不知所措，孙权只好只身跑到一座土丘上，用长戟保护自己。张辽大声叱骂，让孙权出来与自己单挑。起先，孙权被张辽的气势所震，不敢妄动，但见张辽带的人并不多，就聚集部下将张辽团团围住。张辽左右突击，突围出来，孙权的人马纷纷被斩杀，没有人再敢阻拦张辽。自早晨战到日中，东吴的士兵疲劳困顿，失去了斗志，张辽才率军回城，着手部署城防、整修工事。城里的人心安定下来，诸将对张辽佩服万分。

东吴几万大军连续围攻合肥十余日，久攻不下，军中又疾疫流行，孙权只得下令撤军返回。吴军大部队已经在回撤的路上，孙权与吕蒙等人押后，还在合肥以东的逍遥津（今安徽合肥东）。张辽得知后，立即与李典、乐进率步兵和骑兵突袭过去。孙权见势不妙，想让前面的大军回救，却已经来不及了。紧急之下，甘宁与吕蒙等人奋力抵抗，浴血奋战，统率亲兵300人保护孙权杀出了重围。吴将贺齐率领3000人在逍遥津南岸接应，孙权才得以逃脱。

逍遥津一战，孙权士气受挫，而张辽以7000人马对抗孙权3万大军，从此威振四方，名扬天下。

◆刘备什么条件下在汉中称王？

在刘备进兵益州的同时，曹操也占领汉中。于是，刘备亲自率领大军向汉中进兵。曹操听到刘备出兵，马上组织兵力，抗击刘备。他也亲自到长安去指挥汉中战事，双方相持了一年。到了第二年，在阳平关一次战役中，蜀军大胜，魏军的主将夏侯渊被杀，曹操不得不退出汉中，把魏军撤退到长安。

公元216年，曹操被晋爵“魏王”，他名义上虽仍为汉臣，但权倾朝野，实际上已具备皇帝的权力和威势。

刘备由于曹操退出汉中，他在益州的地位更加巩固了。公元219年，刘备在他手下一批文武官员拥戴下，在汉中称王。

◆关羽守樊城是怎样击退曹军的？

自从刘备占领了益州以后，东吴孙权就一直派人向他讨还荆州，刘备始终不同意。双方为了荆州几乎闹翻。

后来听说曹操要进攻汉中，益州也受到威胁。刘备和孙权双方都感到曹操是他们强大的敌手，就决定讲和共同对付曹操。他们把荆州分为两部分，以湘水为界，湘水以西归刘备，湘水以东归东吴。

荆州平安了之后，刘备就专心对付曹操。当时关羽还镇守着荆州，那里是向中原进军的前线。刘备下令后，关羽立即部署兵力，准备向曹军进攻。他派两个部将分兵留守江陵、公安，自己亲自率领大军向樊城发起进攻。由于城池坚固，曹操所委任的大将曹仁拼命死守，关羽一时攻打不下，便派兵把樊城团团包围，切断曹军的补给，使樊城内无粮草，外无援兵，陷于危急之中。曹操得知这一战报，连忙选派得力大将于禁和庞德率领人马星夜兼程，赶奔樊城增援。曹仁让他们屯兵在樊城北面平地上，和城中成犄角之势，互相呼应，使关羽首尾难顾，无法全力进攻。

双方战斗相持不下时，樊城一带忽然下了一场大雨。关羽就乘机在汉水上筑坝，放水淹于禁的军营。于禁的军营扎在平地上，四面八方大水冲来，把他们全部七军的军营都淹没了。于禁和他的将士不得不泅水找个高地避水。关羽就趁着大水，安排好一批大小船只，亲自率领水军向曹军进攻。一场大战，擒获了于禁、庞德。关羽借助汉水之力，水淹七军，把于禁、庞德带来的七支人马全部消灭了。一时间，关羽的大名震动中原。

◆吕蒙如何骗过关羽巧袭荆州？

公元217年，鲁肃死，孙权量才录用，让吕蒙代领其职，率军驻扎在陆口一带。恰在此时，关羽围攻樊城（在今湖北襄樊）的曹军，水淹七军，擒杀庞德，招降于禁，吓得曹操甚至都动了放弃老根据地许昌的念头。幸好司马懿老谋深算，看出孙刘双方各怀鬼胎，劝说曹操派人约请孙权一起夹击关羽。如此一来，关羽腹背受敌，樊城之围自然解除，曹操听从了他的建议。

孙权也在担心关羽势大会对东吴造成威胁，自己又不敢迎他的锋芒，见到曹操的使者后满口应承，双方一拍即合。孙权随即命令吕蒙为他筹划攻打荆州的事。于是，在陆逊的策划下，吕蒙开始袭取荆州。

首先，孙权假装让名声不大的陆逊代替吕蒙，麻痹关羽。关羽果然如陆逊所料：调整了军事部署，把原来防备东吴的人马陆陆续续调到樊城去了。东吴这边立即作出反应，孙权任命吕蒙为大都督，让他火速潜回前线作战。

吕蒙到了寻阳（今湖北黄梅西南），挑选了3万精兵，把八十多艘战船全部改造成商船的模样，让大队人马潜伏在船舱里，极少一部分负责摇橹，而且都是身穿白衣，作商人打扮。这样改扮停当后，吕蒙的人马就成了一支商人的船队，顺顺利利地到了蜀军把守的北岸。这就是“白衣渡江”的典故。蜀军防守的士兵都和他们的将领关羽一样骄傲轻敌，一看是商船，问都懒得问，就让他们停靠在了江边。当天夜晚，吴军伏兵尽出，轻而易举就控制了江岸阵地，兵临江陵城下。江陵守将糜芳与关羽一直关系紧张，吕蒙对症下药，晓之以理、诱之以利，没费多大工夫就将他劝降。

吕蒙白衣渡江袭破荆州，使蜀汉失去了一个重要的根据地，从此被封闭在三峡之中；而且，诸葛亮原定从荆州、汉中两路出兵、统一中国的计划也化为泡影。

◆神医华佗是被谁害死的？

曹操晚年患有头痛顽疾，听说华佗医术高明，就请他来医治。华佗替他扎了一针，曹操的头马上就不痛了。曹操大喜，提出要华佗当自己的私人医生，只供他一个人使唤。华佗只愿用自己平生所学给老百姓解除病痛，不愿做曹操的侍医。他借口妻子有病，告假回家，不再到曹操那里去了。曹操十分愤怒，派人到华佗家里去调查。曹操对派去的人说：如果华佗的妻子果然有病，就送给他小豆四十斛；要是没有病，就把他逮捕来办罪。

华佗被捉送到曹操那里后，曹操仍旧请他治病。他给曹操诊断了以后，对曹操说：“丞相的病已经很沉重，只能开颅治疗。”曹操认为华佗有意谋害他，大发脾气，把华佗关进了牢狱。华佗被关押以后，知道曹操不会放过他，于是抑制住悲愤的心情，逐字逐句地整理他的三卷医学著作——《青囊经》，希望把自己的医术传下去。这三卷著作整理好以后，华佗把它交给牢头，牢头不敢接受。在极度失望之下，华佗把《青囊经》掷在火盆里烧掉了。不久，华佗就被曹操杀害了。

◆败走麦城指的是谁？

关羽败走襄阳后，又听说荆州被吕蒙占领，气得大骂孙权、吕蒙。他重新整顿人马，想再夺回荆州。但许多将士都纷纷逃离，军心大乱，毫无斗志可言。

刚走到半路上，关羽便遇到了吕蒙。一场大战后，关羽带领着几百人马逃到麦城。吕蒙率吴兵将麦城团团围住。关羽一看很难战胜吴兵，便派人到上庸去求救，孟达知道自己不是吴兵的对手，便迟迟不发兵。关羽只好准备突围出去，到西川去搬兵。

一天深夜，关羽带领关平由城北小路向西川驰去。谁知道，吕蒙早已在周围设下了重重埋伏，没走多远，伏兵四起，关羽、关平被围。二人带领着自己的人马不敢恋战，杀出一条血路，向北跑去。刚走二三里，又遇上伏兵，关羽大刀一砍就是一片，但是吴兵太多，倒下一批，又上来一批，关羽知道这样累也把自己累死，便带马向北跑。刚跑了几步，战马被吴兵绊倒，关羽跌落马下，立即被吴兵擒住。

关羽、关平被擒，二人宁死不降，被孙权杀掉，周仓听说关羽被杀，也拔剑自刎，麦城失守。

第七卷
分分合合、合合分分

三国两晋南北朝

分分合合、合合分分是这一时期的主题，曹丕废汉建魏朝、刘备称帝建蜀汉、孙仲谋武昌称帝正式把军阀四起、皇权旁落的东汉王朝一分为三，历史的舞台在这一刻把人性的智慧、奸雄的狡诈、忠臣的丹心阐释得淋漓尽致，晋师灭吴成一统原来也是南柯一梦般的短暂，南与北在“商女不知亡国恨，隔江犹唱《后庭花》”的歌声中走向统一。

◆曹丕是如何废汉建魏的？

公元220年，曹操去世。王太子曹丕当时正在邺城（今河南安阳北）。噩耗传到邺城，曹丕放声痛哭，不能自已。中庶子司马孚劝他说：“先王驾崩，天下大事都依赖殿下作主。您应当上为宗庙祭祀的延续着想，下为天下百姓的生计考虑，怎么能像普通人行孝一样，只知道哭呢？”曹丕又哭了很久，才勉强止住，说：“你说得对。”这时群臣刚刚听到曹操的死讯，聚在一起痛哭，连上朝的行列也无法保持了。司马孚在朝中大喊：“现在君王去世，应当尽早拜立新君，以稳定全国局势。你们难道就只知道哭吗？”于是，曹丕下令让群臣退朝，设置宫廷警卫，料理丧事。

群臣认为太子即位应该等待皇帝的诏令，尚书陈矫却说：“先王在外地去世，全国上下惶恐不安，太子应当节哀，继承王位，以维持天下人的期待。况且还有先王宠爱的其他儿子在一边等待拥立的机会，万一来去之间发生变故，那么国家就会有危机了。”于是，曹丕立即安排官员备办礼仪，一天之内全部准备齐全。第二天早晨，曹丕借用王后的名义传命令：太子即位为魏王。汉献帝还授予曹丕丞相官印和魏王玺绶，并让他兼任冀州牧。

当年十月，曹丕又制造了群臣上书请他称帝的事件。汉献帝做了三十多年的挂名皇帝，接到大臣上书后，被迫将帝位“禅让”给了曹丕。曹丕假意推辞再三后，接受了玉玺，正式称帝，建国号为魏，即魏文帝，定都洛阳，尊曹操为太祖武皇帝，将汉献帝贬为山阳公。东汉灭亡了。

◆刘备在哪里即皇帝位？

曹丕称帝后，蜀中风传汉献帝刘协已被杀害，身为宗室的刘备于是发丧制服，追尊刘协为孝愍皇帝。事后，刘备部下全都劝刘备即帝位，刘备没有答应。军师诸葛亮多次上书劝进，刘备终于同意，并让军师诸葛亮、博士许慈、议郎孟光设定礼仪，选择吉日良辰，上了尊号。

公元221年，刘备在成都即皇帝位，是为汉昭烈皇帝、蜀先主。因他以兴复汉室为号召，所以国号仍为汉，改元章武。但他仅有益州这很小的一块地方，又称“蜀汉”或“季汉”。刘备任诸葛亮为丞相，许靖为司徒，设置百官，建立宗庙，祭祀先帝。五月十二日，刘备立夫人吴氏为皇后，并立儿子刘禅（阿斗）为太子，娶车骑将军张飞的女儿为皇太子妃。

◆你知道“白帝托孤”的故事吗？

刘备撤到白帝城后一直没回成都。公元223年，刘备病重，命丞相诸葛亮辅佐太子刘禅，并对诸葛亮说：“你的才能十倍于曹丕，一定能安国家，定大事。如果我的儿子刘禅行，你就辅佐他；如果不行，你就废了他自己当皇帝吧！”诸葛亮流泪说：“臣下哪敢不尽心竭力。一定效忠太子，鞠躬尽瘁，死而后已！”刘备又给太子下诏说：“人活到五十不算早亡，我今年已六十有余，没什么遗憾，只是挂念你们兄弟。你们一定要努力呀！不要以恶小而为之，不要以善小而不为！只有贤德的人，才可以服人。你父德薄，不足效法。你与丞相处事，要待之如父。”这年四月，刘备在永安（即白帝城）去世，时年63岁。这就是历史上的“白帝托孤”。

◆诸葛亮是怎么治理蜀汉的？

蜀汉以益州一隅之地而能与曹魏相抗衡，其统治集团内部矛盾较少，当为重要原因之一。

公元223年，刘备病逝，刘禅立为后主，诸葛亮受遗命辅政。诸葛亮执政后，刑法和德化并用，且能够以身作则。第一，诸葛亮工作勤谨，如《诸葛亮传》注引《魏氏春秋》说：“诸葛公夙兴夜寐，罚二十以上，皆亲览焉。”诸葛亮处理政务这样勤谨细致，一则可以使部属不易作弊和玩忽职守；二则可以了解下情，及时而较好地处理政务。第二，持身廉洁，如《诸葛亮传》言：“亮自表后主曰……‘臣在外任，无别调度，随身衣食，悉仰于官，不别治生，以长尺寸。若臣死之日，不使内有余帛，外有赢财，以负陛下’。及卒，如其所言。”第三，作风公正，《三国志》(卷四十三)《张裔传》：“裔常称曰：‘公赏不遗远，罚不阿近，爵不可以无功取，刑不可以贵势免，上贤愚之所以佥忘其身者也。’”第四，不受谄谀，《三国志》(卷四十)《李严传》注引《诸葛亮集》：严与亮书，劝亮宜受九锡，进爵称王。亮答书曰：“吾与足下相知久矣，可不复相解！……吾本东方下士，误用于先帝，位极人臣，禄赐百亿，今讨贼未效，知己未答，而方宠秦晋，坐自贵大，非其义也。”第五，虚心纳谏，如《三国志》(卷三十九)《董和传》载：诸葛亮后为丞相，教与群下曰：“未参署者，集众思，广忠益也。若远小嫌，难相违复，旷阙损矣。违复而得中，犹弃弊蹻而获珠玉。然人心苦不能尽，惟徐元直处兹不惑。又董幼宰参署七年，事有不至。至于十反，来相启告。苟能慕元直之十一，幼宰之殷勤，有忠于国，则亮可少过矣。”又曰：“昔初交州平，屡闻得失，后交元直，勤见咨诲。前参事于幼宰，每言则尽，后从事于伟度，数有谏止；虽姿性鄙暗，不能悉纳，然与此四子终始好合，亦足以明其不疑于直言也。”

在诸葛亮治理下，蜀汉政治较刘璋时期有很大改善，且与魏吴两国相比，也在策略上略高一畴。

◆诸葛亮生前的最后一个计谋是什么？

诸葛亮临终时，知道自己将不久于人世，便把杨仪叫到身边，嘱咐说：“我死之后，军中大事全交给你，魏延对此次出兵不满，可能叛乱，你要把马岱将军安排在他身边，如果他谋反，就让马岱杀掉他！还有，我死之后，要绝对封锁消息，否则司马懿会乘机出兵。如果他出兵，你们可把我的木像推到军前，司马懿以为又中了计策，必然会大败而归。”诸葛亮说罢，已经奄奄一息，这时李福骑快马赶到，一见丞相已经昏迷过去，边哭边说：“我要是早来一步，就可以问一问丞相百年之后，谁来接替他。”过了一会，诸葛亮苏醒过来，李福立即上前，刚想问，诸葛亮便用细弱的声音说道：“不用问，我知道你的意思，我死之后可让蒋琬来填补我的职缺。”“那蒋琬之后呢？”李福赶紧问道。诸葛亮的声音越来越小，用尽全力，才勉强说出两个字：“费祎。”说完，便落了气。

按照诸葛亮生前安排，蜀军有条不紊地撤退。司马懿得知蜀军撤退，便说：“蜀军退兵，一定是诸葛亮已死。我们可乘此良机，一举消灭蜀军！”于是，司马懿亲自率军直奔蜀军。姜维一看魏军快追上了，立刻停止退兵，让军队扎住阵脚，令士兵手执“汉丞相武乡侯诸葛亮”大旗，大旗下面有一辆四轮车，车上端坐一人，羽扇纶巾，神情自若，正是诸葛亮。司马懿大叫一声：“上当了，诸葛亮没死，快撤！”魏军也远远看见了诸葛亮，也都知道诸葛亮的厉害，一听主帅让撤兵，立时四处奔逃，一口气跑出五六十里地。蜀兵追杀了一阵，便火速撤兵。

蜀军安全撤到了谷中，司马懿得知诸葛亮已死，仰天长叹：“诸葛亮乃天下第一奇人，我能断其生却不能断其死，我的才能无法和他比啊！”司马懿知道已经无法追赶蜀军了，只好班师回朝。

姜维率领大军正在后退，却遇到魏延。两军展开战斗，不分胜负，各自收兵，当晚安排在魏延身边的马岱将其杀死。姜维、杨仪叹道：“丞相乃神人也！”

◆什么是中国最早的智能机械发明？

马钧是三国时魏国最著名的机械制造家，他奇思绝世，被时人称为“天下之名巧”。马钧简化了绫机的机械结构，使其生产效率提高了四五倍。马钧还改进了提水灌溉用的翻车，使其成为当时先进的生产工具，有利于农田灌溉，在中国农村中得到长期且广泛的应用。他还将百戏塑型加上原动力和传动机械制成水转百戏。他试制的轮转式发石机，能射数百步远。马钧的这些发明为当时社会的技术进步和生产力的发展做出了贡献，对后世也产生了深远的影响。

公元235年，马钧受魏明帝之诏制作指南车。他利用差动齿轮机械构造原理，在双轮单辕车上立一木人，车刚刚起动时，使木人手指南方，由于齿轮作用，不论车行的方向怎样改变，木人始终手指南方。这是中国历史上最早的智能机械发明。

◆哪一战决定了蜀国的灭亡？

公元263年，钟会受司马昭之命，统率三万人马，进攻据守剑阁的姜维。姜维得知汉中已失守，把剑阁守得牢牢的。钟会正想退兵，邓艾赶到了。邓艾让钟会在这里与蜀军对峙，自己领兵从阴平小道穿插到蜀国的后方，这样就会攻破蜀国。钟会觉得邓艾的想法根本行不通，但一看邓艾很坚决，也就马马虎虎地应付了几句。

邓艾派自己的儿子邓忠作先锋，每人拿着斧头、凿子，走在最前面，打开小路通道，自己则率领大军紧跟在后。

最后，邓艾他们到了一条绝路上，山高谷深，没法走了。大家一看悬崖深不见底，禁不住抽了一口冷气，好多人打了退堂鼓。邓艾当机立断，亲自带头用毡毯裹住身子先滚下去。将士们不敢落后，照着样子滚下去。士兵们没有毡毯，就用绳子拴住身子，攀着树木，一个一个慢慢地下了山。

邓艾集中队伍，对将士们说："我们到了这儿，已没有退路了，前面就是江油。打下江油，不但有了活路，而且能立大功。"镇守江油的将军马邈没料想到邓艾会从背后像天兵一样出现在眼前，吓得他晕头转向，只好竖起白旗，向邓艾投降了。

邓艾占领了江油城，又朝绵竹方向前进。蜀军驻守绵竹的将军是诸葛亮的儿子诸葛瞻。魏军人数太少，双方一交战，就吃了个败仗。邓艾攻下绵竹，向成都进军。蜀人做梦也没有想到魏兵来得这么快，再要调回姜维的人马已来不及了。后主刘禅慌忙召集大臣商议对策，大臣们你一言我一语，找不出好的办法，最后大臣谯周提议投降。于是，后主刘禅就派侍中张绍等捧着玉玺到邓艾军营里去请降，蜀国就这样灭亡了。

◆绘制地图的标准是谁制定的？

裴秀，字秀彦，河东闻喜（在今山西）人，出身于官僚世家，曾担任过司空等职，掌管土地、制图等工作，在制作地图方面作出了很大贡献。

裴秀的最大成就是制成"制图六体"，即制图所应遵循的方法和规律，共有六条。它们是：一、"分率"，即比例尺；二、"准望"，即方位；三、"道里"，即距离；四、"高下"；五、"方邪"；六、"迂直"。其中后三条说明各地间由于地势起伏、倾斜缓急、山川走向而产生的问题。裴秀认为以上六条是相互关联、相互制约的。如果地图上没有比例尺的标记，则不能确定距离的远近。如果只有比例尺的标记，而无方位，则某地的方向虽然从某一方向看是对的，但从其他方向看就不对了。如果只有方位的确定，而无道路的实际路线和距离的表示，那么在有山水相隔的地方就不知该怎样通行了。如果只有路线和距离的标记，而无地面高低起伏和路线曲直的形状，则道路的远近必定与其距离不符，方向也弄不清。所以六条准则必然综合运用，相互印证，才能确定一个地方的位置、距离和地势情况。因此可以说，现代地图学所需要的主要因素，除经纬线和投影以外，裴秀都已谈及了。我国绘制地图的方法基本上都依据裴秀所规定的“六体”。

◆“遭人白眼”的说法因谁而起？

阮籍是魏晋交替时期的著名诗人。他幼年丧父，家境困苦，但他人穷志不穷，潜心学习，发愤苦读，终于学有所成。阮籍在政治上本来有济世之志，他对执政的司马氏集团怀有不满，但是又不敢明白表示自己的主张，只得采取不涉及是非、明哲保身的态度，或者闭门读书，或者登山临水，或者酣醉不醒，或者缄口不言。传说，阮籍的“青白眼”特厉害，正视时，黑眼多；斜视时，则白眼多。阮籍对待不受欢迎的人，就用白眼看他。《晋书·阮籍传》说：阮籍母亲死时，嵇喜去吊丧，阮籍就是给的白眼；随后嵇康带着酒和琴来慰问，阮籍就换了青眼。由于有这个故事，后来就产生了“垂青”“青目”“青照”等语，意思是请求或感谢别人瞧得起自己。同时，形容轻视就叫白眼，例如“白眼对人”或“遭人白眼”。

◆“卿卿我我”出自什么典故？

“竹林七贤”指阮籍、嵇康、山涛、刘伶、阮咸、向秀和王戎7位文人名士。但后人普遍认为王戎不配为“竹林七贤”之一，原因是七贤的主流精神是“出世”，而王戎则“入世”，他热心于官场名利，后来成了朝廷的御用文人。而且他为人吝啬，丝毫没有当时文人学士的豪迈之气。王戎虽有这些令人诟病的地方，但并不是一无是处。据《世说新语》记载，他与妻子的感情特别好：“契疏鞅掌，每与夫人烛下散筹算计。”有一次，妻子称王戎为“卿”。在宗法社会，“卿”的称呼是爱而不是敬，所以下位者对上位者、晚辈对长辈、妻子对丈夫就不能随便使用。王戎便劝妻子说：“妇人卿婿，于礼为不敬，后勿复尔。”王妻柳眉一挑，不以为然地说：“亲卿爱卿，是以卿卿。我不卿卿，谁当卿卿？”意思是，我亲近你，喜欢你，所以才称你为卿。我不称你为卿，还有谁可称你为卿呢？这以后，王戎只好任由妻子称呼自己为“卿”了。这就是“卿卿我我”的来历。

◆吴主孙皓是怎样投降晋军的？

公元279年，晋朝一些大臣认为时机成熟，劝说晋武帝消灭东吴。晋武帝决定发兵20万，分5路沿长江北岸，向吴军齐头并发。晋军攻入吴境后节节胜利，兵威大振。吴主孙皓闻报慌乱不已，他派将军张象带领水军1万人去抵抗。而当张象的将士看到满江都是晋军的战船，无数旌旗迎风飘扬，遮天蔽日时，吓得早早竖起了降旗。

吴主孙皓知道吴军不能力战，大惊失色，不知如何是好。这时，水军将领陶浚对孙皓说：“我所率的水军船只都小，陛下若给我2万水军和大船，我自有计攻破晋军。”孙皓马上封他为大将，把御林军也都用上，叫他指挥水军迎敌。第二天，陶浚率水军行在江面上，忽然北风乍起，昏天黑地，战船上的旗帜都被吹落到江里。陶浚的水军一时军心散乱，四处逃散，晋军即直扑建业。

王浚率领的晋国水军几乎没有遇到抵抗，一帆风顺到了建业。建业附近100里江面，全是晋军的战船，王浚率领水军将士8万人上岸，由张象叫开城门，以摄魂夺魄般的气势进了建业城。

孙皓听说晋兵进城，吓得六神无主，经中书令胡冲的提醒，也学起了蜀汉后主刘禅那样，脱下上衣，让人反绑了双手，带领一批东吴大臣，到王浚的军营前投降。这样，从曹丕称帝（220年）开始的三国分立时期宣告结束，全国又进入了统一时代。

◆“洛阳纸贵”与《三都赋》有什么关系？

西晋时期有一位作家叫左思。左思年少时，脑子比较迟钝，父亲教他写字，他总写得歪歪扭扭，不像样子；教他弹琴，他怎么学也弹不出一支完整的曲子来。左思的父亲很生气，指着左思对朋友说：“我这儿子真没出息，学什么都学不成。”左思听了很难过，从此下定决心，刻苦读书，终于取得了成就。

西晋统一后，成都、建业、洛阳都出现了前所未有的繁荣景象。左思下决心以赋的文体写一篇描写这3个都城的文章。为创造优美的文句，左思在室内、庭院、厕所等处的墙上，都挂了纸笔。不管走到哪里，只要想出了好词句，就随手写在挂着的纸上。当时西晋有名的大文学家陆机听说左思准备写《三都赋》，就嘲笑他不自量力。但左思坚持不懈，经过10年的时间，终于写成了《三都赋》。《三都赋》传出以后，人们争相传阅，京城里的文人和富豪贵族，都争着买纸来抄写阅读，一时把洛阳城里的纸都买光了，纸价因此突然大涨，这就是“洛阳纸贵”的来历。

◆丑女贾南风是怎样当上皇后的?

公元265年，司马炎当了皇帝，建立了晋朝。之后，又在选立太子的问题上遇到了麻烦。

当时，杨皇后生了三个儿子，老大叫司马轨，两岁时就生病死了，老二司马衷，老三司马东，要立太子，只有在这两个孩子中来选择。按常理，应该选立年龄大的司马衷为太子，可这个儿子智力非常差，七八岁了，连一个字都教不会，司马炎不想让他当太子，怕他长大后不会治国。可是杨皇后非常喜欢司马衷，一天到晚在司马炎面前嘀嘀咕咕，要立司马衷为太子，还说，立太子应该按年龄大小来排列。司马炎宠爱的赵夫人又在司马炎跟前帮杨皇后说话，说司马衷虽然现在糊涂一点，但他毕竟是个小孩，将来长大了说不定还大器晚成呢！司马炎受不了这两个人的天天劝说，加上杨皇后的哥哥杨骏等人也帮司马衷说话，这样，在公元267年正式立司马衷为太子。

过了几年后，太子已经十二三岁了，按皇家规矩应该选择太子妃了，这又是一件大事。太子就是将来的皇帝，太子妃当然就是将来的皇后了，所以大臣们都很关心这件事。

车骑将军贾充是晋朝的功臣，当年就是他帮助司马昭杀掉了曹髦的，在征讨蜀国时也立过大功，被司马炎封为鲁公，他正好有两个女儿在家等待出嫁，年龄与太子相仿，大女儿叫贾南风，小女儿叫贾午，两个女儿都不漂亮，而贾南风特别丑陋，如果公平地竞争，是没有可能入选为皇太子妃的，贾充和妻子郭槐一商量，决定走走后门试试。

贾充的妻子郭槐买通皇宫里的仆人，给杨皇后送去很多礼物，又在杨皇后面前拼命地吹嘘贾充的女儿怎样有才，怎样好品行，就是相貌差一点。杨皇后被人说动了心，又来劝司马炎，说贾充是国家的功臣，他的女儿贾南风又有德行，又有才学，应该选作皇太子妃，至于相貌不怎么好看那是小事一桩。司马炎经不住皇后的劝说，有点动心了。一次，在和大臣们宴会时，司马炎又谈起为太子选妃的事，侍中荀勖又极力称赞贾充女儿，司马炎一高兴，说："那就让贾充的女儿当太子妃吧！"这件事就这么定了下来。

公元290年，司马炎病死，太子司马衷即位为皇帝，这就是晋惠帝，惠帝封贾南风为皇后，丑女终于"飞上了枝头"。

◆太子司马遹为谁所杀？

公元299年底，贾南风因自己无子，深恐大权旁落于他人之手，加之太子司马遹与贾南风亲信贾谧素有隙，贾南风遂趁太子司马遹酒醉，令其抄写大逆之言，诬陷太子司马遹欲杀司马衷与贾南风，想趁机杀他。因遭大臣张华、裴頠的反对，贾南风退而求其次，免太子司马遹为庶人，不久将其幽禁于许昌。

公元300年，晋宗室赵王司马伦与其谋臣孙秀图谋篡位，忌贾南风心狠手辣，又惧司马遹聪明刚猛，遂先巧施离间计，以图借刀杀人、一箭双雕。孙秀派人四处散布谣言，说有人暗中打算除掉贾南风，拥立司马遹。贾南风闻言即以司马衷的名义派宦官孙虑去许昌毒杀司马遹，因司马遹拒不服毒，孙虑竟用药杵将他槌死。

司马遹一死，宗室诸王更是心怀异志，诸王作乱更甚于前。

◆为什么说八王之乱导致晋室衰落？

贾南风杀了司马遹，赵王司马伦抓住了把柄，派禁军校尉、齐王司马冏带兵进宫逮捕贾南风。贾南风一见齐王带兵进宫，大吃一惊，大叫大闹，指望惠帝来救她，可无济于事，赵王把她抓起来杀了。

从此，赵王掌握了政权，野心更大。公元301年，赵王干脆把晋惠帝软禁起来，自己称起皇帝来。赵王一即位，就把他的同党，不论文官武将还是侍从、兵士，都封了大大小小的官职。

各地的诸侯王听说赵王做了皇帝，都想夺取这个宝座。这样，在他们之间就展开了一场又一场的厮杀。参加这场混战的有赵王司马伦、齐王司马冏、成都王司马颖、河间王司马颙、长沙王司马乂、东海王司马越，加上已经被杀的汝南王司马亮和楚王司马玮，一共有八个诸侯王，历史上称为“八王之乱”。

八王之乱前后延续了十六年，到了公元306年，八王中的七个都死了，留下的最后一个东海王司马越，毒死了晋惠帝，另立了惠帝的弟弟司马炽，这就是晋怀帝。

八王之乱期间，全国死亡人口达数十万人，许多城镇被焚毁，使西晋初年并不发达的社会经济受到更为严重的破坏；与此同时，关东地区又爆发了罕见的蝗灾和瘟疫，致使西晋统治集团的力量消耗殆尽，隐伏着的阶级矛盾、民族矛盾便迅速激化并爆发了。

◆刘渊以什么做借口建汉称帝？

刘渊字元海，新兴（在今山西）匈奴人。公元304年，刘渊起兵反晋，自称大单于。同年十月，刘渊对众宣称：“昔汉有天下之长，恩结于民。吾者汉氏之甥，结为兄弟。兄亡弟绍，不亦可乎！”于是，建国号为汉，刘渊即汉王，尊蜀汉刘禅为孝怀皇帝，建元元熙。刘渊称王建汉后，势力不断增长。石勒造反兵败，率领胡人部众几千人、乌桓部落两千人归顺刘渊，上郡（今陕西北部）四部鲜卑陆逐延、氐酋大单于徵、东莱王弥等也都投奔刘渊，这样形成了一支由匈奴、鲜卑、氐、羌等各族组成的反晋力量，刘渊称帝的意图也渐明显。为给建立帝业做准备，刘渊四处出兵，频繁侵略晋地。

公元308年冬，刘渊正式称帝。公元309年正月，刘渊又根据太史令宣于修建议，正式迁都平阳（今山西临汾西）。

◆何谓“永嘉之乱”？

永嘉是西晋怀帝年号。永嘉年间是中国历史上一个著名的荒乱年代，此时刘渊已建立汉国。

公元310年，刘渊死，其子刘聪即位。刘聪派刘粲、刘曜及王弥领兵攻占洛阳，石勒南下襄阳。在苦县宁平城（在今河南），石勒大败晋军，晋军死十余万人，主力在此役中丧失殆尽。六月，汉军攻陷洛阳，俘晋怀帝，杀晋官民三万余人，纵火焚烧了宫殿官府。除兵革变乱外，永嘉年间还发生了大旱灾，又流行瘟疫，致使人民大量死亡，史称“永嘉之乱”。

◆长安称帝的司马邺只是傀儡吗？

晋怀帝司马炽于公元311年被俘后，晋室无主，一些大臣将领纷纷组建行台。行台本是为军事需要而在京师以外设立的代表中央政权的临时机构。此时西晋各地行台有四：司徒傅祗在河阳（今河南洛阳东北）、大将军苟晞在仓垣（今开封东北）、大司马王浚在幽州（今北京附近）、司空荀藩在密县（在今河南）所设的行台。

公元311年夏，刘粲、刘曜进攻长安，南阳王司马模兵败被杀，长安失陷。冯翊太守索琳与安定太守贾疋等集中各路兵马5万人，进军长安。经过大小上百次的交战，刘曜放弃长安，掳掠长安青壮男女8万人返回平阳。索琳、贾疋等收复长安，拥立晋武帝之孙秦王司马邺为太子。

公元313年春节，刘聪宴请群臣，令司马炽身着青衣为众人斟酒。晋旧臣庾珉、王炽见司马炽受此大辱，不禁号啕大哭。刘聪不悦，后将庾珉等多人斩杀，并毒死司马炽。

司马炽被杀的消息传入长安，14岁的司马邺正式即位，称愍帝，大赦，改元建兴。时长安虽为国都，初经浩劫，满目疮痍，残破不堪。城中百姓不足百户，蒿草丛生，荆棘成林。公私车乘不过百辆，朝廷百官既无朝服，也无绶印。

司马邺以索琳为尚书仆射，领太尉，掌握军国大政。后又下诏，以南阳王司马保为右丞相，督陕西诸军事；琅邪王司马睿为左丞相、大都督，督陕东诸军事；并让幽并二州的地方官和左右丞相，率兵攻平阳、洛阳，入卫长安。但此时的皇帝诏令如同废纸，各王拥兵自保，坚守自己的地盘，身在长安的司马邺，难以令行天下，只不过是个傀儡罢了。

◆石勒的势力为何日渐强大？

汉国国主刘聪病死，汉国内部同时发生分裂。刘聪的侄儿刘曜接替了国主的地位。他觉得用汉朝的名义并不能欺骗人民，在公元319年，改国号为赵，史称前赵。同年，汉国大将石勒在反晋战争中扩大了兵力，不愿再受刘曜的统治，也自称赵王。定都襄国（今河北邢台），史称后赵。

石勒是羯族人，他家世代是羯族部落的小头目。年轻的时候，并州地方闹饥荒，他和部落失散了，曾经给人家做过奴隶、佣人。有一次，石勒被乱兵捉住，关在囚车里，正好他的囚车旁边有一群鹿跑过，乱兵纷纷去追捕鹿群，石勒才趁机逃走。石勒受尽苦难，没有出路，就招集一群流亡的农民，组成了一支强悍的队伍。刘渊起兵以后，石勒投降汉国，在刘渊部下当了一员大将。羯族人的文化比匈奴人要低。石勒从小没有像刘渊那样受过汉族文化教育，不识字。石勒担任大将以后，渐渐懂得要成大事业，光靠武力不行，还需文略。于是就依靠汉族士人张宾，颁制了许多政治措施。他还收留了一批北方汉族中的贫苦读书人，组织了一个“君子营”。

由于石勒骁勇善战，加上有了张宾一批谋士帮他出谋划策，势力日渐强大。公元329年，石勒在洛阳一战中消灭了前赵主力，第二年入关灭前赵，“秦陇悉平”。到此时，除辽东慕容氏、河西张氏以外，石勒统一了中国北部。以淮水为界，形成了与东晋南北对峙的形势。次年，石勒在襄国自称皇帝，仍定国号为赵。

◆何谓“衣冠南渡”？

公元316年，坐镇扬州的琅琊王司马睿得到消息，长安已经被匈奴人攻破，西晋已经灭亡了。第二年，司马睿称帝，定都建康（今江苏省南京市），即晋元帝。从此东晋的历史开始了。

司马睿初到江南，立足未稳。中原战乱频繁，许多世家大族纷纷避难到江南，农民、工匠、商贾也纷纷逃亡到南方，史称“衣冠南渡”。

衣冠南渡将发达的汉族文化带到当时尚属偏僻的江南，极大地促进了当地的经济和文化发展，使江南地区日渐富庶和繁华，最终取代中原而成为全国的经济文化重心所在。迁到南方的中原部族与当地的人民和百越各族相融合，形成了饱含江南特质的新兴文化。

◆“闻鸡起舞”的典故与谁有关？

祖逖（266年—321年），晋朝著名将领，祖上世代担任二千石的高官。祖逖自幼丧父，生性旷达，不肯受拘束。24岁时，曾有人推荐祖逖去做官，他没有答应，继续努力读书。后来，祖逖和幼时好友刘琨一同担任司州主簿。他俩感情深厚，常常同被而眠。一次，半夜里祖逖在睡梦中听到公鸡的鸣叫声，便一脚把刘琨踢醒，对他说：“别人都认为半夜听见鸡叫不吉利，我偏不这样想，咱们干脆以后听见鸡叫就起床练剑如何？”刘琨欣然同意。从此，他们便闻鸡起舞，寒来暑往，从不间断。功夫不负有心人，经过长期刻苦学习，他们终于成为文武双全的人才，既能写得一手好文章，又能带兵打胜仗。

◆“枕戈待旦”这一典故描述的是谁？

刘琨，字越石，中山魏昌（今河

北无极）人，东晋大将，著名的诗人、音乐家和爱国将领。当刘琨听说好友祖逖有了官职，并能带兵北伐，就激动地写信给亲朋好友说："我每天枕戈待旦，立志杀尽敌兵。即使这样，还恐怕祖逖会比我先去杀敌立功呢。"后来，刘琨也有了官职，有了兵权，他带兵平定匪患，计退胡兵，安抚百姓，屡建功绩。

◆你知道"鹿死谁手"的来历吗?

南北朝时，一般来说，后赵的国势在五胡十六国中是最强盛的。一次，后赵皇帝石勒在宴请自己臣僚的酒会上，曾经自我夸耀地说："假如我和汉高祖生在同一个时代，我自认为不如他，一定和韩信、彭越一样做他的部下，为他奋战疆场；但如果和东汉光武帝刘秀生在一起，我一定要和他在中原一带一比高下，到那时不知究竟鹿会死在谁手上呢！"这就是"鹿死谁手"的来历。

◆你知道王羲之"东床坦腹"的趣事吗?

王羲之出身于名门望族，祖祖辈辈都是朝廷重臣。在他二十来岁的时候，他的祖父王正是尚书郎；父亲王旷是淮南太守；伯父王导更是名闻于世，是东晋的丞相。东晋太尉郗鉴听说丞相王导家的子弟一个个相貌堂堂、才华出众，便派人到王导家去选女婿。消息传来，王家子弟一个个兴奋而又紧张，他们早听说郗小姐人品好，有才学，都想娶其为妻，于是，王导的儿子和侄儿们各自打扮一番，希望被选中。

郗鉴的门生看遍王家子弟，回报道："王家子弟个个少年英俊、品貌俱佳，简直没法说哪个最好、哪个较差。听说太尉要选女婿都有些矜持做作，只有一个人满不在乎。这天，天气并不热，可是这个年轻人却侧躺在东床上，袒露肚皮，眼睛一个劲儿地盯着摆在桌上的毛笔，有时还悬空比画着写字，那副认真的神态，使人禁不住发笑。"这个满不在乎的年轻人就是王羲之。

郗大人听罢王羲之"东床坦腹"的趣事，不禁拍手赞叹道："这正是我要的女婿啊！"魏晋时期士大夫崇尚放旷、通脱，而王羲之听任自然，不加修饰，显得与众不同，刚好符合郗鉴的择婿标准。加上王羲之不怎么在意儿女情长，迷恋书法，这正是有出息的表现。后来，"东床"就成了好女婿的代称。

◆晋明帝是怎样平叛王敦的？

司马睿当上东晋皇帝后，王导以宰相身份在朝执政，王导从兄王敦以大将军身份领兵镇守武昌。后来晋元帝司马睿感到王氏权力太大，于是逐渐任用南方大族戴渊、周嵩与北方二流大族刘隗、刁协等人，以制约拥兵坐镇武昌的王敦。

公元322年，王敦利用大族对政府发奴为兵的不满情绪，以诛除刘隗、刁协为借口，在武昌起兵叛乱，并迅速攻下建康，刁协战死，刘隗投降石勒，戴渊、周嵩被杀，其他一百多名官吏也被罢免，王敦退还武昌。司马睿忧郁过度而死，明帝司马绍即位，调配兵力，加强守备。

公元324年，移镇姑熟（今安徽当涂）的王敦再次叛乱。晋明帝为了了解王敦起兵实情，骑马暗中到王敦屯军所在地探察。当其探察完后走出军营时，不幸被叛军发觉，王敦立即派兵追赶。晋明帝为了甩掉追兵，一面用水浇凉坐骑拉在地上的粪便，一面将宫中宝物七宝鞭交给路旁卖食品的老妇，并嘱咐她："后面骑马的人来了，就把鞭子给他们看。"王敦追兵到后询问老妇，老妇说人已走远。说罢，就将七宝鞭给他们看。王敦士卒看到七宝鞭，爱不释手，来回传玩，耽误了好长时间，又看地上的马粪已经变凉，确认晋明帝已经走远，便不再追赶。晋明帝由此逃脱。了解了敌情的晋明帝派重兵攻打王敦，王敦大败，很快病死。

王敦一死，王敦的同党沈充、钱凤接连战败，在战斗中被杀；王含、王应父子二人逃到荆州，投奔荆州刺史王舒。王舒虽然也是王氏家族的人，但他不支持王敦。当王含父子俩来到荆州时，王舒将王含、王应沉在江中淹死。到这时，王敦的叛乱终于被彻底扫平。

◆陶侃是怎样一个人？

陶侃（259年—334年），字士行（或作士衡），本为鄱阳（今江西鄱阳）人，后徙庐江寻阳（今江西九江西），中国东晋时期名将，大司马，初为县吏，渐至郡守。永嘉五年（311），任武昌太守。建兴元年（313），任荆州刺史。后任荆江二州刺史，都督八州诸军事。他精勤吏职，不喜饮酒、赌博，为人称道，是我国晋代著名诗人陶渊明的曾祖父。

在荆州刺史任上，陶侃大事小事都要亲自过问，从来不放松。他手下的一些官吏，经常喝酒赌博，因而耽误了公事。陶侃知道后，非常生气。他吩咐人把酒器和赌具全都没收并毁掉，还鞭打了那些官吏。从此以后，谁都不敢再赌博喝酒了。

有一天，陶侃到郊外去巡视，看见一个过路人一边走，一边随手摘了一把没有成熟的稻穗，拿在手里玩弄。陶侃马上命令兵士把这个人捆绑起来，狠狠地打了一顿。人们听说刺史这样爱护庄稼，种田就更有劲儿了。荆州地方也渐渐富裕起来。

陶侃一生带了 41 年的兵，由于他执法严明、公正无私，大家都很佩服他。在他管辖的地区，社会秩序井然，真正做到了夜不闭户、路不拾遗！

◆敦煌莫高窟是何时建造的？

敦煌莫高窟，也叫千佛洞，在离敦煌城东南 40 里的三危山和鸣沙山交接处的崖壁上面，有两公里长，现存洞窟 792 个，壁画四万五千多平方米，彩塑二千一百余尊。

莫高窟是从公元 366 年起开凿的。相传有个和尚名乐尊，西游到三危山下，一天黄昏时刻，忽见山峰放射出万道金光，好像千万个佛。他认为这是圣地，就募人在三危山对面的岩壁上开凿洞窟。

北魏年间，佛教徒继续在敦煌筑建石窟。北魏石窟有禅窟、中心柱窟和覆斗顶窟三种样式。窟中所造主像一般是释迦牟尼或者弥勒佛，主像的两侧通常是两个胁侍菩萨像。壁画主要是佛传、本生和因缘故事。壁画多数以土红色做底色，使用青、绿、赭、白等色彩的颜料进行描绘。北魏时期开凿的石窟是当时人们高超绘画和雕塑技巧的历史见证。从此以后一千多年里，各朝陆续在此开凿洞窟，隋唐时达到高潮，现存洞窟中百分之七十是唐代开凿的。

由于这里石质比较松脆，不适于雕刻，所以石窟艺术表现为更细致、更精美的大型壁画和塑像。这一时期壁画的题材主要是以佛说法图和佛本生（前生）故事为主。说法图一般是一佛在中间，两菩萨侍立左右，其他还画了散花奏乐的飞天在空中飞翔。所谓佛本生故事，主要描写释迦牟尼一生的历史故事，和他在过去世道中舍身行善的故事画。故事内容不外是教人慈悲、忍辱、不抵抗，但它为我们保留了许多反映当时社会生活的画面。这些塑像、壁画，气魄雄伟、形象生动，不仅具有伟大的艺术价值，而且富有史料价值。

◆庾亮是如何专擅朝政的？

庾亮，字元规，颍川鄢陵（今河南鄢陵西北）人。出身著名的大族，过江后为镇东将军府西曹掾，后又历任中书郎、黄门侍郎等职。因其妹嫁晋明帝司马绍，司马绍即位后，升其任中书监。王敦败后，转任护军将军，掌禁军。庾亮反对加强皇权，主张门阀士族把政。司马绍死前曾欲让宗室司马羕及司马宗等辅佐太子司马衍，排斥王导等人。庾亮力陈用司马宗室之弊与重门阀大族之利，遂使司马绍遗诏令庾亮与王导等士族人士辅政，庾氏遂以皇太后听政。

庾亮辅政后尽力排挤宗室。公元326年，南顿王司马宗以谋反罪被杀，西阳郡王司马羕被免去太宰之职，汝南王司马统被废为平民。

时苏峻、祖约等流民帅手握重兵，阴有异图。公元327年，庾亮召苏峻入建康任大司农，以解其兵权，激成苏峻、祖约反而作乱。乱平，庾亮以平西将军，都督扬州之宣城、江西诸军事，领豫州刺史的身份出镇芜湖，仍遥控朝政。

◆顾恺之为何被称为“三绝画圣”？

顾恺之，字长康，小字虎头，晋陵（今江苏无锡）人，东晋时期杰出的人物画家。他家祖辈都是晋朝官吏、书香人家。顾恺之很小就博览群书，崭露才华。他能诗善赋，擅长书法，尤其精于绘画，是少年成名的天才艺术家。后人称顾恺之有三绝：才绝、画绝、痴绝。“才绝”是说顾恺之聪颖，多才多艺；“画绝”是说顾恺之擅长绘画；“痴绝”是说顾恺之对艺术研究专心致志的精神。

顾恺之作画，意在传神，其“迁想妙得”“以形写神”等论点，以及提出的“六法”，为我国传统绘画的发展奠定了基础。顾恺之的突出成就在于他的人物画以日常生活为题材，生动传神，形神兼备。他的画继承和发展了古代现实主义的优良传统，打破了以前那种以宗教题材为主的风气，成为祖国伟大艺术宝库里最宝贵的遗产。他的作品大都散失，现在保存下来的有《洛神赋图》《女史箴图》等摹本，一直被视如珍品。

◆桓温是怎样变成东晋权臣的？

桓温，东晋谯国龙亢（今安徽怀远附近）人。少年勇武，颇有气概。稍长，亲报杀父之仇，博得时人称赞。后娶晋明帝之女南康公主，袭父爵为万宁男，出任琅邪太守。公元345年，庾翼死，受何充之荐，桓温被任命为安西将军、持节、荆州刺史，都督荆、司、雍、益、梁、宁六州诸军事，掌长江中上游，守东晋西门。

桓温一面巩固自己的地位，一面借北伐旗号，攫取功名。他首先将兵锋指向割据四川达 46 年之久的氐族成汉政权。

公元 346 年，桓温在未经朝廷正式允许的情况下，率益州刺史周抚、南郡太守谯王无忌伐成汉李势。时李势骄奢淫逸，滥施刑罚，内部统治不稳。桓温兵至，李势匆忙应战。派叔父李福、从兄李权、将军昝坚等迎击。桓温取避其兵锋、重在攻成都的策略。李权拦击攻成都的晋军，不敌袁乔。桓温攻到成都城下，放火烧城门。李势见大势已去，星夜从成都东门出逃，不久，派人给桓温送去降书，又自缚出降。桓温将李势及其宗室十余人送建康，成汉建国四十六年，遂亡。李势受封为归义侯，在建康平安生活了十四年后，公元 361 年死。桓温灭蜀后，势力大增，成为东晋又一权臣。

◆殷浩为何被朝廷贬为庶人？

公元 352 年，趁中原大乱之际，东晋朝廷任命殷浩都督扬、豫、徐、兖、青五州诸军事，出师北伐前秦。殷浩以谢尚、荀羡为都统，进驻寿春。六月二十九，秦晋在颍水之诫桥展开激战，结果晋军大败。殷浩狼狈逃回寿春。九月进驻泗口（今江苏淮阴北），派戴施等据守石门和仓垣。十二月，前秦大将梁安、雷弱儿诈降晋军。

公元 353 年，殷浩得知后赵降将张遇在关中叛秦，于是率 7 万大军，以姚襄为先锋，自寿春出师北伐，准备进据洛阳，修复园陵。岂料姚襄因与殷浩不和，忌恨殷浩，反伏兵于山桑（今安徽涡阳）攻击殷浩，浩军大败，退走谯城（在今安徽）。

公元 354 年，桓温以殷浩北伐屡败，上疏历数其罪状，殷浩因此被朝廷贬为庶人，并被流放到东阳信安（在今浙江）地区。公元 356 年，殷浩去世。

◆桓温三次伐中原的战果如何？

公元 354 年，桓温率领 4 万大军从江陵出发，经襄阳，出武关，越秦岭，大军直指关中，讨伐由氐族人苻氏建立的前秦政权。这是桓温第一次北伐。

前秦王苻坚派太子率 5 万大军与晋军对抗。这年四月，晋秦两军大战于蓝田，秦军大败。桓温率军占领灞上，抵达前秦都城长安的郊外。当地老百姓纷纷牵牛担酒前来犒劳晋军，有个老人流泪道："没想到我还能再见到晋军！"

后来因军中缺粮，桓温被迫从潼关退兵。秦军跟踪追击，晋军损失一万多人。

公元356年，桓温第二次北伐，从江陵发兵，向北挺进。桓温前进到伊水，羌人的将领姚襄将精兵埋伏在水北的树林中，派使者对桓温说："您亲自率领大军前来，我应该立刻归降，希望您让军队稍微后退一点，我就会出来迎接。"桓温回答："我这次是来收复中原，修复先帝的陵墓，和阁下没有关系。如果阁下想来拜见，现在就近在眼前，何必烦劳使者呢？"姚襄麻痹桓温的企图没有成功，于是就在水边列阵想要顽抗。桓温披甲上阵，亲自督战，指挥晋军向前猛攻，姚襄大败，损失了数千人。姚襄率领几千骑兵逃到了洛阳北山，最后死于与前秦的交战之中。桓温率领部队前进到洛阳，拜祭了先帝，设置了护陵官员，修复了被毁坏的陵墓。桓温向晋穆帝建议还都洛阳，又建议自西晋末年南迁的士庶人等一律返回故乡。但东晋上自皇帝下至达官贵人，都安于江南一隅，不愿北还，桓温的建议未被采纳。桓温只得退兵南归。公元359年，中原地区又被慕容氏的前燕政权所占领。

过了几年，桓温被任命为大司马，尽揽东晋朝政大权。公元369年，桓温发动了第三次北伐，讨伐前燕。桓温率水军进入黄河，一直进军至黄河的枋头渡口。前燕王任命慕容垂为大都督，率5万军队将晋军粮道截断。桓温被迫从陆路撤退，结果被追兵打得溃不成军，折损了三万余人。桓温战败而归后，之前所收复的淮北土地重又丧失。

◆何谓五胡十六国时期？

从公元309年到公元439年这130年的时间内，我国北方的少数民族人民不断起义，共有匈奴、鲜卑、羯、氐、羌等五个民族，我国古代把少数民族人称为"胡人"，所以这五个民族被称为"五胡"。他们的起义成果往往被少数民族的上层贵族分子所夺取，前后建立了十六个政权（另外还有冉魏、西燕、后蜀政权习惯上不计算在内，共有十九个政权）。这十六个政权互相攻战，乍兴乍亡，建国的时间都很短暂，而且特别混乱，史称"五胡十六国"时期。

◆中国最早的小说家是谁？

东晋政权建立后，有一段时间生

产有所发展，文化事业也比较繁荣，文学艺术方面出了一些人才。有个名叫干宝的历史学家，奉晋元帝司马睿之命，写了一部叫《晋纪》的历史书；同时，他自己又根据听到的故事和书上看到的材料，编写了一部《搜神记》。《晋纪》这部历史书后来失传了，《搜神记》这部小说一直流传下来。

《搜神记》大多写神怪故事，是中国最早的一部志怪小说，干宝亦可算作中国最早的一位小说家。

◆谁是西天取经第一人？

法显（334年—420年），东晋司州平阳郡武阳（今山西临汾地区）人，原姓龚，3岁就到寺庙当了小沙弥，20岁正式受戒做了和尚。随着佛教在我国的传播，许多僧人都希望到印度去拜访著名的佛学大师，瞻仰佛祖释迦牟尼的圣地，寻求佛经原本，传播佛教的教义，法显和尚就是其中之一。

公元399年，已是65岁高龄的法显和另外9名僧人开始了西天取经之行。法显是我国古代从陆路到印度旅行，又绕道斯里兰卡，穿过印度洋和南海、东海、黄海，取道海路返回祖国的第一个人。在1600多年前交通极为不便的条件下，法显从海陆两道，往返于中国和印度等国之间，这是很了不起的创举。法显不畏劳苦，奔波于中印之间的探险生涯，鼓舞了后人，人们沿着法显的足迹，向西域挺进，玄奘就是一个最典型的例子。

◆“入木三分”出自什么传说？

王羲之成年以后，在朝廷里做了官，交往的都是上层人士，他的书法更加广为人知，名气越来越大。大家都想求他写一幅字，可他一般情况下不给别人写。有一次，他到一个学生家去，看到学生家一张桌子很光滑，木质也好，拿过笔就在桌上写了几行字，这个学生看到王羲之写了字，高兴得无法形容。有一天学生出门去了，他父亲来给他收拾东西，看到崭新的桌子上写了黑字，觉得不好看，便想把字擦掉，使尽力气也擦不掉，干脆拿刀来刮。刮掉一层，不行，还有字，又刮一层，一直刮了三分厚才把字刮去，“入木三分”这一成语便是根据这一传说来的。

◆苻健是怎样巩固前秦政权的？

前秦是氐族建立的政权。西晋末年，北方烽烟四起，祖辈居住在略阳临渭（今甘肃秦安东南）的氐族人推举苻洪为首领，进入中原，先后向前赵和后赵称臣。后赵灭亡时，苻洪已拥有10万部众，雄心勃勃，准备进占关中。苻洪还没有实现进据关中的计划，就被人毒死，他的儿子苻健继承父志，率部众攻伐关中。一路上得到关中氐族人的响应，苻健的军队将占有长安的杜洪打败，进入长安。

公元351年，苻健自称大秦天王、大单于，第二年改称皇帝，建都于长安，国号秦，史称前秦。苻健勤政爱民，崇尚儒学，百姓赋税有所减轻，在长安城里还建了迎宾馆，招徕远方来客。关中经济呈现繁荣景观，前秦政权逐渐巩固。

◆苻坚统一北方时谁的功劳最大？

公元355年，苻健病死，太子苻生继位。由于苻生性格残忍，任意杀害大臣，苻坚等人在公元357年发动政变，杀死了苻生，夺过了帝位。苻坚夺取政权后，重用王猛、吕婆楼等能臣，迅速地统一了北方的大片国土。

在苻坚统一北方的活动中，王猛的功劳最大。王猛曾拒绝过桓温的邀请，而当苻坚派吕婆楼来邀请他时，他和吕婆楼一见如故，谈得很投机，等到和苻坚见了面，他和苻坚谈得更加投机，就像诸葛亮遇见刘备一样。苻坚对王猛也是言听计从，让王猛、吕婆楼、权翼、薛瓒四人共同帮助自己。

公元369年，东晋桓温北伐，与前燕作战，燕主慕容暐向苻坚求救，答应把虎牢（在今河南）以西的地方送给苻坚作为报答。等苻坚出兵帮助慕容暐打败桓温以后，慕容暐又不愿割地，苻坚乘机派王猛进攻燕国，攻下邺城，俘虏了燕主慕容暐。苻坚入城，把燕国的城池、财物全部收归自己，前燕到此灭亡，这也使苻坚的力量进一步壮大。

公元376年，苻坚又消灭了前凉，把凉州豪绅七千多户迁移到关中。同年，又派大将苻洛出兵攻代国，俘虏了代王什翼犍，代国灭亡。接着，又攻下了东晋的襄阳等地，打到离广陵（今江苏扬州）一百来里的地方，东晋上下一片慌乱。接着，苻坚又任命了徐州刺史，驻彭城；兖州刺史，驻胡陆；扬州刺史，驻下邳。苻坚的军事力量和国土范围达到了最高峰。公元380年以后，苻坚的势力又逐渐向西延伸，在边境和邻国树起了大国的威信，发动了几次战争。到公元384年，大将吕光平定了西域三十六国，西域各小国纷纷向前秦进贡。从此，苻坚统一了中国北方。

◆王羲之曾用什么当下饭菜？

大书法家王羲之练字时特别聚精会神，曾达到了忘我的境界。王羲之从小喜爱写字。据说他平时走路的时候，也随时用手指比划着练字，日子一久，连衣服都划破了。经过勤学苦练，王羲之的书法达到了很高的水平。

有一天，到了吃饭的时候，夫人给他送来他最爱吃的馍馍和蒜泥。过了一会儿，夫人再来看时，只见他满嘴乌黑，手里还拿着一块沾墨汁的馍馍，不禁笑起来。原来，王羲之错把墨汁当成了蒜泥。当他发现时，也不禁哈哈大笑。

两晋时期是我国书法艺术发展史上的一个重要阶段，涌现出许多著名的书法家，王羲之可以说是最杰出的一位，他吸取前代精华，但不拘泥于传统，开创了一个崭新的书法艺术天地，对后世书法的发展产生了很大影响。

◆陶渊明因何称“五柳先生”？

陶渊明，又名陶潜，字元亮，浔阳柴桑（今江西九江）人，是东晋时代的大诗人。他少年时候就有高尚的志趣。他曾经写了一篇《五柳先生传》，说这位先生不知是何许人，也不知道他的姓名，因住宅旁边种有五棵柳树，故称作“五柳先生”。他不图名利，不慕虚荣，就是特别喜欢喝酒，可是由于家贫，不能常常买酒喝。亲戚朋友知道了，时常请他喝酒。他一去，总是喝得酩酊大醉，然后回到破旧的屋里，读书作文，生活过得安乐自在。其实，陶渊明写五柳先生，就是写他自己。

陶渊明曾担任江州祭酒、彭泽令等小官职。彭泽令是陶渊明仕途生活中的最后一任。到了年底，郡官派督邮来见他，县吏建议他穿好衣冠迎接。他叹息说：“我岂能为五斗米向乡里小儿折腰！”当天就解去官职，写了一篇《归去来兮辞》。

◆谢安有着怎样的传奇经历？

谢安少时风流倜傥、思想敏锐、举止镇定，深为王导等人器重，名重当世。谢安屡辟不仕，隐居于会稽附近的东山，与大书法家王羲之等人为友，终日游山玩水、写诗作文，不问世事。

公元357年，谢氏家族的代表、豫州刺史谢尚病死，谢奕继位。公元358年，谢奕死。公元359年，继谢奕为豫州刺史的谢万兵败免为平民。为保住谢氏家族的地位，谢安遂出山，受征为桓温征西大将军府司马，历吴兴太守、侍中。

桓温想自立为王，视忠心匡国的谢安为患。公元372年，简文帝死，桓温以祭奠为由，拥兵至建康城外的新亭（今江苏南京市南滨江之处），伏兵于幕后，欲召见谢安和王坦之然后杀死他们，夺取帝位。因谢安的机智勇敢，桓温没敢下手，也没敢夺取帝位。不久，桓温病死，东晋王朝再次危而复安。

公元373年，谢安任职尚书仆射，与尚书令王彪之共同掌朝政。王彪之死后，谢安单独执掌政务。公元376年，孝武帝亲政，任用谢安为中书监、录尚书事，次年任为司徒。谢安仿效王导为政，镇以和静，务存大纲，善于调节君臣之间、大族之间的关系，使东晋统治集团内部出现了少有的和睦局面。

淝水之战后，谢安进位太保，桓冲死后，他都督扬荆等十五州诸军事。不久，遭到孝武帝及司马道子的猜忌与排挤，谢安离开建康，在广陵附近择城而居。公元385年，谢安病死，赐太傅，谥号文靖。

◆淝水之战苻坚为何战败？

苻坚统一了北方之后，不听从谋臣和弟弟苻融的劝阻，于公元383年毅然发动了对东晋的进攻。苻坚征集的兵马共计有步兵六十多万，骑兵二十七万，御林军三万，号称百万大军。他们从三路出发进军东晋，一路上人喊马嘶、旌旗遮天，道路上挤满前秦的军队，连同车辆、马匹、粮草，前前后后绵延几百里长。

东晋朝廷得到前秦出兵伐晋的消息慌成一团。孝武帝召集众臣商讨对策，唯有谢安不惊不慌，他指出：两国交兵，无道必败。前秦无端进攻东晋就是无道，而且违背民意；我们抗击侵略，是有道抗无道，必定胜利。谢安的话鼓舞了多数大臣，最终统一意见，出兵抗秦。孝武帝任命谢安为全国统帅，负责抗秦之事。谢安召开了军事会议，主要将领谢石、谢玄、辅国将军谢琰（谢安之子）、西中郎将桓伊与龙骧将军胡彬、刘牢之等均参加会议。谢安让龙骧将军胡彬率五千水军守寿阳，让谢石、谢玄带兵八万北上阻击秦兵，对其他将领也一一部署。众将领见主帅谢安神态自若、毫无惧色，便有了信心，领命而去。

刘牢之率兵首先对洛涧的前秦军队发起突然袭击。这支北府兵果然名不虚传，他们像插了翅膀的猛虎一样，强渡洛涧，个个勇猛非凡。守在洛涧的前秦军不是北府兵的对手，勉强抵挡一阵，便溃败了，秦将梁成被东晋军杀了。秦兵争先恐后渡过淮河逃走，大部分掉在水里淹死。

洛涧大捷鼓舞了东晋军的士气。谢石、谢玄一面令刘牢之继续进攻；一面亲自指挥大军，乘胜前进，直到淝水东岸，把人马驻扎在八公山边，和驻扎在寿阳的前秦军隔岸对峙。

谢玄为了迅速与秦军决战，派使者去对苻融说，双方隔着淝水不便作战，请秦军稍往后撤，以便晋兵渡河同秦军决一胜负。苻坚、苻融企图乘晋军渡过一半的时候，用铁骑猛冲的战术歼灭晋军。于是，就下令秦军后撤。可是，秦军士卒不明白往后撤退的意图，以为秦军败了。朱序又乘机在军中大呼："秦军败了！秦军败了！"全军顿时大乱，一退就再也停止不住。晋兵趁势渡水进攻。秦军主将苻融亲自出马想阻止后退的秦兵，结果是马被挤倒，苻融为晋兵所杀。苻坚也被流矢射中，只得带领十几万残兵败将逃回长安。

这一仗，东晋军以少胜多，八万人战胜百万人，这就是著名的"淝水之战"。

◆一人三反刘牢之是怎么回事？

刘牢之，字道坚，彭城（今江苏徐州）人，祖父刘羲曾经做过西晋的雁门太守，父亲刘建也因为勇武而担任过征虏将军。刘牢之从小就苦练武艺，弓马娴熟。

谢玄出任广陵太守，大力征召江淮子弟和北方流民入伍当兵。刘牢之和好友何谦、诸葛侃、高衡、刘轨、田洛等人参加了晋军。没过多久，谢玄就发现刘牢之不但武艺精湛，而且善于谋划，很有将才，就把刘牢之提拔为参军，让他率领前锋部队冲锋陷阵。由于谢玄的这支新军在对抗北方前秦的战斗中百战百胜，因此被人们称为"北府兵"。刘牢之因为战功卓著，被封为了龙骧将军、彭城内史，以功赐爵武冈县男，食邑五百户。

公元396年，喝醉了酒的晋孝武帝被后宫的张贵人杀死，太子司马德宗即位，是为晋安帝。这样一来，朝政大权全部落到了琅邪王司马道子的手中。司马道子一天到晚嗜酒如命，不理政事，尚书左仆射王国宝（谢安的女婿）和堂弟王绪趁机控制朝政、为所欲为。当时刘牢之已经被划归到了青、兖二州刺史王恭的部下。王恭早就看不上荒淫的司马道子和王国宝，就和荆州刺史殷仲堪合谋出兵“清君侧”。

公元397年，王恭以诛杀王国宝为名，起兵进攻建康。司马道子被吓得手足无措，急忙斩杀了王国宝和王绪，王恭这才罢兵而回。当时刘牢之的部队是王恭的主力，可王恭却因为门第观念不大瞧得起刘牢之，这让刘牢之非常不满。司马道子趁机派庐江太守高素劝说刘牢之投靠自己，并许以高官厚禄。这件事被王恭的参军何澹之知道，密告了王恭。刘牢之和何澹之一向关系不好，王恭始终不敢相信何澹之的话。为了安抚刘牢之，王恭决定和刘牢之结拜为兄弟，并把最好的武器和最悍勇的士卒都拨给刘牢之指挥。这突如其来的礼遇反而让刘牢之疑心王恭要除掉自己，于是他率领部队反叛，王恭被杀。喜出望外的司马道子连忙重赏刘牢之，任命他为都督兖、青、冀、幽、并、徐、扬七州军事。刘牢之第一次卖主求荣为他赢来了满堂的富贵。

公元402年，司马道子决定与独占荆州、截断长江运输的桓玄翻脸，就派刘牢之为前军都督，讨伐桓玄。可刘牢之一方面怕打不过桓玄率领的荆州部队，一方面又怕自己消灭桓玄后功劳太大，成为司马道子的眼中钉，于是就停军不前。桓玄就派谋士何穆去劝说刘牢之，并再次用高官厚禄来收买刘牢之，希望他按兵不动，坐看桓玄和司马道子之间的战斗。刘牢之的外甥何无忌与部将刘裕反复劝说刘牢之不要倒向残暴的桓玄，可刘牢之就是不听，反而决定全军投奔桓玄。刘牢之第二次卖主求荣把他带到了危险的边缘。

桓玄彻底消灭了司马道子的力量，攻入建康城后，就转过头来准备收拾反复无常的刘牢之。桓玄以征东将军、会稽太守的虚职册封刘牢之，准备剥夺刘牢之的兵权。这时，刘牢之才感叹说：“桓玄刚得势，就开始夺取我的兵权，怕是大祸的开始呀。”不甘心就范的刘牢之开始召集旧部，准备再反桓玄。刘牢之的参军刘袭说：“身为人臣最不该干的事情莫过于反叛，将军你先反王恭，又反司马道子，现在你还想反桓玄，一个人三次反叛，怎么可能成就大事呢。”说完后，刘袭就走出了大厅，刘牢之的手下也大半散去。刘牢之一看大势已去，只好上吊自杀。刘牢之的部属们收敛了刘牢之的尸体，运到丹徒安葬。

◆“风声鹤唳”出自哪场战役？

淝水之战，苻坚的前秦军队大败，秦兵拼命后退，人马乱成一堆。苻融骑马来约束乱军，怎么也堵不住，忙乱中被战马摔到地上，晋兵正好追到，一拥而上，把苻融砍死。

主将一死，秦兵更是像脱了缰绳的惊马一样，四处乱奔。阵后的苻坚看到情况不妙，只好骑上一匹马拼命逃走，不料一支流箭飞来，正好射中他的肩膀。苻坚顾不得疼痛，继续催马狂奔，一直逃到淮北才喘了口气。晋军乘胜追击，秦兵没命地溃逃，被挤倒的、踩死的兵士漫山遍野都是。那些逃脱的兵士，一路上听到风声和空中的鹤鸣声，也当作东晋追兵的喊杀声，吓得不敢停下来，“风声鹤唳”的故事便出在这里。秦兵百万，战死的不多，互相踩踏而死、逃命累死、病死的却占多数。

◆慕容垂叛秦建燕定都何处？

公元384年，慕容垂叛秦，于前燕故地荥阳建立鲜卑政权，国号仍为燕，自称燕王。公元385年，邺城守将苻丕败走晋阳，慕容垂据有了整个河北地区。公元386年，他定都中山（今河北定县），自称皇帝，改元燕元，史称后燕。

后燕大体承袭前燕制度，除州郡县治理的编户之外，还有不隶郡县而属军营的人口。后燕慕容氏以坞堡主为守宰，与汉族豪强大族合作，共同统治。

后燕政权建立后，慕容垂南征北战，扩大地盘，增强实力。公元392年，慕容垂攻占滑台（在今河南），吞灭丁零族翟氏所建立的魏国，取其7郡38000户；公元394年，率兵7万进攻西燕，收8郡76000户。此后，又陆续攻取东晋的青、兖等州，最盛时疆域“南至琅邪，东迄辽海，西属河汾，北暨燕、代”，成为北方各政权中较为强盛的一个王朝。

◆谢道韫为何被称为“咏絮才女”？

谢道韫的父亲叫谢奕，是谢安的哥哥，谢玄的父亲。谢奕是东晋的安西将军。谢道韫从小就会写诗作文，很有才气，和弟兄们在一起读书，表现得比所有的人都更有灵气。叔叔谢安对这个侄女特别看重。有一次，谢安想了解一下谢道韫的学习情况，特地问她：“你认为《诗经》中哪一首诗或者哪一句诗最好？”谢道韫认为是《大雅·嵩高篇》最好，谢安认为她的眼光很准，体现出高雅的欣赏品位。

有一年冬天，天下着大雪，谢安

举行家庭宴会，把家族的弟兄、子侄们都邀请到一起，喝酒赏雪。谢安情绪很好，想试一下侄子们的才能，便问道："你们常年读诗读文，认为这飘飘的大雪像什么情景？用什么作比喻比较准确？"侄儿谢明想了想说："这就像白花花的盐撒在空中一样。"谢安听了，觉得这个比喻不怎么样。谢道韫当时也在座，便说："像盐撒在空中，不好，不够飘逸，应该说像春风吹得柳絮满天飞。"谢安听了谢道韫的比喻，连连说好，而且越想越觉得这个比喻贴切，不住口夸奖谢道韫聪明，有才气，并且叫她就这个题目写了诗。后来，人们把女才子有才气、会作诗文称为"咏絮才"，就是从这个典故来的。

◆苻坚在谁的威逼下而死？

秦晋淝水大战，战争的结果，取得胜利的不是貌似强大的前秦，而是力量比较弱小的东晋。晋军的获胜并不偶然。由于晋军得到人民的支持，上下齐心，加上指挥上的正确，抓住了秦军的弱点和有利战机，终于转危为安，保住了东晋的半壁天下。

淝水战后，前秦瓦解。公元384年，鲜卑族慕容垂自己称帝，建立后燕。公元385年，苻坚一家被姚苌威逼自杀。死前，苻坚忽然想起王猛曾对他说过"晋居江左，是为正统。且君臣和睦，百姓乐业。陛下切不可兴不义之师伐晋，而应谨防鲜卑、羌虏之患"，不由得痛悔不迭，但为时已晚。可怜苻坚一步走错，导致前功尽弃，枉自送了性命。

姚苌逼杀苻坚后，占据长安，自称秦帝，建立后秦。同时，其他少数民族贵族也纷纷独立，建立割据政权。北方又重新陷入分裂混战的局面。

◆刘裕是怎样代晋建宋的？

刘裕，字德舆，小名寄奴，原籍彭城（今江苏徐州），据说是刘邦弟楚元王刘交的后代。晋末，伍卒出身的刘裕开始崛起。

刘裕于北府军起步，平定桓玄之乱后而官至侍中、车骑将军，逐渐掌握东晋王朝的军权。公元410年，刘裕统率大军将南燕平定后，升任为太尉、中书监，执掌朝权。此后，刘裕便培植亲信，铲除政敌。刘毅、诸葛长民、司马休之等与刘裕政见不同的大臣纷纷被罢除。然后，他第二次北伐，克复关中，于公元418年受封为相国、宋公。这个时候，刘裕取代东晋的条件已经成熟。

公元420年，手下之人拟好禅位

诏，献于刘裕，他拿到晋恭帝司马德文处让其抄录，恭帝欣然操笔，书赤纸为“诏”。刘裕筑坛于南部，登上皇位，国号宋，是为宋武帝。宋武帝改元永初，定都建康（今江苏南京），改《秦始历》为《永初历》，废晋恭帝为零陵王。第二年六月，刘裕派人将他毒死，开了杀“禅让”退位者的先例。至此，历时104年、共11帝的东晋王朝结束，南北朝时期开始。

刘裕执政时较开明，减轻赋税，赦免奴客士兵。当了两年皇帝后，刘裕于公元422年病死，终年59岁，后谥武帝。

◆草药“刘寄奴”是怎样得名的？

自古以来，得到皇帝推崇的中药不少。中草药中，有味叫“刘寄奴”的草药，这个名字与南北朝时南朝宋的开国皇帝刘裕的小名完全一样。传说这味草药就是因刘裕而得名的。

刘裕，小字寄奴，年幼时家里很穷，经常靠他割的野草做煮饭燃料。有一次，寄奴在割草时，突然一条巨蟒向他袭来，他用柴刀去砍，蟒蛇受了伤，转眼间就逃走了。第二天，寄奴又来这个地方砍柴，忽闻树林深处有杵臼声，他寻声前去，见几个青衣童子在捣药。寄奴感到很奇怪，便前去询问，其中一个孩子说：“我家主人昨日被人砍伤，需用这种草药来敷治。”刘裕听到这里吓了一跳，忍不住叫了一声，吓得两个孩子急忙逃窜，丢下了草药。刘裕就将草药带回家去，凡遇到刀伤金疮，敷上草药，果然灵验，伤口很快就好了。刘裕在南征北战中，用这种草药治好了不少受伤的将士。后来，这种草药传到了民间，成为治疗金疮刀伤的一味主药。人们为了纪念刘裕的发现，便将此药定名为“刘寄奴”。又因“刘”字繁写为“劉”，故又名为“金寄奴”。江东人又称其为“乌藤菜”。

◆刘义隆是怎样被拥立做皇帝的？

公元422年，刘裕临死前令太子刘义符继位，以司空徐羡之、中书令傅亮、领军将军谢晦、镇北将军檀道济为辅政，是为少帝。刘义符是刘裕长子，小时候多亲近左右小人，行为不端；即位后，他居丧无礼、游戏无度、不亲政事，喜欢军事操练、大肆兴造，浪费许多钱财，搞得国库空虚。大臣范泰上书劝谏，刘义符却置之不理。

那时，被灭亡的晋宗室司马休之、司马楚之投降了北魏，司马文荣等人逃亡河南，他们时刻不忘颠覆宋室。

当时北魏又取临淄、围东阳、陷虎牢，攻占河南大片土地。在江南重地会稽郡又有富阳孙法光的叛乱。这时，南豫州刺史、刘裕第二子庐陵王刘义真，与大士族陈郡谢灵运、琅邪颜延之关系过分亲密，声称若当皇帝就以二人为宰相。辅政大臣徐羡之、傅亮为了挽救宋王朝，决定废帝另立。如果另立，按次序该刘裕第二子刘义真继位。刘义真德轻于才，谢晦对刘裕说刘义真不是君主的材料，刘裕临终外调其为南豫州刺史以防其争夺帝位。徐羡之、傅亮、谢晦等人利用少帝和刘义真的矛盾，先奏请废刘义真为庶人，徙新安郡，随即加以杀害。然后征南兖州刺史檀道济、江州刺史王弘入朝，告以废立之谋。

公元424年，辅政大臣徐羡之等人以皇太后的名义废少帝为营阳王，关押到吴郡，不久也加以杀害。废少帝后，侍中程道惠劝徐羡之等人立刘裕第五子、南豫州刺史刘义恭，因为他年纪小，便于控制。徐羡之、傅亮等人选中当时任荆州刺史的刘裕第三子宜都王刘义隆，认为他比较符合君主的条件。因为论次序该轮到他，加之刘义隆平素声誉、名望不错，还有许多符瑞降到荆州界内。傅亮亲率大批官员奉皇帝銮驾到江陵（今湖北江陵）迎接宜都王。

八月，傅亮等人抵达江陵，率百官上表刘义隆，呈玉玺，礼仪很隆重。刘义隆表示同意到建康去。而宜都王及左右在这时听到少帝、刘义真死讯，都犹豫不敢东下，只有其府佐琅邪王华、王昙首等人建议东下。刘义隆在原部属的严密保护下，也不敢和傅亮带来的百官和军队接近。刘义隆的护卫朱容子抱刀守在刘义隆的车船外边，几十天都不离左右。刘义隆东下建康，就皇帝位，是为宋文帝。徐、傅废昏立明，安定了人心，使宋王朝得以转危为安。文帝虽靠徐、傅得位，但文帝两个哥哥却为徐、傅二人所杀，同时徐、傅二人执掌大权，文帝又不甘心大权旁落，加之又担心重蹈覆辙，便与高级士族精心策划，在公元426年下诏宣布徐羡之、傅亮等人杀害刘义符、刘义真的罪状，将傅亮处死。徐羡之闻讯，自杀。谢晦据荆州起兵失败，全家也被杀害。

◆魏太武帝因何伐柔然？

柔然是一个新民族，在4世纪末开始兴起，至5世纪时已在今蒙古草原建起了一个强大的游牧民族政权，控制了东起大兴安岭，西抵焉耆，南临大漠，北至西伯利亚的广大地区。柔然统治集团始终将战争作为增加财富和奴隶的手段，不断地掠夺邻国疆土。

公元 424 年，北魏明元帝病死，柔然可汗大檀见有机可乘，率骑兵 6 万攻占云中盛乐宫，魏太武帝拓跋焘御驾亲征前往讨伐。大军至云中时，被柔然大军包围，魏太武帝十分镇定，分兵将柔然击退。

公元 427 年，柔然乘拓跋焘亲征夏国、国内空虚的时机，再次出兵进犯云中。公元 429 年，拓跋焘亲率数万骑兵，渡过戈壁大沙漠，攻打柔然可汗庭，以报前仇。柔然受此深重打击，力量从此开始削弱，逐渐走向衰落，并于 6 世纪中叶被突厥和西魏共同剿灭。

◆檀道济是怎样保全宋军的？

檀道济是东晋大将，曾在晋安帝末年随刘裕平定桓玄之乱，并且在刘裕攻灭南燕和后秦的北伐战争中立了大功。刘裕建立宋朝后，檀道济以军功被封为吴兴县五等侯。与此同时，北魏的太武帝拓跋焘灭了十六国中最后一个小国北凉，统一了北方。宋文帝时，北魏大举渡过黄河，进攻宋朝，在黄河以南占领了大片土地。宋文帝派檀道济率领大军抵抗。

檀道济亲自率领将士到济水边，在二十多天里跟魏军打了三十多仗。宋军节节胜利，一直追到历城（今山东济南）。魏军趁宋军不备，用两支轻骑兵向宋军的前后两翼发起突然袭击，放火烧了宋军的辎重粮草。宋军劳师远征，后方粮草一时难以供应，粮食一尽，军心就开始动摇，檀道济只好准备从历城退兵。宋军中有士兵逃到魏营投降，把宋军缺粮的情况告诉了北魏的将领。北魏立即派出大军追赶檀道济，想把宋军围困起来。宋军将士看到大批魏军围上来，都有点害怕。檀道济却不慌不忙地命令将士就地扎营休息。

当晚，宋军军营里灯火通明，檀道济亲自带领一批管粮的兵士在一个营寨里查点粮食。一些兵士手里拿着竹筹大声计数，另一些兵士用斗在量米。魏军的探子偷偷地向营里望了一下，只见一只只米袋里面都是雪白的大米，马上把这个消息告诉了北魏的将领。魏将得到情报，以为前面来告密的宋兵是假投降，来诱骗他们上当的，就把投降的宋兵杀了。其实魏将中了檀道济的计策。檀道济在营里量的并不是白米，而是一斗斗沙土，只是在沙土上覆盖着一层白米。

到了早上，檀道济命令将士戴盔披甲，自己穿着便服，乘着一辆马车，大模大样地沿着大路向南转移，退出了包围圈。魏将本来就对檀道济颇为忌惮，又看到宋军从容不迫地撤退，以为他们一定埋伏了人马，不仅不敢再靠上去，反而向后退了几十里。檀道济靠他的镇定和智谋，保全了宋军，使宋军安全地回师。以后，北魏再也没敢轻易进攻宋朝。

◆夏是怎样亡于北魏的？

夏赫连氏本为匈奴的一支，与汉通婚，很长一段时间从刘姓。传至赫连勃勃时，他有点不甘心只当一个匈奴贵族，野心很大，要立国建邦。公元407年，赫连勃勃自称天王、大单于，建元龙升，设置百官。他认为匈奴是夏后氏的后代，故国号大夏，又觉得匈奴从母姓姓刘不合理，遂改姓赫连氏。

赫连勃勃称王后，为了扩大控制范围，连年攻伐，并于公元418年进据长安。公元426年，赫连勃勃第五子赫连定于平凉继位称帝。公元431年，赫连定侵入西秦，西秦向魏求援。魏还没来得及出兵，西秦王乞伏暮末就被赫连定斩杀。赫连定灭西秦后，害怕北魏逼侵，便驱使俘获的西秦民众十余万人，准备渡过黄河袭击沮渠蒙逊，夺取北凉土地。吐谷浑王慕璝派慕利延、拾虔率3万骑兵半途埋伏，当赫连定渡到河中央时，北魏发兵袭击，大败夏军，生擒夏王赫连定，并将其押送北魏，大夏灭亡。夏自公元407年建国，至公元431年灭亡，立国25年。

◆北魏是怎样一统北中国的？

北魏建立政权之后，多次对外战争。拓跋珪在称帝前后，平定了内部分裂势力的叛乱，又征服了匈奴别部刘库仁、刘卫辰两部。同时在盛乐息众课田，在五原到稒阳一带（今河套地区）进行屯田，封建经济迅速发展。拓跋珪对西方和北方所进行的征服，每次都掠夺到大量人口和数以十万、百万计的牛、羊、马等牲畜，拓跋部在对外掠夺中迅速强盛起来。

公元395年的参合之战，魏打败后燕慕容宝，获“器甲辎重军资杂财十余万计”。拓跋珪乘胜长驱直下，尽有山西、河北之地，接着占领整个关东地区。到拓跋焘（太武帝）时，北方仅存的政权只有西秦、北燕、夏和北凉。公元431年，夏灭西秦，魏灭夏；公元436年，魏灭北燕；公元

439 年，魏灭北凉，完全统一北方，与南方的刘宋政权形成南北对峙局面。

◆为何圆周率又被称为“祖率”？

祖冲之是我国南北朝时期杰出的数学家，他曾经对古代数学著作《九章算术》作过注释，又编写过一本《缀术》。他最杰出的贡献是求得相当精确的圆周率。经过长期的艰苦研究，他计算出圆周率在 3.1415926 和 3.1415927 之间，成为世界上最早把圆周率数值推算到小数点后七位数字以上的科学家。外国数学家获得同样结果，已是一千多年以后的事了。为了纪念祖冲之的杰出贡献，人们把圆周率称为“祖率”。

◆云冈石窟是怎样建成的？

位于北魏故都平城（今大同）附近的云冈石窟是北魏皇室修功德、做佛事的场所，开凿于公元 453 年。负责监造石窟的是名僧昙曜。文成帝即位不久，就把昙曜请到皇宫，尊称他为法师，请他负责云岗石窟的营建工程。昙曜经过精心筹划，叫工匠先开凿了一个七丈多宽、六丈来深的大佛洞，然后在洞口筑了四层高的大楼阁，楼阁中心雕刻了一尊五丈多高的巨型佛像。佛像的脚有一丈四尺长，脚的中指长七尺，比一个普通的人还要大。大佛的脸上和脚上都嵌有黑石。这些黑石是按照文成帝身上黑痣部位镶嵌的。昙曜造这样一个大佛，是为了说明文成帝是佛的化身，把皇帝的统治地位加以神化。

按照昙曜的设计，在大佛的周围，工匠们又雕刻了许许多多大小不一的佛像。这些佛像一个比一个矮，紧紧地围绕着大佛，是群臣的象征。另外，还配有许多更矮小的人像，象征民众和奴隶。洞顶上刻着姿态不同、凌空飞舞的仙女，把大佛衬托得更加雄伟庄严。昙曜总共开凿了五个石窟，被人称为“昙曜五窟”。

◆宋文帝元嘉北伐战况如何？

公元 422 年，北魏乘刘裕刚死，攻取滑台、虎牢、洛阳三镇及周围一些郡县，把统治势力扩张到黄河以南。从此，该地区成为双方争夺的目标。公元 430 年，宋文帝向北魏提出归还被占领土的要求，被北魏太武帝严辞拒绝。于是，宋文帝派兵 5 万北伐。魏军主动撤出所占土地，宋军占领所失三镇。但是，由于洛阳无城可守，又无粮食，最后宋军又不得不弃城而走，魏军乘胜再夺虎牢、滑台，宋军损失惨重。

经过元嘉之治的休养生息，刘宋

国力增强。公元450年，魏太武帝率10万大军南下，围攻悬瓠（在今河南）。宋文帝正式下诏北伐，命宁朔将军王玄谟等各率部进攻北魏，以太尉刘义恭驻彭城（今江苏徐州）指挥全局。不久，王玄谟进围滑台，但久攻不下。北魏太武帝号称领军百万赶来解围。王玄谟仓皇逃走，死者万人，丢弃的武器、辎重如山。年底，魏太武帝引军南下，宋将皆弃城邑，望风奔溃，魏军直抵长江北岸的瓜步（今江苏六合），声言渡江。后来双方激战30多天，魏军因难于突破宋军防线而退兵。途经盱眙时，魏军猛攻了近一个月，最后损失惨重撤回北方。盱眙之战是宋军唯一大获全胜的战役，但这场战争不仅给南北各族人民造成了巨大的灾难，而且成为北强南弱的转折点。

◆中国第一部农业百科全书是什么？

北魏时期，出现了一部总结黄河中下游地区丰富的农业生产经验的农学专著《齐民要术》，它的作者名叫贾思勰。贾思勰是益都（今山东青州）人，从小一边读书，一边跟着父亲务农，学习了大量农业科技。后来，贾思勰在北魏朝廷任官。当时政局相对稳定，生产得到发展。贾思勰不辞辛苦地深入民间，向农牧民学习，了解农业生产知识。贾思勰利用各种与农民接触的机会，或自己观察，或虚心请教，不断丰富自己在农业方面的学问。他想，如果能把自己掌握的这些先进的农业技术、工具、经验编撰成书，向全国推广，不就可以获得更大的经济效益吗？于是，他毅然辞官回乡，一边观察、收集信息，一边撰写农书，终于用十数年的心血写成了他的传世著作《齐民要术》。《齐民要术》是一部总结我国古代农业生产经验的杰出著作，全书共分10卷，92篇，约11万余字，是一部名副其实的农业百科全书。

◆拓跋宏为何要迁都洛阳？

公元490年，北魏孝文帝拓跋宏亲自执掌朝政大权。拓跋宏在祖母的教育下，念了不少书，对汉族文化有较深的了解。他认识到，鲜卑人要想在中原站稳脚跟，就必须抛弃民族偏见，接受汉族的先进文化。当时北魏的都城在平城，这里气候恶劣，地理位置上也太偏北，不利于北魏统治中原地区，更不利于向南发展，统一中国。拓跋宏决定迁都洛阳。

迁都洛阳是件大事，关系到许多鲜卑贵族的切身利益。守旧派贵族留恋旧都的田地财产和奢侈的生活，害怕迁都会改变生活方式，强烈反对。为了迁都，拓跋宏定下了一条妙计。

公元493年的秋天，拓跋宏率领步兵、骑兵30万，宣称南下征伐齐朝。队伍到达洛阳，正是秋雨绵绵的季节，跟随的文武大臣们对太武帝拓跋焘南征刘宋战败逃回的情景，还记忆犹新。他们害怕这次出征的结果又跟过去一样，劳民伤财，毫无所获。

正当大臣们忧心忡忡的时候，拓跋宏突然下令立刻向南进发。文武大臣们见拓跋宏真的要南进，一齐跪下，俯首在地，请求停止南进。

一位德高望重的老王爷代表大家向拓跋宏诉说了南进的危害，拓跋宏见目的即将达到，便说："我们这次南征，兴师动众，无论成败，决不能空手而归。既然你们不愿打仗，那就得听我的话，把国都从平城迁到这儿来。等将来有机会再灭亡南朝，统一全国。"大臣们一听，喜出望外，齐声说："只要陛下停止南进，我们一定赞成迁都。"一时间，停止南进的消息传遍全军，大家都高呼"万岁"。迁都洛阳的事，就这样被孝文帝轻易搞定了。

◆龙门石窟是怎样建成的？

龙门石窟分布在龙门山东西两岸的崖壁上，共有佛像97306尊，主要是北魏时期开凿的。后来的东魏、北齐时期，继续开了不少的石窟。一直到唐代，又总共凿了几千个佛龛。最大的石窟是古阳洞和宾阳洞，宾阳洞又分为北、中、南三个大窟。

这些大大小小的佛像，造型优美，呈现出千姿百态。有的雍容大方，有的慈祥和蔼，有的眉目凝神，有的面带微笑。宾阳中洞那尊主要佛像，清癯的脸上含着微笑，仿佛想要人和他亲近。龙门石窟的佛像和云岗石窟的佛像在造型上有所不同。云岗石窟的佛像，一般都显得气势磅礴，姿态雄健，凛然可畏。这种佛像造型上的变化，反映了北魏统治力量从强到弱的变化。

宾阳中洞洞口内壁两侧，有两幅大型浮雕，表现魏孝文帝和皇后礼拜佛祖的场面，叫"帝后礼佛图"，刻得异常精美。

古阳洞左边的洞壁上，有一个房屋形状的佛龛，它反映出北魏时期房屋建筑的特点。佛座前的一头石狮子，显得威武雄壮，肌肉强韧，野性毕露，表现了北朝石刻艺术粗犷的风格。

在龙门的许多石窟里，还刻有大量的文字，说明立佛像的原因，无非都是些迷信的道理。然而这些文字的字体，都苍劲挺拔、端庄凝重，是珍贵的书法艺术遗产。后来有人把它们拓下来，编辑成碑帖，题名《龙门十二品》，作为学习书法的范本。

◆孝文帝迁都洛阳进行了哪些改革?

孝文帝把国都迁到洛阳以后，决定进一步改革旧的风俗习惯。有一次，他跟大臣们一起议论朝政。他说:“你们看是移风易俗好，还是因循守旧好?”咸阳王拓跋禧说:“当然是移风易俗好。”孝文帝说:“那么我要宣布改革，大家可不能违背。”接着，孝文帝就宣布几条法令，开始改革，改革的重点是改变鲜卑族内迁者原有的生活习俗，促进鲜卑族积极接受汉文化。改革的主要内容有以下几方面。第一，易鲜卑服装为汉服。公元495年，孝文帝在光极堂会见群臣时，“班赐冠服”，这是易鲜卑官服为汉官服的具体执行措施。第二，规定官员在朝廷上使用汉语，禁用鲜卑语，并称鲜卑语为“北语”，汉语为“正音”。孝文帝曰:“今欲断诸北语，一从正音。”30岁以上的鲜卑官吏，在朝廷上要逐步改说汉语；30岁以下的鲜卑官吏在朝廷上则要立即改说汉语。如有故意说鲜卑语者，降爵罢官。第三，迁往洛阳的鲜卑人，要以洛阳为籍贯，死后不得归葬平城。第四，改鲜卑贵族原有的姓氏为汉姓，并定门第等级。所改之汉姓，以音近于原鲜卑姓者为准。如拓跋氏为首姓，改姓元氏，是最高的门第等级；另丘穆陵氏改姓穆氏，步六孤氏改姓陆氏，贺赖氏改姓贺氏，独孤氏改姓刘氏，贺楼氏改姓楼氏，勿忸于氏改为于氏，纥奚氏改姓嵇氏，尉迟氏改姓尉氏。这八姓贵族的社会地位，相等同于北方最高门第崔、卢、郑、王四姓。其他等级稍低一些的鲜卑贵族姓氏亦改为汉姓，其等第与汉族一般士族相当。此外，孝文帝还积极鼓励鲜卑的皇族和贵族与汉族士族通婚，藉以建立政治联姻，加强汉族与鲜卑族的民族融合。

◆少林寺经历过怎样的变迁?

少林寺始建于公元495年。当时，天竺僧人佛陀到达中国，擅长禅法，得到北魏孝文帝礼遇，并且在公元495年为他敕造寺庙于少皇山中，供给衣食。因寺处于少皇山茂密丛林中，所以名为少林寺。

公元527年，禅宗初祖菩提达摩一苇渡江，来到少林寺中传授佛法。传说他曾于寺内面壁九年，后传法给慧可。此后，少林禅法师承不绝，传播海内外。达摩长期打坐修炼，为活动筋骨，创造了后世广为流传的少林拳法。

公元574年，武帝禁佛，寺宇被毁坏，大象年间重建，改名为陟岵寺。隋代又恢复旧名，日渐发展为北方一大禅寺。

◆花木兰为何被称为女中豪杰？

花木兰是北魏人，她上有年老的父母，下有幼小的弟妹，一家五口人过着小康生活。花木兰没上过学，跟着父亲学习写字、读书，平日在家织布、做饭、洗衣、喂猪，样样都做得又快又好。她还喜欢骑马射箭，练得一身好武艺。

一天，花木兰正在家里织布，突然，衙门里的差役送来征兵的军贴，要征花木兰的父亲去当兵。父亲已经年过半百，怎能去从军打仗？花木兰没有哥哥，弟弟又太小。怎么办？花木兰想：要是有个人能代替父亲去从军，那该多好啊。谁能代替父亲呢？看来只有自己。可是女子怎么能从军呢？招兵的怎么会收留一个女孩子呢？她想来想去，终于想出了一个主意：女扮男装。花木兰把自己的想法告诉了父母。父母没有别的办法，只好同意了。于是，花木兰女扮男装，拜别父母、弟妹，上路从军去了。

行军作战十分艰苦。战士们来自四面八方，有的勇敢粗犷，有的机灵细心。花木兰害怕自己女扮男装的秘密被人看穿，处处都倍加小心。白天行军，一天要走一百多里路，花木兰紧紧跟上，从不掉队；夜晚宿营，她和衣而卧，从不敢脱衣服；作战的时候，她冲杀在前，从不懦弱。

从军12年，花木兰参加过许多次战斗，立下了不少战功。同伴见了她，个个都竖起大拇指，赞扬她是个有志气有本领的好男儿。

战争结束了，队伍凯旋归来。皇帝召见有功的将士，根据功劳大小给予赏赐，有的升了官，有的得到了珍宝财物。花木兰既不想做官，也不愿意要财物，她希望得到一匹能够远行的骆驼，好让她赶快回到家乡。皇帝满足了花木兰的要求，并且指派她的同伴护送她回家。

花木兰将要胜利归来的消息传到她的家乡，她的父母听说了，非常欢喜，老两口急忙互相搀扶着，赶到城外去迎接；妹妹听说了，立即梳妆打扮，烧好开水沏好茶；弟弟听说了，赶紧磨快了刀，杀猪宰羊，准备慰劳为国立功的姐姐。

花木兰回到自己房里，脱下战袍，换上女装，梳好头发，贴上花黄（古代妇女的装饰品），出来向护送她回家的同伴们道谢。同伴们见花木兰一身女装，都万分惊奇，没想到自己的战友竟是一位巾帼英雄，他们不约而同地说："我们跟木兰同行十二年，竟然不知木兰是个女中豪杰啊！"

◆后废帝刘昱死在谁的手上？

南朝刘宋政权自刘裕后，一代不如一代，皇位传到后废帝刘昱时，刘昱整日出游，途中遇到稍不顺眼的人即任意屠杀。阮佃夫与直阁将军申伯宗等相谋，欲乘刘昱出游时，逮捕并废除他，改立安成王刘准。事机泄露，刘昱下令将阮佃夫等全部诛灭。

此时，萧道成极有威名，刘昱几欲下手。萧道成忧惧，暗中与袁粲、褚渊等商议废除刘昱、改立他人，袁、褚二人皆不愿支持。萧道成的功曹纪僧真却向他建议说："今朝廷猖狂，人不自保；天下之望，不在袁、褚，明公岂得坐受夷灭！存亡之机，仰希熟虑。"萧道成遂下定了自己起兵的决心。

萧道成的族弟镇军长史萧顺之等均建议他利用刘昱喜欢出游的弱点，谋划成功之策，这样既容易成功，又可避免万一失败全族被灭的大祸。萧道成遂采取宫廷政变的手段。为此，萧道成秘密勾结越骑校尉王敬则，皇帝的左右侍卫杨玉夫、杨万年、陈奉伯等25人，时刻寻找可以动手的机会。一次，刘昱又出游酒醉后，宿于仁寿殿。王敬则、杨玉夫、杨万年等乘刘昱熟睡之机，以皇帝的防身刀割下他的人头。由陈奉伯将人头送至萧道成府中，萧道成即刻进入皇宫，以太后的诏令，拥立安成王刘准即位，这便是史称的宋顺帝。

◆萧道成建齐后进行了哪些改革？

萧道成，字绍白，南陵（今江苏常州西北）人。公元479年，萧道成威逼宋顺帝下诏禅位。四月二十一日，到了临朝的时间，宋顺帝却不肯出来。太后十分恐慌，亲自率宦官在佛盖之下找到宋顺帝，强迫宋顺帝行禅让礼，并把他迁到东邸。宋司空兼太保褚渊奉玺绶率百官劝萧道成登位。二十三日，萧道成即皇帝位，国号齐，史称南齐或萧齐，改元建元，是为齐太祖高皇帝。

即位后，萧道成改革宋以来的暴政，提倡节俭。他在位期间，注意减免逋租宿欠，限制诸王营建私邸。公元479年，萧道成为了进一步提倡节俭，下令禁止募部曲。萧道成在位4年间，还引进了一项重大措施，就是整顿户籍。公元482年，萧道成病死，庙号高宗。

◆**萧衍为什么要废和帝建梁？**

萧衍，字叔达，齐高帝萧道成族人，其父萧顺之曾助族兄萧道成创齐，官至领军将军、丹阳府尹。萧衍博览群书，有文武之才干，曾被齐竟陵王萧子良召入西邸，与沈约、谢朓等合称"西邸八友"。萧衍后因助齐明帝杀齐武帝诸子，飞黄腾达。齐明帝死前，任命他为持节都督雍、梁、南秦、北秦四州、郢州的竟陵司、司州的随郡诸军事、雍州刺史。雍州自宋文帝、孝武帝从荆州独立后，力量骤增，而且因其地与北魏交界，当地北来流民在与北魏争战及镇压当地蛮族的活动中，形成一股精锐武装，其势力和影响超过了晋以来的上游重镇荆州。于是，萧衍开始密谋更大权力。他召集张弘策、吕僧珍、长史王茂、别驾柳庆远、功曹吉士瞻等心腹，商定奉南康王萧宝融为帝（是为和帝），发兵顺汉水东下，讨伐东昏侯。

雍州大军始发，四方纷纷响应。同时，荆州大军沿江东下，湘州刺史杨公则也率军入江直取郢州。公元501年，雍、荆、湘三州大军在江汉合流处会师，分别急攻郢、骑、汉口、鲁山、偃月、西阳、武昌诸城。这时，东昏侯所派骁骑将军薛元嗣已率军与郢州刺史张冲会合，共守郢城。战斗进行得异常激烈，黄鹤楼下死尸堆积如山，郢城内外臭气冲天。三月，郢州刺史张冲突然病死，薛元嗣独守郢城，渐感难支。不久，联军大破建康新派的增援部队。七月，薛元嗣投降。周围诸城也相继投降。和帝任命萧衍为征东将军。萧衍率联军东下，直指江州。江州刺史陈伯之在萧衍的要挟下投降。九月，萧衍率军到达建康西面的新林。徐勉携萧宏、萧秀、萧恢及萧昺潜至新林迎接联军，萧衍见诸弟无恙，心中大悦，宣布对建康展开全面进攻。

建康一战，又比攻郢城激烈许多。建康兵员不足，东昏侯出囚徒配军。冠军将军王珍国勇猛异常，率部浴血顽抗，不几天，秦淮河积尸如山，西城成了一片废墟。十月，建康周围的京口、广陵、瓜步、破墩、琅邪、新亭、东府诸城相继被联军攻占，建康成了一座孤城，对联军已经构不成什么威胁了。

这时，东昏侯封传说中的神人蒋

子文为灵帝，迎神像于后堂，派巫师日夜祈福。自以为有神人保佑，万事不须担心，依旧昼寝夜游，通宵作乐。听到宫外战鼓敲响，便披着大红袍，搂着妃嫔，登景阳楼观战，指东道西，以为笑乐。将士想要封赏，后宫藏钱无数，他却一毛不拔。大臣纷纷投奔联军，将士个个牢骚满腹。宠臣茹法珍、梅虫儿却向东昏侯建议："大臣将士不尽全力，使长围不解，都应该处死。"于是人心思乱。十二月，王珍国密遣亲信献明镜于萧衍，表示其心可照；萧衍还报以断金，用《易经》"二人同心，其利断金"之意，表示愿意合作。王珍国遂与卫尉张稷商量政变计划。张稷曾与萧衍同救雍州，对萧衍早有好感，一口答应。几天后的一个深夜，王、张率兵潜入宫中，杀死东昏侯，取下首级，由文武百官署名送给萧衍。建康换上了和帝萧宝融的旗帜。

公元502年，萧衍进位相国，总掌朝政。不久，他以宣德太后之名颁布禅让诏书，废掉和帝，称帝建梁，史称梁武帝。

◆《神灭论》的作者是谁？

范缜字子真，南阳舞阴（今河南泌阳）人，少年时特立独行。在齐朝的时候，竟陵王萧子良笃信佛教，他在宴会上问范缜："你不信鬼神，不信因果报应。那请问，世界上为什么有人富贵，有人贫贱，有人享福，有人受苦呢？"

范缜起身走到门前，指着庭前开着花的树，说："人生境遇好比这棵树上的花，有些花被风吹到厅堂，落在席上、坐垫上；有些吹进厕所，掉进粪坑里。这全都是偶然现象，哪里有什么因果报应？"这个生动的比喻，令在座的人都哑口无言。

梁武帝即位后，在光华殿大宴群臣，照例说了些皇帝应尊重臣子、虚心纳谏的话，不料范缜却当场对他提出了批评。于是，萧衍就借故把范缜贬到广州去了。

两年后，范缜忽然被召回京师，做中书郎。等他一回到建业，萧衍就组织朝廷显贵、群臣、僧侣一齐上阵，攻击范缜的思想。范缜为了与那些信佛的权贵辩论，在公元507年，撰写了千古不朽的《神灭论》。范缜把"形"与"神"的关系比喻为刀和刀锋的关系。他认为，形是本质，神是作用；离开了刀，就没有锋利的特性，离开了肉体，也就没有了精神。《神灭论》的发表，震动了朝野。

◆萧衍出家当和尚为哪般？

萧衍到了晚年，开始崇信佛教，借佛教名义愚弄百姓、搜刮钱财。他修建了一座规模宏大、富丽堂皇的同泰寺为自己诵经拜佛之用，自己装成一副苦行僧的样子，早晚到寺中朝拜。

有一次，他到同泰寺“舍身”，表示要出家做和尚。他这一出家做和尚，国中无主，大臣们急得像热锅上的蚂蚁，最后只得出钱把他从同泰寺中赎了出来。这样的滑稽剧总共演了四次，大臣们一共花了四万万钱的赎身钱，这笔钱都转嫁到老百姓身上去了。而且在他最后赎身回宫的那个晚上，竟派人把同泰寺的塔烧了，却说是魔鬼干的。为了压住魔鬼，又下诏要造一座几丈高的高塔来压住，继续叫百官捐钱。

◆枭雄尔朱荣是怎样崛起的？

尔朱荣，字天宝，北秀容（山西朔州南）人，契胡族酋长。尔朱荣的祖先居住在尔朱川（今山西朱家川）附近，所以就以尔朱为姓氏。在鲜卑拓跋氏立国之初，尔朱氏就是拓跋氏的忠实部下，随着拓跋氏南征北战，立下了赫赫战功。北魏孝明帝时，尔朱荣的父亲尔朱新兴把爵位传给了他。按照《魏书·尔朱荣传》的记载，尔朱荣是“洁白，美容貌”，一副标准的英俊小生模样。不过别以为尔朱荣是潘安、宋玉一类的人物，这个少年酋长刚一继承爵位，就带领着尔朱氏的4000骑兵北逐柔然可汗，平定南秀容万子乞真的反叛，镇压秀容郡乞扶莫于的起义，铁骑所向，简直是战无不胜。尔朱荣的官职也从平北将军升到安北将军，再到镇北将军。到北魏鲜于修礼起义的时候，尔朱荣已经成为了北魏都督并、肆、汾、广、恒、云六州军事的一方诸侯了。

在平定叛乱的过程中，尔朱荣发现了不少军事人才，北魏后期的军事三巨头——高欢、宇文泰、侯景都是尔朱荣提拔起来的将领。随着军事力量的日益壮大，尔朱氏集团的野心也开始膨胀，尔朱荣开始寻求一个介入北魏中央政权的契机。

◆胡太后是怎样祸乱魏政的？

公元520年，元乂、刘腾因不满于清河王元怿，以元怿欲毒杀幼主元诩为借口，教唆元诩杀元怿；又发动宫廷政变，将胡太后幽禁于后宫。胡太后第一次称制历时5年，至此结束。元乂、刘腾由是内外专权，朝中政事荒怠，纲纪不举，地方官吏贪污暴掠，天下患苦。

公元523年，刘腾死。公元524年，魏北部爆发六镇起义和关陇起义。秋天，胡太后施计得以脱离后宫，她与丞相、高相王元雍合谋解除了元乂一切军政大权。公元525年，胡太后重新摄政，她比以往更为腐败奢华。此时北魏帝国已处于风雨飘摇之中，又有河北起义爆发，元诩不满太后的作法，母子有隙。

公元528年，胡太后害死元诩，立年3岁的临洮王世子元钊为帝。不久，爆发河阴之变，胡太后及幼主元钊被尔朱荣溺杀。胡太后第二次称制历时3年。自孝文帝后，北魏政权内部互相争权不已，加速了北魏的灭亡。

◆北魏六镇大起义是怎么回事?

北魏在北方边境设立了六个镇，派了将士防守。公元523年，沃野镇（今内蒙古五原北）的匈奴人破六韩拔陵（破六韩是姓）首先带领兵士杀死镇将，发动起义。其他五个镇的兵士也纷纷响应，反对北魏的起义势力越来越大。由于北魏勾结北方的柔然族人共同镇压，六镇兵士的起义失败了。

北魏政府为了防止六镇兵民的反抗，把起义失败的六镇兵士20多万人都押送到冀州、定州、瀛州。这些兵在冀州又燃烧起起义的火焰。鲜卑族的葛荣率领起义军，进攻瀛州。北魏政府派章武王元融为大司马、广阳王元深为大都督，发动大军镇压。那些只知吃喝玩乐的贵族哪里会打仗。葛荣起义军到了博野镇(今河北省中部)，就派出一支轻骑兵偷袭元融的大营。元融没有防备，被起义军杀了。元深听到元融被杀，退到定州，也被葛荣的骑兵俘虏了。葛荣把各路起义兵士都合在一起，号称百万，准备向洛阳进军，声势浩大。这时候，北魏孝明帝就利用尔朱荣的兵力来对付葛荣。

葛荣认为尔朱荣人马少，容易对付。他把兵士在几十里的阵地上散开，准备围捕尔朱荣。想不到尔朱荣把兵埋伏在山谷里，发动精兵突击，把葛荣的兵士冲散，再前后夹击。起义军遭到失败，葛荣本人也被杀害了。葛荣起义失败后，北魏内部也发生大乱。

◆高欢是怎样诛灭尔朱氏的?

公元531年，高欢已经在山东站稳了脚跟，就开始准备和尔朱氏翻脸了。为了鼓动部下的士气，高欢伪造了一封尔朱兆的命令，宣称尔朱氏要征发高欢手下的将士出征，打完后还要把将士分给契胡贵族当部曲。部曲是带有军事关系的依附农民，没有基本的人身自由。六镇将士既对自己的命运感到悲伤，又仇恨下命令的尔朱兆。将士出征的当天，高欢流着眼泪对部下发表演讲说："我和大家一样都是远离家乡，今天上级下达了这种无理的命令，大家要么战死沙场，要么因为延误军期被处死，要么给人家当部曲被鞭子抽死，大家说我们还有什么出路啊？"众将士齐声高呼："反了吧，反了吧，将军带我们反了吧。"于是，高欢就在当年六月在信都起兵，公开反叛了尔朱氏。

一年之后，高欢在韩陵以3万步兵击溃了尔朱氏的20万联军，尔朱兆被迫上吊自杀，高欢开始掌握北魏政权。

◆宇文泰是怎样崛起的？

宇文泰先世是鲜卑宇文部的酋长，其父宇文肱是北魏边镇军官。宇文泰字黑獭，是宇文肱的少子。宇文肱死，他还年幼，仍留在鲜于修礼军中。鲜于修礼死，葛荣成为起义军首领，宇文泰当时只有18岁，是葛荣帐下的小军官。尔朱荣执掌了北魏朝政后，击破了以葛荣为首的河北起义军，擒杀葛荣，其部下全被迁往并州。在晋阳，尔朱荣杀了宇文泰的三哥，曾任葛荣将、渔阳王的宇文洛生，却赦免了宇文泰，还给了他一个小官做。因宇文泰与尔朱荣大将贺拔岳是世交，就转到贺拔岳手下。元颢在南齐军队的护送下进入洛阳，孝庄帝外逃，尔朱荣遣贺拔岳征讨元颢，宇文泰参加了这次军事行动。孝庄帝回洛阳复位后，大封有功将领，宇文泰也以功封为宁都子，升为镇远将军、步兵校尉。万俟丑奴领导的农民军在关右连败官军，声势益盛，尔朱荣又命尔朱天光和贺拔岳等将去镇压，宇文泰又随之入关，在镇压关陇农民起义军过程中屡立战功，成为贺拔岳手下的得力大将。此后，凭借其机智及实力，宇文泰不断扩大自己的势力，成为与高欢争霸天下的主要势力。

◆北魏是怎样分成东、西魏的？

公元532年，高欢入洛阳消灭尔朱氏，杀元恭，立元脩为帝，是为孝武帝。公元534年，孝武帝入关中投靠宇文泰，高欢另立元善见为帝（孝静帝），迁都邺城，史称东魏；宇文泰则于公元535年杀孝武帝元脩，另立元宝炬为帝（文帝），改元大统，建都长安，史称西魏。从此，北魏分裂为东、西两魏，分别由高欢和宇文泰执掌政权。

◆西魏军是怎样攻占江陵的？

公元554年底，西魏大军抵达江

陵，先派精骑据江津，切断江路，以使江南援军无法渡江。萧绎派人征调援兵，同时加强城防，抵抗西魏。西魏筑长围，切断江陵和外界联系，奋力攻城。梁领军将军胡僧佑亲自冒着箭雨飞石，昼夜督战，魏军进攻受阻。不久，胡僧佑中流矢死，内外惊恐。魏加紧攻城，城中有人开西门降魏，魏军入城，萧绎等退保子城。萧绎令人焚烧古今图书 14 万卷，遂欲自杀，被人制止，随后拒绝了谢答仁、朱买臣等趁黑夜突围或固守子城的建议，投降西魏。萧绎在受尽百般凌辱之后，被处死。西魏军将府库珍宝及浑天仪、梁铜晷表及各种法物运往西魏长安，俘虏王公和大批士族并挑选男女百姓数万口为奴婢，分赏三军，驱归长安。

魏立萧詧为梁主，把江陵空城和附近延袤三百里的地方给了他，而将未遭破坏的雍州划归西魏。让萧詧居江陵东城，魏设置防备，带兵住西城，名为助萧詧防守，实为监视。

江陵沦陷于北方，是南朝衰败的一个重要转折点。它失去江北地区的缓冲屏障，北方军队可以轻易渡江进攻南方，使江南军事上的防守相当困难，更不用说对北方发动进攻了。萧绎的焚书（其中很多珍贵的图书从此绝灭），是我国古代文化史上一大浩劫。

◆**高洋是怎样建立北齐政权的？**

高洋是高欢之子。公元 535 年，高洋受封为骠骑大将军、太原郡开国公；公元 547 年任尚书令、京畿大都督。

公元 549 年，高欢长子高澄被杀，高洋继掌东魏政权。高洋革除高澄时不便于民的弊政，顺利控制了政局。

次年正月，孝静帝任命高洋为丞相，后又进爵为齐王。同年五月，高洋废孝静帝，即皇帝位，建立北齐政权，是为北齐文宣帝。高洋称帝后，励精图治，北齐国力达到鼎盛。

◆**陈霸先是怎样平叛建陈的？**

陈霸先，字兴国，吴兴长城（今浙江长兴）人。自幼家境贫寒，却好读兵书。当过油库吏、中直兵参军，后因平乱有功，被提任为西江督护，很快又因平定交州李贲之乱有功，封为交州司马兼领武平太守（在今越南境内），后任振远将军、高要太守。萧衍曾亲自召见陈霸先，并授予他直阁将军一职，封号新安子。

侯景叛乱后，陈霸先在始兴（今广东韶关）起兵讨伐侯景，后与征东将军王僧辩会合共进。公元 552 年，领军围石头城（今南京），大败侯景。侯景败亡后，陈霸先因平叛有功被梁元帝萧绎任命为司空、南徐州刺史，镇京口（今江苏镇江）。公元554年，西魏破江陵，梁元帝被杀。陈霸先与王僧辩请萧绎第九子晋安王萧方智以太宰承制，入居朝堂。公元555年，王僧辩屈事北齐，迎立北齐扶植的萧渊明为梁帝，陈霸先苦劝无效，便杀了王僧辩，立萧方智为帝。后又击退北齐的南下侵略，铲平了王僧辩余党的叛乱，晋封陈公，再封陈王。

公元557年，梁敬帝萧方智禅位，陈霸先代梁称帝，建立陈朝，改年号为永定，梁朝灭亡。

◆宇文觉是怎样建立北周的？

北周是在宇文泰时期奠基的。宇文泰在西魏时期掌握实权，他的统治集团虽以武川镇军人为核心，但他能够广泛吸纳鲜卑贵族和关陇士族为其服务。他在当政期间，非常注意改革。用人方面采用唯才是举的制度。经济方面，下令颁行均田制。在军事上，创置府兵制。经过改革，西魏很快强大起来。

公元556年，宇文泰死后，他的儿子宇文觉继任太师等官位，封周公。第二年初，宇文觉废西魏恭帝自立，国号周，定都长安，史称北周。

◆吴明彻率军北伐的战果如何？

北周与北齐共争天下，都竞相结好陈，北周约陈共攻北齐，中分天下。北齐派人使陈，欲修和好。陈宣帝陈顼权衡利弊之后，决定先助北周消灭北齐，收淮南失地。

公元573年，陈顼以镇前将军吴明彻为元帅，都官尚书裴忌为副帅，率兵10万人北伐攻齐。两个月间，北伐军相继攻克了石梁、阳平、庐江、历阳、谷肥、寿阳等城，淮南失地大部分被收复。之后两年中，吴明彻又接连收复淮阴、朐山、济阴等城，特别是在吕梁（今江苏徐州东南五十里）大败北齐主力，将淮南失地全部收复。

正当吴明彻在淮南节节胜利之时，北齐正值内政衰乱之际。陈顼只想划淮而治，苟安江南，所以坐失良机，最终坐视北周灭北齐，据有了北方大好河山。当北周统一北方后，再无后顾之忧，周、陈间的争夺越来越激烈了。

公元577年，吴明彻再次北伐，力图夺回徐、兖之地。先在吕梁打败周军，进围彭城。周将王轨绕到陈军背后，断其水师退路。陈军在仓皇混乱之中，乘船撤退，行至清口（今江苏淮阴西），水路受阻，周军趁此围杀，吴明彻及其三万将士全部被俘，周乘胜南下，陈淮南之地又尽归北周所有。

◆**宇文邕是怎样统一北方的？**

公元575年，北周武帝宇文邕趁北齐后主高纬政治腐败之机，亲率6万大军进攻北齐，八月占领河阴（今河南洛阳东北），但久攻金墉城不克，被迫退兵。公元576年，宇文邕再次进攻北齐，其作战企图是：攻击晋州，扼北齐咽喉，引北齐主力大军救援，再集中力量消灭援军，乘势东进，攻灭北齐。在与齐主力激战后，周军攻占晋阳，又乘胜于次年正月攻取邺城，俘虏了齐后主，齐亡。其后，北周又用较短的时间荡平了其他反抗势力，统一了中国北部。

◆**杨坚是怎样代周建隋的？**

杨坚，弘农华阴（今陕西华阴东）人，北周时袭父爵为隋国公。公元577年，宇文邕灭掉北齐，统一了北方；后在北伐突厥的征途上染上重病，于公元578年去世。继位的宣帝宇文赟是杨坚的女婿，胸无大志，并且十分残暴。他即位未到一年，就传位给7岁的儿子宇文阐，即静帝，封自己为天元皇帝并继续执掌政权。宇文赟不理朝政，大臣不能见到他，有事只能通过宦官上奏；他对大臣的猜忌逐日加深，大臣稍有违犯，重则诛杀，轻则捶打，捶人都以杖一百二十为度，名曰天杖。朝廷内外一片恐慌，统治集团内部的矛盾越来越尖锐。

公元580年，宣帝死，宇文阐正式临朝执政，任杨坚为左大丞相，都督军事，总揽朝政，晋封隋王。公元581年，杨坚废周称帝，改国号为隋，定都长安，史称隋文帝。

◆**陈后主是怎样一位帝王？**

陈叔宝，字元秀，陈宣帝长子，公元562年，立为安成王世子；公元566年，授宁远将军；公元568年，为太子中庶子，迁侍中；公元569年，宣帝即位，立为皇太子；公元582年，宣帝卒，始兴王陈叔陵欲夺皇帝位，谋杀皇太子，未果，伏诛，陈叔宝遂即位；次年改元至德，是为陈后主。

陈后主是有名的荒淫无道的君主。他喜爱女色。后宫有张贵妃、孔贵嫔、龚贵嫔等人。张贵妃名丽华，本兵家女，姿色超群。发长七尺，其光可鉴，聪明伶俐，又善奉迎，对陈叔宝百般献媚，深受宠爱。

陈叔宝不视朝政，所有百官奏折都由宦官蔡脱儿、李善度奏请。陈叔宝坐在细软的“隐囊”中，把张丽华抱在膝上，共同决定可否。李、蔡记不起的事，张贵妃都能一一回答，由此擅权，援引宗戚，横行不法。

仆射江总，虽身为宰辅，但不亲政务。常与都管尚书孔范、散骑常侍王瑳等十余人，入阁侍宴，称为“狎客”。每一宴会，各位妃、嫔、女学士与狎客等共同赋诗，互相酬答。其中艳丽的诗句，谱成歌曲。选宫女千余人学习新声，按歌度曲，载歌载舞。歌曲有《玉树后庭花》《临春乐》等名目。君臣酣歌痛饮，通宵达旦。唐诗人杜牧写诗讽刺道：“商女不知亡国恨，隔江犹唱《后庭花》。”把陈后主后宫的靡靡之音喻为亡国之音。

陈叔宝为了极尽享乐，还大兴土木，营建宫殿，大造佛寺，闹得国库空虚，而那些贪官污吏更是巧取豪夺、聚敛无厌，百姓流离失所、饿死荒野。国困民穷，陈朝的灭亡即将来临。

◆杨坚是怎样灭掉陈朝的？

陈叔宝登上皇位后，贪恋酒色，整日在后宫和宠妃们饮酒作乐，无心过问朝政。一天，陈叔宝正和张贵妃还有几位大臣在花园里赏花，忽然有人来报，说：“皇帝，不好了，隋文帝杨坚派二儿子晋王杨广来攻打我们了，共有50万兵，分八路，现在已经到长江北岸了。”

长江，自古以来就从西向东流着，像一道天然的屏障，挡住南北进攻的军队。长江水流较急，水面也宽，所以，要想渡过长江，是很困难的。陈叔宝不相信杨广能飞渡长江，就满不在乎，接着和张贵妃饮酒赏花。

第二天早晨，有太监慌慌忙忙跑进来，报告说：“隋将韩擒虎从采石、贺若弼从京口渡过长江，向建康城攻来了。”

这下，陈叔宝着急了，连忙召集文武百官，商量如何打退隋兵。但是，当时朝政腐败，文武大臣们都很无能，竟没有人敢带兵出战。陈叔宝又气又急，这时，车骑将军、岭南徐州刺史绥远公、老将军萧摩诃站了出来，他愿带领三军去打退隋军。陈叔宝非常高兴，说：“等你出征后，我派人让你的妻子和儿子进宫，赏给他们金银。”

萧摩诃带兵出征后，他的妻子和儿子入宫受赏。陈叔宝一下看中了萧摩诃新近娶的年轻貌美的妻子，就把她留在宫中。萧摩诃离开建康，在白土岗布下了一字长蛇阵，正要开战时，家丁来报，说：“夫人被皇帝留在宫中，数日不归。”萧摩诃气得昏倒在地。结果陈军乱成一团，不战自败。

第二天，隋军包围了建康城，守城的将士不战自降，打开城门，放隋军入城。文武百官都各自逃命了。陈叔宝这时还在后宫，听到喊杀声，知道大势已去，就拉着张贵妃和孙贵嫔逃往景阳殿。隋将韩擒虎冲入宫中后，派人到处找陈叔宝。后来，在井里找到了陈叔宝三人。韩擒虎杀死了两个皇妃，把陈叔宝绑起来带走了。到这时，陈朝灭亡了，这一年是公元 589 年，隋统一了天下，结束了“南北朝”的历史。

第八卷
兴衰成败，荣辱更替

走向世界的隋唐文明

无论是隋炀帝，还是唐太宗，历史给予的都是一个公正的平台；无论是唐玄宗，还是唐僖宗，岁月涤荡的都是繁华背后的哀戚。但是，记忆终究抹不去李春修造赵州桥、众望所归天可汗、鉴真东渡日本国、发现氧气第一人等远去的走向世界的隋唐文明。

◆隋文帝为什么格外重视礼乐？

公元581年，隋文帝杨坚下诏：祭天祭祖时冕服必须依照《礼经》。所谓依照《礼经》，就是采用北齐冕服。公元585年，杨坚命礼部尚书牛弘修五礼（吉、凶、军、宾、嘉），成书一百卷，下诏行新礼。牛弘等人不懂音乐，议定雅乐，积年不成。公元589年，灭陈，得南朝旧乐器及乐工。杨坚听南朝乐，赞叹说："此华夏正声也。"牛弘奏称中国旧音多在江南，梁、陈乐合于古乐，请修补以备雅乐。魏、周乐杂有塞外声音，请停止演奏。公元594年，雅乐成。杨坚时先定周伎、清商伎、高丽伎、天竺伎、安国伎、龟兹伎、文康伎等七部乐，此外还吸收了疏勒、扶南、康国、百济、突厥、新罗、倭国等外来音乐。到杨广时，又增定为九部乐，即：清乐、西凉、龟兹、天竺、康国、疏勒、安国、高丽、礼毕等。其实，杨坚并不懂得礼乐，这样做，目的在于从南朝接收华夏正统的地位。

◆李谔是怎样上奏改文风的？

杨坚统一中国后，在处理政务时看到大臣们的奏章盲目追求辞藻，而不重视解决实际问题，认为南朝的政治腐败和国势的不振，其根源就在于这些华而不实的文风。治书侍御史李谔很有辩才，也看到了当时文人写的文章大多华而不实，就写了一份《请正文体书》的奏章上书皇帝，希望通过皇帝发布政令的方式来改变当朝文风。李谔在《请正文体书》中写道：从魏武帝、文帝、明帝起，以后各朝皇帝都很崇尚文采辞令，忽视了文章要言之有物。他们自己写文章也是只注重文辞华丽，不重视为君之道。于是，下面的文人也就跟着他们学，在文辞华丽上大做文章，这样就渐渐形成了浮华文风，给后世各朝带来了恶劣影响。下臣希望当今皇上能够下一道政令来改变这种文风。

奏章写好后，李谔又仔细看了好几遍，觉得自己把要说的意思都说明白了，这才呈交上去。杨坚翻阅李谔的奏章时，不住地点头，当看到“连篇累牍，不出月露之形；积案盈箱，唯是风云之状”时，心里就想：这个李谔说得对呀！现在的一篇篇文章、一箱箱卷宗，写来写去，都离不开吟风弄月，这样下去，那可怎么得了啊！于是，杨坚就下令说：“把李谔的奏章颁示天下。如以后写来的奏章再空洞无物、华而不实，一定严惩不怠。”李谔通过上书杨坚，请求发布政令来改变文风的愿望终于实现了。

◆隋朝大军是怎样征服突厥的？

北朝后期，突厥成为北方游牧地区的强大国家。周、齐对立，各送重赂求突厥援助。其时，突厥沙钵略可汗继立，贵族争夺继承权发生纠纷，各个部落都自立大汗，如阿波可汗、突利可汗、达头可汗等。其中沙钵略兵力最强，是突厥大可汗。

杨坚建隋后，不再给突厥礼物，突厥贵族经常带领骑兵在东起幽州、西达河西的漫长战线上对隋进行骚扰。公元583年，杨坚命杨爽为行军元帅，率兵分八路反击突厥。杨爽出朔州，大破沙钵略军。窦荣定出凉州，击败阿波军。沙钵略借口阿波先退，袭击阿波。阿波投奔达头，达头协助他收集旧部近十万骑，和沙钵略互相攻击。至此，突厥形成了以达头、阿波为首的西突厥汗国和以沙钵略、突利为首的东突厥汗国两个对立的势力。

沙钵略屡被隋军打败，公元584年遣使求和。次年，沙钵略可汗归附隋朝，经隋朝同意，率部内迁白道川（今内蒙古呼和浩特西北）。

公元587年，沙钵略死。沙钵略

嫌儿子雍虞闾懦弱，不能对抗西突厥，遗令立弟处罗侯为可汗，号莫何可汗，亦号叶护可汗。杨坚使长孙晟赐莫何旗鼓，西击阿波。阿波部众以为隋出兵助莫何，多不战而降，莫何因此生擒阿波。公元598年，莫何死，雍虞闾立，号都蓝可汗；莫何之子染干为突利可汗，二可汗皆请婚于隋。隋用长孙晟离间计策，先后以宗女安义公主、义成公主嫁突利，又令之南徙，赏赐特厚。都蓝可汗被激怒，从此断绝朝贡，与隋为敌，不断侵扰边境。都蓝与达头结盟，公元599年合兵袭击突利。突利大败，只剩下部众数百人。长孙晟设计挟突利到长安。隋厚待突利，立之为民可汗，在朔州筑大利城（在今内蒙古自治区）为突厥汗庭，又迁其游牧部众于黄河南（今内蒙古自治区河套南）夏、胜二州之间。稍后，隋大将高颎、杨素率兵出塞，大破达头、都蓝军。都蓝败后，被部下所杀。达头占据漠北，自立为布迦可汗。公元601年，隋遣杨素率启民北征，所得人畜尽归启民。启民返归北方。公元603年，步迦所部大乱，铁勒、思结等十余部叛步迦，归附启民。步迦逃奔吐谷浑。隋朝因此加强了对边域的控制。

◆科举制度创建于什么时候？

隋朝建立后，杨坚为了加强中央集权，正式废除九品中正制，将选官权力收归中央。规定各州每年以文章华美为标准选拔三人，荐给朝廷。后又命令京官五品以上、地方官总管、刺史等以“志行修谨”（有德）、“清平干济”（有才）二科荐举人才。杨广即位后，又创置了进士科，国家用考试的方法以才取人，考取的就可以到中央或地方政府中做官，这就是我国科举制度的开始。

创置科举制度，是我国古代选官制度的一项重大改革。它适应了庶族地主阶级兴起的历史趋势，为地主阶级的各个阶层加入统治集团开辟了道路。隋朝实行的科举制度，一直为以后的各个朝代所沿用。和隋朝以前的选官制度相比较，它有利于选拔人才，提高行政效率，对维护中央集权起着重要作用。

◆修造赵州桥的人是谁？

河北省的赵县在隋朝时候叫赵州。城南有条大河叫洨水。每逢雨季来临，水势凶猛，洨水便成了汹涌的洪流，两岸的百姓常为交通不便而发愁。

当时有一位杰出的工匠叫李春，他在洨水上带领人们设计、修造了一座闻名于世的石拱桥——赵州桥。

赵州桥是用石料拼砌成的拱桥，“拱”就是弯曲的梁，是指跨越河道的桥身。赵州桥造型优美，结构坚固，全长50多米，是当时世界上跨度最大的石拱桥。这座桥最大的特点是在拱桥两端的上方各有两个小拱，这4个小拱不但节约了石料，减轻了桥身的重量，而且在发大水的时候，可以从小拱排水，能减轻洪水对桥身的冲击。在选择桥基、保护桥拱、加固桥身等方面，李春也采取了许多科学巧妙的方法。因此，这座石桥虽然经过了1400多年的漫长岁月，如今仍坚固完好。

◆大运河的开凿分几段完成？

公元605年，隋炀帝杨广在营建东都的同时，又下令开凿大运河。隋炀帝修建的大运河分四段进行。公元605年，杨广征发江南、淮北100多万民工，在北方修通济渠，从洛阳西苑通到淮河边的山阳。同年，又征发淮南几十万劳动力，把山阳邗沟加以疏通扩大。大约用了半年的时间，一条宽40步的运河邗沟修成了。河的两岸修筑成御道，沿路榆柳夹道，又是陆路交通线。接着，从通济渠向北延伸。公元608年，征发河北民工100多万人开永济渠。这条河主要利用沁水的河道，南接黄河，北通涿郡。公元610年，在长江以南开了一条江南河，从京口引江水穿过太湖流域，直达钱塘江边的余杭。前后不到6年的时间，大运河的全线工程竣工。大运河以东京洛阳为中心，连接了海河、黄河、淮河、长江、钱塘江五大河流，全长2000多千米，是世界上伟大的工程之一。

杨广修大运河给人民带来了沉重的负担和巨大的灾难。但是，大运河作为南北交通的大动脉，加强了中央对东方和南方的统治，既方便了从南方漕运粮食，也有利于对东北用兵。大运河对中国南北的经济、文化交流和巩固国家的统一都起了巨大的作用。

◆为什么历史上说隋炀帝“靡有定居”？

隋炀帝杨广在位时巡游无度，曾经三下江都（今扬州）。公元615年，因在江都的旧船被杨玄感兵变时烧毁，杨广下令在江都再造几千艘船，而且要比旧船更大更漂亮，以便他第三次巡游江都。公元616年，龙舟制成。当时隋王朝岌岌可危。建节尉任宗上书极谏，当场被杖杀；行前，奉信郎崔民象上表谏阻，被杀；队伍刚到汜水，奉信郎王爱仁上表请还长安，被杀。于是，朝臣再也无人敢说反对的话了。

杨广到了江都，接见地方官，献礼多的就升官，献礼少的就罢免。地方官于是竞相贡献，尽量搜刮，甚至预收第二年的租调。百姓穷困，连树皮草叶都吃光了，逼得人吃人。

史称杨广“靡有定居”，在位 12 年，居京不足 1 年，而到处巡游却有 11 年。杨广曾北出长城，西巡张掖，南游江都。每次出游不知浪费多少民脂民膏，人民忍无可忍，于是纷纷起义，杨广第三次的江都之游，便成了他的死亡之旅。

◆杨玄感是怎样跟李密交上朋友的？

李密，字玄邃，隋末京兆长安人。李密年少的时候，曾被派在杨广的宫廷里当侍卫。李密生性活泼好动，在值班的时候左顾右盼。杨广发现后，认为这孩子不大老实，就免了他的差使。李密回家以后，发愤读书，决心做个有学问的人。

有一回，李密骑了一头牛，出门看望朋友。在路上，他把《汉书》挂在牛角上，抓紧时间看书。正好宰相杨素坐着马车从后面赶上来，看到前面有个少年在牛背上读书，暗暗奇怪。杨素在车上招呼说：“那个书生，怎么这么用功啊？”李密回过头来一看，认出是宰相杨素，慌忙跳下牛背，向杨素作了一个揖，报了自己的姓名，并回答说：“我在读项羽的传记。”杨素跟李密亲切地谈了一阵，觉得这个年轻人很有抱负。

回家以后，杨素跟他儿子杨玄感说：“我看李密这孩子的学识、才能，比你们几个兄弟都强得多。将来你们有什么紧要的事，可以找他商量。”从此，杨玄感就跟李密交上了朋友。

◆隋炀帝三征高丽的战果如何？

公元 611 年，杨广命令在东莱（在今山东）海口造船三百艘，官吏督役严急，死者达百分之三四十；五月，命令河南、淮南、江南造戎车五万辆，装载衣甲帐幕，由兵士自己牵挽，送往高阳；七月，发江淮以南民夫和船，运黎阳及洛口诸仓米到涿郡，船舶连接达千余里。运输兵民交错往还，昼夜不绝，死的就抛在路旁，臭秽满路。又发民夫自办车牛运粮械到泸河（今辽宁锦州）、怀远（今辽宁辽阳西北）两镇，车牛都一去不返。又发鹿车（即独轮车）夫六十余万，每两人推米三石，路途遥远，三石米还不够路上吃的，车夫到镇无米可交，只好逃亡。

公元612年，四方应征的兵士全部到达涿郡。杨广令左右各12军分为24路，向平壤出发，全军共1133300人，号称200万，运输粮饷的民夫数量比兵士多。二月初九，第一军出发，以后每日发一军，前后相距40里，连营渐进，实际上经过40日，才出发完毕。各军首尾衔接，鼓角相闻，旌旗相望，长960里。御营分六军，最后出发，长80里。《隋书》说“近古出师之盛，未之有也”。

杨广依据高丽会投降的愿望来部署战争，严令诸将：凡军事进止，都要奏报，等待命令，不得专擅。又令诸将：高丽如请降，必须抚慰，不得纵兵进攻。隋兵渡辽河进围辽东城(今辽宁辽阳市)，守城军每遇危急，就声称要投降。隋军不得不停攻，驰奏请旨，等到请旨回来，守军补充完备，又坚实拒战。如此再三，杨广还是深信高丽会投降，辽东城和其他城池也就一个不曾攻取。隋大将来护儿从海路到平壤城下，被高丽守军击败。大将宇文述等九军渡鸭绿江，攻至平壤附近，又被高丽军击败。来护儿所率攻城精兵4万，逃回船上者仅数千人，宇文述等所率305000人，除卫文升一军不败，其余溃军逃回辽东城下，只有2700人。杨广大怒，率残余军回洛阳。第一次征高丽失败。

公元613年，杨广再次在全国征发兵士集中涿郡；四月，杨广再渡辽水，和上次一样攻围辽东城，一个多月仍没有攻下；六月，在黎阳督运兵粮的杨玄感起兵攻东都的消息传到前线，杨广有后顾之忧，只好退兵。同时，河南、河北、山东等地农民起义如火如荼地进行着。第二次征高丽失败，不但使国内阶级矛盾激化，同时也使统治阶级内部分裂了。同年八月，杨玄感败亡。但农民起义军却风起云涌，隋王朝处于崩溃前夕。

杨广妄想以对外的胜利来扭转危亡的命运，于公元614年发动了第三次东征；三月，杨广又到涿郡，七月到达怀远镇。高丽虽两败隋军，却因连年战争，所受损失也非常严重，所以立即遣使请和，并交送隋的叛将斛斯政。这次战争是在义军遍地的形势下发动的，征集的士兵多因道路阻隔，不能如期到达，有的根本没有来，来的又因沿途多有逃亡，以致兵员不足，实是凑合成军。杨广也感到无法把战争进行下去，只好因高丽请和，乘势收兵。

◆翟让在什么地方起义抗隋？

翟让，河南东郡韦城人，曾任隋朝东郡法曹（类似于派出所所长），后来犯了罪被判死刑，关在牢里等候执行。看管他的牢头叫黄君汉，是个侠客，认为以翟让的才能，会成就一番事业，死于牢狱实在可惜，于是晚上偷偷放了翟让叫他逃走。翟让也很有义气，不肯走，说如果自己走了，官府追究责任一定会连累了救命恩人。黄君汉大怒，说道："我今日救你不是为了别的，只是看你是个大丈夫，在这乱世里能救百姓之命，你以后努力自勉就是对我的报答了，何必现在做此儿女之态！"于是，翟让逃到东郡境内的瓦岗聚众起义。

在单雄信、徐世勣（后来被李渊赐姓李，改名为李世勣，他与翟让起兵时年仅 17 岁）的辅佐下，翟让的瓦岗军发展迅速。由于瓦岗地近运河，是舟商漕运的要道，翟让等据此夺取运河上公私船只的货物，所以军资充足，来归附的民众有万余之众，成为河南、山东一带义军中最强的一支。此时，因参加杨玄感起事而亡命雍丘一带的李密投奔瓦岗，为翟让出谋划策。翟让接受李密的建议，先说服附近小股起义军来归附，然后攻下荥阳的金堤关和附近一些小县城，一时瓦岗军声威大振。

◆隋末起义军哪位首领出身最贫苦？

在隋末农民起义军首领当中，杜伏威的出身最为贫苦，甚至无以为生，好友辅公祏偷了一只羊给他，事情泄露后，被官府追捕，两人便一起造起反来，当时杜伏威才 16 岁。

公元 613 年，在王薄起义影响下，杜伏威与辅公祏上长白山参加了左君行部起义军。后义军被隋军围剿，杜伏威率部突围，转战淮南，先后击败隋将宋颢，合并苗海潮、赵破阵等部起义军。公元 615 年，在长白山坚持斗争的另一支农民起义军李子通部也转战淮南，与杜伏威会合。从此，杜伏威部声威大震，成为江淮间起义军主力。之后，杜伏威又与另一支义军左才相相互配合，几万人马在江淮间频频出击，对隋王朝构成了严重威胁，迫使杨广带领大军"御驾亲征"。

公元 617 年，杨广又派右御卫将军陈棱带精锐部队 8000 人进攻起义军。但陈棱慑于杜伏威军的威力，不敢正面进攻。杜伏威为了激怒陈棱，派人送他一套妇女衣服并致书称他"陈姥"。陈棱恼羞成怒，倾巢而出。杜伏威身先士卒，率起义军奋力冲杀，他诱敌出战，奋战在前，被敌射中前额，大怒：“不杀你，我绝不拔出此箭！”于是额头上插着箭杀入隋军，抓住射将，先让他拔去箭，然后杀了他，携其首级在隋军前示众。隋军大败，杜伏威乘胜进击，连下高邮（今江苏高邮）、历阳（在今安徽）数城，势力更加壮大。

◆在河间称长乐王的隋末起义领袖是谁？

窦建德为隋末清河漳南（今山东武城东北）人，出身农民，因帮孙安祖反官府，全家遭杀害。公元611年，窦建德率二百人投奔高士达义军，与高士达共同起义。后高士达与另一河北义军首领张金称被隋军杀害后，窦建德成为河北义军的领袖，有部众十多万人，转战于河北中部。

公元617年初，窦建德在河间称长乐王，年号丁丑，攻占信都、清河等郡。杨广命涿郡留守薛世雄带兵三万驰援洛阳，欲击瓦岗军。薛部行至河间，遭窦建德义军埋伏，窦建德又亲率精锐袭击隋营，隋军大乱，自相践踏，损兵折将三万人，从此改变了河北地区官军与义军的力量对比。义军声势大振，而官军主力被消灭。这一次战役有力支援了瓦岗军对东都洛阳的进攻。同年，窦建德改称夏王，建权“夏国”，设置百官，控制了整个河北。他劝课农桑，发展生产，自己布衣素食，深为河北人民爱戴。

◆南柯一梦是怎么一回事？

隋末唐初时，有个叫淳于棼的人，他家的院子中有一棵根深叶茂、充满生机的大槐树。

一天，淳于棼来到大槐树下纳凉。夜色渐深，他在树下沉沉睡去。恍惚中，淳于棼来到了一个叫大槐安国的国家。此时正值大槐安国京城会试，淳于棼立即报名入场。三场考试结束，淳于棼很轻松地得了第一名。接下来是殿试，大槐安国皇帝见淳于棼一表人才，就亲笔点他为状元，并对他说：“朕看你是个栋梁之材，想把公主许配给你为妻，你要好好效忠国家。”一举中状元，又成了驸马，淳于棼好不得意。这事在大槐安国一时成为美谈。春风得意的淳于棼，与公主相亲相爱，生活十分美满。这一天，大槐安国皇帝将淳于棼召上金殿，随即下诏派他到南柯郡任太守。淳于棼到任后，忠于职守，经常巡视各县。他克己奉公，法度严明，使得属下的官员也都一心为公，没有一个敢胡作非为。淳于棼由于治理有方，深受百姓的拥戴。

后来，敌国侵犯大槐安国，皇帝派出几员大将、数十万人马迎敌，但都屡战屡败、损兵折将。消息传到京城，皇帝大为震惊，急忙上朝召来文臣武将商议退敌大计。这时，宰相向皇帝推荐淳于棼。皇帝立即让淳于棼率领全国精兵，与敌军决一雌雄。

淳于棼接到圣旨，立即披挂上马，率兵出征。可惜，他虽能诗善文，对于布阵打仗却一窍不通。大军来到阵前，刚与敌军接触，便被打得溃不成军。统率三军的淳于棼差点就成了战俘。逃回京城的淳于棼把情况报告给皇帝，皇帝龙颜大怒，立即传旨将淳于棼削职为民。

淳于棼大喊冤枉，大惊而起，但见月挂枝头、树影摇摇。原来，所谓南柯郡不过是槐树下的一个蚂蚁洞而已。这时，淳于棼觉得很沮丧，忽而又若有所悟地自言自语说："幸而是南柯一梦，不然，太令人不愉快啦！"

◆李密是怎样自立门户的？

山东王薄领导的长白山起义爆发后，各地起义风起云涌，山东各地守军屡战屡败，只有张须陀例外。张须陀部在与起义军的战斗中几乎百战百胜，公元613年一年之中，起义军王薄、郭方预、郝孝德、孙宣雅等部先后被他消灭。虽然张须陀百战百胜，但起义军散而复聚、越杀越多，隋朝已无可救药，张须陀的命运也就只能是为隋朝殉葬。

翟让的瓦岗军也多次与张须陀部交手，不幸每战必败。所以，军中产生了一些畏惧的情绪，而李密则坚决要求与张决战。公元616年，瓦岗军与张须陀在荥阳大海寺决战，李密先率精兵千余人埋伏在大海寺北的树林里，翟让率本部与张须陀交战。翟让自然不是对手，不一会儿就开始败退。张须陀素来轻视翟让，见翟让败退，也没考虑是否是诱敌之计，就率部放心大胆地追击。追到伏兵之处，李密率众突然杀出，翟让、李世勣、王伯当各部四面夹击，张须陀部没有防范，终于溃败。张须陀本人非常勇猛，拼命杀出重围，但他爱惜自己的部下，见部下仍然被围，又忍不住回头去救，再冲出来后，又冲回去救其他人，就这样，张在重围中来往了4次之多，终于阵亡。他所率领的将士官兵悲哭数天，黄河以南郡县士气低落。

大海寺一战的结果，使瓦岗军军威大振，声势到达鼎盛时期，同时也成就了李密的威名。战后，翟让为李密另设一营，号蒲山公营，虽然仍然属于瓦岗军，但实质上已是允许李密自立门户了。

◆李密为何要杀翟让？

张须陀阵亡后，瓦岗寨威名大振。但李密和翟让却丝毫没有懈怠，他们又组织了另一场影响更大的战役，攻打隋室的粮库洛口仓。勇气百倍的瓦岗军锐不可当，很快就夺下了洛口仓。

洛口仓里贮存着无数的粮食，有的还是隋文帝时候积贮下来的。翟让和李密下令开仓赈民，四里八乡的饥民，老老少少，都带着粮袋来分粮。鬓发苍苍的老人，羸弱不堪的孩童们分到义军分发的救命粮，都异口同声称赞瓦岗寨义军，感激义军首领救民于水火的恩德。翟让和李密立即成为天下义军众望所归的领袖。

可惜的是，推动了全国起义的瓦岗寨义军内部，却因为内讧失去了往日的威力。翟让见李密能力比自己强，把领导权让给了李密，拥戴他成为魏王，但李密和他的亲信却妒忌翟让在义军中的威望，借故杀了翟让。好端端的一支队伍从此四分五裂，没能完成彻底推翻隋朝、重新统一全国的大任。

◆杨广死在谁的手上？

在起义军的猛烈攻击下，隋朝的统治土崩瓦解、众叛亲离，许多地方官纷纷起兵反隋。被农民起义军吓破了胆的杨广躲在江都不敢回长安，天天心惊肉跳。

公元618年，右屯卫将军宇文化及乘机在江都发动了兵变。三月的一天，一个宫女跑来向杨广报信："不好了，宇文化及造反了！马上就要杀进宫来了！"杨广浑身发抖，急忙换了一身衣服，逃到西阁。宇文化及杀进宫来，杨广看到哗变的士兵手里明晃晃的刀，哆哆嗦嗦地说："我犯了什么罪？"士兵说："你发动战争，荒淫无度，还说没罪吗？全国百姓都痛恨你这个昏君，人人都要杀了你！"杨广怕挨刀，自己从身上解下一条绸带，士兵们用这条绸带把他绞死了。

杨广被杀以后，宇文化及自称大丞相，立秦王杨浩为皇帝。这时候，隋朝已经名存实亡了。

◆李渊哪个儿子最有才能？

李渊的次子李世民是他众多儿子中最有才能、最有胆识的一个。他眼见隋朝大势已去，便暗中结交有才识的人士，一同商议统一天下。天下大乱之后，李世民乘机劝父亲起兵。

李渊依照世民及晋阳令刘文静的计谋，从太原起兵，自任大将军，集中了20多万大军攻打长安。李渊攻下长安以后，为了争取民心，宣布约法12条，把隋朝的苛刻法令一概废除，并且暂时让杨广的孙子杨侑做个挂名的皇帝。禁军将领宇文化及在江都发动政变，勒死隋炀帝后，李渊立即把杨侑废掉，自己即位称帝，改国号为唐。李渊和李世民经过几年征战，平定了其他起义军和割据势力，统一了全国。

◆少林寺十三棍僧为何助秦王？

少林寺位于嵩山西麓少室山阴，始建于公元495年。寺西北50里有柏谷墅，周围地势险要，隋文帝时赐属少林寺。唐初，王世充盘踞洛阳，霸占柏谷墅，筑轘州城，并派其侄王仁则领兵据险防守，与东都成犄角之势。

公元621年，秦王李世民攻打东都，少林寺僧惠玚、昙宗、志操等13人奋起响应，擒捉王仁则，投奔秦王，留有“十三棍僧助秦王”的佳话。后来，李世民嘉其殊勋，累加厚赏，勒石纪功，又拜寺僧昙宗为大将军，少林寺自此威名远扬。

◆“登瀛州”的十八学士是哪十八人？

公元621年，秦王李世民为天策上将军，唐高祖李渊为其开府置官属。李世民以海内平定，于府内开文学馆，纳四方文学之士。

杜如晦、房玄龄、虞世南、褚亮、姚思廉、李玄道、蔡允恭、薛元敬、颜相时、苏勖、于志宁、苏世长、薛收、李守素、陆德明、孔颖达、盖文达、许敬宗皆以本官兼文学馆学士。李世民又令大画家阎立本为众人画像，号十八学士。诸学士并给珍膳，时人倾慕入选者，谓之“登瀛州”。

◆“玄武门之变”是怎么发生的？

公元626年的一天，李世民上朝控告李建成和李元吉，揭发他们在后宫胡作非为以及与张婕妤、尹德妃的暧昧关系。李渊大吃一惊，说：“竟然有这样的事？”李世民说：“不但如此，他们还几次想谋害我。如果他们得逞，儿就永远见不到父皇了！”说完哭了起来。李渊说：“你讲的事情，关系重大，明天我要亲自过问！”

当天夜里，李世民调兵遣将。第二天一早，李世民亲自率领长孙无忌等人埋伏在玄武门附近。张婕妤听到了风声，马上派人报告李建成。李建成找李元吉商量。李元吉说：“我们应该赶快把兵马布置好，称病不去上朝，观察一下动静再说。”李建成说：“怕什么？内有张、尹二妃照应，外有自家军队守卫玄武门，能把我们怎么样？我们一起上朝去，看看情况再说。”说完两人骑马进入玄武门。

守卫玄武门的将领叫常何，原来是李建成的心腹，但是已经被李世民收买过去了。李建成和李元吉走到临湖殿，发现情况异常，立即掉转马头，往回跑。只听有人喊道：“太子、齐王，为什么不去上朝？”李元吉回头一看，不是别人，正是对头李世民，他急忙取弓搭箭，一连向李世民发了三箭，都没射中。李世民对准李建成回射一箭，只听“嗖”一声，李建成从马上摔下来，断了气。李元吉急忙向西逃去，迎面碰上尉迟敬德，又掉转马头往回跑。忽然一阵乱箭射来，李元吉趁势滚下马鞍，往附近的树林里钻，正巧遇见李世民。仇人相见，分外眼红，李元吉骑到李世民的身上，夺下弓，动手去扼李世民的头颈。就在这万分危急的时候，尉迟敬德骑马赶到。李元吉放开李世民拔腿就跑，尉迟敬德一箭把他射死了。

三弟兄火并的时候，李渊正带着大臣、妃子在海池中乘船游玩。忽然看见尉迟敬德匆匆赶来，就问：“你来这里干什么？”尉迟敬德说：“太子、齐王叛乱。秦王恐怕惊动陛下，特地派臣来护驾。”李渊大吃一惊，忙问：“太子、齐王现在何处？”尉迟敬德说：“已经被秦王杀死了。”李渊十分难过，在尉迟敬德的胁迫下，派人传旨结束了这场政变。

三天后，李渊宣布秦王李世民为太子，国家大事一律由太子处理。这年八月，李渊被迫让位，自称太上皇。李世民当了皇帝，是为太宗，第二年改年号为贞观。历史上把这次政变叫作“玄武门之变”。

◆“贞观之治”是指谁的统治？

公元626年，秦王李世民发动玄武门之变登上帝位，次年改年号为贞观，他就是中国古代杰出的政治家唐太宗。

李世民借鉴了隋灭亡的历史教训，制定了基本顺应当时历史发展要求的政策。唐初经济凋敝，人民生活十分困苦，国家财政也严重拮据。因此，李世民首先实行了轻徭薄赋、与民休息的政策，尽量避免和减少战争，以减少军费支出，此举有力地保障了农民安居垅亩，发展了农业生产。

亲疏并举、德才兼备的人才政策是李世民政治统治的重要保证和基础。为了集思广益、纠偏补过，李世民建立了一套比较完整的监察和谏官制度：

谏官直接参与政事，五品以上的京官在中书内省轮流值夜，以便随时召见，询访外事，讨论政教得失，使朝廷上下形成了一种敬贤纳谏的政治风气。

科举制度在这一时期也得到了恢复和完善。在政治统治中，李世民特别重视伦理教化，将其作为巩固统治的精神支柱。李世民以儒家思想为基础，在推行礼治的同时也十分重视法制建设，制定和实施了一系列法律、法令，中国古代最完备的法典《唐律》就是他授意房玄龄、长孙无忌修订的。

通过一系列的政治、经济和军事政策的制定和推行，唐初政治氛围开明而清廉，生产力得以迅速发展，经济空前繁荣，社会安定。人民获得了一个较为安定的政治环境，能够安心地从事劳动生产，从而创建了文化灿烂、国力鼎盛富强的景况，被后人誉为“贞观之治”。

◆房谋杜断说的是哪两个人？

“房”指房玄龄，齐州临淄（今山东淄博）人；“杜”是杜如晦，京兆杜陵（今陕西西安东南）人。唐高祖武德年间，二人均为秦王府的重要谋士，助秦王李世民平定群雄、取得帝位。

唐太宗贞观初年，房玄龄、杜如晦分领尚书左、右仆射，共掌朝政，台阁制度皆二人所定。房玄龄善建嘉谋，杜如晦能断大事，两人为佐太宗，同心协力、相得益彰。故时称良相，必曰房杜。

◆谁死后李世民感叹是失去了一面镜子？

魏徵是唐代有名的谏臣。他不管李世民生气也好，称赞也好，照样给李世民提意见。在短短的十几年里，魏徵给李世民提的批评、建议大大小小有二百多件。魏徵常常引用隋朝的例子来劝谏李世民，李世民也知道魏徵是帮助他避免亡国之祸的忠臣，因而能接受劝谏。

公元 643 年，魏徵得了重病。李世民每天都派人去看望他，向他表示问候，希望他还能为自己再提点意见。到了病危时，李世民亲自来到魏徵病床前，看着魏徵，难过得流下了眼泪，就问魏徵：“爱臣还想要些什么？”魏徵缓缓应道：“我是什么也不想了，我只担心国家的前途啊！”李世民紧紧握住魏徵的手，什么话也说不出来。

不久，魏徵去世了，李世民为魏徵举行了隆重的葬礼之后，一上朝议事，就对百官慨叹道：“以铜为镜子，可以照见衣帽戴得是否端正；以历史作镜子，可以看到国家兴亡的原因；

以人为镜子，可以发现自己做得对不对。如今魏徵去世，就使我少了一面明察得失的镜子了。”

◆“渭水之盟”是怎么一回事？

公元626年，唐太宗李世民即位不久，东突厥首领颉利可汗率10万骑兵南下，直至渭水便桥北，距长安仅20公里。

在形势万分紧急的情况下，李世民只带几名骑兵来到渭水便桥南，隔水责问东突厥为何侵犯唐朝。颉利可汗见李世民镇定自若，认为唐朝已有防备，就向李世民请和。双方在渭水便桥上，杀白马，订立盟约：唐朝送给东突厥金帛，东突厥军队撤离唐境。这就是有名的“渭水之盟”。

◆阴山之战唐军怎样大败突厥？

“渭水之盟”之后，李世民加紧训练将士，每天召集几百名将士在殿前练习弓箭，没用多长时间，便练出了一支攻防俱精的军队。

公元628年，北方因一场大雪而发生了严重的饥荒，东突厥的牛羊被冻死和饿死很多，颉利可汗趁机加紧对其他部族进行掠夺和压迫，引起了各部族的反抗。颉利派他的堂兄弟突利去镇压，反被打得大败而归。颉利追问突利丧师之罪，将其痛打，突利挟羞带愤，率部下投到了唐朝。李世民抓住这个时机，派出李靖、李勣（即徐世勣，因功被赐李姓）等4名大将率领大军10多万，由李靖统率，分路出击突厥。

公元630年正月，李靖率骑兵趁黑夜攻下定襄，李勣在白道（今内蒙古呼和浩特市北）大破突厥。颉利既败，怕唐军继续追赶，卑词请降作缓兵之计，在阴山休养生息，准备进入漠北。李世民一面派唐俭到突厥表示安抚；另一方面，又命令李靖带兵前去察看颉利动静。李靖与李勣会师白道，合谋进兵。他们挑选了1万精兵，每人带20天的粮食，一路跟踪到了阴山。唐军乘夜出兵，李靖在前，李勣在后，在阴山俘获突厥1000余帐。

当时，唐朝派遣的议和使臣唐俭正在突厥营中，颉利可汗毫无战争准备。当唐军发起攻击时，突厥兵无力应战，纷纷溃逃。此战，突厥兵被杀死1万余人，俘虏10余万人，缴获牲畜数十万头。颉利可汗乘千里马逃跑，被李勣堵住归路，颉利无法北归，转而带败兵逃到小可汗苏尼失的居地灵州（今宁夏灵武西南），苏尼失把颉利执送唐军，率众投降。

阴山之战，唐军大败东突厥，提

高了李世民在西北各族中的威信。

◆文成公主入藏带去了什么？

公元640年，吐蕃的赞普松赞干布派大相（相当于宰相）禄东赞带着黄金5000两、珍宝数百件，去长安求婚，李世民答应将文成公主嫁给他。

文成公主出身皇族，聪明、美丽，又有才华。李世民为她准备了丰厚的嫁妆，其中有各种各样的日用器具、珠宝、绫罗、衣服等。公元641年，李世民派礼部尚书、江夏王李道宗（文成公主的父亲）护送文成公主入藏，松赞干布亲自带领大队人马迎接，吐蕃人民穿着节日的服装热烈欢迎远道而来的文成公主。

文成公主入藏的时候，带去了许多历史、文学书籍以及经书、佛经和有关医药、生产、工艺等方面的书籍，还带去了大量的粮食、蔬菜种子和生产工具。她还帮助吐蕃人推行历法，教吐蕃妇女纺织、刺绣。她带去的水磨深受吐蕃人民的欢迎，使他们学会了利用水力资源。文成公主信奉佛教，松赞干布在她的影响下，提倡佛教，修建了大昭寺。文成公主带去的乐队大大丰富了藏族的音乐。当时，松赞干布不断派遣贵族子弟到长安求学，唐朝许多有学问的人也被聘请到吐蕃掌管文书。唐朝还给吐蕃送去蚕种，派去养蚕、酿酒、制碾磨和造纸墨的工匠。先进的汉族文化传入吐蕃，对吐蕃生产和文化的发展起了很大的促进作用。

◆“瞒天过海”有怎样的来历？

公元645年，李世民决定出征攻打高丽。大军需从山东的东莱跨过渤海，直赴高丽都城平壤。当李世民率领浩浩荡荡的大军来到海边时，举目远眺，见沧海茫茫、一望无边，大军很难渡过去，不禁大为着急，竟然萌生退兵之意。大将薛仁贵见状，心生一计。薛仁贵请李世民来到海边一座五彩的营帐中歇息，并请文武百官一起陪同李世民饮酒作乐，一时间笙歌四起、美酒飘香。此情此景竟然使李世民忘记了忧愁，沉浸在一片欢乐之中，不知不觉就陷入了酣睡。睡得正香时，李世民忽然被帐外的波涛汹涌之声惊醒，便急忙揭开帐幕向外张望，这才发现自己与30万大军正在乘船渡海，而且马上就要到达彼岸了。

李世民大喜，拉着薛仁贵的手说：“朕不喜得辽东，喜得卿也。朕的将领们都老了，现在遇到战事已经不堪忍受这种重负了，我想挑选年轻能干的将军，没有人能比得过你啊。”

原来，薛仁贵担心李世民因为大海阻隔而放弃东征，便瞒着他指挥大军渡海，从而帮助李世民顺利实现出征攻打高丽的计划，这就是成语“瞒天过海”的来历。

◆为什么孙思邈被称为“药王”？

孙思邈是我国隋唐时期的著名医学家。孙思邈不仅医术高，医德也很好，他不会因病人交不起诊费就把病人拒之门外，见死不救。相反，他经常为病人义务治疗，还把药送给他们。对于远道上门求医的病人，他还腾出房子让他们居住，亲自为病人熬汤端药，胜似对待自己的亲人。

孙思邈经过长期的实践和研究，积累和搜集了大量简便而有效的药方，他把这些药方汇集起来，编成了一部书，叫《千金要方》，也叫《备急千金要方》。这时孙思邈已经70岁了。到了整整100岁的时候，孙思邈又把他后30年所积累的方子编成了另一本书，叫《千金翼方》。“翼”就是辅助的意思，就是要用它来弥补前一本书的不足。在这两本书里，孙思邈一共记载了6500多个药方，不仅数量多，疗效也很好。为了纪念这位著名的医学家，人们尊称孙思邈为“药王”，把他经常采药的五台山称作“药王山”，并且在山上建了药王庙。

◆卢承庆为何宠辱不惊？

唐朝大臣卢承庆学识渊博，才华出众，很小就继承了父亲的爵位。由于他为官清正，很受李世民信任，被任命为吏部考功员外郎。考功员外郎主要负责对官吏们进行考评，虽然算不上位高权重，但考评关系到每位官员的仕途升迁，这个职位也算举足轻重的了。卢承庆上任后，一直兢兢业业，公正、负责地对待考评官吏之事。

有一年，一位管理漕运的官员在督运粮草时遇上大风，导致运粮的船只沉没了。年度考核中，在给那位运粮官评定等级时，卢承庆给了他一个“监运损粮，考中下”的评语。那位官员听完后，神色自若，一言不发地退了下去。卢承庆对这位官员的气度颇为欣赏，转而一想：粮船沉没也不全是他的责任，碰上这样的事情，只怕回天乏力啊，若评为“中下”，恐怕不合适。于是，卢承庆把那位官员叫了回来，对他说：“损失粮草非人力所能及，考中中。”随之把评语改了过来。那位官员听卢承庆这样评价自己，只是不声不响地站在那里，不置可否。卢承庆非常钦佩他的涵养，不禁脱口而出：“好，宠辱不惊，难得难得！”

当即又把对他的评语改为："宠辱不惊，考中上。"

其实，卢承庆本人也是一个遇事宠辱不惊的人。唐太宗在位时，卢承庆官运亨通，处处得宠，先后任过雍州别驾、尚书左丞等官职。唐高宗登基后，他因事获罪被贬为简州司马，之后又多次升迁或被贬。但他坦然面对，并不因起落无常而改变自己的为人原则，表现出一种"宠辱不惊"的风格。卢承庆对宦海沉浮是如此，对生死也是如此，他临终前告诫儿子："人有生死，如同日有起落。我死后，一切从简。弄块碑，写上生年卒日即可。"

◆唐高宗是怎样平定百济的？

公元660年，百济和高丽联合多次对新罗进行掠夺。新罗无奈，只好向唐王朝求援，唐高宗李治遂派大将苏定方率水陆大军10万攻打百济。唐军大败百济，歼灭和招降其军万余人。百济国王扶余义慈及太子扶余隆投降。唐将百济收复后，在百济之地置熊津等5处都督府，任命百济的酋长为都督、刺史。

公元661年，百济僧人道琛和百济国旧将福信把故王子扶余平从倭国迎回，立为百济王，于是反叛唐王朝，进而围攻唐守兵。李治派刘仁轨与新罗兵攻打扶余平等部。公元662年，刘仁轨战胜百济军，占攻真岘等城。公元663年，刘仁轨大军在白江口又将倭兵击败，焚毁倭兵船只四百余艘，并攻占百济王城周留城。百济王扶余平逃奔高丽，王子忠胜等人投降。平定百济后，李治令刘仁轨领兵镇守百济。刘仁轨派人前往百济各地宣布政令，劝课农桑，训练士卒，以图攻打高丽。

唐平定百济，此后倭国几百年不敢入侵朝鲜半岛。后来高丽发生内乱，唐趁机讨伐，历时两年，终于将其平定。

◆武则天用什么心计夺得皇后之位？

公元649年，李世民驾崩。按照当时的宫廷制度，26岁的武则天及后宫中没有生养的妃嫔都要被送进感业寺削发为尼，为先皇祈福。公元654年的一天，逢李世民忌日，李治到感业寺进香，与武则天相遇，随后，李治就把她召回后宫，封为昭仪。

武则天再次入宫后，开始的时候对王皇后卑躬屈膝，极力奉承。她知道王皇后与萧淑妃有矛盾，便与王皇后联合，夺去了李治对萧氏的宠爱。当萧氏失宠后，武则天就把目标转向了王皇后。恰好武则天生了一个女孩，皇后很喜欢，在屋里逗弄她。皇后出去以后，武则天偷偷把小孩掐死，用被子盖上。正好李治驾临，武则天假装打开被子看孩子，发现已经死了，立即惊讶痛哭。李治向左右侍从询问，大家都说皇后刚刚来过。李治一怒之下，废掉王皇后，改立武则天为后。

◆“南山可移，判不可移”是说哪件事？

太平公主是唐高宗李治和武则天的亲生女儿，她从小就娇生惯养，形成了专横跋扈的秉性，满朝文武都很惧怕她。但是，也有人不买她的账，李元纮就是一个。李治在位时，李元纮被派到离长安很近的雍州当地方官。

一次，太平公主带了大批随从，前呼后拥地来到雍州的一座寺院。太平公主烧完香，由住持老和尚引路，带领随从们在寺院里游览。在寺院的厨房里，她被一盘大石磨吸引住了。这盘大石磨不仅结实平整，而且磨边刻着精美的花纹。太平公主越看越喜欢，便回头对老和尚说：“我家里正缺一盘石磨，我看这石磨挺不错的，我把它带走了。”说完，也不等老和尚同意，就吩咐随从们把石磨搬走。老和尚不敢得罪太平公主，只好陪着笑脸说：“这盘石磨能被公主看中，也是我们寺院的福气。不过，我们寺院的一百来个和尚，平日全靠这盘石磨磨米磨面，没有它，可就麻烦了。况且它还是本寺几百年前传下来的，请公主行个方便，将它留下来吧！”太平公主根本不理睬老和尚的唠叨，她把脸一沉，回头就让随从们把石磨搬走了。

老和尚听说李元纮是个不畏权势的官员，办理案子十分公正，就跑到雍州衙门告状。李元纮听了老和尚的诉说，便叫他写了一张状子，并且派下属去做了调查，证实这盘石磨确实是寺院的财产。李元纮不畏太平公主的权势，毫不犹豫地将石磨判还给了寺院。

消息传到李元纮的上司窦怀贞的耳里。窦怀贞是个胆小怕事的人，怕李元纮得罪了太平公主，自己也受牵连，就跑到李元纮那里，厉声责备说：“你怎么这样糊涂，竟把石磨判还给寺院！太平公主是好惹的吗？你不要命，我可还想多活几年呢！”听完了窦怀贞的话，李元纮拿过毛笔，在判决书上写下了八个大字：南山可移，判不可移。窦怀贞气急败坏、无话可说，把袖子一甩，灰溜溜地走了。后来，太平公主只好把石磨还给寺院。

◆徐敬业讨伐武则天结局如何？

李治驾崩后，武则天废中宗李显（即李哲），杀李唐宗室，使诸武用事，大唐王朝的大臣人人自危。

英国公徐敬业为了扶立李唐江山，于公元684年，纠合一批志同道合的大臣在扬州举兵讨伐武则天，后得到楚州司马李崇福的响应，发展到10万人马，并攻陷常润（今江苏镇江）。武则天急调30万人马，派李孝逸率领，前往平反。李孝逸初战失利，后用火攻，终于大败讨武大军。徐敬业后来被其部将杀死，讨武斗争失败。

◆武则天是如何成为女皇帝的？

公元683年，唐高宗李治驾崩，太子李显即位，是为中宗，尊武则天为皇太后。次年，武则天借口李显将岳父韦玄贞封为宰相一事，废掉李显，立李旦为帝。后来，武则天又把李旦软禁起来，政事无论大小均亲自裁决。公元690年，也就是武则天67岁那年，她废掉李旦，自立为帝，改国号为周，自己立号为圣神皇帝。因为她死后曾有尊号“则天大圣皇帝”，所以后人称她为“武则天”。

武则天称帝后崇信佛教，曾耗费大量人力物力修建寺院，因此大大加重了百姓的负担。武则天还排除异己，在位期间大封武氏诸王，而且重用酷吏，严刑峻法，使冤狱丛生。

晚年的武则天好大喜功，生活奢靡，宠爱张氏兄弟，不理朝政。公元705年，宰相张柬之发动政变，迫使武则天让位，由李显复位，重建唐朝。武则天临终时立下遗嘱，宣布去掉帝号，与李治在乾陵合葬，并且嘱咐为她树碑，但不立传。

在中国历史上，皇太后掌握政权的情况并不少见。然而，自称皇帝并且改换朝代的只有武则天一人。她统治中国数十年，可以说在中国史上创造了一个奇迹。

◆请君入瓮是怎么一回事？

自从徐敬业举兵以后，武则天总是疑神疑鬼，特别是对唐朝的宗室和元老重臣更不放心，总想把心怀不满的人一个个杀掉。于是，武则天就鼓励告密，启用酷吏周兴、来俊臣。

周兴、来俊臣本来都是小官，因为善于编造罪名、制造冤案、陷害好人，都升了大官。这两个人豢养了几百名流氓无赖，专门搞告密活动，他们想要陷害谁，就派几个人在各地同时告密，所告的情节内容完全一样。然后，立即下令把被告的人逮捕起来，严刑拷打。被告的人往往屈打成招，含冤而死。来俊臣还写了一本《罗织经》，教他的走狗怎样去罗织罪名，使被告人无法申辩。

一天，来俊臣请周兴吃饭，俩人边吃边聊，兴致很高。突然，来俊臣问周兴："朝廷让我审问一个犯人，罪犯十分狡猾，恐怕他不会轻易认罪，你看怎么办好？"周兴说："这有什么难的，取一个大瓮架起来，四周用炭火烧，让罪犯进到坛子里去，还怕他不认罪？"来俊臣听完，马上吩咐手下的人抬来一个大瓮，四周用炭火烧。火烧得正旺，来俊臣站起来对周兴拱了拱手，说："有圣旨审问老兄，请君入瓮。"周兴慌忙叩头认罪。按规定应当判周兴死刑，武则天改成流刑。人们恨透了周兴，在流放的路上就把他杀死了。

◆卢藏用为什么跑到终南山隐居？

武则天称帝时，卢藏用考中了进士，他以为这下可以官运亨通了。不料，中进士后，他久久没有被委任官职。卢藏用好长时间没有官做，便动开了心思。当时，在人们心目中，隐士大都是既有学问又有修养的人。大家觉得隐士有一种神秘感，所以大都对其怀着崇拜心理。卢藏用利用朝野上下的这种观念，故作隐居的姿态，跑到终南山学习辟谷，修炼气功，并想方设法引起人们的注意，让大家都知道他到终南山隐居去了。

后来，卢藏用因参与太平公主谋反，而被发配岭南。唐玄宗李隆基即位后，见他很有才干又重新启用他，任命他为黔州都督府长史，但他还未来得及到任，便死去了。

◆何谓"五王政变"？

公元704年，武则天病重，只有张易之、张宗昌入阁侍疾，居中用事。一时盛传"二张"暗中造反。十月，新任宰相张柬之到任即着手组织政变。

张柬之联合诸多官员，控制了羽林军，于公元705年发动政变，斩"二张"及其党羽，并逼迫武则天传帝位给唐中宗李显，复唐国号。事后，参与政变的张柬之等五人同被封王，这次政变就被称为"五王政变"。

◆安乐公主强弄权是谁的错？

安乐公主是李显与韦皇后所生的女儿，是李显被流放房州的途中生下的，李显觉得这个女儿曾与自己同患难，因而对她备加疼爱，无论她干什么错事都不肯责备她。于是，李显复位后，安乐公主倚仗父皇的宠爱，卖官鬻爵、受贿枉法，无所不为。安乐公主好像继承了她的祖母武则天和她的母亲韦皇后的权力欲，一直野心勃勃地想当皇太女，好继承李显的帝位。她有时自己草写圣旨，写好后遮住内容，哄骗李显盖印。她还多次向李显要求正式册立她为皇太女，李显虽未同意，但也没有责怪她不守本分。李显姑息养奸，最终死在了安乐公主的手中。

◆韦皇后是如何效仿武后摄政的？

公元710年，韦皇后与安乐公主毒害李显。六月初二，李显暴死于神龙殿，时年55岁。韦皇后并不急着为李显发丧，而是把这件事压了下来。第二天，韦皇后召诸宰相进宫，征调府兵5万人驻守京城，自己总揽朝政，又派左监门大将军兼内侍薛思简等率兵500人速奔均州，以防谯王李重福，并提拔刑部尚书裴谈、工部尚书张锡同为中书门下三品，仍驻守东京洛阳；同时提升吏部尚书张嘉福、吏部侍郎岑羲、吏部侍郎崔湜同为平章事，料理朝政。

太平公主获悉李显驾崩的情况后，与上官婉儿密谋草拟遗诏，立温王李重茂为太子（李显的幼子，非韦后所生），由皇后知政事，相王李旦共参政事。六月初四，李显的棺木才被移至太极殿。韦皇后召集文武百官正式发丧，她仿效武后临朝摄政，立温王李重茂为太子，大赦天下，改元唐隆。几天后，李重茂即位，即少帝，尊韦皇后为皇太后。韦氏摄政临朝的愿望终于达成了。

◆李隆基是如何起兵讨韦后的？

李显暴病身亡，韦氏以皇太后的身份听政。一天夜里，葛福顺在御林军营将熟睡中的韦播一剑刺死，然后对众将士道："韦后毒死先帝，淫乱后宫，祸乱朝纲，违背君臣人伦大礼。为了大唐江山社稷，我们今晚入宫将姓韦的全部杀死，拥立相王，大家看如何？"军兵们平日早不堪忍受韦播，见此情况，纷纷欢呼以示响应。

此时，韦氏正与她的几个情夫在后宫喝酒调笑。李隆基突然带兵杀入，口中还高喊着"杀韦后、立相王"的口号。宫中众人一听，也立时纷纷参加进去。韦氏与她的情夫们听到喊声，吓得惊慌失措。几个男人穿衣戴帽，丢下韦后落荒而逃。韦氏又急又气，也顾不得脸面，衣服不整，头发凌乱地向宫外跑去。她此时倒还清醒，知道该去投奔她那个统率御林军的弟弟。可她不知韦播早已先她一步而去阎王殿报到了。她刚刚跑到御林军营门口，正好赶上御林军将士冲出来，要去与李隆基会合。为首的葛福顺一眼看见狼狈不堪的韦后，口中喊了一声“贱人”，上前一步，手起刀落，砍下韦氏人头。至此，韦氏的女皇梦才彻底破灭。

◆李成器为什么坚辞太子之位？

唐睿宗李旦为唐中宗李显之弟。公元684年，武则天废李显，立李旦，然政事仍决于武则天，李旦不得有预。公元689年，李旦改封为相王。

公元710年，中宗李显驾崩，临淄王李隆基举兵靖难，以“共立相王以安天下”为号召，迎李旦入辅少帝李重茂。诛灭韦氏的第三天，太平公主假李重茂之命，让位于李旦。诛灭韦氏的第四天，在太极殿中宗李显梓宫旁，太平公主与刘幽求哄骗加威逼，将少帝抱下御座，唐睿宗李旦由是复立。李旦这次也同李显一样，是第二次做皇帝。第一次是个傀儡，实权掌握在母后武则天手中。此时心中自是百感交集。然后，李旦将立太子，以宋王李成器嫡长，而平王李隆基有大功，故不能决。李成器坚辞，曰：“国家安则先嫡长，国家危则先有功，苟违此理，四海失望。”遂立平王李隆基为太子。

◆始置节度使的是唐朝哪一位皇帝？

唐睿宗景云元年（710年）十月二十日，幽州镇守经略节度大使薛讷（薛仁贵之子）被任命为左武卫大将军兼幽州都督。从此，唐朝便开始设置节度使。

依照唐朝的规定，任命亲王为节度大使。只要亲王本人不在职位上处理日常事务，而是仍居京城为官的，都要在所镇守的地方另外设“副大使”一职。别的节度使下面，亦可以设置节度副使，帮助节度使处理日常事务。

唐代设立节度使一职，起到了稳定边疆、加强边防的作用，但也为后来节度使拥兵自重、不受管辖，甚至起兵反叛埋下了祸根。

◆李隆基为何要杀死姑姑太平公主？

韦皇后被杀后，即位的唐睿宗李旦也和李显一样是个软弱的皇帝，不愿和太平公主发生正面冲突，总是忍让。而太平公主则认为是自己给了李旦做皇帝的机会，功劳巨大，所以咄咄逼人，掌握了朝政大权。随着自己势力的强大，太平公主的野心也膨胀起来，想像母亲那样也做女皇。

太平公主想要登基，其主要对手便是太子李隆基。她制造舆论说，李隆基不是长子，没资格做储君。其目的是要鼓动李旦废除李隆基的太子身份，为自己以后做女皇开路。公元712年，李旦厌烦了做皇帝的生活，把帝位让给太子李隆基，李隆基即帝位，是为唐玄宗，改元先天，尊李旦为太上皇。但李旦仍然掌握着朝政大权：朝廷三品以上官员的任免权和军政大事的决定权。李旦的让位加剧了李隆基和太平公主的矛盾，双方都在积蓄力量，准备除掉对方。

公元713年，唐玄宗李隆基先下手，亲自率领兵马杀死了太平公主和她的手下骨干几十人，将倾向太平公主的官员全部罢官废黜。最终，李隆基掌握了皇帝应有的权力。当年，唐玄宗把年号改为开元。

◆何谓开元盛世？

在武则天和唐中宗、唐睿宗时期，政治昏暗，弊端丛生。唐玄宗李隆基在位44年，针对社会弊病，在开元年间任用政治家姚崇、宋璟等人进行改革，取得了显著的效果。

首先重新重视发展农业生产。兴修水利，灭蝗止灾。公元721年，李隆基派宇文融为劝农使到全国各地检括逃户和隐田，检出80余万客户和不少田地。对客户免6年租调徭役，由各州安插于均田土地上。由此，增加了国家收入。

其次，李隆基裁汰冗官，整顿吏治，注重职官的铨选，强调以功、以才授官，尤其重视直接临民的县令的选任。加强对官吏的考核，各道按察使对地方官吏循名责实，进行政绩考核，作为黜陟的根据。再次，李隆基接受姚崇建议，压抑佛教，整顿财政，提倡节俭。经过开元年间的改革，李隆基统治下的唐王朝进入了全盛的时期，出现了经济繁荣、社会安定、文化昌盛、国力强大的局面。

开元年间，唐朝从契丹手中收复了辽西21州，日本、朝鲜半岛同唐朝的联系频繁，漠北拔也古、同罗、回纥等都重新归顺唐朝，收复了碎叶城；并打败了吐蕃、小勃律，唐朝的声威远播西亚。

在李隆基统治时期，大唐国势蒸蒸日上。人们把李隆基统治初期的20多年时间称为“开元盛世”。

◆鉴真东渡对中日文化交流有什么贡献？

唐朝与周边各国的文化交流十分频繁，外国有遣唐使来华，唐朝也有人赴国外进行文化交流。唐玄宗时，中国高僧鉴真应日本圣武天皇的邀请东渡，经过6次努力，历尽艰险，在双目失明的情况下，终于在公元754年携弟子到达日本，时已年近七旬。

鉴真把佛教律宗传到日本，同时还把佛寺建筑、雕塑、绘画等艺术传授给日本人，对日本后来的建筑产生了重要影响。同时，鉴真精通医学，尤精本草，他虽失明，但能以鼻嗅分辨各种药物，他把自己的医学知识传到日本，促进了日本医药学的发展。

◆唐代最著名的天文学家是谁？

唐玄宗时，天文学也有了迅速发展，取得了一系列成就，其中最著名的天文学家是一行和尚。一行俗姓张，名遂，魏州乐昌（今河南南乐）人，唐代高僧、天文学家和大地测量学家。一行不仅有高深的科学知识，品格也很高尚，在武周时期，坚决拒绝与权贵武三思结交。

一行曾奉玄宗的命令，制定《大衍历》。这是一部先进的历法，分成七篇。这个历法吸收了实际观测的成果，使节气的划分更加精确，在当时是最先进的，一直沿用到明末。

测量子午线的长短，是一行在天文学上另一项成就。公元725年，一行倡议在全国13个地点进行天文观测，通过实测，算出地球子午线（经度）的长度为351里80步（合今129.22公里）。比阿拉伯天文学家阿尔·花剌子模于公元814年进行的实测早90年。它与现代测量的子午线长度111.2公里相比，虽还有不少误差，但在当时是世界上第一次用科学方法进行的实测。

一行观测天象，发现了恒星的移动，比公元1712年英国人哈雷的发现，几乎早了1000年。一行对数学也有贡献，首创等间距二次内插公式（一种求函数值的方法），用来计算日月的运行。

◆“吴带当风”形容的是唐朝哪位画家？

唐玄宗时期是各种艺术门类空前繁荣的时代，传统绘画也迎来了第一个发展高峰。据记载，唐代有名有姓的画家就有四百多人，其中最著名的是有“画圣”之誉的吴道子。吴道子一生主要画以佛道神仙为题材的宗教壁画。他画10米多高的巨幅画像，或从脚、或从手臂画起，任毫挥笔却没有半点差错。他画佛像头上的圆形的灵光，不用圆规，只用笔一挥就成了。他画人物身上的衣纹饰带，轻软圆润，似乎会随风而飘动，被称为“吴带当风”。

◆唐三彩有什么特别之处？

唐代，一个崭新的品种出现在陶瓷艺术领域，这就是唐三彩。这是唐代烧制的一种低温铅釉陶器，颜色有好几种，常见的有黄、绿、白三色，故称为唐三彩。唐代陶瓷艺人对多类金属氧化物的呈色原理有了更深的认识，在原有的铅釉陶中加入铁、铜、钴、锰等不同金属氧化物，烧制出集黄、绿、赭、白、蓝等色中的一色或多色于一器的彩陶，这就是唐三彩的成色原理。唐三彩以其富丽堂皇的视觉效果和绚烂多彩的颜色，充分体现了盛唐的艺术风格。

唐代统治者生前奢侈浮华，死后亦要讲究厚葬，唐三彩正是适应了这股潮流，产量猛增，后来被运用到日常生活中。唐三彩造型丰富，成为反映唐代社会生活的百科全书。

唐三彩制品主要分为器皿和俑两大类。器皿是用于生活用具，包括瓶、罐、钵、盘、杯、碗、炉、砚、枕等。俑是用作陪葬的冥器，有贵妇、侍俑、武士、文官、乐人等人物形象，亦有马、骆驼、驴、狮、牛、虎、鸭、鸡、鸳鸯等飞禽走兽。唐代出土的三彩容器，器形饱满浑厚，线条圆润，器身外部色彩斑驳灿烂。

◆千古“谪仙”是唐朝哪一位诗人？

公元742年，由于贺知章的推荐，李白的一曲《乌夜啼》被玄宗李隆基赏识，下诏宣他进京。这时，李白正在会稽的剡溪一带游览，突然接到诏书，要他立即入京。李白简直不敢相信这是真的，急忙把诏书又看一遍。进京、朝见皇帝、干一番治国平天下的大事，这是他盼望多年的理想，没想到这么快就要实现了。他立即停止游览，回家收拾行李，第二天一早就出发了。临出门，他高声唱道：“仰天大笑出门去，我辈岂是蓬蒿人！”

到长安不久，年已80的文坛领袖贺知章慕名来访。李白将《蜀道难》一诗送给他。贺知章读到“蜀道之难，难于上青天”“黄鹤之飞尚不得过，猿猱（长臂猿）欲度愁攀援”“扪参历井（参、井，星名）仰胁息，以手抚膺（胸）坐长叹”，以及“连峰去天不盈尺”等诗句时，啧啧赞赏，诗未读完，即拍案叫绝，呼李白为“天上谪仙人”，意为天上下凡来的诗仙。从此，“谪仙”之名，誉满长安。

◆为何杜甫的诗被称为“诗史”？

杜甫，字子美，祖籍襄阳（今属湖北），后迁巩县（今属河南）。他曾在长安东南部杜陵附近的少陵住过，故自称“少陵野老”，后人亦称其为杜少陵。他出身于官宦世家，祖父杜审言也是一位诗人，父亲杜闲做过奉先县的县令。杜甫曾做过节度参谋检校工部员外郎，因此后人称他为“杜工部”。杜甫少年聪慧，7岁就能写诗，十四五岁的时候，就开始与洛阳一些有名的文人交往。

公元746年，杜甫流寓长安，生活日渐困乏，过着“朝扣富儿门，暮随肥马尘。残杯与冷炙，到处潜悲辛”的凄凉生活。为了表达自己的抱负，杜甫写了《三大礼赋》献给李隆基。李隆基非常欣赏，命宰相对他进行考核。但是，李林甫见了杜甫一面，便再也没有音讯了。

杜甫又连续向李隆基献了两篇赋，等到公元755年，44岁的杜甫才求得一个地位很低的职位。然而，官职尚未到手，他却眼睁睁看着小儿子活活饿死了。这时，杨贵妃兄妹正宠极一时，日夜在华清宫中管弦歌舞。

杜甫路过骊山，目睹此情此景，无限悲愤，遂写下了“朱门酒肉臭，路有冻死骨”的千古名句。

安史之乱爆发，中原失驭，两京沦陷，“秦人半作燕地囚，胡马翻衔洛阳草”，民族危亡，生灵涂炭。这时，举国有志之士都行动起来，共赴国难。杜甫在这场大变乱中饱经忧患，先是被叛军虏去，囚禁在长安，后逃出去投奔唐肃宗李亨，欲报国效力，终因忠直而不见容，被放逐。这期间，杜甫到处奔波，颠沛流离，耳闻目睹了战乱与赋役带给人们的灾难和痛苦。杜甫自己也曾被生活所迫，挖过野菜，拾过橡栗，砍过山柴，摆过药摊。

因而，杜甫悲愤而沉痛地写出了一首首诗歌，勾画出了一幅幅流亡图。《三吏》《三别》等名篇，深刻地表现了那个时代的灾难与悲凉。杜甫的诗，真实而深刻，内容丰富，胜过了史家的简略记录，故而被誉为一代“诗史”。

◆《长恨歌》的原型是谁?

公元740年正月初二，唐明皇派太监送寿王府一道敕书，促请杨玉环去万寿庵（太真观）出家，取号太真，为其先前病逝的婆婆武惠妃荐福。杨玉环在万寿庵出家的第六天，便被接往骊山温泉同李隆基相会。此后5年，两人几乎每天形影不离，杨玉环集“三千宠爱在一身”，生活过得像蜜一样甜。

5年的同居生活结束后，到公元745年，李隆基公开宣布册立女道士杨玉环为贵妃。从此，两人更加恩爱。有一年的七月初七，这一天是牛郎织女相会的日子。晚上，李隆基和杨玉环来到了长生殿，共同欣赏牛郎织女的相会，两情相悦，相对无言。夜深了，他俩望着夜空中璀璨的星河，看着银河两岸渐渐靠拢的牛郎、织女星座，双双不知不觉地跪到地上，对天立誓道："在天愿做比翼鸟，在地愿为连理枝。"这一七夕誓言，被大诗人白居易在《长恨歌》一诗中做了动情的描述。

◆谁被人们称为"草圣"？

张旭，生卒年不详，字伯高，又字季明，吴郡（江苏苏州）人，唐代大书法家，以草书而闻名。张旭曾担任过金吾长史（统管御林军的官员）等职，所以后世又称他为"张长史"。

唐文宗曾向全国发出过一道罕见的诏书：把李白的诗歌、张旭的草书、斐旻的剑舞称为天下"三绝"。诏书一到洛阳城，顿时引起轰动。洛阳的名流纷纷向张旭道喜，张旭作揖一一致谢，并设宴款待这些洛阳名流。席间，有人向张旭请教草书的秘诀，张旭谦虚地说："各位见笑，我自知浅陋，皇上奖掖，受之有愧。说到秘诀，无非'用心'两字。"

张旭草楷俱佳，尤其擅长草书。他的草书名噪当时、饮誉后世，在中国书法史上占有极为重要的地位。杜甫在《饮中八仙歌》中把张旭称誉为"草圣"，唐代大书法家颜真卿、怀素都曾向他学习过书法。

◆为什么说李林甫口蜜腹剑？

李隆基做了二十多年太平天子后，渐渐滋长了怠惰的情绪，追求起享乐的生活来。宰相张九龄看到这种情况，心里挺着急，常给李隆基提意见。李隆基本来很尊重张九龄，但是到了后来，对张九龄的意见也听不进去了。李隆基觉得李林甫又能干、又听话，比张九龄强，便让他当了宰相。

李林甫当上宰相后，凡是大臣中能力比他强的，他就千方百计地把他们排挤掉。有一个官员严挺之，被李林甫排挤在外地当刺史。后来，李隆基想起他，跟李林甫说："严挺之还在吗？这个人很有才能，还可以用呢。"李林甫说："陛下既然想念他，我去打听一下。"退了朝，李林甫找来严挺之的弟弟，说："你哥哥不是很想回京城见皇上吗？我有一个办法。"严挺之的弟弟见李林甫这么关心他哥哥，当然很感激，忙请教该怎么办。李林甫说："叫你哥哥上一道奏章，就说他得了病，请求回京看病。”严挺之接到弟弟的信，真的上了一道奏章，请求回京城看病。李林甫就拿着奏章去见李隆基，说：“真太可惜，严挺之现在得了重病，不能干大事了。”李隆基惋惜地叹了口气，也就算了。

像严挺之这样上当受骗的还真不少。但是，尽管李林甫装扮得非常巧妙，他的阴谋诡计到底被人们识破了。人们就说李林甫这个人是“嘴上像蜜甜，肚里藏着剑”，这就是“口蜜腹剑”的由来。

◆怀素和尚的书法造诣如何？

怀素是盛唐至中唐时期的一位卓越的草书大家。怀素俗姓钱，湖南零陵人。10岁那年，他忽然起了出家为僧的念头，父母怎么也阻止不了，只好让他出家。

怀素一直喜欢书法，尤其是草书，学习非常刻苦。据说因为穷买不起纸，他就做了一块漆盘和一块漆板练字。他在上面写了擦、擦了写，结果把盘、板都写穿了。他用过的笔也不计其数，屋里堆放不下，就埋到山下，还在上面题了“笔冢”两字，以示纪念。

怀素在40岁的时候，千里迢迢来到长安，向颜真卿求教。颜真卿也是张旭的学生，他把张旭教的“十二笔意”和自己的一些心得传给了怀素，怀素的草书造诣得到了升华。当他把自己的草书作品拿给颜真卿看的时候，颜真卿高兴地说：“‘草圣’的绝技终于有传人了。”

◆“茶圣”陆羽有哪些著作？

陆羽出生在唐玄宗开元年间，被称为“茶圣”或“茶仙”。自唐初以来，各地饮茶之风渐盛，但饮茶者并不一定都能体味到饮茶的要旨与妙趣。于是，陆羽决心总结自己的饮茶实践和茶学知识，写一部茶学专著。经过一年多努力，他写出了世界上第一部茶学专著《茶经》的初稿，这一年陆羽28岁。陆羽在《茶经》中谈论泡茶用水的部分非常多，无论是水的来源或水的温度及用法都被后世视为泡茶的准则。他选择水是以“山水上，江水次，井水下”为标准。陆羽所著的《茶经》被视为我国茶文化的经典著作。随着茶文化的发展和传播，陆羽的贡献也日益为中国和世界所认识。

◆杨国忠仗势擅权的结局如何？

杨国忠是杨玉环远亲，因杨玉环受宠，杨国忠骤被擢用，历任给事中，兼御史中丞。公元752年，杨国忠出任宰相，并兼领四十余使职，当时的机务要政多决于杨国忠私宅；公文批复，杨国忠但署一字，余皆责成胥吏根据贿赂而定。杨国忠又曾两度发兵攻打南诏，连连败阵，死伤20万众，他却隐其败状，反报捷书。人知其毒，皆不敢言。直到安禄山乱起，杨国忠才在马嵬驿被哗变军士杀死。

◆安禄山叛唐是谁惹的祸？

公元755年，安禄山经过10年的精心准备，决定发动叛乱。他假造了一份李隆基的诏书，然后把将士召集起来宣布道："接到皇上密令，要我立即带兵进京讨伐杨国忠。"将士们大多觉得很突然，但既然是圣上旨意，谁又敢不从呢！

次日，安禄山便领着15万叛军，从范阳出发。从天宝年间以来，唐朝的统治已经腐朽不堪，军队没有丝毫的战斗准备，缺乏战斗能力，再加上那一带本来就是安禄山直接管辖的范围，因此，一见到安禄山叛军的气势，沿路的文臣武将都吓得惊慌失措，有的开城迎接叛军，有的弃城逃跑，有的坐以待毙，被叛军擒杀。叛军几乎没遇到什么抵抗就轻易占领了黄河以北24郡的大片土地。

安禄山叛乱的消息传到了长安，李隆基一开始还不相信，以为是有人造谣。不久，叛军陷城的警报接二连三地送到他面前，才不得不相信。李隆基召集百官大臣商议对策，满朝文武都慌了神，惊吓得什么话也说不出来，只有杨国忠洋洋自得地说："怎么样，我早就说过安禄山要造反，被我说准了吧。不过，没关系，皇上不必担心，安禄山的将士是不会跟他走的。我保证，用不了十天，安禄山的人头就会被人砍了送来。"李隆基见杨国忠说得那么肯定，心里稍微平定一些。可是，叛军仍在长驱直进，不久就渡过黄河，攻克了洛阳。

安禄山进了洛阳城，迫不及待地自封为"大燕皇帝"，年号圣武。这时，离他范阳起兵，才不过3个月。

◆马嵬驿士兵为何逼死杨玉环？

安禄山称帝后，发兵攻破了潼关，使长安失去了屏障，李隆基又怕又急，连忙召集大臣们商议对策。杨国忠提出"逃向四川"的主张，并亲自去找他那三个堂妹，让她们进宫去跟贵妃杨玉环一起劝皇上。李隆基终于耐不住他们的缠磨，同意去四川逃难。杨国忠秘密宣召大将军陈玄礼，带领他的军队2500人前来护驾。杨国忠赏给将士们大量财物，等到黎明时分，悄悄打开皇宫西门。随李隆基同行的除贵妃和韩国、虢国、秦国夫人及杨国忠夫妻外，只有一些皇子、公主、皇孙、妃嫔和亲信大臣。

李隆基一行人走到第三天，傍晚时分来到一个叫马嵬驿的地方。这儿的驿站官员和老百姓也都逃得无影无踪。李隆基等住进驿馆，随行官兵们在外露宿。将士们走了一天，又饿又累，一个个口吐怨言，就连将军陈玄礼也骂杨国忠这个罪魁祸首。那时正有几名吐蕃使者来京办事，路过这里遇到杨国忠，就在驿馆外面谈话。有个军士故意喊："杨国忠勾结吐蕃，想谋反啦！"士兵们齐声喊起来，有人向杨国忠射了一箭，杨国忠见势不妙，急忙逃跑。几个士兵追了过去，一刀把他砍死了，用枪尖挑着他的脑袋，走了出来，军士们大声喊好。有的人又去杀杨国忠的儿子，把韩国夫人、秦国夫人也杀了。御史大夫魏方进听见喧闹，从驿馆走出制止。士兵们杀红了眼，乱刀砍下，魏方进立刻倒在血泊之中。

兵士们的气还没消，他们围住驿馆，大喊大叫。李隆基拄一根拐杖走出来，问出了什么事。陈玄礼走过来说："杨国忠要谋反，将士们把他杀了。贵妃不应该再留在您身边，请您忍痛割爱，将她处死吧。"李隆基说："贵妃深居后宫，她哪里知道杨国忠谋反的事？"高力士在一旁说："贵妃当然没罪，但杨国忠已经死了，可贵妃却还留在陛下左右，将士们能放心吗？陛下好好考虑一下吧。"他又悄悄附在李隆基耳边说："当前，只有让士兵们安静下来，陛下才能够平安。"李隆基这才知道人们对杨家兄妹的积怨实在是太深了，他无可奈何地对高力士说："这件事就由你去办吧！只是不要用刀剑。"高力士说："这个，奴才晓得！"贵妃杨玉环被高力士用丝带勒死在马嵬驿中，卒年 38 岁。

◆郭子仪平叛的功绩如何？

安史之乱爆发后，李隆基提拔郭子仪为卫尉卿，兼灵武郡太守，充朔方节度使，命令他带领本军讨逆。公元 756 年，朔方军旗开得胜，一举收复重镇云中（今山西大同），大败叛军薛忠义，坑其骑兵 2000 人。接着，郭子仪又派别将公孙琼岩率 2000 骑兵攻击马邑（在今山西），大获全胜。马邑的收复使东陉关得以重开，从而打通了朔方军与太原军的联系，使安禄山下太原、入永济、夹攻关中的军事行动无法实现，从而赢得了战略上的主动权。

此后，郭子仪又将计就计，利用

史思明求胜心切的心理，采取先疲后打的战略，用500精锐骑兵交相掩护，牵着史思明的叛军疾速北进。待史思明已经人困马乏，郭子仪乘其疲惫不堪之机，返军掩杀，大败史思明，歼灭了他的5万人马。

安禄山忽闻败报，心惊胆寒，急忙从洛阳抽调2万兵马北上增援。又发范阳老巢的精兵万余人，令牛廷蚧南下助战，会合5万叛军准备卷土重来。郭子仪此时驻扎恒阳（今河北曲阳），他见贼兵兵锋甚锐，兵力大增，欲求决战，仍然实行疲敌战术，加紧修缮防御工事，深沟高垒、严阵以待。史思明5万叛军欲战不能、欲退不可，大大挫伤了锐气。特别是郭子仪的扰敌战术使叛军整日提心吊胆，不得安宁。当叛军被拖到相当疲劳的程度时，郭子仪对李光弼说："敌已疲惫，我们即可出战。"于是，两位大将在嘉山（在今河北）摆开了战场。郭子仪指挥沉着，攻防得当，唐军将士个个奋勇争先，直杀得叛军四处溃逃。史思明见败局已定，吓得慌不择路，坠下战马，丢了头盔，连靴子都跑掉了，他光着两脚，拄着一条断枪，逃回博陵。嘉山一战，叛军被斩杀4万多人，被生擒5000余人，损失战马5000余匹，一时声威大振。河北10多个郡的地方军民自发集结武装，支援和响应官军，他们纷纷诛杀叛兵叛将，归迎唐朝。

郭子仪在河北的辉煌战绩，扭转了唐军仓卒应战的被动局面，改变了整个战争形势。公元757年，叛军出现内讧，安禄山被帐下李猪儿杀死。此时，朝廷诏令郭子仪率军直趋京师，又从回纥那里借兵15万，准备趁机大举进攻叛军。当年九月，广平王李豫率蕃、汉军队进攻长安。郭子仪与贼将安守忠、李归仁在京西香积寺之北展开了激战，从午时至酉时，斩杀叛军6万多人。贼将张通儒放弃长安，逃到陕郡。第二天，广平王李豫进入京师，城中老幼百万人，夹道欢呼。

郭子仪收复了都城长安后，又奉命率军乘胜东进，攻打洛阳。安庆绪听说唐军前来攻城，慌忙派大将严庄、张通儒带领15万大军前去迎战。叛军在新店（在今河南）与唐军相遇，随即展开激战。由于叛军依山扎营，居高临下，形势对唐军非常不利。郭子仪趁叛军立足未稳之机，选派了2000名健壮的骑兵，向敌营冲杀过去，又派了1000名弓箭手埋伏山下，再令协助作战的回纥军从背后登山偷袭，自己则亲率主力与叛军正面交战。战斗打响之后，郭子仪佯装败退。叛军倾巢出动，从山上追赶下来。这时，突然杀声如雷，唐军埋伏的弓箭手像神兵天降，万箭齐发，无数的箭簇像雨点一样射向叛军。郭子仪折回马头，率军又杀了个回马枪。这时，叛军的背后又传来高呼声："回纥兵来了，快投降吧！"叛军前后被围，左右遭打，在唐军和回纥军的夹击之下，被打得一败涂地。严庄逃回洛阳，同安庆绪一起弃城北走，官军一举收复洛阳。

长安与洛阳相继收复，肃宗李亨欣喜万分，他激动地对入朝参贺的郭子仪说："虽然天下是祖上传袭给我的，但却如同将军再造的一样啊！"郭子仪谦逊地答道："臣只是奉旨尽责而已。"

◆李泌是怎样的一个人？

安史之乱后不久，太子李亨在灵武即位，是为唐肃宗。当时，李亨身边的文武官员只有30人，这个临时建立的朝廷干什么都没有秩序，一些武将也不太听指挥。李亨想平定叛乱，非常需要有个能人来帮助他。这时，李亨想起了好朋友李泌，就派人从颍阳（在今河南）把李泌接到灵武。

李泌想到朝廷有难，便马不停蹄地赶到了灵武。李亨看见李泌，高兴得像得到什么宝贝一样。那时候的临时朝廷不太讲究礼节，李亨跟李泌就像年轻时候一样，进进出出总在一起，大小事情全都跟他商量。李泌出的主意，李亨全都听从。李亨想封他当宰相，李泌坚辞不受。后来，李亨只好任命李泌为元帅府行军长史（相当于军师）。

那时候，郭子仪也到了灵武。朝廷要指挥全国的战事，军务十分繁忙，四面八方送来的文书从早到晚没有一刻的间歇。李亨命令把收到的文书一律先送给李泌拆看，除非特别紧要的才直接送给自己。宫门的钥匙由太子李俶和李泌两人掌管。李泌有时忙得连饭也顾不上吃，觉也不能睡安稳。

后来，叛军发生内讧，安庆绪称帝。这本来是个消灭叛军的好机会，但李亨急于回长安，不听李泌的计划，让郭子仪的人马从河东回攻长安，结果打了败仗。后来，郭子仪向回纥（我国古代北方民族之一）借精兵，集中了15万人马，才把长安攻了下来。接着，又收复了洛阳。叛军头目安庆绪逃到了河北，不久，史思明也被迫投降。

唐军收复了长安和洛阳，李亨便觉得心满意足起来，用骏马把李泌接到了长安。一天晚上，李亨请李泌喝酒，并且留他在宫里安睡。李泌趁机对李亨说："我已经报答了陛下，请让我回家做个闲人吧！"李亨说："我和先生几年来患难与共，现在正想跟您一起享受安乐，怎么您倒要走了呢？"李泌一再请求，李亨虽然不愿让李泌离开，最终也只好同意。

李泌到了衡山，在山上造了个屋子，重新过起了隐居生活。

◆吐蕃军攻入长安发生了怎样的变乱？

公元763年，吐蕃军队进犯泾州（今甘肃泾州北），泾州刺史高晖无力抵抗，弃城投降，并一路做吐蕃军队的向导，领他们向内地深入。接着，吐蕃逼近京师，举朝震惊。于是，唐代宗李豫下诏任命雍王李适为关内元帅，郭子仪为副元帅，出战咸阳，抵御吐蕃军队的进攻。

郭子仪平定安史之乱立下大功后，被李亨宠信的宦官鱼朝恩和陈元振陷害，不得不提出归隐。吐蕃军队进逼中原时，郭子仪闲居京师已久，部下早已离散。此次郭子仪被朝廷重新起用后，匆忙招回自己的旧部，又临时招兵买马。

这时，渭北行营兵马使吕月将率领精锐部队千人，在西面打败了吐蕃军队。两天后，吐蕃军队再次进犯，吕月将又与敌军拼死作战，士兵全部战死，吕月将也被吐蕃军队擒获。郭子仪到咸阳时，吐蕃率领吐谷浑、党项、氐、羌等各族军队20多万人，已从司竹园（今陕西周至东南）渡过渭河，顺着山势向东涌来。郭子仪派遣判官中书舍人王延昌入朝奏报军情，请求增兵支援。由于陈元振的阻拦，王延昌竟然没有被李豫召见。没多久，吐蕃军队已经跨过便桥，直逼长安。李豫临事仓促，不知所措，只得逃往陕州。几天后，李豫逃经华州（在今陕西）时，华州官吏都已逃散，无人接待，随从将士不免挨饿受冻，正好宦官鱼朝恩带领神策军从陕州来迎接，李豫才平安抵达陕州。

最终，吐蕃于公元763年10月进占长安，高晖和吐蕃大将马重英等人拥立金城公主的孙子李承宏为皇帝，更改年号，设置百官，将前翰林学士于可封为宰相。吐蕃军队在长安抢掠官府仓库、市里民舍，焚烧房屋，长安城被洗劫一空。

◆颜真卿之死是他杀还是自杀？

公元782年，有5个藩镇叛乱，尤以淮西节度使李希烈兵势最强。李希烈自封天下都元帅，向唐境进攻。5

镇叛乱，朝廷大为惊慌。李适找宰相卢杞商量，卢杞说："不要紧，只需派一位德高望重的大臣去规劝他们，不需动一刀一枪，就能平定叛乱。"李适问卢杞说："你看派谁去合适？"卢杞推荐年老的太子太师颜真卿，李适马上同意了。

其时，颜真卿已是70开外的老人。听说朝廷派他到叛镇那里去，许多文武官员都为他的安全担心。但是，颜真卿却不在意，带了几个随从就出发了。

听说颜真卿来了，李希烈便想给他一个下马威。于是在见面的时候，叫他的部将和养子1000多人围聚在厅堂内外。颜真卿刚刚开始规劝李希烈停止叛乱，那些部将、养子们就冲了上来，个个手里拿着明晃晃的尖刀，围住颜真卿进行谩骂、威胁，摆出要杀他的阵势。颜真卿面不改色，对着他们冷笑。李希烈假惺惺站起来保护颜真卿，让他的部将和养子退下。接着，把颜真卿送进驿馆，想软化他。

过了几天，4个藩镇的首脑都派使者来跟李希烈联络，希望李希烈即位称帝。李希烈大摆筵席款待他们，也请颜真卿参加。4个叛镇派来的使者看到颜真卿来了，都向李希烈祝贺说："早听说颜太师德高望重。现在元帅将要即位称帝，太师正好来到这里，不是有了现成的宰相吗？"颜真卿扬起眉毛，对着4个使者骂道："做什么宰相！我快80了，要杀要剐无所谓，难道会受你们的诱惑、怕你们的威胁吗？"4名使者被颜真卿凛然的神色震住了，缩着脖子不敢说话。

一年以后，李希烈自称楚帝，又派部将逼颜真卿投降。兵士们在囚禁颜真卿的院子里架起柴火，威胁颜真卿说："再不投降，就把你烧死！"颜真卿二话没说，纵身就往柴火跳去，叛将们急忙把他挡住，向李希烈禀报。李希烈想尽办法也没能使颜真卿屈服，就派人逼迫颜真卿自杀了。

◆浑瑊、李晟平兵变的结局如何？

李希烈发动叛乱以后，派兵围攻襄城（在今河南）。公元783年，唐德宗李适命令泾原节度使姚令言率5000士兵去增援襄城。士兵们路过长安的时候，都希望能得到一笔赏赐。可朝廷经济很困难，长安城里一斗米要卖500钱，皇帝什么也没有赏给他们。京兆尹王翔奉命慰劳军队，也只有素菜糙米。士兵们把饭菜倒在地上，怒气冲冲地说："我们要去拼死作战了，却连饭都吃不饱！听说仓库里有的是财物，不如自己去拿吧！"于是他们冲到了长安城里，到处抢劫。京城里乱成一团，李适又惊又怕，慌慌张张地逃到了奉天（在今陕西）。这次泾原兵变历时半年多，历史上称为"泾卒之变"。

兵变的士兵进了宫，听说皇帝跑了，就拥护朱泚来做他们的首领。朱泚接管了长安兵权，在长安立起新朝廷来，自称大秦皇帝，并且亲自带兵进攻奉天。

李适逃到奉天，刚刚喘了口气，朱泚已经打过来了，幸亏禁卫军将军浑瑊赶到。浑瑊本来是郭子仪手下的大将，是个很有威望的将领。朱泚攻了一个月，也没攻下奉天，于是派人造了特别大的云梯攻城。浑瑊在城墙边掘通了地道，地道里堆满了干柴，还在城头准备好大批松脂火把。叛军兵士攀着云梯往上爬，城外的箭像雨点一样射到城里，眼看城就快被攻破了。忽然云梯一架架都陷进地道，地道里烧着的干柴冒出烟火，城头上的唐军又往下扔火把，云梯上的兵士都被烧得焦头烂额。浑瑊带领将士们日日夜夜血战，把朱泚叛军杀得大败。

这时候，奉天又来了两支援军，一支是朔方节度使李怀光率领的，一支是神策军大将李晟率领的。朱泚一看形势不妙，赶快退回长安。

李适命令李怀光和李晟乘胜收复长安。哪料到李怀光到了咸阳，却和朱泚暗中勾结，一起反唐。李晟到了长安城外，前有朱泚、后有李怀光，内无粮草、外无救兵，处境极其危险。在这种情况下，李晟用自己的勇气和决心激励将士，长安附近的唐军都自愿接受李晟指挥，不听李怀光的命令。李怀光害怕起来，就先逃到河中去了。

浑瑊守住了奉天，跟李晟彼此呼应，进逼长安。公元 784 年，李晟收复长安，朱泚被杀。李适回到长安。过了一年，浑瑊又进攻河中，消灭了李怀光。李希烈最后也被部将杀了。李晟、浑瑊为维护唐王朝的统一，立了大功。

◆殷秀实为何被杀？

"泾卒之变"发生后，唐德宗李适逃跑到了奉天；长安城中，姚令言拥立太尉朱泚做主帅。朱泚是原先的泾原节度使，因为弟弟朱滔谋反，他被免职后软禁在长安。朱泚本来就野心勃勃，于是毫不推辞，马上就进了皇宫。

有个叫殷秀实的官员，原来做过节度使，后来改任司农卿，丢了兵权。

朱泚认为殷秀实一定怨恨朝廷，就派几十个骑兵到殷秀实家里，把他接来。

殷秀实不愿意与朱泚同流合污，但是被人拿着刀剑威逼，也只好答应了。他看出朱泚要篡夺皇位，就暗中联合将军刘海宾等人，准备把朱泚杀掉。

一天，朱泚召殷秀实议事，说到自己要做皇帝时，殷秀实满面怒容，夺过别人手里的一块象牙笏，跳到朱泚面前，痛骂道："你这反贼！我恨不得把你碎尸万段，难道还会跟你一道谋反吗！"一面高举象牙笏向朱泚头上猛击下去。朱泚举手挡了一下，象牙笏击中他的前额，顿时鲜血直流，他吓得伏在地上，爬着逃脱了。其他人一拥而上，把殷秀实杀害了。

殷秀实被杀的消息传到奉天，李适懊悔过去没有重用他，不住地掉眼泪。

◆"二王八司马"是指哪个事件？

唐顺宗即帝位时已得了中风病，口不能言，但还是立刻重用王叔文、王伾以及柳宗元、刘禹锡等10人，进行改革。

王叔文等首先从革除弊政入手，废除了宦官进行掠夺的"宫市"和五坊小使。王叔文选拔老将范希朝为左右神策、京西诸镇行营节度使，接管宦官手中的兵权。于是，以俱文珍为首的宦官集团阴谋策动废顺宗、立太子的宫廷政变，以打击革新派。很多地方节度使也纷纷向朝廷上表，称顺宗久病，应当让皇太子监国，积极声援俱文珍。

不久，顺宗被迫让位给太子，是为宪宗，宦官由此得势。随即，"二王"被贬逐，王伾死于贬所，王叔文被赐死，柳宗元、刘禹锡等8人都被贬为边州司马。历史上称这一事件为"二王八司马"事件。

◆"永州八记"的作者是谁？

柳宗元是河东（今山西运城）人，所以也称为柳河东。他从小就非常聪明，能写一手好文章。13岁的时候，他写过一篇文章呈给唐德宗，唐德宗看了非常欣赏，大家都传着看，都认为了不起。他在21岁的时候考上进士，在京城做官。

"永贞革新"失败后，柳宗元受到牵连，被贬为永州（今湖南长沙）司马。他在永州9年，游览山水名胜，探察人民疾苦，写下不少诗文名篇。其中以山水游记最为脍炙人口，它们在柳宗元手中发展成为独立的文学体裁，柳宗元也因而被称为"游记之祖"。

柳宗元在永州写了《始得西山宴游记》《钴鉧潭记》等八篇游记，合称为“永州八记”。这八篇文章并非单纯的景物描摹，而是往往在景物中托意遥远，抒写胸中种种不平，使得山水也带有了人的性格。他在永州还写了不少寓言，有的讽刺贪官污吏，有的讽刺剥削人民的地主。这些寓言流传很广，大家都很爱看。

◆为什么说韩昌黎是语言巨匠？

韩愈，字退之，河南河阳（今河南孟州市）人，祖籍河北昌黎，世称韩昌黎。韩愈 25 岁成为进士，29 岁始登上仕途，但在仕途上屡受挫折。他曾因关中旱饥，上书请免徭役赋税，指斥朝政，被贬为阳山令。又因谏迎佛骨，触怒宪宗，几乎被杀，幸有裴度等援救，改贬为潮州刺史。穆宗即位，他奉召回京，为兵部侍郎，又转吏部侍郎。

韩愈是善于运用语言的巨匠，其散文语言简练、准确、鲜明、生动。他善于创造性地使用古代词语，又善于吸收当代口语创造出新的文学语言，他的散文词汇丰富，绝少陈词滥调，句式的结构灵活多变。例如，《杂说四》以“千里马常有，而伯乐不常有”比喻贤才难遇知己；“只辱于奴隶人之手”，寄寓了他对自己遭遇的深深不平。《进学解》和《送穷文》用对话形式，以自嘲为自夸，以反语为讽刺，揭露当时社会的庸俗腐败，表现了一个有理想的士大夫在黑暗现实中不能妥协的精神。韩愈不顾流俗的诽谤，大胆地为人师，作《师说》，认为“无贵无贱，无长无少”都可以为师，指出师的作用及相师的重要。他的这种见解对于今天仍有参考价值。

◆唐代哪位诗人被称为“诗鬼”？

李贺，字长吉，祖籍陇西，出生于一个没落的士族家庭。18 岁时，李贺来到东都洛阳，拜谒当时的国子监博士、大文学家韩愈。韩愈为了试探李贺的才气，当场出题，要李贺即席赋诗。李贺稍加考虑，便写出了一首七言古风《高轩过》。全诗想象奇特，措辞精绝，警句迭现。韩愈不禁对李贺的才华大加赞赏。

李贺作诗的时候并不遵循固有题目，而是注重到生活中去发掘素材。他每次出门都会让书童背上一个袋子，将一路上的所见所闻写下，放进袋子，等到晚上回家再进行整理。有时，他竟然会写下满满的一袋子。每当看到这些诗稿，李贺的母亲又高兴又心疼，忍不住埋怨他：“你这孩子，难道要把心血都呕出来，才肯罢休吗？”的确，李贺把自己全部的心血都倾注在诗歌创作中。“天若有情天亦老”“石破天惊逗秋雨”，这些千古传诵的佳句，都是他呕尽心血的结晶。

◆韩昌黎是如何教育儿子韩符的？

韩愈的儿子韩符小时候十分贪玩，不肯用心读书。有一次，韩愈给儿子留下一篇《大学》里的文章要他背诵，然后自己就上朝去了。等他下朝回来，发现儿子正在院子里和家人逗蟋蟀。韩愈见了，便把儿子叫到面前，让他背一下自己早上留下的作业。儿子抓耳挠腮，吭哧了半天也没有背出来。

为勉励儿子好好读书，韩愈没有采用粗暴批评的方式，而是提笔写了一首题为《符读书城南》的诗，委婉地劝诫儿子要立志飞黄腾达。诗中有这样的句子：两家各生子，提孩巧相如。少长聚嬉戏，不殊同队鱼。年至十二三，头角稍相疏。二十渐乖张，清沟映污渠。三十骨骼成，乃一龙一猪。飞黄腾踏去，不能顾蟾蜍。意思是：有两个男孩，幼年时容貌相像、活泼灵巧。由于一个好学，一个懒惰，渐渐就分出高低了。到 20 岁时，他们的区别就如清水沟和污水渠一样明显。当 30 岁时，一个就像龙一样在官场上飞黄腾达，而另一个却像癞蛤蟆一样在地上爬。

韩符读了这首生动而富有教育意义的诗后，深受触动，明白了父亲的良苦用心，从此开始认真读书，学问很快就有了长进。

◆白居易为何要求外放杭州当刺史？

白居易 28 岁考中进士，两年后当上了秘书省校书郎这个九品小官。唐宪宗器重他的诗名，提拔他当翰林学士，后又任谏议大夫。在这期间，他写了不少讽刺权贵、反映人民疾苦的诗作，得罪了人，被贬为江州（今江西九江）刺史。还没到任，第二道诏令来了，又被降为江州司马。在江州期间，他写下了著名的叙事长诗《琵琶行》。

唐穆宗继位后，把白居易召回了长安，委以重任。但他厌倦大臣间争权夺利、明争暗斗，就在公元 822 年请求外放到杭州当刺史。他在西湖上筑了一道长堤，蓄水灌田，就是有名的“白堤”，又写了一篇通俗易懂的《钱塘湖石记》，告诉人们如何蓄水泄水。

晚唐的皇帝大多平庸荒唐，白居易的政治理想无法实现，意志逐渐消沉，笃信佛教，最后郁郁而终，葬于洛阳龙门山。时人知道白居易生平嗜酒，前来拜墓时都用酒来祭奠，墓前的土地经常是湿漉漉的。

◆ “朋党之争”描述的是哪段历史？

“朋党之争”是从唐宪宗即位以后开始的。宪宗做了皇帝，想要有所作为。在一次考试中，就命主考官们要注意选拔能够直言敢谏的人。这一年的考生当中，有两个叫李宗闵、牛僧孺的下级官员。由于二人在基层为官，接触到一些社会现实，便在试卷里批评了当时的朝政。考官看考卷，觉得这两个人符合皇上选拔的要求，就把二人推荐给了唐宪宗。

当时的宰相叫李吉甫，士族出身，他自以为门第高贵，向来瞧不起那些科举出身的官员。当他听说出身低微的李宗闵、牛僧孺居然批评朝政，就在宪宗面前诬陷说：“李、牛两人哪里是皇上所想要的人。他们之所以被推荐，不过是与考官的私人交情好。”宪宗听信了李吉甫的话，不仅没提拔李宗闵、牛僧孺，还降了几个考官的职。

后来，李吉甫死了，他的儿子李德裕当上了翰林学士。这时，李宗闵也入朝做了官。李德裕始终忘不了李宗闵批评他父亲的那件事，总想找个机会报复。

公元 820 年，唐宪宗被宦官杀了，立了他的儿子李恒做皇帝，就是唐穆宗。穆宗即位后，又进行进士考试。那年的主考官叫钱徽，是个很正直的人。考试之前，朝中两个大臣因为有熟人参加考试，私下托钱徽照顾，钱徽秉公处理，没理睬他们。正巧李宗闵的一个亲戚应考，却被钱徽选中了，那两个被拒绝的大臣怀恨在心，就在穆宗面前告钱徽徇私舞弊。穆宗问翰林学士，李德裕出于报复，说这事是真的。穆宗很恼火，就降了钱徽的职，把李宗闵也贬谪到外地去了。

李宗闵知道是李德裕害了他，心里自是愤恨不已。牛僧孺很同情李宗闵，就与他结为同盟，又联络了一些科举出身的官员，处处与李德裕对着干。李德裕也不甘示弱，也就同士族出身的官员联合起来，与李宗闵、牛僧孺针锋相对，明争暗斗，弄得越来越厉害。

过了几年，唐文宗即了位。李宗闵依靠宦官的支持，当上了宰相。然后，他又向文宗推荐，把牛僧孺也提为宰相。这两个人大权在握，一同排挤李德裕，把李德裕调往西川。

文宗的皇位是宦官立的，上了台之后又处处受到宦官的控制。对此，文宗很是气恼，就一心想除掉宦官。于是，就发生了“甘露之变”，文宗策划的杀宦官的计谋彻底失败了。在这之前，文宗就被宦官操纵，对到底是用李德裕，还是用牛僧孺没个主见。这样一来，文宗被宦官看得更死，什么都得听宦官的。因此，哪一派与宦官的关系更密切，哪一派就得势、就掌权，而另一派就没好日子过。两派势力在朝廷上就像走马灯似的，转来转去，把朝政搞得一刻也不得安宁。

文宗去世，武宗即位。李德裕又得了势，当上了宰相。他一上台，又大肆排斥李宗闵、牛僧孺，把两个人都贬到外地去了。

公元846年，武宗病死，宦官们立了武宗的叔父李忱做了皇帝，就是唐宣宗。宣宗对朋党之争很是反感，武宗时期的大臣一概不用。直到这时，这场朋党之争才算收了场。然而，40年的争吵、动荡，使日趋没落的大唐王朝更加混乱，不好收拾了。

◆你知道“甘露之变”的经过吗？

公元826年，宦官王守澄等拥立穆宗第二子李昂即位，是为唐文宗。文宗在位期间勤勉听政，倡导节俭，一心一意想除掉辖制自己的宦官。

公元830年，文宗任用宋申锡为宰相，要他秘密铲除宦官势力，但因时机不成熟，计谋破产。后来，文宗生了一场病，急于找医生。正好宦官王守澄手下有个官员叫做郑注，精通医道，王守澄把他推荐给文宗治病，文宗服了他的药，果然病一天天好起来。文宗很高兴，召见郑注，发现郑注口齿伶俐，像个有才干的人，就把他提拔为御史大夫。

郑注有个朋友李训，原是个很不得志的小官员，听到郑注受到朝廷重用，就带了一些礼物求见郑注。郑注正好想找个帮手，便请王守澄把李训推荐给文宗，李训也得到文宗的信任，后来竟被提升为宰相。

文宗既重用郑注、李训，便准备倚重二人剪除宦官。公元835年，郑注建议文宗剥夺王守澄的实权并将他毒死。两人打听到王守澄手下有个宦官仇士良，与王守澄有矛盾，奏请文宗封仇士良为左神策中尉，带领一部分禁卫军。接着，李训又解除了王守澄的兵权。王守澄失了兵权后，文宗给了他一杯毒酒，将其毒死。

接着，郑注和李训计划在下葬王守澄的时候，要求所有宦官都为王守澄送殡，然后以所率亲兵怀藏利斧将其全部砍杀。但李训求功心切，决定抢先下手。公元835年，李训提前在宫中部署了兵力，等文宗上朝后，假称大明宫左金吾大厅之后的石榴树上夜降甘露（甘露是预示天下升平的祥瑞），诱使神策军中尉仇士良等前往，想一举诛杀宦官。没想到，被仇士良看出破绽，他们立即返回大殿，挟持着文宗直往内宫夺路而逃。待缓过神来之后，仇士良立即派兵出宫，追杀所有参加预谋的官员，李训、郑注全家都被杀害，与事变有关无关的朝廷官员也有上千人被杀。

文宗和李训、郑注策划的诛杀弄权宦官的计谋彻底失败了，历史上把这一事件称为“甘露之变”。

◆唐宣宗即位之前是如何做的？

唐宣宗李忱是唐朝的第十六位皇帝，原名李怡，成年后被父亲宪宗封为光王，是穆宗的弟弟、武宗的叔叔。宣宗的母亲原是反贼的小妾，叛乱平定后被宪宗收入宫中，后来产下李忱。出身卑微的宣宗自幼严重寡言，在皇族中有“白痴”的绰号。文宗、武宗兄弟在位的时候，经常于宴饮享乐时逗他说话，以供取笑。公元846年，武宗去世后，宦官们以为“迟钝”的李忱容易控制，于是拥立他为皇帝。然而，宣宗即位后仿佛换了个人，原本失望的朝廷大臣们这才看到他以前隐藏起来的刚毅决断，让心怀不轨的宦官们懊悔不已。

宣宗即位时已经37岁了，他在青年时期曾出家为僧，在登基后不久，便将鼓动武宗“灭佛”的道士赵归真等人处死，随后下诏恢复天下佛寺。为了给父亲宪宗报仇，宣宗又派人毒死了郭太后。在这些事情的处理上，体现出宣宗谋定后动、一击制敌的做事风格。然后，宣宗着手解决了著名的“朋党之争”。

宣宗以勤俭治国，多次减少赋税，还注重人才选拔，使唐朝的上下矛盾有所缓和，百姓日渐富裕。他还趁吐蕃、回纥衰微的时机，派兵收复了河湟之地，打败了吐蕃，使唐朝出现“中兴”局面。在唐朝的历代皇帝中，宣宗是一个较有作为的皇帝，被后人称之为“小太宗”。

◆历史上谁是发现氧气第一人？

世界上最早发现氧气的人是中国唐朝的炼丹家马和。马和认为：空气成分复杂多样，主要由阳气和阴气组成，其中阳气比阴气多得多，阴气可跟可燃物化合，在空气中消失，而阳气则可安然无恙地保留。阴气存在于青石（氧化物）、火硝（硝酸钾）等物质中，加热它们阴气就会放出来。阴气在水中也大量存在，只是很难把它们取出来。马和所讲的阴气阳气就是我们今天所讲的“氧气”和“氮气”。

马和的发现比欧洲早1000多年。马和把毕生研究的成果记录在一本名叫《平龙认》的书中，一直流传到清代，后被德国人趁乱抢走。

◆黄巢起义是一次怎样的历史事件？

公元875年，濮州（今山东鄄城）人王仙芝率领几千人在长垣（在今河南）起义，自称“天补平均大将军”，很快攻占了曹州（在今山东）和濮州。附近农民纷纷加入，起义队伍一下子发展到几万人。

在王仙芝起义军占领的冤句（在今山东）有个私盐贩子黄巢，年轻时曾经到长安应考科举，没有考上。黄巢在长安愤慨地写下了一首《菊花诗》：待到秋来九月八，我花开后百花杀；冲天香阵透长安，满城尽带黄金甲。显示了推翻唐朝的决心。这时，黄巢看到王仙芝起义，也组织几千人起兵响应。

起义军的声势越来越大，朝廷提议招降王仙芝。王仙芝准备接受朝廷招安，黄巢一气之下，自己带领队伍作战去了。王仙芝的力量大大削弱，朝廷便不再理会他。不久，王仙芝兵败被杀，余下的残兵就投奔了黄巢。大家推举黄巢为王，号称“冲天太保均本大将军”。

黄巢带领起义军渡过淮河，向官军力量空虚的南方挺进。他们转战了大半个中国，一直打到了广州。然后，起义军挥师北上，一路势如破竹，很快打到了洛阳，洛阳官员马上开城投降了。接着，黄巢又下令向长安进军，走小路攻破了潼关。唐僖宗由几百个士兵保护着，慌慌张张地逃往成都去了。黄巢带领起义军开进长安，百姓兴高采烈地欢迎起义军进城，街道两旁站满了欢迎的人群。

黄巢在长安当了皇帝，国号叫大齐。新政权建立了，但控制的地方却非常小。黄巢一直流动作战，打下的地方都没有派兵把守；他一走，这些地方又被官军占领了。

唐僖宗逃到成都以后，集结军队把长安包围起来。几十万起义军挤在一起，粮食都吃光了。后来，黄巢手下的大将朱温投降了唐朝，唐僖宗又调来了沙陀族酋长李克用的骑兵，击败了起义军。黄巢见形势不利，就撤出了长安，最后退到泰山狼虎谷，兵败自杀。

第九卷

你退我进，轮番上阵

五代十国

五代十国，这个时代犹如一出出浓墨重彩的大戏，一个个军阀权贵、草莽英雄你方唱罢我登场，演绎出一段段恩怨情仇、一幕幕悲喜交加……

◆何谓“五代十国”？

五代从年表上说，起于开平元年（907年）朱温建立后梁。然而要讲这段历史，不能不上推二十余年，从唐僖宗中和三年（883年）朱温做宣武节度使，或中和四年黄巢起义失败讲起：这是因为，五代初期的主要割据者，在9世纪的80年代中期或90年代初期，已经各占一方。尽管他们还没有称王称帝，实际上天下已经分裂了。

五代是唐朝末年藩镇割据混战的继续和发展。中原五个王朝前后相继，最短的后汉只存在了四年。每个朝代更迭之时，无不经过一番争战，中原人民所受的苦难十分深重。除中原之外，又有十国，终五代之世，与中原王朝并存的，常有六七个或七八个政权。分裂的程度几乎与战国不相上下。

十国有九个在秦岭淮河以南。大致说来，沿长江由西而东，分成巴蜀、两湖、江淮、两浙四个地区，再加上福建、两广，一共是六个地区。南方九国先后分别在这些地区中活动。巴蜀先有前蜀，后有后蜀。两湖则荆南占有以湖北江陵为中心的一小片地方，楚占有幅员广大的湖南。这个地区始终存在着一大一小两个国家。江淮先有吴，后有南唐。他们的版图西到鄂东，东至江西，是南方最强大的割据势力。其余两浙的吴越、福建的闽、广东和广西一部分的南汉，各自占有一个地区。与中原王朝同时并存的南方国家，一般有七个。

十国只有一个在北方，即北汉。北汉是后汉的残余势力，占有山西省的大部分和陕西的东北角。在后周以前，这个国并不存在。

北方原有唐朝留下来的许多藩镇，河东的李克用就是其中之一。残唐和后梁时，朱温（后梁太祖）一直同李克用父子对峙。朱、李两家与河北的旧藩镇时和时战，几个旧藩镇时而亲朱，时而亲李，关系极其复杂。朱温称帝的时候，旧藩镇多数已被两家吞并，然而幽沧（幽州和沧州）的燕（刘仁恭父子）和陕西凤翔一带的岐（李茂贞）仍旧保持着独立的地位。他们的实力比南方某些国家强得多，但是却没有算到十国里去。

北方还有一种情形。五代初年，正是契丹崛起的时候。朱温称帝之年刚好是契丹族领袖耶律阿保机登位的那年（当然，阿保机称帝是九年以后的事情）。朱梁的北面有李、刘两家统治的地区，把它和契丹隔开，但唐、晋、汉、周都和契丹对峙。这样错综复杂的情形，在我国几千年的历史上，极为罕见。因此，五代十国时期的兴废争战之事，波澜起伏，与历史上许多时期相比，都更加地频繁。

在这样一个时期里，人民遭到的苦难异常严重。暴君横行无忌，贪官酷吏的剥削和压迫，无所不用其极。唐代的名城，如长安、洛阳、扬州，都曾化为废墟。昔人常把五代叫作“五季”，“季”即“季世”，也就是“末代”的意思。宋朝欧阳修著《新五代史》，叙事议论常用“呜呼”两字开始。

但是五代十国史毕竟也有另外的一面。五代十国实际是唐宋两朝之间继往开来的时期。史家或习惯于把五代附于隋唐之后，叫隋唐五代，或主张把它与辽、宋、金、元划为一个阶段。五代是一个从分裂混乱走向统一安定的过渡时期。从唐代中叶的安史之乱到北宋开国的二百年，是一个探索的过程。以均田制为经济基础的统一王朝瓦解后，政府在不能直接掌握大量土地、牢固控制大量人丁的条件下，怎样才能保持统一和集权？这个问题直到宋初才被解决。五代时期的混乱现象给统治者提供了许多教训，五代后期的统治者如郭威、柴荣已经在总结经验教训，摸索新的出路。这些教训，一定程度上影响了宋朝的治平方案。

◆朱全忠当上皇帝了吗？

公元907年，唐昭宣帝被逼下诏，定于当年二月禅位。三月，昭宣帝正式降御札禅位于朱全忠。四月，梁王朱全忠更名朱晃，服衮冕，即皇帝位，改元开平，建都汴州，国号梁。废唐西京长安，改称大安府，置佑国军。以昭宣帝为济阴王，第二年将其杀死。就这样，统治了近三百年的唐王朝，被唐僖宗赐名“全忠”、要他效忠唐室的朱温灭掉了。大梁建立后，各地割据势力纷纷效仿，建立地方割据政权。中国社会进入五代十国的割据混战时期。

◆为什么李克用被称为“飞虎子”？

作为西突厥旁支的沙陀族，从唐太宗时就开始效忠唐朝，世代守土拓边。沙陀人李克用的父亲朱邪赤心因为镇压唐末庞勋领导的农民起义有功而被赐名为李国昌。骁勇善战的李克用15岁时就开始跟随父亲南征北战，一箭双雕的骑射功夫更是威震西北，在军中被誉为“飞虎子”。

黄巢攻占长安以后，唐僖宗召当时任雁门节度使的李克用率兵来镇压起义军，李克用率领由沙陀军队与鞑靼骑兵组成的35000人的联军打败起义军，率先攻入长安，时年28岁的李克用因此被封为河东节度使，后又加封为晋王。当黄巢从长安退到河南的时候，兵力还很强。有一次，黄巢起义军攻打汴州，宣武节度使朱温（即朱全忠）向李克用求救。李克用打败起义军后，朱温假意将李克用请入汴州盛情款待，想借机除掉他。入夜后，朱温派军队围攻李克用居住的上源驿，酒醉的李克用靠着几名卫士的拼死保护，在突如其来的暴雨和电闪雷鸣之中逃出了汴州。从此之后，以太原为根据地的李克用和以汴州为根据地的朱温两大军事集团反目成仇，开始了长达40年的争战。

公元908年，与朱温争斗了20多年的李克用突然毒疮发作病逝。去世前，李克用向将领们托孤说：“我的儿子志向远大，必定能成就我的事业，你们要好好辅佐他。”然后，把儿子李存勖叫到床边，说：“朱温是咱家的仇家；刘仁恭是我保举上去的，后来他反复无常，投靠朱温；契丹曾经跟我结为兄弟，结果撕毁盟约。这几口气没出，我死了也闭不上眼睛。”说着，他吩咐侍从去拿3支箭来，亲手交给李存勖说："这3支箭留给你，你要记住3个仇人，给咱家报仇。"李存勖跪在床边含着眼泪，接过箭，表示一定牢记父亲的嘱咐。

◆**建立前蜀政权的王建名声如何？**

王建，许州（今河南舞阳）人，字光图，年轻时是个无赖，杀牛、偷驴、贩卖私盐无所不为，在当地百姓眼里是个不务正业的人，大家都很讨厌他，正巧他姓王，又排行第八，所以给他起了一个不好听的外号：贼王八。虽然名声极坏，但王建的相貌却很出众，人也很强壮，在战乱时期投奔了蔡州节度使秦宗权。黄巢起义军攻占长安后，唐僖宗被迫出逃蜀地。秦宗权命监军杨复光率领王建等将领一起镇压黄巢起义军。杨复光死后，王建领兵直接去投奔唐僖宗。长安收复后，唐僖宗又回到了故都，王建等人因为护驾有功，被任命为禁军的将领，负责宫廷的护卫。后来，当河中节度使王重荣联合河东兵进攻长安时，唐僖宗只得再次出逃，王建一路上忠心护主。在以后的混乱中，王建被任命为蜀地壁州（今四川通江）的刺史；后来，他又攻下了附近的两个州：阆州（今四川阆中）和利州（今四川广元），这成了他最初的根据地。王建通过各种手段占领成都后，拥有了西川之地，于是他又发兵进攻东川，并趁机占领了东川的统治中心梓州（今四川三台）。西川和东川到手后，王建又利用各种机会巧取豪夺，占领了很多地方，大唐朝廷封王建为蜀王。

朱温称帝后，王建也在成都称帝，建国号蜀，为和以后孟知祥建立的后蜀区别，史称前蜀。公元918年，王建病死，享年72岁，其子王衍即位。

◆**钱镠因何被百姓称为"海龙王"？**

公元907年，朱温代唐，建立了梁朝。朱温一即位，镇海（治所在今浙江杭州）节度使钱镠第一个派人到汴京祝贺，表示愿意臣服于梁。朱温很高兴，把他封为吴越王。

钱镠长期在混乱动荡的环境里生活，养成了保持警惕的习惯。他给自己做了个"警枕"，就是用一段滚圆的木头做枕头，倦了就斜靠着它休息；如果睡熟了，头从枕上滑下，人也惊醒过来了。

钱镠除了自己保持警惕外，还严格要求他的将士。每天夜里，兵士在他住所周围值更巡逻。一天晚上，值更的兵士坐在墙脚边打瞌睡，隔墙飞来几颗铜弹子，正好掉在兵士身边，惊醒了兵士。兵士们后来才知道这些铜弹子是钱镠打过来的，就不敢在值更的时候打盹了。

后来，钱镠征发民工修筑钱塘江的石堤和沿江的水闸，这样就有效地防止了海水倒灌；又叫人把江里的大礁石凿平，方便船只来往。民间因他在兴修水利方面的贡献，给他起了个“海龙王”的外号。

◆刘陟是怎样称帝建南汉的？

公元917年，刘陟下令停止向朱温朝贡，在番禺称帝，建国号大越，第二年，又改国号为汉，史称南汉。做了皇帝后，刘陟造了一个字“䶮”，上“龙”下“天”，读“俨”，做自己的名字。

南汉政权的建立，促进了海上贸易。刘家原是南海富商，刘隐弟兄称王称帝后，贪欲更加发展，竭力搜罗南海珍宝。这种商业纯粹是为统治者的奢华生活服务，但使广州这个港口日益繁华。

刘䶮在位时，还有一件不可不提的大事。交州（今越南北部）本来是南汉静海军。公元937年，节度使杨廷艺被牙将矫公羡杀死。次年，牙将吴权攻杀矫公羡。刘䶮以助矫氏为名，想打败吴权，派自己的儿子做节度使。公元939年，吴权打败南汉军，称王。这是越南吴朝的开始。

刘䶮死后，他的几个儿子相互争夺权位，到了刘鋹即位后，政治更加腐败。公元971年，南汉为宋将潘美所灭。

◆柏乡之战获胜的是哪一方？

朱温称帝后，李克用打着“匡复唐室”的旗号，联络其他割据势力反对朱温，成为后梁的劲敌，双方展开了争夺战争。

朱温建后梁的第二年，李克用病死，其子李存勖称晋王。李存勖为了收揽人心、巩固统治，准备对后梁用兵，采取了“举贤才、黜贪残、宽租赋、抚孤穷、伸冤滥、禁奸盗”等稳定社会的措施。在军事上，他根据河东地狭兵少的情况，着力于整治军纪、训练士卒，规定军律：骑兵不见敌不得乘马，以保持部队充沛的战斗力；在行军和作战中，要保持严整的队形和阵式，不得相互逾越或者为避险而停滞不前；部队分道向预定目标集结时，不得延误时间，违者必斩；等等。由于李存勖采取了这些措施，为尔后兼山东、取河南奠定了基础。

公元910年年底，朱温派兵进攻河北地区，进至柏乡（今河北柏乡），李存勖率军援助成德节度使、赵王王镕迎击朱温于柏乡之北。李存勖采纳了周德威的建议，晋军改变与梁军在野河的对峙态势，主动拔营退至高邑。退至高邑后，李存勖每日派少量骑兵对梁营周围实行袭扰。梁军不敢出城割草饲马，到最后只得拆茅屋、坐席喂马，马匹饿毙者甚多。

公元911年年初，李存勖再次采纳了周德威的建议。两军战至黄昏，梁军尚未进食，士卒饥疲不堪，梁将王景仁便引军稍向后退。周德威见战机已到，立即命令精锐骑兵向东、西两阵之梁军发起猛烈攻击。梁军遭到突袭，顿时阵脚大乱，东阵之兵先退。晋将李嗣源率军直捣梁军西阵，并令士卒大声宣扬已夺取了东阵，以扰乱梁军军心。于是，西阵梁军开始溃逃。晋将李存璋率骑兵乘势追击，边追边喊“不杀降者”，梁军士卒纷纷“解甲投兵而弃之”。晋军与成德节度使、赵王王镕的军队挥军追击，梁军溃散奔逃，死伤甚众，“自野河至柏乡，僵尸蔽地”。

晋军占领柏乡，屯深、冀二州的梁将杜廷隐听到柏乡战败，也弃城逃走。此战，梁军除解甲弃兵投降溃散者外，共被歼2万余人，损失粮食、器械不计其数。梁军4万人仅剩数千人逃往河南。由于柏乡之战的胜利，晋军控制了镇、定等州及河北广大地区，为以后夺取全部河北，进一步灭梁建唐（后唐）奠定了重要基础。

◆将契丹国改为辽的是哪个帝王？

公元916年，耶律阿保机称帝。他废除部落联盟旧制度，按照汉族的政治模式建立了契丹国，并仿照汉人的王朝体制，采用皇帝称号，自称“天皇帝”。

建立政权后，耶律阿保机亲自征服了突厥、吐浑、党项、沙陀、阻卜等部落，攻灭了渤海国。耶律阿保机在文化建设上也有所成就，他创制了契丹文字，这种文字用了近300年才逐渐被废弃。后来，耶律阿保机病逝于扶余府（在今内蒙古），继位的是他的儿子耶律德光。耶律德光穿着汉人的衣服接受了百官的朝贺，正式将契丹国名改为辽，将年号改为大同。

◆李存勖是否完成了父亲的遗命？

李存勖小名亚子，是唐末河东节度使李克用（被唐封为晋王）的长子，自幼喜欢骑马射箭，胆识过人，为李克用所宠爱。李存勖少年时随父作战，11岁时就与父亲到长安向唐廷报功，得到了唐昭宗的赏赐和夸奖。公元908年，李克用病死，李存勖袭晋王位。李克用临死时，嘱咐李存勖要完成三件大事：一是讨伐燕王刘守光，攻克幽州（今北京一带）；二是征讨契丹，解除北方边境的威胁；第三就是要消灭宿敌朱全忠。

公元 911 年，后燕国主刘守光进攻容城（今河北容城北），结果被晋军反攻至幽州城下。刘守光只得向朱全忠求救。朱全忠闻讯，随即带领几十万梁军北上救燕。梁军浩浩荡荡杀奔而来，而赵州的晋军只有少数人马。李存勖知道不能力敌，只能智取。于是他使巧计让朱全忠以为晋的大军已经到来，吓跑了朱全忠的几十万人马。接着，他攻破燕地，将刘守光活捉回太原。9 年后，李存勖大破契丹兵，将耶律阿保机赶回北方。经过十多年征伐，李存勖基本上完成了父亲的遗命。

◆孟知祥是怎样建立后蜀的？

后蜀是孟知祥所建，定都成都，盛时疆域约为今四川大部、甘肃东南部、陕西南部、湖北西部。

孟知祥是李克用的侄女婿，李存勖灭前蜀后，派他去镇守蜀地，亲戚关系是一个很重要的原因。另外，灭蜀的主将郭崇韬早年受过孟知祥的推荐，这时就推举他为镇蜀的最佳人选，也起了促成的作用。公元 925 年他受到委派，次年正月到差。当年后唐发生政变，庄宗被杀，明宗即位。此后，孟知祥便和后唐政府若即若离，俨然是割据一方的霸主了。

孟知祥所占本只有西川，东川另有节度使董璋。后来，孟知祥兼并了东川。孟知祥和他手下的大臣将相都是后唐的官僚，其中还有从后梁降唐的人员。这批人一般都没有卓越的见识和魄力，孟知祥能够做的，不过是收拾王氏前蜀的残局，使蜀中恢复小康粗安的状态。

孟知祥初到成都的时候，蜀中农民正因苦于前蜀的暴政，群起反抗。孟知祥一面派兵镇压；一面选用比较廉明的人员做地方官，免除苛捐杂税，招集流散的人口，使社会情形逐渐稳定下来。经过了一番经营，蜀中逐渐稳定了。

公元 934 年，孟知祥称帝，国号为蜀，历史称为后蜀；同年，孟知祥病死，后蜀进入其子孟昶统治时期。

◆为什么说石敬瑭称帝是无耻之举？

后唐明宗李嗣源死后，他的儿子李从珂做了后唐皇帝，是为唐末帝。早在李嗣源在位时，李从珂便与他的姐夫、河东节度使石敬瑭不和，等到他登基后，两人公开决裂。李从珂派人进攻石敬瑭，石敬瑭便向辽国求救。辽国皇帝耶律德光立刻出兵援救晋阳

（今山西太原），把唐军打得大败。耶律德光来到晋阳后，石敬瑭亲自出城迎接，无耻地把比他小10岁的耶律德光称作父亲，耶律德光便正式宣布石敬瑭为皇帝。

石敬瑭称帝后，立刻按照原来答应的条件，把幽云十六州送给了辽国。石敬瑭对耶律德光感恩戴德，向辽国上奏章，把辽国国主称作"父皇帝"，自己称"儿皇帝"。石敬瑭在位6年，向契丹派遣使者43次，唯唯诺诺、如履薄冰，既不敢得罪契丹，又惧怕手握重兵的大将杨光远、刘知远，忧郁成疾，51岁时便在屈辱中死去。

◆徐知诰是怎样建立南唐的？

徐知诰，徐州（今江苏徐州）人，原姓潘。6岁时，徐知诰的父亲就在战乱中去世了，他随母亲跟着伯父一起到了淮南。不久，母亲也不幸去世，成了孤儿的徐知诰只好到寺庙里勉强维生。后来，淮南节度使杨行密在濠州（今安徽凤阳）遇到徐知诰，见他聪明机灵，长得也很招人喜爱，于是把他带到属将徐温家，徐知诰就做了徐温的养子，改名为徐知诰。

杨行密去世后，徐温逐渐掌握了军政大权，拥立杨行密的次子杨隆演建立了吴国；杨隆演死后，徐温又为杨行密的四子杨溥谋划称帝，因而成为吴国的第一大臣。徐知诰长大后相貌出众、胆略过人，他为人厚道，待人诚恳，人缘也很好，威望高过徐温的其他儿子。徐温的长子徐知训对他异常忌恨，好几次想加害于他，但都因为徐知诰人缘好而化险为夷。徐温让徐知诰做楼船军使，率领水军驻守在金陵（今江苏南京），徐知诰随军出征立下战功后，被任命为升州（今南京）刺史。他勤政爱民，把升州治理得井井有条，徐温看后非常高兴，于是就让他去治理润州（今江苏镇江）。后来，驻守扬州的徐知训因对属下极度欺凌而被大将朱瑾杀死，扬州顿时大乱。徐知诰受命平定了朱瑾的叛乱，徐温便让徐知诰治理扬州。徐知诰凭着他爱民如子的作风赢得了当地百姓和将士的爱戴。徐温病死在金陵后，徐知诰马上行动起来，取得了徐温的权臣职位，最后将杨溥推上了皇帝的宝座，自己掌握朝中实权。杨溥封徐知诰为东海郡王。

公元937年，杨溥被迫让位，徐知诰正式称帝，建国号大齐，以金陵为都城。称帝建国后，徐知诰改名为李昪，将国号改为唐，史称南唐。

登上帝位后，徐知诰继续实施仁

政，为江淮一带经济的发展作出了重要贡献。

◆晋辽开战的结果如何？

公元 946 年，辽国指使赵延寿和瀛州刺史诈降后晋，暗送假情报。十月，晋中计，任杜威为元帅、李守贞为副帅，率宋彦筠等诸军击辽。杜威早存卖国的奸心，要求禁军都随大军出发。杜威派密使去见辽主，要求重赏。辽主对密使说，赵延寿资望欠高，怕不够做皇帝，杜威来降，该让杜威做。杜威大喜，决计投降。

同年十一月，晋军至瀛州，州城城门洞开、寂若无人，杜威不敢轻易进取。被切断了粮道和归路后，杜威便与李守贞密谋降辽。辽军因此得恒州，而后南下，派张彦泽率骑兵 2000 先取开封。张彦泽长驱直入，出帝作降表，自称“孙男臣重贵”，太后李氏也上降表，自称“新妇李氏妾”。至此，后晋灭亡。

公元 947 年，耶律德光到了开封，遣骑兵 300 押石重贵一家男女到辽国。这个亡国奴被安置在建州（在今辽宁），忍受无限耻辱，苟活了 18 年，到公元 964 年才死去。

◆谁建立了后汉？

刘知远，沙陀族人。刘知远小时候性格很内向，平时寡言少语，体质较弱，经常得病，他的眼睛白多黑少，加上脸色紫黑，给人一种很威严的感觉。由于生活困难，他不得已到一个姓李的大户人家去当上门女婿。在宗法社会，这种女婿叫做赘婿，社会地位几乎到了最底层，备受歧视。在一次牧马时，因为马踏坏了寺庙属地的庄稼，刘知远被僧人捆绑起来，打了一顿。刘知远不甘心这样混一辈子，寻机干一番事业。不久，他就投到李嗣源的手下当了兵，由于作战勇敢，被升为偏将，和石敬瑭一起共事。刘知远曾两次救了石敬瑭，石敬瑭感激他的救命之恩，就重用他，任命他为兵马总管。

石敬瑭做了“儿皇帝”后，想削弱刘知远的权力，于是找了个借口将他调出京城，后来干脆免除了他禁军统帅的职务。刘知远开始为以后做打算，专心经营河东地盘。石敬瑭死后，他的儿子石重贵继位，对契丹态度开始强硬起来。在后晋和契丹的 3 次大战中，刘知远没有派一兵一卒相救，而是坐收渔翁之利。公元 947 年，刘知远听从了部将郭威的建议，在太原称帝。但他为了笼络军心民心，宣布用石敬瑭原来的年号，不用石重贵的开运年号，进入洛阳后，他才正式改了国号为汉，历史上称为后汉。

◆谁的继位标志着后汉的灭亡？

郭威，字文仲，邢州尧山（今河北隆尧）人，18 岁从军。后晋末，曾协助刘知远建后汉，任枢密副使。刘知远做了 11 个月皇帝就死了，他的儿子刘承祐即位，史称后汉隐帝。郭威时任枢密使，负责征伐之事，并平定汉中、永兴、凤翔三镇叛乱。

随着年龄的增长，隐帝对约束他的杨邠、史弘肇、王章、郭威 4 位大臣产生不满情绪，便想除掉他们。李太后反对他这么做，刘承祐竟说："国家大事，闺门里的妇人知道什么。"于是，隐帝将杨邠、史弘肇、王章 3 位大臣杀死后，秘密派人到邺都杀害大将郭威，郭威被迫发动兵变，南下攻打汴京。不久，刘承祐被一起逃亡的宠臣郭久明杀死。郭威入城后，让李太后主持政事，另立刘赟为帝。

公元 950 年，郭威率大军前去抗辽，行到澶州时，数千名将士鼓噪起来，将黄旗披在郭威身上，要拥戴郭威为皇帝，当时四周呼喊万岁的声音惊天动地。于是，郭威率大军返回东京，后汉百官都出城迎接，并劝他登基为帝。郭威接受了他们的建议，自任监国。第二年正月，李太后无奈下诰书，授与郭威皇帝玉符，郭威即位（是为后周太祖），国号周，改元为广顺。后汉从此灭亡。

◆北汉由谁建立？

刘崇，刘知远的弟弟，后改名为刘文。刘崇长相出众，有一副美髯，而且重瞳。但刘崇年轻的时候嗜酒成性，又喜好赌博，基本上也是个无赖。20 岁时，他应募到河东李克用的军队中，后来升为军校。刘崇自己并没有多少本事，但他有哥哥刘知远的提拔，因此升得很快，在刘知远做河东节度使的时候，就提拔他为河东马步军都指挥使。

刘知远起兵太原，做了后汉皇帝，最后驱逐了辽国势力，将原来河东这块根据地交给了弟弟刘崇掌管。后汉隐帝刘承祐即位以后，刘崇和郭威等人的矛盾开始日益加深，郭威等人对他这个权势极大的皇亲也很不放心，双方的猜疑使得他们的关系逐渐紧张起来。后来，郭威被迫发动兵变，攻下汴京后，让李太后主持朝政，并请刘崇的儿子刘赟继位，以蒙骗刘崇。不久，郭威便称帝了，还派人将刘赟杀死。刘崇闻讯，这才彻底醒悟过来，自己也跟着称帝，沿用后汉的国号和年号，历史上称为北汉。

刘崇为报杀子之仇，也和石敬瑭一样联合辽国，但没有做“儿皇帝”，最后确定了叔侄关系。但刘崇出兵北周三战三败，第 3 次还差一点丢了性命，后受到惊吓而死，终年 60 岁。

◆周世宗柴荣的改革成效如何？

公元 954 年，郭威病逝，义子柴荣继位，是为周世宗。柴荣是郭威的内侄，其姑柴氏为郭威的圣穆皇后。柴荣幼时在郭威家住，为人谨厚，深得郭威喜爱，郭威收为义子。柴荣成人后气貌英伟，善骑射，性沉重寡言。公元 950 年，郭威出任邺都留守、天雄节度使，柴荣为天雄牙内都指挥使；同年底，郭威推翻后汉政权后，柴荣被任命为澶州刺史、检校太傅、同中书门下平章事。柴荣即位后，立卫国夫人符氏为皇后，改元显德。

柴荣继郭威为帝后，在军事、政治、经济上继续进行整顿，加强了封建中央集权。对内，柴荣命殿前都虞侯赵匡胤简选禁军，整顿军队；重用贤臣王朴；诏令抑佛；敕令立监采铜铸钱；颁发均田图；扩建开封外城。对外，柴荣亲征北汉；夺取后蜀秦（治今甘肃秦安北）、阶（治今甘肃武都）、凤（在今陕西）等州；南唐称臣，尽得南唐江北 14 州 60 县；北征辽国。公元 959 年，柴荣病逝，年仅 39 岁，其 7 岁幼子柴宗训即位。

周世宗柴荣在位 6 年，励精图治，兴修水利，革除陈俗陋规，减免苛捐杂税，整顿法制，裁汰冗兵冗将，重建军队，加强封建中央集权，又筹谋统一大业，是五代颇有作为的君主。

◆谁是五代争议最多的宰相？

唐朝灭亡以后，中原地区相继出现了五个朝代，历史上称为后梁、后唐、后晋、后汉、后周，合起来称为五代。后梁和后周的君主是汉族人，后唐、后晋和后汉的君主是沙陀族人。这些朝代统治的年代都不长，合起来也不过 54 年。这期间皇权更迭，将相沉浮，但有个人像不倒翁一样，左右摇摆却始终屹立不倒，他就是历史上争议最多的宰相冯道。

有一次，冯道请人为他讲解《道德经》，第一句就是“道可道、非常道”。当时规定宰相的名字是必须“避讳”的，也就是不能说“道”字，而要用其他说法来代替。那人战战兢兢地念道：“不敢说，可不敢说，非常不敢说。”冯道哈哈大笑，让他直言不讳即可。

第十卷

前有“黄袍加身”、后有壮烈投海

繁荣与屈辱并存的两宋王朝

从赵匡胤“黄袍加身”到崖山投海宋朝灭，大宋王朝存在了320年，这个时代里有忠贞不二的千古名臣，寇准、李垂、包拯、张咏、富弼、文天祥……一个个名字彪炳史册；这个时代里有文擅天下的大家，范仲淹、欧阳修、王安石、苏洵、苏轼、苏辙、陆游……每个名字足以名动天下；这个时代有《太平御览》《梦溪笔谈》《清明上河图》……文化、科技、艺术的成就独步于世界；这个时代里有决胜千里的将帅，狄青、宗泽、韩世忠、岳飞、虞允文……个个都名垂千古！

◆赵匡胤靠什么“黄袍加身”？

郭威登基3年后病故，周世宗柴荣继位。赵匡胤随柴荣在历次战斗中，屡立功勋，逐渐升至忠义军节度使。公元959年，柴荣病逝前任命他的亲信大将赵匡胤为检校太尉、殿前都点检，掌握了精锐的中央部队——禁军的指挥大权。

过了不久，柴荣驾崩，他的儿子柴宗训继位。公元960年初，北汉刘崇见柴宗训年纪幼小，便趁虚而入，勾结辽兵来犯。符太后接受宰相范质的建议，让赵匡胤率兵北征。

北征的后周大军冒着漫天大雪行军至陈桥驿（今河南开封东北陈桥镇）时，又冷又饿，于是就地扎营休息。这时，有人提议拥立赵匡胤做皇帝，众将士群起响应。当晚，许多人冒雪去见赵匡义（赵匡胤之弟）和赵普。听了众将来意后，赵匡义和赵普立即派人飞骑往京城见留守的大将军石守信和王审琦。石、王二人当即表态，如果大军有所动作，他俩愿做内应。赵普自柴宗训继位之后，就忧心忡忡，他看出：幼主难以控制朝廷，如不推选明主，就有亡国之乱。与其败在别人之手，不如拥立贤德英武的赵匡胤，还可免百姓离乱涂炭之苦。思谋日久，他便与赵匡义以及众将士商议拥立赵匡胤为帝。但每次在赵匡胤面前提起此事，都遭到他严厉斥责。此时军心如此，赵普就与众位将领谋划了一个计策，逼赵匡胤即位。

次日早晨，赵匡义和赵普走入赵匡胤大帐，将他拉出大帐。此刻，早已等候在帐外的军士们不待赵匡胤开口说话，一下子围上去，将已准备好的一件龙袍披在他身上，向他行三拜九叩之大礼，赵匡胤一脸惊讶地说：“这怎么可以？这怎么可以呢！”众将立即下跪，齐呼：“万岁！万岁！万万岁！”赵匡胤无可奈何地说：“事已至此，我就是脱下黄袍，也是死罪了。既然众将拥我为帝，请大家听从我的号令。”众将齐答：“愿听号令。”赵匡胤持剑说：“我下令，现在大军即刻回师京城。进城以后，不得对太后和皇上无礼，不得惊动朝臣，不得骚扰百姓，有违抗者斩！”然后，大家将赵匡胤拥上马背，要他回汴京，荣登皇帝宝座。

赵匡胤一行三日后回到汴京，朝中文武百官闻听此事面面相觑，朝中并无可以与赵匡胤匹敌的大将，无力征讨，大家一时都没了主意。侍卫亲军副都指挥使韩通从闻听赵匡胤要背叛周廷，自己当皇帝，不由得火冒三丈。从朝中急返自己的府第，要召集人马抵抗。消息传出，赵匡胤手下的将士一涌而入韩通从府第，将他和他的全家尽数杀死。

朝中大臣得知此事，愈发不敢反对赵匡胤。于是让范质、王博等朝中大官为代表去见赵匡胤。赵匡胤一见二人，流着泪说：“先帝待我恩重如山，今日我被将士逼到这步田地，叫我怎么办才好呢！”范质、王博没想到赵匡胤会这样，一时竟不知如何是好。片刻后，还是范质反应快，忙跪地叩头道：“此乃天意，赵将军被拥立为帝，也是我朝百姓之福，就不必再推托了。”言毕，口呼“万岁”。众官员见状，纷纷效仿。

小皇帝柴宗训在符太后的安排下

宣布禅位，赵匡胤做了皇帝，是为宋太祖，正式定国号为大宋，年号为建隆，定都于汴京（今开封）。

◆ “杯酒释兵权”有什么用意？

公元961年的某个秋夜，赵匡胤在宫内设下筵席，召集众将一起喝酒，武将席位中有石守信、王审琦等人。王审琦当时是殿前都指挥，与石守信同样军权在握。殿内点满灯笼，整个房间灯火辉煌，赵匡胤与众将军推杯换盏，酒兴正浓。这时，赵匡胤举起酒杯，动情地对大家说：“今日在座诸位，有的与朕是结义兄弟，有的追随朕多年。今天我们能坐在一起痛饮，真是让我高兴！今日大家都无须多礼，只管畅怀欢饮。”将领们全站起来，举杯向赵匡胤敬酒：“祝圣上寿比南山。今后有什么事情圣上只管吩咐，我们粉身碎骨也要为圣上出力。”不料赵匡胤放下酒杯，长长叹了一口气，众人见状，疑惑地问：“如今天下太平，圣上干嘛哀声叹气的呢？”

赵匡胤意味深长地说：“诸位爱将有所不知，这些天我就没有睡过一个安稳觉。”众人急忙问：“为什么会这样？”

赵匡胤接着说：“古人说：‘皇帝轮流坐，明年到我家。’谁不想做皇帝呀，今日我赵匡胤坐在皇位上，不知明日皇位之上又坐的是谁！”大家纷纷表态说：“我们至死都拥戴圣上，决没有异心！”

赵匡胤说：“不是这样，朕怎能不相信你们呢？只不过有朝一日你们的部下把一件黄袍披在你们身上，到时你们能保证不动心吗？真若到了那个地步，咱们君臣战场相见，那可怎么办是好呢？！”

众人一听，个个都汗流浃背，纷纷倒地求问，“这可怎么办？圣上快给想个办法，我们全部照办。”

这时，赵匡胤不慌不忙地说：“人无非追求安乐富贵，子子孙孙不受罪罢了。若是你们交回兵权，我给你们丰厚的钱财，让你们添置田地房屋，再买一些歌姬舞女，天天享乐。那样，我对你们没有猜疑，你们也过着省心的好日子，你们说好不好？”众人听罢，一起对赵匡胤说：“悉听圣上安排。”赵匡胤笑道：“大家不必拘谨，快快起身痛饮。”

次日，众将借口有病，请求朝廷收回兵权，宋太祖痛快地答应了，封了众将有职无权的大官，赏赐给他们许多钱财、土地。自此，赵匡胤便把军权收归己有了。这就是史上有名的

“杯酒释兵权”的故事。

◆“雪夜定策”是怎么回事?

赵匡胤自从做了皇帝，还是不忘旧日情谊，喜欢穿上便服，到一些功臣家聊聊天。文武百官都知道赵匡胤的这个特点，下朝回家后，都不敢脱掉朝服，生怕赵匡胤什么时候跑到家里来，弄个措手不及。对此，赵普最为清楚，因为赵匡胤去得最多的，就是他的家。

这天晚上，天下起了大雪，转眼已是白茫茫一片。赵普想：这么大的雪，皇帝该不会来了吧。于是，就脱掉朝服，和妻子一起坐在火炉边，说话谈心。老夫妻俩正说着话，忽然响起了一阵敲门声。赵普打开大门，只见赵匡胤披件斗篷站在雪地里，他连忙请赵匡胤进屋，说:“天这么晚了，又下大雪，真没想到皇上还会出来。”赵匡胤抖抖身上的雪，边说边往里走:“有件事总决定不下来，弄得睡也睡不好。反正睡不着，不如出来同你商量一下。”

赵普关上门，跟在赵匡胤后面进了屋。赵普的妻子忙向赵匡胤行礼，然后拨红炭火，在炉上炖上肉，又拿出酒来招待赵匡胤。她知道赵匡胤喜欢边喝酒边说话，因此，赵匡胤一来，就按照惯例张罗起来，然后打声招呼，就先去睡了。

君臣二人围着火炉喝酒，赵匡胤一杯酒下肚，说:“当皇帝以来，我是一天好觉也没睡过啊！一榻之外，都是别人家的天下，叫我怎么能安心睡觉呢?”赵普轻声问:“皇上是想统一天下吧?目前倒确实是个好时机，但不知陛下想从哪里入手呢?”赵匡胤微微一笑，故意说:“我想出兵太原，先打北汉。”赵普沉默许久才说:“这一安排臣下不能赞同。”接着，赵普继续说:“太原一城挡西北两面，如果我们攻下了太原，这两边的防御就要靠我们独自担当了。我们就会受到辽朝的直接威胁。不如先拿下南方各国，回过头再取北汉。到时，我们的力量增大了，小小的北汉，这么弹丸似的一块地方，还怕它跑了不成?”听了赵普的话，赵匡胤哈哈大笑，说:“我们想到一起去了，我的意思也是先南后北！你这样一说，我就更拿定主意了！”赵普先是一愣，然后大笑不止。这就是历史上有名的“雪夜定策”。

◆宋太祖是怎样扫平南方的?

公元962年，赵匡胤分派众将驻守北边和西北各州，以防御辽朝和北汉。西北既无后顾之忧，专力向南方进取，逐个地消灭了各割据国。

公元963年，赵匡胤派遣慕容延钊、李处耘带兵出征湖南，当年三月即平定湖南，并一举占领荆南，从而在军事上割断了后蜀、南唐、南汉之间的联系。公元964年，赵匡胤遣兵5万伐蜀，前后仅用几十天，后蜀孟昶上表请降。后蜀政权灭亡以后，赵匡胤又做了几年准备，于公元969年尝试北攻北汉。由于辽军的支援，宋军包围太原没有取得大的成功。于是，赵匡胤把兵力转向湖南南部的南汉政权，继续解决南方的割据问题。

南汉统治者刘鋹是一个凶暴而无能的角色。公元970年，宋军在潘美带领下进攻南汉，势如破竹。公元971年，宋军直逼南汉都城广州，刘鋹把金宝和妃嫔装上十几只大船，准备下海逃跑。宦官们趁机抢夺财宝，统治集团内部一片混乱。后来，刘鋹眼见逃命已不可能，一把大火将广州的宫殿府库全部焚毁，最后充当北宋的阶下囚。刘鋹被押解到汴京，南汉政权就这样崩解了。

平定南汉后，南方只剩下三个割据势力。其中，两浙地区的吴越国王钱俶和漳州、泉州地区的平海军节度使陈洪进早已听命于宋朝。南唐后主李煜见此情形，向宋朝上表，自动削去南唐国号，称江南国主。公元974年，赵匡胤命曹彬、潘美发兵10万伐江南。曹彬领军出发之前，赵匡胤嘱咐曹彬说:“两国交兵除了不可避免的伤亡之外，不准随便杀一个人。攻城、打仗要有耐心，最好是让他们自己投降。”曹彬自荆南发战舰东下，连败江南兵。

公元975年，曹彬大军到秦淮，江南水陆兵10万列阵城下。宋军涉水强渡，江南兵大败。李煜屈服求自保不成，急调驻守上江的朱令赟入援。朱令赟自湖口发兵15万援金陵（今南京）。兵到皖口，宋兵夹攻，朱令赟投水死。江南最后一支大军覆没，金陵旦夕可取。赵匡胤下令给曹彬：宋兵入城，不得杀掠。十一月末，曹彬在诸将发誓不对金陵进行洗劫之后，才下令攻进金陵。李煜被迫投降。至此，南唐亡，南方平定。

公元976年，宋太祖赵匡胤驾崩，其弟赵光义（本名赵匡义）继位，是为宋太宗。宋太宗于979年率军北伐，灭北汉。至此，基本奠定了赵宋王朝的版图。

◆“天子门生”指什么人？

中榜进士被称为“天子门生”，

是从宋太祖开宝六年（973 年）开设殿试起始的。殿试又称“御试”“廷试”“亲试”。唐武则天曾策问贡士于洛城殿，为殿前试士之始，但没有形成制度。宋太祖赵匡胤即位后，为了笼络文人，于开宝六年亲试举人，得进士 26 人，诸科 10 人。中榜者为“天子门生”，其第一名为“状元”。自此至清末，殿试遂为常试。

宋以殿试为士人入仕的最高级考试。举人经省试中第，须再赴殿试，才算真正登科。殿试开考时，选派初考、复考、详定、编排、点检试卷、封弥对读、巡铺等官。在一日内试诗、赋、论题。公元 1070 年，改试时务策。举人交卷后，试卷封弥、打号、誊录、送考官批阅定等。殿试完毕，由皇帝主持唱名仪式，合格人按等第高下授本科及第出身、同出身，释褐授官。

◆“斧声烛影”为什么是个谜？

宋太祖开宝九年十月十九（976 年 11 月 14 日）夜，宋朝开国皇帝宋太祖赵匡胤忽然驾崩，年仅 50 岁。两天后，赵匡胤的弟弟晋王赵光义即位，是为宋太宗。

十九日夜，宋太祖赵匡胤召时任开封府尹的晋王赵光义入宫。赵光义入宫后，赵匡胤屏退左右，与弟弟酌酒对饮。室外的宫女和宦官在烛影摇晃中，远远地看到赵光义时而离席，摆手后退，似在躲避和谢绝什么；时而又见赵匡胤手持玉斧砍地，“嚓、嚓”斧声清晰可闻。与此同时，这些宫女和宦官还听到赵匡胤大声喊：“好为之，好为之。”两人饮酒至深夜，赵光义便告辞出来，赵匡胤解衣就寝。

然而，到了凌晨，身体一向非常健康的赵匡胤就驾崩了。得知赵匡胤去世，皇后立即命宦官王继恩去召皇子赵德芳入宫主持大事。然而，王继恩却去请赵光义，而赵光义也早已安排精于医术的心腹程德玄在自己府门外等候。三人便冒着风雪赶往宫中。皇后得知王继恩回来，便问：“德芳来了吗？”王继恩却说：“晋王到了。”皇后一见赵光义，满脸愕然，但她位主中宫，亦晓政事，心知不妙，便哭着说：“我们母子性命都托付于官家了。”官家是对皇帝的称呼，她这样喊赵光义，就是承认赵光义做皇帝了，赵光义也假装流泪说：“共保富贵，不用担心。”

于是，赵光义便登基为帝，是为太宗。赵匡胤之死，蹊跷离奇，“斧声烛影”成为了后人永远猜不透、解不开的谜团。

◆杨令公和宋太宗是怎么结缘的？

公元979年春天，赵光义向北汉发起了大规模的进攻。他任命潘美为北路招讨使，带领崔彦进、李汉琼等人四路进兵，攻打太原；命令邢州（今河北邢台）判官郭进为太原石岭关都部署，阻截辽军援军。北汉主刘继元得知宋军大举来犯，果然向与之“素有渊源”的辽朝搬兵求救。辽朝国主知道大宋如若灭了北汉，必定会再犯大辽。唇亡齿寒，便积极派兵援助北汉。由辽太宗四子耶律敌烈协同大将耶律沙率军前往。

赵光义得知辽军来了，就派郭进领兵阻拦，两军相会于白马岭（在今山西）。耶律敌烈不听耶律沙的劝告，领兵攻打郭进的军队，结果被郭进一刀斩于马下。辽兵死亡很多，不得不撤退，宋军大获全胜。

宋太宗知道辽兵被打败，就派兵攻打太原城。北汉皇帝刘继元得到辽兵惨败的消息，万般无奈，只好投降宋朝。于是，刘继元率文武百官到北城外恭恭敬敬地迎候宋朝皇帝一行，听候发落。不料，正当受降仪式接近尾声之时，在太原城楼上传出一声大喝：“主子投降，我不投降！誓与宋朝战个你死我活！”众人闻声皆向城楼望去，赵光义也不禁抬头相望。只见太原城楼上有一员金盔银甲的大将，威风凛凛、煞是雄武。旁边知情人立即告诉赵光义，此人便是刘继业。刘继业本姓杨，只因骁勇善战，足智多谋，屡立战功，被北汉主刘崇赐姓为刘。他现任北汉建雄节度使，名震南北。赵光义对他早有耳闻，爱才心起，便派朝中德高望重之人进城对其好言相劝，特别指出为保全城中百姓不要再战了。刘继业是忠义之士，这才大哭一场，开门放宋军进城。赵光义见招降了刘继业这员大将，万分高兴，当即封其为右领军卫大将军，同时厚厚赏赐。从此，刘继业恢复原姓为杨，他就是世人传颂、颇具传奇色彩的杨令公。至此，北汉灭亡了。

◆宋代是谁小小年纪就能“三步成诗”？

寇准，字平仲，华州下邽（今陕西渭南）人，以生活奢靡著称于时。宋朝政治家、诗人，宋太宗太平兴国五年（980年）进士，宋真宗时任宰相。

寇准从小天资聪慧，人皆称为“神童”。一天，其父大宴宾客，饮至正酣时，有一客人提议道：“闻令郎善诗，请即席吟一首，如何？”主人乘着酒兴答道：“好吧，让孩儿作诗助兴，也好当面向诸位请教。”于是命家人唤出小寇准，让他对客吟诗。其时，寇准只有7岁，他若无其事地笑着说道：“请出题。”客人说：“我们这儿离西岳华山不远，就以华山为题，作一首《咏华山》吧。”寇准在客前踱步思索，一步、两步，刚迈出第三步，高兴地说：“有了！”一首五言绝句便随口而出，诗云：“只有天在上，更无山与齐。举头红日近，回首白云低。”

举座闻之，交口称赞：“三步诗！三步诗！这是一首三步诗！”“超过史青五步，更超过曹植七步。”“兼且是小孩呢！”“还有，‘举头红日近，回首白云低’这诗中佳联，道出了西岳华山之险峻雄奇！”大家都为寇准的才华叹服，异口同声地对其父道：“这孩子将来必成大器。”果不其然，7岁已三步成诗的寇准，40出头就成为宰相了。

◆真宗设置市舶司的目的是什么？

宋代社会相对稳定，封建经济获得了飞速发展，各类商品交换特别活跃，对外贸易非常发达，泛海而来的外商日益增多。为了完善对外贸易的管理，公元999年，宋真宗赵恒诏令在杭州和明州（今浙江宁波）两个沿海港口设立市舶司，使外来商客经营得到方便。市舶司，又叫市舶使司、提举市舶司，它的管理官员有市舶使、市舶判官等。掌管的主要事务有：收购海外运来的货物，用来专卖或上缴；接待各国贡使，招待外商，并对外国商人的经营进行管理和监督；管理本国商船及海外贸易征税；等等。设置市舶司的港口一般选择在近海受潮汐影响小而又能通航的河口，为后来中国沿海通商口岸的形成奠定了基础。

杭州港和明州港是宋朝针对朝鲜、日本等国贸易的主要港口，后随着海外贸易的不断发展，北宋政府经常在沿海口岸设置新的市舶司，到北宋末年已经增至6个。

◆澶渊之盟是怎么一回事？

公元1004年秋天，辽国萧太后决定发动一次大规模战争，迫使宋朝求和。出兵之前，萧太后和皇帝耶律隆绪又指挥了传统的“射鬼箭”仪式，然后命令大军向南进发。辽军攻势迅猛，宋军难以抵挡，辽兵所向无敌，连续攻下唐州、瀛州、祁州，然后向澶州（在今河南濮阳西南，亦称澶渊郡）进兵。

寇准向宋真宗赵恒建议，应当派兵先守住天雄（今河北大名），牵制敌人，不让辽军深入至黄河岸边，并建议让主张迁都的王钦若带兵驻守天雄。赵恒同意，命王钦若去要地天雄，王钦若吓得魂飞魄散，但又不敢抗旨，只好硬着头皮接受了任务。

萧太后在逼近澶州途中，得到王继忠转达宋朝的求和之意，当即表示同意讲和；但命令辽军继续进兵，以增加和谈的份量。不久，辽军包围澶州。

赵恒听说这个消息，忙派大臣曹利用到辽营议和，同时下诏宣告天下：他要御驾亲征。就在宋朝使臣曹利用来到辽营之际，萧太后得报：大将萧挞凛中箭身亡！萧太后大惊，但很快镇定了情绪，与宋朝使臣谈判。曹利用与萧太后你一言、我一语，各说各的理：一个说辽军不该占据宋朝国土；一个说这些地方石敬瑭已送给辽朝……萧太后说："如此看来，只有开战解决了？"曹利用忙说："臣此来之目的为和不为战。如太后同意议和，财帛多少可以商量。"

萧太后让曹利用先下去休息，她同皇帝沟通一下意见。耶律隆绪问："母后，我们求关南之地，大概宋朝不会答应。如果肯进贡财帛，可订和议吗？"萧太后说："这次南伐，就是要迫使宋朝订盟，使边界两朝人民过安定的生活。我也料到他们不会轻易让出关南数州。倘若为了争夺这几个州城，战争何时才会平息？再说，萧挞凛又阵亡了……"萧太后说到这儿，伤心落泪。一会儿，向丞相韩德让下了命令，在两天内攻下通利军城（在今河南）为萧挞凛报仇；又命令韩杞为使臣随曹利用去见宋朝皇帝，商谈议和条件。

赵恒已率大军到达澶州，听说辽军就在附近驻营，吓得又提起迁都之事。寇准只得再次给赵恒打气壮胆。赵恒勉强答应不迁都了，但坚持议和。

辽朝使臣韩杞来到澶州行宫谈判，赵恒让寇准负责和谈，可以贡钱百万。寇准对具体参加谈判的曹利用说："皇上虽然说可给辽百万，但你与韩杞谈判如果答应给财帛过 30 万，我就立即杀了你！"

曹利用害怕寇准，自然不敢多给，最后达成协议：宋朝每年送给辽白银 10 万两、绢 20 万匹；辽不再追索关南数州；辽帝称宋帝为兄，宋帝称辽萧太后为叔母。自此，辽朝与宋朝结束了多年的相互征战。

◆"梅妻鹤子"指的是谁？

林逋是宋朝著名诗人，出生于儒学世家，少年时聪明好学，诗词书画无所不精，唯独不会下棋。林逋性情淡泊，爱梅如痴。他种梅360余株，将每株梅树上所结的梅子卖得的钱包成一包，投于瓦罐之中，每天取一包作为生活费。等到瓦罐空了，刚好一年，新梅子又可兑钱了。

林逋常在梅园里独自吟哦，写过许多有名的梅花诗，其中最有名的就是《山园小梅》中“疏影横斜水清浅，暗香浮动月黄昏”一句。这句诗不仅把幽静环境中的梅花清影和神韵写绝了，而且还把梅品、人品融汇到一起，成为咏梅的千古绝唱。从此以后，咏梅之风日盛，宋代文坛上的几位大家欧阳修、苏轼、王安石、陆游、辛弃疾、杨万里、梅尧臣等都写过许多咏梅诗词，苏轼甚至还把林逋的这首诗作为咏物抒怀的范例让自己的儿子苏过学习。

除了梅花，林逋还喜欢仙鹤。他从家乡带去杭州两只仙鹤，被他驯化，善知人意，会买菜报讯，每天早上飞入云霄，盘旋于西湖山水之间，傍晚复归笼中。林逋常常泛舟游览西湖，每有客人来访，书童请客人入座稍候，然后打开鹤笼。林逋看见家鹤飞翔，便知有客来访。

林逋终身不娶，以种梅养鹤为乐。当时的人说林逋“以梅为妻、以鹤为子”，“梅妻鹤子”的佳话因而留传千载。

◆柳永成于何事败于何事？

柳永，原名柳三变，字耆卿，因排行第七，人称柳七。柳永年轻时一心追求功名，多次参加科举考试，可惜运气不好，屡考不中。柳永一再落榜，极度失望之下，曾写了一首《鹤冲天》的词自我解嘲：黄金榜上，偶失龙头望。明代暂遗贤，如何向？未遂风云便，争不恣狂荡，何须论得丧？才子词人，自是白衣卿相。烟花巷陌，依约丹青屏障。幸有意中人，堪寻访。且恁偎红倚翠，风流事，平生畅。青春都一饷。忍把浮名，换了浅斟低唱！

柳永词中虽然流露出名落孙山之后的愁闷情绪，但主要表达了他看淡功名利禄，向往自由自在的人生态度。当时的皇帝宋仁宗赵祯听人唱完此曲，很不高兴。后来，有一次参加科举考试，柳永本来已经榜上有名，但殿试时点到他，赵祯说：“这个人喜欢在花前月下‘浅斟低唱’，又何必要这个‘浮名’？我看他还是填词去吧。”

此后，柳永就自称“奉旨填词柳三变”。柳三变虽然仕途不畅，却占尽了词坛风流。他本来就精通音律，善于写歌词，对当时民间广泛流行的新曲调非常熟悉。每来到一个都会，出入秦楼楚馆，他就文思如潮，以自己非凡的文学才华，为歌伎们填制了许多词曲，四处传唱，以致当时的人纷纷传言：只要有水井处，就会有人唱柳词。

◆包拯令人称道的是哪一点？

包拯，字希仁，庐州合肥（今安徽合肥）人。公元999年出生在一个官宦家庭。包拯自小严守父教，刻苦读书，28岁时考中进士，由此登上仕途。包拯担任过权知开封府、三司使、枢密副使等多种重要职务。因为他曾被授予天章阁待制、龙图阁直学士等官衔，所以又被人们称为“包待制”、“包龙图”。在包拯的宦游生涯中，有许多品行是当时的官吏难以比拟的，其中最令人称道的就是他的铁面无私。

包拯在做庐州知府时，接到许多合肥县人控告包拯的舅舅抢占民田，横行不法的状纸。包拯问合肥县令：“这些案件为何不审理？”县令说：“那些人都是无理取闹，我已经命人把他们赶跑了。”包拯听了很生气，转身拂袖而去。数天之后，包拯派捕快将舅舅缉拿归案，亲自审理。他把平民百姓送来的状纸一份份都摆在面前，又令衙役找来原告和证人，然后让衙役将舅舅带上大堂。舅舅抬头一看，坐在堂上审他的竟是自己的外甥，气得扑上前去要打包拯，立刻让衙役拉开了。但舅舅嘴里还在骂包拯不仁不义，包拯怒喝道：“大胆罪犯，你为非作歹，扰乱乡里，不但不老实认罪，反辱骂本官，是何道理！拉下去，打！”衙役们立刻将舅舅拉下，重打四十大板。从此，他那些亲戚们再也不敢仗势胡为了。

◆毕昇发明泥活字有什么意义？

宋仁宗庆历年间，毕昇发明了活字印刷术，这是世界上第一套活字印刷系统。据《梦溪笔谈》记载：毕昇用胶泥刻字，字的厚度薄如铁钱，每字一印，用火焙烧使之坚硬而成活字。排版时，先在铁板上放置松脂、蜡和纸灰，铁框排满活字后，用竹条楔入塞紧，放在火上加热至药熔掉，用一块平板按压字的表面，使整版字平如砥，最后在字表上面压一张纸，即可印刷。活字印刷的优点主要是减少反复雕刻字模的过程。用泥活字可印刷许多书籍而不会磨损字模，从而大大提高印刷效益。后代的木活字、铜活字、铅活字均由泥活字发展而来。

毕昇发明泥活字，比德国古腾堡发明铅活字早了400多年。活字印刷术的发明，是一次印刷史上的技术革命，在人类文明史上有着里程碑式的重大意义。

◆什么事件是王安石变法的铺垫？

公元1043年，宋仁宗赵祯面对内外困局，在改革呼声的推动下，任命范仲淹为参知政事，富弼、韩琦为枢密副使，欧阳修等为谏官，“欲更天下弊事”，实行改革。范仲淹在韩琦、富弼、欧阳修等人的支持下，综合自己多年来的改革思想，于当年九月写成《答手诏条陈十事》，呈给赵祯，作为他改革的基本方案。方案的内容包括考核官吏，整顿吏治；惩办贪污，裁汰冗官；改革科举，选拔人才；提倡农桑，减轻徭役；发展军屯，加强国防；等等。随后，宋朝进行了政治、经济和军事三方面的改革，时称“庆历新政”。

在政治上，范仲淹主张严格考核各级官吏，限制特权势力。在经济上，为了挽救财政危机，范仲淹主张“劝课农桑”，减轻徭役“以宽民力”。在军事上，范仲淹主张“兵在于民，且耕且战”和“择将于伍”。

庆历新政的措施侵犯到一些官僚贵族的既得利益，遭到他们的激烈反对。宰相章得象联合台谏官员攻击范仲淹、欧阳修等人是“朋党”，说他们“欺罔擅权”“怀奸不忠”；夏竦诬陷富弼密谋废仁宗。范仲淹、富弼被迫出朝，反对派乘机排挤拥护新政的官员。公元1045年，杜衍、韩琦、欧阳修也先后遭贬出朝，“庆历新政”以失败而告终。庆历新政虽然没有改变大宋王朝的内外交困，但却为王安石变法吹响了前奏。

◆狄青为什么能从士兵做到枢密使？

狄青，字汉臣，汾州西河（今山西汾阳）人。赵元昊称帝以后，宋朝抽调了一部分禁军到山西去防备西夏的进攻，狄青是这批禁军中一位英勇善战的将领。一次，西夏兵进攻保安，狄青主动要求担任先锋，出击西夏军。狄青上阵之前，总要先把发髻打散，披头散发，再戴上一个假面具，只露出两只眼睛。他手拿长枪，带头冲进敌阵，东挑西杀。西夏士兵本来看到狄青这副打扮就很害怕，再看到狄青这么勇猛，顿时阵脚大乱，纷纷败退。狄青带领宋军冲杀过去，打了一个大胜仗。从此，西夏士兵一听到狄青的名字，就吓得不敢上阵了。

一次，南方少数民族首领侬智高

叛乱，攻陷邕州（今广西南宁），建立了大南国，自称仁惠皇帝。公元 1052 年，宋仁宗赵祯命狄青率军平叛。狄青受命之后，于同年十月调来精锐骑兵 15000 人，用瞒天过海计攻占了昆仑关；又乘胜追击，攻克邕州，平定了叛乱。

由于战功卓著，狄青不断得到提升，最后当上了掌管大宋全国军事的枢密使，他用自己的经历诠释了由一个大宋士兵到枢密使的奋斗史！

◆“文坛三苏”中谁最有名气？

在北宋时期，苏洵和他的两个儿子苏轼、苏辙享有盛誉，被时人称为“文坛三苏”。而在后人的评述之中，苏氏父子也以其散文成就占据“唐宋八大家”之中的三家之位。像这样一门三父子皆以文闻名的现象，堪称古今罕有。而这苏氏三父子中，要说名气最大的，还得数苏轼。

苏轼，字子瞻，号东坡居士，眉州眉山（在今四川）人。青年时，苏轼和弟弟苏辙一起参加了京城的科举考试。判定试卷的时候，众考官认为苏轼的文章应评为第一。由于试卷是密封的，当时的主考官欧阳修误以为欲评第一的文章为弟子曾巩所作，恐遭人非议，于是将其改评第二。启封后，方知文章为苏轼所作，不由得对他刮目相看，心里有些过意不去。后来，苏轼按照考生的惯例，去拜见主考老师。苏轼不仅温文尔雅、气度不凡，而且谈吐潇洒、举止大方，处处显出出众的才华。欧阳修既高兴、又惭愧，便对他的老同事，也是宋代的一个著名诗人梅尧臣说：“这样出众的人才，真是难得，我应该让他高出一头呢！”成语“出人头地”就是由此而来。

◆沈括的成就有哪些？

沈括（1031 年—1095 年），字存中，号梦溪丈人，北宋杭州钱塘县（今浙江杭州）人。沈括原是支持王安石新法的官员，办事认真细致，对地理尤其精通。有一次，宋神宗派他到定州去巡视。他假借打猎的名义花了二十多天的时间详细考察了定州边境的地形，还用木屑和融化的蜡捏制成一个立体模型，这是世界上最早的立体地图。回到定州后，沈括让木工用木板根据他制成的模型，雕刻出木制的模型，献给宋神宗。

宋神宗对沈括画的地图和制作的地图模型很感兴趣。第二年，就叫沈括做全国地图的编制工作。12 年后，沈括终于完成了当时最准确的一本全国地图——《天下郡县图》。

沈括不但在地理研究上成就突出，而且是个研究兴趣非常广泛的科学家。他曾经为了确定北极星的位置，一连3个月在夜里用浑天仪观察，终于计算出北极星的确切位置。

沈括晚年时在润州（今江苏镇江）的梦溪园闲居。在那里，他把一生研究的科学成果都记载下来，写成了一本著作——《梦溪笔谈》。在那本书里，除了记载他自己研究的成果以外，还记录了当时劳动人民的许多创造发明。

◆司马光为什么一心著史？

司马光，北宋时期著名史学家、散文家，陕州夏县涑水乡人，字君实，号迂叟，世称涑水先生。司马光自幼嗜学，尤喜《春秋左氏传》。司马光做官后，研读了很多史书，发现自古以来的史书虽然卷帙浩繁，但却没有一部通史。于是，他参考了众多史书，花费了两年时间，完成了一部从战国到秦末的史书，给书取名为《通志》。《通志》编成，正是宋英宗在位。司马光于是把它献给英宗。英宗读过以后，认为该书对治国理政很有帮助，就专门给司马光设立了一个书局，让司马光全权组织编写人员，准许他们借阅官府的藏书。英宗的支持使司马光得到极大的鼓舞，他立即邀请了当时著名的史学家刘恕、刘攽、范祖禹等做助手，组成了一个编写机构，把《通志》写下去。

到了宋神宗即位，司马光又把新编好的一部分稿子献给神宗。神宗是个有作为的皇帝，他读了司马光的稿子后，更是高兴。他认为司马光的书，可帮助皇帝了解历代盛衰，以为镜鉴。于是，神宗把《通志》改为《资治通鉴》。

司马光与王安石原本是很要好的朋友。王安石受神宗器重，回到朝廷主持改革时，司马光是翰林学士。司马光思想保守，与王安石愈来愈谈不到一起。后来，王安石被升为宰相，推行一系列改革措施，司马光拼命反对，同老朋友彻底闹翻了。一气之下，司马光向神宗辞职，离开京城到了洛阳，一心编写《资治通鉴》去了。司马光前后一共花了19年，才把这部著作全部写完。

◆龟山先生是谁的雅号？

宋朝文风大盛，文人们的求知意识浓厚。当时的程颢、程颐兄弟都是极有学问的人。哥哥程颢，字伯淳，人称明道先生；弟弟程颐，字正叔，人称伊川先生。他们都是宋朝著名的理学家和教育家，被世人称为“二程”。由于他们都为人持正严谨，很有学问，所以人们都很尊重他们，很多人慕名前来拜师求学，杨时和游酢就是其中的两位。

杨时从小就十分聪明好学，他曾对人说：“我两肘不离书案达30年，方觉得学问有所长进，故而不敢稍有懈怠。”可见其治学是何等用功！杨时跟一般文士不同，他虽然考取了进士，却淡泊名利，几次放弃做官的机会，一心致力于理学研究。当时程颢在河南颖昌，杨时经常登门求教。后来，程颢病逝，杨时十分悲痛，发誓要把老师的理论发扬光大。为了掌握理学的精髓，杨时决定奔赴洛阳，拜程颢的弟弟程颐为师。杨时的密友游酢也不辞辛苦，与杨时结伴而行。

来到洛阳后，杨时与游酢稍作休息，便直奔程颐家门而去。二人走在路上时，突然刮起了大风，不多时，天空就下起了鹅毛大雪。到程颐家时，正巧程颐在案头打盹，杨时和游酢就恭恭敬敬地站立在窗下，等候他醒来。

这时，风越刮越急，雪越下越大。他们俩虽然冷得很，却连跺跺脚都不肯，生怕惊动了先生。雪渐渐漫过了他们的脚踝，可他们仍然一动不动地站在那里。程颐醒来后，见到窗外雪人似的杨时和游酢，感动不已，于是将自己的学问倾囊相授。后来，杨时和游酢都成为厚学之士。之后，杨时回到南方传播程氏理学，而且形成独家学派，世称“龟山先生”。

◆米芾为什么被称为书坛怪杰？

米芾，字元章，是宋代著名书画家，“宋书四大家”之一。米芾为人放荡不羁，举止癫狂，人称“米癫”。米芾最喜欢石头，有一天在两个家人的陪同下到郊外游玩，正在行走之间，发现路旁有一块奇形怪状的大石，他顿时欣喜若狂，立刻下马，整理衣冠，伏首大拜，并口中念念有词：“石兄，受我一拜。”此事后被传为佳话，妇孺皆知。

米芾的书画水平很高，临摹的功夫尤其精深。我们现今看到的王羲之和王献之的一些作品，都不是真迹，而是米芾临摹的。

一次，有个商人拿着一幅唐朝的真迹，有意要卖给米芾，他说：“你先放这里，7天后你再来。我若要，你把钱拿走；我不要，你把字拿走。”第七天，商人来了。米芾说：“字我看了，不错，只是价钱太高，你又不让价，就请你把它拿走吧。”说着把卷轴打开，说：“你看好，是不是这幅字？”商人客气地答道：“没错。”就把字拿走了。但是，第二天商人拿着那幅字又来了。一见面，米芾就笑着说：“我知道你今天准来，就在家里等你。”商人心里马上明白了，说：“是我眼拙，把您的临本拿走了，今天特来奉还。”米芾大笑：“你不来找我，我也会去找你，你拿走了临本，我心里特别高兴。好了，原本你拿走，临本还我。”商人取起原本真迹，临本还给米芾。米芾在朋友中叙说此事，每次都笑得前仰后合。

◆完颜阿骨打为什么能成为金太祖？

公元 1112 年春，辽国天祚帝耶律延禧到春州（在今黑龙江）巡游，兴致勃勃地在混同江（今松花江）上捕鱼，并且命令当地的女真各部酋长都到春州朝见。当地习俗，每年春季最早捉到的鱼，要先给死去的祖先上供，并且摆酒宴庆祝，叫做头鱼宴。这一年，天祚帝在春州举行了头鱼宴。头鱼宴上，天祚帝几杯酒下肚，有了几分醉意，叫女真酋长们给他跳舞。那些酋长虽不情愿，却不敢违抗命令，就挨个跳起舞来，唯有一个青年人神情冷漠，两眼望着天祚帝，一动也不动，这个青年就是女真族完颜部酋长乌雅束的儿子，名叫完颜阿骨打。天祚帝见完颜阿骨打居然敢违背自己的旨意，很不高兴，一再催促他跳。一些酋长怕完颜阿骨打得罪天祚帝，也从旁劝他。可是不管好说歹说，完颜阿骨打就是不跳，叫天祚帝下不了台。这场头鱼宴闹得不欢而散。

天祚帝当场没有发作，散席后生气地跟大臣萧奉先说不如趁早杀了完颜阿骨打，免得日后发生祸患。但萧奉先劝天祚帝不值得跟完颜阿骨打计较，天祚帝就把这事搁在了一边。

后来，天祚帝数次召见完颜阿骨打，阿骨打都假称有病没有去。不久，完颜阿骨打的父亲乌雅束死去，完颜阿骨打继任完颜部首领，他建筑城堡，训练人马，逐步统一了女真各部，准备起兵反辽。公元 1115 年，完颜阿骨打在会宁（在今黑龙江）正式称帝，建立金国，是为金太祖。

◆谁是皇帝书法家？

宋徽宗赵佶是个标准的文人，是当时著名的书法家和画家，尤其在书法上有较高的造诣。赵佶的书法在薛曜、褚遂良的基础上，创造出独树一帜的“瘦金体”，瘦挺爽利，侧锋如兰竹，与其所画工笔重彩相映成趣。

瘦金体的意思是美其书为金，取富贵义，也以挺劲自诩。赵佶传世的书法作品很多，楷、行、草各种书法作品皆流于后世，且笔势挺劲飘逸，富有鲜明个性。其中，笔法犀利、铁画银钩的《秾芳依翠萼诗帖》为大字楷书，是赵佶瘦金体的杰作。

赵佶的书法存在着柔媚轻浮的缺点，这也许是时代和他本人的艺术修养所致，但他首创的瘦金体，为后人竞相仿效。

◆《清明上河图》是如何问世的？

宋神宗时，汴京城中有许多热闹的街市，街市开设有各种店铺，还有夜市。逢年过节，京城更是热闹非凡。虽然后人已经无缘得见当时的盛景，但一位画家用他的如椽巨笔为后人留下了一幅令人神往的图卷，这就是张择端的《清明上河图》。

张择端字正道，山东东武（今诸城）人。他早年游学汴京，学习绘画，宋徽宗赵佶在位时供职于翰林图画院。《清明上河图》是他存世的唯一画作，描绘的是汴京夏末秋初的景象。“清明”一词，本是张择端进献此画时所作的颂辞，而不是指节气的名称。

画面的中心是由一座虹形大桥和桥头大街的街面组成。大桥西侧有许多摊贩和游客。大桥中间的人行道上是一条熙熙攘攘的人流。大桥南面和大街相连，街道两边是茶楼、酒馆、当铺、作坊。街道两旁的空地上还有不少张着大伞的小商贩。街道向东西两边延伸，一直延伸到城外较宁静的郊区。

《清明上河图》将汴河上繁忙紧张的运输场面描绘得栩栩如生。张择端完成这幅歌颂太平盛世的历史长卷后，将它呈献给宋徽宗赵佶。赵佶是此画的第一位收藏者，他用“瘦金体”亲笔在图上题了“清明上河图”五个字，并钤上了双龙小印。

◆辽国是被谁灭掉的？

金太祖完颜阿骨打为了彻底消灭辽，开展了以辽五京为战略目标的灭辽之战。攻取五京的步骤是，逐次攻占东京、上京、中京、西京、南京，战略计划周密得当。金军与辽军鏖战时，宋朝想乘机夺回被辽国侵占已久的燕云十六州，于是与金相约一起攻打辽国。

公元1120年，宋、金两方商定：金取辽中京大定府，宋朝取辽南京析津府；辽亡以后，宋朝将原来给辽的岁币转纳给金国，金国将燕云十六州归还宋朝。因为双方使臣经由渤海往来洽谈，所以这次盟约称为“海上之盟”。公元1123年，金太祖阿骨打病死，他的弟弟完颜晟继位，就是金太宗。第二年，辽军在宋、金的夹攻下迅速崩溃，天祚帝在应州（今山西）新城东被擒获，辽朝灭亡。

◆“靖康之变”导致了哪个王朝灭亡？

公元1125年，金太宗完颜晟借口宋朝破坏了双方订立的“海上盟约”，分两路南下进攻宋朝。第二年初，由金右副元帅完颜宗望率领的东路军渡过了黄河，长驱直入，进逼都城东京（今河南开封）。宋徽宗传位给太子赵桓（宋钦宗），自称太上皇，带着2万亲兵到南方避难。面对金兵烧抢掠杀，大宋朝廷内部分成主战与投降两派。投降派主张割地求和，抗战派首领兵部侍郎李纲则主张坚决抵抗。宋钦宗靖康元年正月初七（1126年1月31日），东京保卫战打响了。金人看到宋军士气大振，援军又不断到来，自己孤军深入，恐遭不测，便主动撤围而去。李纲领导的东京保卫战以成功告终。

同年四月，太上皇赵佶以为东京已经平安无事，便回到开封，继续过他荒淫糜烂的日子。不久，李纲又被夺去兵权，贬到扬州去了。八月，金太宗又出兵大规模南侵，以完颜宗翰、完颜宗望为左、右副元帅，分东西两路向北宋进攻。完颜宗翰的军队猛攻太原，直至九月初，太原城被攻破。十一月，宗翰从太原领军南下，一路上所遇的宋军，不是弃城逃走，就是乖乖投降，所以金兵南下很顺利，很快就打过了黄河。东路的完颜宗望大军只用了20天的时间就攻到了开封城下。宗翰领兵赶到，两军会合一处，驻扎于开封城南薰门外，再次把开封城包围。

开封城内，守军缺少装备，满朝上下慌作一团。不久，金军攻入开封城。当爱国将士在城中和敌人展开巷战之时，赵桓却使人去金营求和。

被派去金营求和的使者回来报告赵桓，金军提出必须皇帝亲自去谈判。于是，赵桓带领几个大臣到金营，献上降表，跪地向金国称臣。

金兵在开封城中大肆烧杀抢掠，查封了宋朝各个衙门的金银财物。公元1127年初，金兵又先后扣留了钦宗、徽宗，金太宗下诏废去他们的帝位，将他们俩连同宋宫里的太后、皇后、妃子、公主以及亲王、大臣和各种手工业工匠一共3000多人，一起押到金国，当作奴隶使用。不仅如此，北宋都城里收藏的各种图书、乐器、天文仪器、金银财宝也叫金兵抢劫一空。

这样，北宋王朝被金国消灭了。这一年，是宋钦宗靖康二年（1127年），历史上称这件事为“靖康之变”。

◆你知道李清照和赵明诚的故事吗？

李清照，历城（今济南）人。中国古代杰出的女词人，创造了独具风格的“易安体”，被推为“词采第一”，以刚柔相济见胜，是一代婉约派词宗，诸多诗词堪称千古绝唱。

李清照从小喜欢诗画，尤其在作词方面，造诣颇高。18岁那年，李清照与赵明诚结了婚，夫妻俩相敬如宾，除都能诗善文外，还共有收藏金石（古代铜器和石碑上镌刻的文字书画）的嗜好。及至赵明诚步入仕途，他们家收藏的金石书画越来越多，李清照还因此特意建立了书库大橱，编好目录，进行有序的摆放。

过了几年，赵明诚被派到外地去做官，李清照留在家里。李清照就用词的形式写信给赵明诚，这些信都特别优美，饱含着感情；赵明诚看了非常感动，也常常写词给李清照。有一年的重阳节，李清照一个人在家里饮酒、赏菊，觉得丈夫不在身边，很寂寞。她马上拿起笔来，写了一首词，叫《醉花阴》：薄雾浓云愁永昼，瑞脑消金兽。佳节又重阳，玉枕纱厨，半夜凉初透。东篱把酒黄昏后，有暗香盈袖。莫道不销魂，帘卷西风，人比黄花瘦。这首词的意思是说李清照想丈夫赵明诚想得发愁，身体也因为吃不下、睡不好，比菊花还瘦。

李清照把这首词寄给了赵明诚。赵明诚非常感动，觉得写得太好了。他决心要写一首比他妻子写得还好的词，就关起门来，在屋子里废寝忘食地写了3天3夜，终于写出了50首词。赵明诚把李清照的那首和自己的50首混在一起，给他的朋友看，让他评一评哪一首最好。结果，他的朋友说，只有“莫道不销魂，帘卷西风，人比黄花瘦”3句写得最好。

经过将近20年的努力，赵明诚完成了一部记载古代历史文物的著作——《金石录》。但在战乱年代，要想整理和保存这些文物谈何容易。当东京被金兵攻陷时，李清照和赵明诚还在淄州（在今山东）。不久，金兵四处剽掠，李清照跟着赵明诚到了建康。他们把最名贵的金石图书，随身带走了15车。而随着金兵南下，凝聚着李清照所有心血的家中文物，竟被战火烧为灰烬。

南宋建立后，赵明诚被派到湖州当知府。兵荒马乱，李清照未能随他上任。临走时，李清照问丈夫说：“万一金人再打过来，我该怎么办？”赵明诚说：“瞧着办吧。实在不行，你把家具衣被先放弃了；再不行，把书画古器丢了。但是有几件珍贵的古代礼器，你可一定得亲自保护好，要看作自己生命一样。”李清照神情凝重地点点头。不幸，赵明诚这次去湖州赴任，竟与李清照从此阴阳两隔。

◆金人为什么都怕岳飞？

在岳飞年少时，金国先后灭掉了辽国和北宋。已练就一身本领的岳飞为了尽忠报国，毅然参军。在抗击金国的入侵中，他屡立战功，后来做了统帅。岳飞打仗十分厉害，金军暗地里都叫岳飞为“岳爷爷”。

这年秋天，金兀术带领金军又来进犯中原，岳飞带领10万大军前去迎敌。宋军来到一处群山起伏的地方，只见山坡陡峭，遍地是荒草和乱石头，一条曲曲弯弯的小路通往山中，群山之中是一片平地。岳飞仔细看了周围的山势，问手下的军士：“这是什么地方？”军士答道：“爱华山。”岳飞心中暗想：这里正好埋伏兵马，要是把金兵引到这里，一定能把他们杀得片甲不留。于是，岳飞就在这里安营扎寨。

这时，先头部队的人马回来了。他们吃了败战，将军吉青说：“金兵的士气正盛，恐怕不能轻易取胜。”岳飞让士兵们不用担心，吃好饭、睡好觉，准备明天开战。

第二天一早，岳飞开始调兵遣将。他命令吉青带300兵马前去诱敌，把金兵引进爱华山。接着命令张显带领2万人马、200弓箭手埋伏在东山，听到炮响，就摆开阵势捉拿金兀术。又命令王贵和牛皋带领2万人马和弓箭手埋伏在北山。岳飞又命令周青和岳云带领2万兵马埋伏在西山，他们的任务就是听炮响为号，挡住金兵前进的道路。南山也是2万兵马，防止敌人从那里逃跑。营房里，岳飞留下5000士兵看守粮草，自己带领一万多兵马专等金兵到来。

吉青带领300兵士去迎击金军，刚走上大道，就听见前面马嘶人喊，金兀术带领几万人马杀了过来。打了没几个回合，吉青就装着打不过的样子跑了。金兀术紧紧追赶，吉青在前，金兀术在后，眼看着进了爱华山，金兀术的军队也跟着进了山口。这时候，金兀术停下仔细看了看周围的地势，觉得不妙，惊慌失措地对部下说："赶快退出去。"但一切都晚了。只听见一声炮响，周围的山上传来了震耳欲聋的呐喊声："活捉金兀术！"金军被团团围在中间。帅字大旗下，岳飞骑着白马，手拿长枪，金兀术忙用斧来挡，两人杀成一团。这时，金军的骑兵部队发挥不了优势，宋军将士人人奋勇向前，直杀得金军上天无路、下地无门，四处逃命。金兀术不敢恋战，带领残兵败将拼杀出一条血路，往西北方向逃跑了。

后来，岳飞带领岳家军把金军打得就像丧家狗，金军将士都说："撼山易，撼岳家军难。"他们只要听说岳家军来了，吓得掉头就跑。

◆谁是古代历史上第一奸臣？

古今中外都不乏奸臣、汉奸，但任何人和秦桧相比都稍逊一筹，千古第一奸非秦桧莫属。在宋徽宗、宋钦宗被金兵俘虏时，秦桧和他的妻子王氏及侍从等也被俘到金国。秦桧在金太宗面前低声下气、百依百顺，金太宗认为他很忠诚，又有才干，就把他交给大将挞懒任用。从此，秦桧亦步亦趋地追随着挞懒，逐渐成为他的亲信。

公元1130年，金将挞懒带兵进攻淮北重镇山阳（今江苏淮安），命秦桧同行。为什么要秦桧同行呢？挞懒认为内外勾结才能彻底打败南宋，这个"内"只有秦桧可用。而秦桧投降金国，南宋朝野还没人知道，金人准备把秦桧作为合适的人选派回南宋做内应。山阳被攻陷后，金兵纷纷入城。秦桧等则登船而去，行到附近的涟水（今江苏涟水），被水寨统领丁祀的巡逻兵抓住，要杀他。秦桧说："我是御史中丞秦桧。这里的秀才应该知道我。"有个卖酒的王秀才装作认识秦桧的样子，就说："中丞劳苦，回来不容易啊！"大家以为王秀才认识秦桧，就以礼相待，把秦桧送到了临安（今杭州）。

秦桧南归后，送给赵构的第一件"见面礼"就是：要想天下无事，就得"南人归南、北人归北"。南宋的军队和将领主要是西北、河北和山东等地的人组成的，如果照秦桧"北人归北"的主张去办，就等于把北方土地全部奉献给金朝，而大批不愿投降金朝而南下的北方人士都得回去受金人统治，就等于南宋自己解除武装，表明对金放弃武力抵抗。秦桧奉送赵构的第二件"见面礼"是他首先递上一份写给金朝军事贵族挞懒的"求和书"。赵构感到秦桧的主张很合他的口味，他对大臣们说:“秦桧比谁都忠。有了他，我高兴得晚上睡不着觉呢。”他立刻任命秦桧做礼部尚书，三个月后，又提升他当副宰相；再过半年，秦桧就爬上了宰相宝座。

秦桧当了宰相之后，就明目张胆地干起卖国求和的勾当来。公元1141年，秦桧密奏赵构解除了韩世忠、张俊、岳飞的兵权。后来，在秦桧的运作下，南宋与金达成了屈辱投降的“绍兴和议”。接着，秦桧又以古今未有的“莫须有”罪名杀害了抗金名将岳飞，不愧是千古第一奸！

◆“三纲五常”是谁提出的?

朱熹是南宋著名哲学家、教育家，他出生于儒学世家，自幼就是一个具有强烈求知欲望的人。他从10岁起就开始攻读四书五经，除了这些，他还读了诸子百家、兵书史书等。他曾经徒步数百里，求学于当时著名学者李侗。

公元1148年，19岁的朱熹中了进士。朱熹当了7年官，仅仅有46天上朝议政。他一生的主要时间都在福建的武夷山和江西庐山的白鹿洞书院讲学授徒、宣扬道学。他继承程颢、程颐的学说，又独立发挥，形成了自己的体系。朱熹认为世间万事万物有理，就是“天理”。它在政治和伦理上的表现，就是“君臣、父子、夫妻”及“仁、义、礼、智、信”这“三纲五常”。朱熹提倡“存天理、灭人欲”，认为“饿死事小，失节事大”。这些思想学说后来成为官方哲学，深刻影响了近世中国的思想文化传承。

◆辛弃疾是抗金名将吗?

辛弃疾于公元1140年诞生在山东济南一个世代仕宦的家庭，那时宋朝山东和北方的大片土地已被金朝的铁蹄践踏了12个年头。辛弃疾父亲早亡，从小靠祖父抚养。祖父投靠金政权做了个小官，但辛弃疾却从小就立下了恢复中原的凌云壮志。他不但刻苦攻读诗书，而且潜心练习刀枪武艺。后来，他在济南南部山区组织了一支2000多人的抗金武装力量。当时，潼关以东、淮水以北广大地区的抗金武装队伍纷纷建立，其中以济南农民耿京领导的最为壮大。耿京以山东东平府为据点，拥有25万人马，自称“天平军节度使”。为了加强抗金力量，辛弃疾就带了队伍归属耿京。当时的辛弃疾已是一位有名望的文人，得到耿京器重，被委任为掌书记。可是，谁知就在辛弃疾奉耿京之命前往江南与南宋朝廷取得联系后，耿京却被叛徒张安国杀害。张安国诱骗一部分队伍叛附金营。为了伸张正义、惩处叛徒，替耿京报仇，辛弃疾与伙伴决定出其不意，夜袭金营，生擒张安国。

辛弃疾挑了50名勇士，骑上快马向金营直奔而去。快到金营的时候，天已经黑了，他们把马拴在树上，然后乘黑摸进了金营。辛弃疾找到张安国后，将其五花大绑，口中塞了块布，扔进了一只大口袋中。然后，将口袋捆在一匹马上。这时，他们的行动已被金兵察觉，敌人从四面八方朝张安国的帐篷围来。"放火！"辛弃疾当机立断，命令部下点着了张安国的帐篷。顿时，火借风势，熊熊燃烧，烈焰冲天，整个敌营乱作一团。辛弃疾骑在战马上大声疾呼："弟兄们！我是辛弃疾！叛徒张安国已被擒获！为了使中原的山山水水重见天日，不愿替金人卖命的，快随我冲出重围！"说罢，他双腿一夹，战马如离弦之箭，直朝敌丛奔驰。他迅猛地挥舞着宝刀，左砍右劈，敌人纷纷倒下，发出一阵阵嗷嗷的惨叫。那些被张安国诱骗来的人听了辛弃疾的话，纷纷聚集在辛弃疾的人马后，一齐杀出敌营。辛弃疾等人分成两路冲出重围之后，惊魂甫定的金兵集中了几百精锐的骑兵，拼命追赶辛弃疾一行。辛弃疾凭借着自己的胆识吓退了追兵，然后不分昼夜地继续向南驰去。就这样饥不暇食地奔走了两天一夜，终于渡过淮河，进入南宋境内。稍事休息后，又把张安国押解过江，交给南宋朝廷。

南宋朝廷接受了辛弃疾等人的意见，将张安国绑赴刑场，在人山人海的群众面前，一刀斩了，并且把这个叛贼的首级挂在城门口，号令示众。这一年，辛弃疾才23岁，英雄气概已展露无遗！

◆如何看待"隆兴和议"？

宋孝宗赵眘即位后，改元隆兴，起用抗金统帅和名相张浚主持北伐，却遭到符离之战的失败。这为主和派抓到了口实，在太上皇赵构的支持下，他们更加积极主张和议。金国方面，初登帝位的金世宗完颜雍，忙于稳固自己的统治，也向宋派出使臣议和。

公元1164年，在赵构的影响下，宋、金双方终于就和平条件达成一致意见：双方世为叔侄之国，不再向金称臣；改岁贡为岁币，宋每年给金白银20万两，绢20万匹；宋放弃商（今陕西商县）、秦（今甘肃天水）等六州，两国疆界还以绍兴和议为准；不遣返叛亡之人，史称"隆兴和议"。

隆兴和议是宋、金对峙新形势的产物，宋、金间旧的不平等关系虽有所改变，但对南宋来说仍是十分屈辱。

◆楼璹《耕织图》描绘了怎样的图景？

楼璹，字寿玉，南宋人，出生在鄞县（在今浙江）。他曾经在于潜县做过县令，于潜县位于临安（今杭州）西边，处于天目山山麓，是天目溪的发源地。楼璹做于潜县县令的时候，很同情劳动人民生活的疾苦，经常关心他们的生产和生活的状况。他站在田间，看农民怎样耕作，询问他们的年成好不好；他也到山上去看女人们采桑叶，到农家里看女人们纺纱织布。

楼璹看到老百姓这么辛劳，生活又那么困苦，心中受到感动，决定将自己看到的景象绘成图画，好使后人知道劳动人民生活的艰苦，教育人们爱惜粮食、棉帛，不要随意浪费。楼璹用了很长时间，最后绘成了45张图画，合起来就是一幅精美生动的《耕织图》，《耕织图》分成21幅耕田图和24幅纺织图。耕田图描绘的是南方耕田的图景，从水稻育秧、整地、插秧到耘田、车水、施肥、收割的全部过程，还有种植其他作物的情况，楼璹都把它们摹画得清清楚楚。纺织图描绘的是纺纱织布的情景，从采桑、养蚕到缫丝、纺麻、纺棉花、织布、织绸和漂染等过程，楼璹也都摹画得很清楚。楼璹还在每一幅画上都题了一首诗，把心里的感慨抒发出来。

其实，南宋生产的发展比楼璹的《耕织图》描绘的还要丰富多彩。楼璹的《耕织图》也曾印刷过，可惜没能流传下来。

◆韩侂胄“开禧北伐”的战果如何？

宋宁宗开禧二年（1206年）三月，赵扩以邓友龙为两淮宣谕使（后改宣抚使），镇江都统制郭倪兼山东、京、洛招抚使，准备进军山东。同时以荆鄂都统制赵淳兼京西招抚使，副都统皇甫斌为副使，准备从襄汉北上。皇甫斌在金防备松懈的情况下，发兵4万取邓州，3万取唐州（今河南唐河），金章宗闻讯大惊。此时，宋兵已分路攻金，镇江武锋军统制陈孝庆与武义大夫毕再遇克复泗州（今江苏盱眙北），江州左军统制许进克复新息县（在今河南）等地。五月，陈孝庆又克复虹县（在今安徽泗县），接着，马军司后统制田俊迈率兵渡淮，淮河岸边的忠义军也与官军配合，相继克复了一些县城。宋军一连串的胜利使韩侂胄认为大事可成，于是下令伐金，各路一齐进击，史称“开禧北伐”。但此时金军已做好迎战准备，四川宣抚副使吴曦也暗中与金人勾结，准备降金。六月，韩侂胄以师出无功，罢免两淮宣抚使邓友龙，以丘崈代之，驻军扬州。丘崈主张放弃泗州，还军盱眙，同时要求惩治败军大将。韩侂胄一一听从，斩郭倬，贬斥王大节、李汝翼、皇甫斌、李爽等，苏师旦也被除名韶州（今广东韶关）安置。十月，金分兵九道大举南下，宋军军心已散，在金兵的攻击下四处奔逃，自相蹂践，死者不可胜计。十二月，四川宣抚副使吴曦叛宋降金，求金封他为“蜀王”，把大散关拱手相让，宣抚使程松逃之夭夭，四川几乎全部沦没。至此，除镇江副都统制毕再遇在楚州（今江苏淮安）打退了金军的进攻、出兵保全淮东外，宋军各路纷纷失利，北伐彻底失败。

开禧北伐失败，川陕、襄汉、两淮人民惨遭屠戮，怨声载道。韩侂胄虽屡次更换将领，试图挽回败局，最终无效，于是变计求和。金朝虽然也无力再战，仍然提出“称臣、割地、献首祸之臣”三个苛刻条件。韩侂胄断然拒绝，积极动员，准备再战。朝中主和派坚决反对，礼部侍郎史弥远和赵扩的杨皇后勾结，发动政变，将韩侂胄杀死。公元1208年，史弥远将韩侂胄的首级送到金朝，按照金朝的要求，双方又重订和约。开禧北伐彻底失败。

◆《示儿》诗有什么创作背景？

宋孝宗赵昚刚即位之初，想做一番恢复中原的事业。于是，赵昚任用老将张浚做枢密使。张浚请朝廷发布诏书出兵北伐，号召中原人民奋起抗战，配合宋军收复失地。当时陆游在枢密院做编修官，张浚就派陆游起草这份诏书。陆游热情支持北伐，可担任统帅的张浚缺少指挥才能。宋军出兵没有多久，就在符离（在今安徽）被金兵打败，全线溃退。

北伐失败后，一贯主张求和的大臣又在赵昚面前大肆攻击张浚，还说张浚用兵是陆游怂恿的。不久，张浚被排挤出朝廷，陆游也罢官回到山阴老家。

过了将近十年，负责川陕一带军事的将领王炎听到陆游的名声，邀请他到汉中做幕僚。汉中接近抗金前线，陆游便高兴地接受了王炎的邀请。不久，王炎被调走，陆游也被调到成都，在安抚使范成大部下当参议官。范成大与陆游是老朋友，虽说是上下级关系，却并不讲究官场礼节。陆游的抗金志愿得不到实现，心里郁闷，便常常喝酒写诗来抒发自己的思想感情。但一般官场上的人看不惯他，说他不讲礼法、思想颓废。陆游听了，索性给自己起了个别号，叫“放翁”，后来人们就称他为陆放翁。这样一过又是二三十年。

公元1210年，86岁的爱国诗人陆游卧病在床。临终时，他还念念不忘恢复中原。他把儿孙们叫到床边，写下他的最后一首诗，也就是感人肺腑的千古绝唱《示儿》诗：“死去原知万事空，但悲不见九州同。王师北定中原日，家祭无忘告乃翁。”

◆铁木真是如何统一蒙古的？

铁木真是蒙古族乞颜部酋长也速该的儿子，铁木真的祖先俺巴孩是被金朝皇帝杀害的；他幼年的时候，金王朝统治者对蒙古族人民实行残酷统治，蒙古族人民的生活十分艰难。

铁木真9岁那年，也速该把铁木真带到一个朋友家订亲。他把铁木真留在朋友家里独自回家，赶了一段路，想找点东西吃，正好看见有一批塔塔儿部人在草原上举行宴会。他下马走进人群，按照当地风俗，参加了塔塔儿人的宴会。塔塔儿部和乞颜部有过争斗。也速该没想到这一层，塔塔儿部却有人认出了也速该，偷偷地在也速该吃的食物里放了毒药。也速该离开宴会回家的路上肚子疼得很厉害，回到家里就死了。也速该一死，乞颜部没了首领，原来归附也速该的泰亦赤部脱离了他们，还带走了不少也速该的奴隶和牲畜。泰亦赤部的首领蔑古真怕铁木真长大后报仇，就捉住了铁木真。一天，铁木真趁看守不防备，举起木枷把看守砸昏了，逃了出来。

铁木真为了恢复父亲的事业，想尽办法把他们部落失散的亲属和百姓聚集起来。在消灭了几个部落之后，铁木真的力量逐渐壮大起来。

没有多久，蔑古真得罪了金朝，金朝派丞相完颜襄约铁木真配合进攻塔塔儿部。铁木真认为这是个报仇的好机会，就和金兵一起攻击塔塔儿部，把塔塔儿部打得全军覆没，俘获了大批人口、牲畜和辎重。

金朝认为铁木真立了功劳，封他做前锋指挥官。以后，铁木真又经过几次战斗，陆续消灭了蒙古高原剩余的几个部落，终于在1205年统一了全蒙古。然后，全蒙古的所有部族召开大会，选举铁木真为全蒙古的大汗。

铁木真即位后号称成吉思汗，他

建立了相应的军事和政治制度，使蒙古成了一个强大的汗国。但金朝还把蒙古当作它的附属国，要成吉思汗向他们进贡，成吉思汗就跟金朝彻底决裂了。

◆丘处机是如何弘道救民的？

道教是中国的宗教，尊奉的最高神灵是“玉皇大帝”。道教有三大名山：江西龙虎山、湖北武当山和陇州龙门山（在今陕西）。宋元时，龙门山出了个著名的道士，名叫丘处机，号长春子，世称长春真人。

在成吉思汗铁木真统一蒙古后的第十四年，丘处机带领尹志平、李志常等18位弟子从山东启程西行，先到了蒙古统治下的燕京（今北京）。因为铁木真正率军西征，丘处机又不顾年迈体衰，向塞北高原挺进，踏上万里征途。西行的路途非常艰苦，他们时常要受到沙尘暴、流沙的袭扰，随行弟子赵九古甚至病死在了西行路上。

走了一年多，丘处机终于到达了大雪山（在今阿富汗），见到了铁木真。铁木真见丘处机仙风道骨，十分高兴，称他为“神仙”，向他讨问长生不老之术，丘处机就告诉铁木真：“一要清除杂念，二要减少私欲，三要保持心地宁静。”

在二人朝夕相处的日子里，丘处机还不断以身边小事来劝诫铁木真。一次，铁木真打猎时，刚刚要射杀一只野猪，突然马失前蹄摔在地上，可野猪却没有扑向他。事后，丘处机便说：“上天有好生之德，陛下现在圣寿已高，应该少出去打猎。坠马，正是上天告诫陛下；而野猪不敢靠近，是上天在保护着陛下。”铁木真十分信服，告诉左右人说：“只要是神仙的劝告，以后都照做。”丘处机还多次劝导铁木真要体恤百姓疾苦，保护黎民生命。

在铁木真身边待了一年，丘处机决定东归；铁木真将原来金朝的御花园赏给他建造宫观，这就是今天北京的白云观，还任命丘处机为蒙古国师，赐给他虎符玺书。凭着虎符玺书，丘处机解救了大批汉族，使很多被蒙古掠夺为奴的人重获自由。丘处机真是弘道不忘救民啊！

◆铁木真西征亚欧取得了怎样的战功？

公元1219年，成吉思汗铁木真借口蒙古商队被花剌子模劫杀，率20万军队侵入花剌子模，蒙古军队首先围攻讹答剌城（今哈萨克斯坦），但久攻不下。铁木真留下察哈台、窝阔台攻城，另派术赤率一支军队进攻锡尔河下游各城镇，派阿剌黑等进攻别纳客忒和忽毡，自率主力进攻不花剌。

公元 1220 年，铁木真到达不花剌。激战后，不花剌守军投降。蒙古军队在不花剌掠取所有财物后，把它付之一炬。与此同时，察哈台、窝阔台攻下了讹答剌，大肆杀戮；术赤和阿剌黑军所攻占的城池，也遭到了大屠杀。

接着，铁木真进攻花剌子模的新都撒麻耳干。城破，铁木真下令大屠杀，只留下了 3 万工匠，把他们押到蒙古军营，分送给蒙古贵族当奴隶。昏庸无能的摩诃末逃奔哥疾宁（在今阿富汗）以纠集残兵作抵抗的计划；但他的儿子札兰丁坚决反对，力主坚守阿姆河以遏止蒙古兵南下，反而受到摩诃末的训斥。铁木真为了生擒摩诃末，派者别和速不台追击。者别和速不台一路攻破阿哲儿拜占（今阿塞拜疆）各地。阿哲儿拜占的都城在帖必力思，当时的阿塔卑叫月即伯。蒙古大军压境后，年老而嗜酒的月即伯以货币、衣服、马畜等物赠献蒙古，作赎城费，才免遭劫掠。

公元 1222 年初，蒙古军侵入谷儿只（今格鲁吉亚），击败谷儿只王阔儿吉·剌沙。随即逾越太和岭（今高加索岭），侵入阿兰部（在今俄罗斯）及钦察草原（波罗夫赤草原），迫使钦察人迁至亦的勒（伏尔加）、涅卜儿（第聂伯）两河之间，与该地之钦察人联合。钦察人也是突厥人种，已经在这里生活了两个世纪之久。

蒙古军队追击至克里木，占领速答黑城（在今俄罗斯）。钦察部的忽滩汗向南斡罗思（俄罗斯）的伽里赤大公密赤思老求援，于是密赤思老联合南斡罗思诸大公，推乞瓦（今基辅）大公罗曼诺维赤为盟主，决定迎击蒙古军于斡罗思（俄罗斯）境外。

斡罗思和钦察联军虽然人数众多，但缺乏统一指挥，步调不一。公元 1223 年，联军与蒙古军激战于迦勒迦河（在今乌克兰），联军大败，6 个斡罗思大公阵亡。罗曼诺维赤乞降，结果斡罗思军全被屠杀。蒙古军长驱直入斡罗思境。

公元 1223 年春天，铁木真准备进攻印度然后越过雪山（今中国喜马拉雅山）从吐蕃（今中国西藏）返回蒙古。由于道路崎岖，气候炎热，改由原路退回蒙古。这年冬天，者别和速不台率军经过现在的哈萨克草原东返，与铁木真会合。铁木真的西征亚欧之行遂告一段落。

◆西夏被什么人所灭？

公元1205年，铁木真借口西夏收留了蒙古的仇人，率兵攻打西夏，对瓜、沙等州掳掠，西夏对蒙古军束手无策。

公元1207年，蒙古军攻占了西夏的兀剌海城，掳掠抢劫数月而还。公元1209年，蒙古军包围西夏都城中兴府，西夏襄宗李安全（即位后改姓赵）亲自督军登城防守。铁木真利用暴雨涨满的河水，筑起堤坝、引水灌城，城中居民、士兵淹死者不计其数。在灌城一月之久，城墙即将倒塌时，突然河水决堤四溢，蒙古军被洪水淹溺，被迫还兵。蒙古军撤退后，铁木真派遣太傅讹答入城招谕，赵安全被迫纳女求和，夏蒙议和。

夏蒙议和后，蒙古不断向西夏征兵，西夏因“不堪奔命，礼意渐疏”，结果惹怒了蒙古。公元1217年，蒙古军渡过黄河进攻西夏，逼近中兴府。西夏神宗李遵顼惊恐万状，将太子李德任留在都城防守，自己匆忙逃到西凉，夏兵无力抵抗，向蒙古请降。

公元1223年，西夏神宗李遵顼让位给李德旺。李德旺想联合漠北未被蒙古征服的部落共同抗击蒙古，不料被蒙古知悉，铁木真决定调集大军灭西夏。公元1224年，蒙古军攻陷银州，西夏数万人战死，夏将令塔海被俘后遇害。李德旺表示愿意投降并派遣人质，蒙古退兵。

公元1226年，铁木真借口西夏迟迟不纳人质，又亲自率兵10万，攻入西夏，西夏的河西地区几乎全部丧失。七月，李德旺死，他的侄儿李睍被拥立继位。八月，蒙古西路军抢占了黄河九渡。十月，蒙古东路军攻陷夏州。接着，蒙古军东、西两路夹击西夏的政治和经济中心。十一月，铁木真亲率大军围攻灵州，李德任率领固守灵州的夏兵同蒙古军进行了殊死的战斗，其激烈程度为蒙古军作战以来所少见，终因夏兵伤亡惨重而失败。灵州失陷，李德任不屈被杀。

公元1227年，蒙古军兵临中兴府城下。西夏末主李睍走投无路，派遣使节请求铁木真宽限一个月便献城投降。七月，铁木真病死军中，死前遗嘱：秘不发丧，等李睍来降时，杀了他再班师回蒙古。李睍往降，被杀。蒙古军攻陷中兴府，西夏灭亡。

◆金国是什么时候沦陷的？

公元1211年，蒙古成吉思汗铁木真在克鲁伦河誓师南下，向金国发动了进攻。他选了3000名精锐骑兵南下，金将胡少虎带了30万金兵抵抗，被蒙古军打败。

铁木真死后，他的儿子窝阔台接替他做大汗。窝阔台按照铁木真的遗嘱，向南宋借路，包围金朝京城开封。公元1233年，蒙古军攻破开封，金哀宗逃到蔡州（今河南汝南）。在此危急之时，他依然不思国事，反而还想修宫室，大选宫女。很快，蒙古军和南宋军联合开始围攻蔡州。同年秋天，哀宗深感危在旦夕，大臣完颜阿虎带建议抢在蒙古之前结好南宋，并向宋乞粮称臣，达到离间宋蒙、延缓腹背受敌的目的。金主在给宋帝的信中说唇亡齿寒，希望宋能与金联合；但大宋见金朝大势已去，拒绝金的乞和求粮。公元1234年，蔡州城内粮尽兵疲。元旦夜，哀宗传位给东面元帅承麟；翌日早晨，承麟受诏即皇帝位。正在行礼的时候，城南已经树起了南宋的旗帜。诸将赶忙迎战，宋军迅速攻下南城。哀宗见金朝败不可挽，在轩中自缢而死，宰相完颜仲德投汝水自杀，大臣孛术鲁娄室、元志、王山儿、纥石烈柏寿等及军士500余人皆投河自杀，末帝承麟被乱兵杀死，历史短暂的金朝在大宋、蒙古的联手打击下灭亡了。

◆你知道冰糖葫芦的来历吗？

冰糖葫芦从诞生之日起，一直是北方民间的特色食品，酸甜可口，而且穿在竹签上红彤彤的，煞是可爱。其实，冰糖葫芦与南宋光宗皇帝赵惇有关。

赵惇于公元1189年受孝宗赵昚内禅而即位，赵惇当皇帝后宠爱一名姓黄的贵妃。一天，黄贵妃患病，不思饮食，面黄肌瘦，御医束手无策，各种方法都屡试无效。赵惇见此，便愁眉不展，日渐憔悴。后来便张贴皇榜，各地招医，一个江湖郎中应召进宫，说他有办法。赵惇大喜，待郎中诊断完毕，说有一个简单的方法可用。赵惇耐心地听取了药方，原来是只用冰糖与红果（即山楂）一起煎熬，每次饭前吃5至10枚，半月后病即可除。在场的御医听后，大多数都摇头，这山楂怎么能治好贵妃这样的病！唯有赵惇大喜，按照郎中的吩咐煎药。黄贵妃如法服用之后，果然食欲恢复。此后，这种做法传入民间，老百姓把小山楂一个个穿起来，更加喜庆了，流传下来，便成了今天流行的冰糖葫芦。

◆宋元襄樊之战哪方占据优势？

公元1271年，忽必烈见襄樊总是

攻不下来，便向将领们问计。这时，有一个名叫阿里海牙的将领向忽必烈说："襄阳和樊城就和牛的两只角一样，它们互相支持，所以总也攻不下来。不如只攻樊城，攻下之后再攻打襄阳，把两城分开消灭。"忽必烈觉得很有道理，十分高兴，便马上命令阿术先攻打樊城。阿术便集中大军猛攻樊城。此时，元军又运来了威力强大的回回炮，他们使回回炮轰塌了城墙，然后争先恐后地往里冲，可是宋军的箭和飞石如雨点一般地飞了下来，元军被打得抬不起头。后军将领张弘范急忙带兵冲了上去，可也没有用，连张弘范也中了一箭。

樊城守军为什么如此厉害呢？原来襄阳的守军可以通过浮桥，不断地过来增援。阿术也看出了名堂，若想打胜仗，必须截断浮桥。于是，便命令元兵向浮桥进攻，最后烧断了浮桥。这一下，樊城便得不到支援了。元军又朝樊城猛攻。元军攻破了城池，宋军主将范天顺自杀，副将牛富带领最后的一百多人拼死抵抗，后来也投火自焚了。

樊城被攻下之后，襄阳便成了一个孤零零的城池，吕文焕赶忙向朝廷告急。这时，阿术就派刘整来劝吕文焕归降。吕文焕本来就不愿守城，便乘势准备投降了。公元1273年，吕文焕打开城门，投降了元朝，忽必烈马上委派他为襄汉大都督。

襄阳、樊城被元军攻取以后，南宋的大门便被打开了。几年后，元军就攻进了南宋都城临安。

◆扬州一战哪些忠臣以身殉国？

襄樊之战后，元军占领襄阳，打开了南宋的大门。公元1274年，忽必烈命伯颜率军伐宋。伯颜兵分两路，一路攻扬州，一路由他亲率主力沿汉水入长江，沿江东下，直趋临安。

公元1276年，伯颜率元军入南宋首都临安，俘宋度宗的全皇后、恭帝赵㬎北去，但各地的抗元斗争仍继续不断，其中以李庭芝、姜才坚守扬州尤为壮烈。

阿术攻扬州数月不下，便派兵扼守高邮，断绝扬州粮道，使扬州断粮，死者充斥街道。饥饿使一些百姓无法忍受，但他们不甘心降元，几乎每天都有人投水自杀殉国，有的宁可割食饿死者充饥、继续战斗，也不向元低头。就是在这种情况下，李庭芝、姜才艰苦地坚守扬州。

已经降元的南宋谢太后和赵㬎下诏书让李庭芝降元，李庭芝登上城墙，大声说：“只有奉皇帝的诏令守城，没有听说皇帝下诏投降的。”拒不接受降元命令。赵顯等南宋皇室被元军俘虏北上，途经瓜州，再次下诏降元，被李庭芝拒绝。为不让赵顯等南宋皇室被元军作为招降的幌子，姜才率兵数千出战，力图夺回皇室人员，继续号召抗元，但被元兵击败。阿术又使人招降姜才，姜才斩钉截铁地回答说：“我宁可死，也不做降将军。”在夏贵以淮西全境降元后，李庭芝、姜才在扬州的处境更为困难。在李庭芝坚守扬州时，淮安、盱眙、泗州等地将士也坚守拒元，后以粮尽降元，使扬州更为孤立。七月，阿术再次招降，李庭芝仍拒而不受。随后，李庭芝与姜才接到在福州的宋端宗赵昰的征召，便准备渡海去福州继续抗元。李庭芝命朱焕守扬州，自己与姜才领兵7000先去泰州。朱焕在李庭芝走后，便开城降元，并把李庭芝部下将士的妻子押到泰州城下，以动摇军心。这时，元兵包围了泰州，孙贵、胡惟孝等打开城门接元兵入城。李庭芝听说城破便投水自杀，因水浅未死而被俘。姜才病发不能作战，也被元军所俘。阿术杀李庭芝，劝姜才降元，姜才愤恨不降，阿术剐姜才于扬州。

李庭芝、姜才领导扬州军民坚守孤城15个月后以身殉国，在南宋的历史上写下了悲壮的一页。

◆潭州保卫战的战果如何？

公元1275年，受到贾似道迫害的李芾被南宋朝廷委任为知潭州（今湖南长沙）兼湖南安抚使。这时，元兵南下，湖北州郡都已降附。朋友劝他不要去赴任，李芾决心以身许国，置个人的生死安危于不顾。

当年七月，李芾到达潭州就任。仓促之间，李芾召募士兵不足3000。他领导军民修器械、积粮草、筑工事，并与附近少数民族联结，互为声援。他委任刘孝忠等将领统率军队，为保卫潭州作了多方面的准备。不久，元朝右丞阿里海牙占江陵，分兵守常德以遏制少数民族，大军逼近潭州。

九月，元兵已经到了潭州城下，很快便包围了潭州城。李芾登上城墙的女墙，慷慨陈词激励将士，并调遣将士分地段坚守。潭州百姓听到消息，不待号令便集合到城下，结成队伍来协助士兵守城。军民同心，坚守潭州城。

十月，元兵攻打潭州城西壁，将军刘孝忠率兵奋力抵御。李芾冒矢石亲到城上督战，还亲自慰劳受伤将士，以保家卫国相勉励。在激烈的战斗中，潭州军民伤亡惨重，但许多受伤战士仍然坚守阵地，与元军作殊死的战斗。元军攻城不下，便想招降李芾。李芾坚决抵制，他把招降使者处死示众，表明抵抗到底的坚强决心。

十二月，元军加强了攻势。将军刘孝忠被元军炮火击中，伤病无法继续战斗。这时，有的将领动摇了，他们打着为百姓着想的旗号来劝李芾：现在事情紧急了，我们当官的为国家而死，没有话说，这些潭州百姓就不必如此了。李芾生气地责骂他们，下令死守，敢有动摇者，立时处死。

当年除夕，元兵猛攻之后，终于进入潭州城。衡阳太守尹谷在城破后就全家自焚殉国，李芾在祭奠完尹谷后也全家自尽殉国。潭州百姓见城已破，元兵到处烧杀，又听说李芾全家殉国，为免遭元兵的杀戮和凌辱，许多人都全家自尽。一时之间，潭州城内竟无虚井，全为自杀的潭州百姓所充斥。在树上自缢的也不在少数。潭州兵将，除吴继明等极少数将领投降外，绝大多数都已战死或自尽殉节了。

潭州保卫战在双方力量对比十分悬殊的情况下，李芾领导只有不足3000人的军队抗御数万元军，竟坚持达三个月之久，充分显示了潭州军民不畏强敌、敢于战斗的英勇、悲壮气概。

◆宋史是怎么被保存下来的?

公元1276年年初，元军主帅伯颜率领大军兵临临安郊外。张世杰和文天祥坚请三宫（太皇太后谢氏、全太后、宋恭帝）入海，愿率众背城一战。但南宋君臣大多降意已决。所以，张世杰和文天祥的意见自然就被宰相陈宜中所否定。而太皇太后谢道清也已经准备将传国玉玺及降表奉献于伯颜军前。陈宜中逃遁于温州。张世杰眼看临安不守，亦在此时移师定海，抗命拒元。宋恭帝的兄弟益王赵昰和卫王赵昺，在其母杨淑妃、驸马杨镇的保护下也逃奔福建。临安城中的南宋朝廷正式向元军呈递降书。

二月，伯颜派人进入临安受降，籍府库，收百官符印，遣散禁军。三月，伯颜亲自来到临安，依旨押送全太后与宋恭帝北上，谢太后因疾暂留南方，后来也被押到大都。谢太后于7年后病死；恭帝先受封为瀛国公，成年后入吐蕃学佛，号合尊大师，一号木波讲师，元英宗时被毒死；全太后则入庵为尼。逃奔闽粤的流亡朝廷，先后以益王、广王为帝，但终因寡不敌众，在公元1279年的崖山海战中全军溃败。陆秀夫背负幼帝自沉，南宋王朝彻底灭亡，元朝统一了中国。

宋朝灭亡了，宋朝的历史却需要总结。正如灭宋时的左路军主将、中书左丞董文炳，对翰林学士李盘所说的那样：“国可灭，史不可没。宋朝有天下三百余年，其历史资料全都存储在史馆内，我们应当全部收存以备借鉴。”宋代重视修史，史馆组织很严密，修史制度比较健全，编纂了大量官修史籍。仅官方编修的当代史籍，即有起居注、时政记、日历、实录、国史和会要六种。同时，私家撰史也成为风气，如《东都事略》《续资治通鉴长编》等书即是其中的名篇佳作。保护好这些史籍史料，对于汲取历史教训、新朝稽古定制、笼络汉族文人都有着极为重要的现实意义。

董文炳率先进入临安城后，即着手收集南宋史馆的各类历史典籍资料。三月，元军主帅伯颜班师，令董文炳留守治事，他派人将宋人所修国史及注记5000多册押送至元朝的国史院。南宋灭亡之后，元世祖即令史臣撰修《宋史》。但由于朝廷内部对采用怎样的体例编写这部史书的意见不一，影响了修史工作的进行。直至元顺帝时，才诏令脱脱主持修撰辽、金、宋三史。但此时已值元朝濒临崩溃的前夕，由于成书时间短，只用了31个月，故而编纂得比较草率。但《宋史》以其496卷的浩瀚篇章，包括本纪47卷、志162卷、表32卷、列传255卷，居二十五史之冠。

◆为什么说文天祥丹心一片？

公元1276年，元朝大军围攻临安，众多大臣建议投降，爱国忠臣文天祥同另一位主战派将领张世杰建议保护太皇太后、太后、皇上等人去海上避难，但南宋君臣大多降意已决。奸相陈宜中逃跑后，谢太皇太后只好派文天祥去和元军议降。文天祥在元军统帅伯颜面前大义凛然，毫无惧色，与之据理力争。伯颜大怒，心想此人若要放回去，必为我之劲敌，遂将其扣押。文天祥为人机警，有勇有谋，在押解途中逃脱，随后积极抗元。

临安失守后，陈宜中、张世杰等人在福州拥立7岁的赵昰为皇帝，重新恢复宋朝名号，把文天祥请到福州。那时文天祥已颇具影响力，一声号令，便有各地兵士群集响应。文天祥亲自领兵作战，与元军抗衡，取得了一些胜利。元军自侵宋以来，每每一战即胜。这次在文天祥手中吃了败仗，气急败坏，便把他当作头号敌人。毕竟敌众我寡，相差悬殊。文天祥战败，只好逃离赣州。

公元1278年，赵昰病故，6岁的赵昺继位。陈宜中见大势已去，再次偷偷逃走。文天祥继续与元军周旋，无奈孤军难撑，最终被捕。

元军统帅认为文天祥是个难得的人才，便想劝降他，遭到文天祥的严词拒绝。文天祥遂被软禁在军船上，押往燕京。路过零丁洋，面对波涛汹涌的大海，文天祥不禁想起自己21岁参加进士考试，被录为第一名时的情景。当时，他勇敢地指摘时弊、慷慨陈词。在殿试时，写下“自强不息”四个大字，意思是说：大宋要自己强大起来，只有这样才能抵御外侮。主考官和皇上当场将文天祥定为状元。当时情景至今仍历历在目。后来，元军来犯，自己力排众议，主张抗战。且多次舍身救护幼主。不想今日身陷囹圄，自己死不足惜，大宋江山风雨飘摇、岌岌可危，今后谁来护卫幼主、光复江山呢？感慨惆怅之余，挥笔写就千古名作《过零丁洋》：“辛苦遭逢起一经，干戈寥落四周星。山河破碎风飘絮，身世浮沉雨打萍。惶恐滩头说惶恐，零丁洋里叹零丁。人生自古谁无死？留取丹心照汗青。”

公元1279年，南宋7岁的小皇帝赵昺跳海而亡。至此，统治近320年的宋朝彻底灭亡。而忠烈爱国的文天祥由于宁死不降，也在被囚禁了3年多以后，被忽必烈下令杀害。

◆宋朝最后殉国的将领是谁？

公元1276年，南宋都城临安沦陷，5岁的宋恭帝被俘，张世杰与陆秀夫带着益王赵昰、卫王赵昺出逃。他们逃到福州，立刚满7岁的赵昰为皇帝，是为宋端宗。

后来，福州沦陷，宋端宗的流亡朝廷直奔泉州。张世杰要求借船，却遭到商人蒲寿庚拒绝。张世杰抢夺船只出海，流亡到了广东。途中，赵昰的船遇到台风而倾覆，险些溺死，惊吓之中得了重病。赵昰死后，卫王赵昺在碙州（今香港大屿山）登基，与张世杰死守崖山（今广东新会）。

公元1279年，忽必烈派张弘范为元帅，带领2万精兵，分水陆两路南下，集中水军开往崖山。崖山在海湾里，背山面海，地势非常险要。张世杰在海上把一千多条战船排成一字阵，用绳索连接起来，船的四周还筑起城楼。张弘范看了崖山的防卫，觉得难以取胜，就派人向张世杰劝降。张世杰说：“我很清楚投降元朝就可以活命，还能得到富贵。但是，我宁死也不会背叛大宋。”

张弘范只好火攻崖山，命令把小船装满了茅草，点着了火，乘着风势驶向宋军大船。张世杰事先在船上涂上厚厚的一层湿泥，又用长木头顶住元军的火船，挫败了元军的火攻。张弘范又封锁海口，切断了张世杰与陆地的联系。宋兵在海上只能吃干粮，喝海水，海水又咸又苦，兵士们喝了呕吐不止。

张弘范见宋军已陷入困境，特地派了张世杰的外甥前去招降，去了3次，张世杰都没有答应。张弘范见张世杰不肯投降，便准备强攻。乘着潮涨潮落，元兵从四面围攻宋军，疲惫的宋军在元军的轮番攻击下丧失了战斗力。张弘范又用乐声让宋军误以为他们正在饮酒作乐，从而松懈下来。然后用弓箭火石猛攻宋营，很快打沉了多艘宋军船只。一条宋船上的士兵率先降下战旗，其他船上的宋兵看见了也纷纷将战旗降下来。张世杰急忙派人驾驶小船把赵昺接过来，组织突围。但赵昺已经被护卫皇帝的陆秀夫背着，纵身投入滚滚的大海，以身殉国了。

张世杰率余部到了海陵山，他准备派人将南宋君臣的尸体打捞起来葬在海滨，然后继续抗元。这时刮起了台风，部下劝张世杰躲避台风，张世杰不肯。一阵巨浪袭来，他的坐船被打沉了，这位宁死不屈坚决抗元的宋将落水牺牲。延续320年的宋朝彻底灭亡。至此，元朝统一了中国。

第十一卷 金戈铁马、疆域辽阔

庞大多元的大元帝国

元朝是中国历史上由蒙古人所建立的地域空前广大的大帝国，其辽阔的疆域超过了中国历史上的任何一个王朝。

◆是谁遵用汉制统治元朝的？

成吉思汗铁木真建国后，蒙古一直用族名充作国名，称大蒙古国，未正式建立国号。忽必烈登上蒙古汗位，建年号为“中统”，依然没有立国号。随着征宋战争的顺利进行，实际上蒙古政权已成为效法中原地区汉族统治方式的封建政权，特别是忽必烈统治日益巩固，他决定在“附会汉法”方面再迈进一步，将自己的王朝建成承汉族封建王朝正统的朝代。

公元1271年，忽必烈根据刘秉忠、王鹗等儒臣的建议，取《易经》“乾元”的意思，正式建国号为元，并颁布建国号诏。忽必烈建国号为元，意思是向世人说明，自己所统治的国家中不只是蒙古一个民族，而是中国历代封建王朝的继续。

忽必烈在位期间，主张“遵用汉法”，以汉族传统法制治理国家，制定法律和各项制度，在地方设置行省，注意兴修水利，以农桑为急务，还统一货币，疏浚运河，设立驿站，开拓漕运。他强化中央对边远地区的控制，对西藏直接管辖，促进了民族的统一发展。

◆为什么说元朝曾是世界上最大的国家？

元朝除了中央直辖的领地之外，还包括四大汗国：钦察汗国、察合台汗国、窝阔台汗国、伊利汗国。四大汗国的统治者在血统上出自成吉思汗"黄金家族"，彼此血脉相联，同奉入主中原的元朝为宗主，与元朝驿路相通，使节往来频繁，对经济文化的发展起到了很大的推动作用。元帝国疆域最大时几乎囊括亚洲和欧洲的大部分领土，称其为世界上最大的国家，一点儿也不夸张！

◆马可·波罗是怎么游历中国的？

公元1275年的夏天，来自威尼斯的旅行家马可·波罗一行到达北京，向忽必烈呈上教皇的信件和礼物。忽必烈非常赏识马可·波罗，特意请马可·波罗一行进宫讲述沿途见闻。后来，又留他们在元朝任职。马可·波罗很快学会了蒙古语和汉语，掌握了朝廷的礼仪。他借巡视各地的机会，走遍了中国的山山水水，中国的辽阔与富有让他流连忘返。他先后到过新疆、甘肃、内蒙古、山西、陕西、四川、云南、山东、江苏、浙江、福建以及北京等地，还到过越南、缅甸、苏门答腊等一些东南亚国家。他每到一处，总要详细地考察当地风俗、地理、人情。在回到大都后，又详细地向忽必烈汇报。

公元1292年春天，马可·波罗受忽必烈委托，护送一位蒙古公主到波斯成婚，趁机向忽必烈提出回国请求。忽必烈答应他们在完成使命后，可以转路回国。公元1295年末，马可·波罗终于回到了阔别24载的亲人身边。

公元1298年，马可·波罗参加了威尼斯与热那亚的战争，不幸被俘。在狱中，他遇到了作家鲁思梯谦。于是，由马可·波罗口述，鲁思梯谦记录整理出《马可·波罗游记》一书。在《马可·波罗游记》中，他盛赞中国的繁盛昌明：发达的工商业、繁华热闹的市集、华美廉价的丝绸锦缎、宏伟壮观的都城、完善方便的驿道交通、普遍流通的纸币，等等。《马可·波罗游记》一书在欧洲广泛流传后，激起了欧洲人对中国文明与财富的倾慕，最终引发了新航路的开辟和新大陆的发现，同时也使这位颇负盛名的旅行家获得了自由。

◆郭守敬有哪些科学巨献？

郭守敬（1231年—1316年），中国元朝的天文学家、数学家、水利专家和仪器制造专家。郭守敬幼承祖父郭荣家学，攻研天文、算学、水利。公元1250年，19岁的郭守敬开始崭露头角，在水利方面初露锋芒。当时，在邢台城外有一条河。河泥长年淤积、河堤滑落，致使河道堵塞。此地原有的一座桥，桥身被洪水冲走，桥墩淹没，呈现出一片汪洋之态。不仅交通不便，还水灾不断。由于弄不清桥址原来在哪儿，又找不到合适的建新桥之处，许多建桥高手都只能摇头兴叹。郭守敬不辞辛苦，冒生命危险在滚滚洪流中搜寻，在陡峭的两岸河堤上查找，终于找到原有河道和桥墩遗址。他立即组织邢台人民清除淤泥、疏通河道、修筑堤岸；然后，反复勘测，精心设计，很快建成一座坚固而又美观的石桥。从此，郭守敬名扬天下。

在郭守敬小的时候，著名学者张文谦就非常喜欢郭守敬。后来见郭守敬才智超人，便向元世祖忽必烈大力举荐。忽必烈一向比较赏识张文谦，而且也深为河南、河北的连年大水所头痛。一听郭守敬对这方面颇有研究，立刻传令召见。

忽必烈与郭守敬一谈，不禁大为欣赏，立刻任命郭守敬主持修缮河南、河北的河道。稍后，郭守敬又主持整修由于年久失修的西夏古灌溉渠道，疏浚400里的唐来渠和250里的汉延渠等80多条渠道。《宁夏新志》评价郭守敬说："逮今西坝桥梁，尚其遗制，工作甚精。"

郭守敬不仅是卓越的水利学家，还是杰出的天文学家。公元1276年，忽必烈下令修订历法，由郭守敬实际负责。由于元朝原有的天文仪器早已陈旧不堪，测量数据不准，郭守敬便自己动手制作新的测量仪器。他亲自设计创制出的天文仪器有简仪、仰仪、立运仪、证理仪、浑天象、窥几、星晷等。

◆《文献通考》是一部怎样的古籍？

《文献通考》是宋末元初的进步史学家马端临编写的，它共有348卷，记载了从上古起到南宋宁宗时代为止有关历代典章制度的变化。

《文献通考》共二十四考，包括田赋、钱币、户口、职役、征榷、金籴、士贡、国用、选举、学校、职官、郊社、宗庙、王礼、乐、兵、刑、经籍、帝系、封建、象纬、物异、舆地、四裔。《文献通考》把“田赋考”放在首位，这很能显示马端临的见解。马端临生活在宋末元初的历史大变动时期，他通过文献的综罗，来思考历史的兴衰。《文献通考》也是两宋三部通史巨制（另两部是司马光《资治通鉴》、郑樵《通志》）之一，与《通志》、杜佑的《通典》一起合称为“三通”。

◆中国的戏剧鼻祖是谁？

关汉卿，元代著名的戏剧家，其

创作的戏剧数量超过了英国的“戏剧之父”莎士比亚。关汉卿一生编有杂剧 67 部，现存 18 部。其中《窦娥冤》《救风尘》《望江亭》《拜月亭》《鲁斋郎》《单刀会》《调风月》等皆是他的代表作。关汉卿的晚年，正遇上了阿合马、桑歌等奸臣擅权作恶。在这样的时代背景下，关汉卿拿起笔，创作了惊天动地的《窦娥冤》。在这部杂剧中，从小被卖作童养媳的窦娥遭到恶棍张驴儿父子和贪官的勾结陷害，含冤屈死，最后托梦给做了官的父亲，才得以平冤昭雪。关汉卿通过《窦娥冤》一剧，猛烈地抨击了当时的黑暗社会和邪恶势力。《窦娥冤》是我国古代“四大悲剧”之一，对当时、后世都产生了很大的影响。

◆黄道婆在什么方面享有盛誉？

黄道婆，生于南宋末年淳祐年间，约 1245 年，松江府乌泥泾镇（今上海徐汇区东湾村）人。黄道婆出身于贫苦农民家庭，在生活的重压下，十二三岁就被卖给人家当童养媳。白天她下地干活，晚上她织布到深夜，还要遭受公婆、丈夫的非人虐待。沉重的苦难摧残着她，也磨炼了她。有一次，黄道婆被公婆、丈夫一顿毒打后，又被关在柴房不准吃饭，也不准睡觉。她再也忍受不了这种非人的折磨，决心逃出去另寻生路。半夜，她在房顶上掏洞逃了出来，躲在一条停泊在黄浦江边的海船上，后来就随船到了海南岛的崖州，即现在的海南崖县。在帝制社会，一个从未出过远门的年轻妇女只身流落异乡，人生地疏，无依无靠，面临的困难可想而知。但淳朴热情的黎族同胞十分同情黄道婆的不幸遭遇，接受了她，让她有了安身之所，并且在共同的劳动生活中，还把他们的纺织技术毫无保留地传授给她。当时黎族人民的棉纺织技术比较先进，黄道婆聪明勤奋，虚心向黎族同胞学习纺织技术，并且融合黎汉两族人民的纺织技术的长处，逐渐成为一个出色的纺织能手，在当地大受欢迎，和黎族人民结下了深厚的情谊。在黎族地区生活了将近三十年，但黄道婆始终怀念自己的故乡。元朝元贞年间，约 1295 年，她从崖州返回故乡，回到了乌泥泾。

黄道婆重回故乡时，植棉业已经在长江流域大大普及，但纺织技术还很落后。黄道婆根据自己几十年丰富的纺织经验，与当地群众一起，对当地落后的纺织技术和工具作了大胆改革。经过黄道婆改进推广的“擀、弹、纺、织”之具，在当时具有极大的优越性。黄道婆的改革最关键的是纺车的改进，她创制的纺车是可以同时纺三根纱的脚踏纺车，比以前使用的一个纺锭的手摇车速度快、效率高。

此外，黄道婆还改进和提高了整丝和织布工艺的质量，使当地人民能用纱线织出各种色彩的棉布，其绚丽灿烂的程度能与丝绸相媲美。

◆王祯在农学和机械设计上有哪些成就？

王祯，字伯善，东平（今山东东平）人，生卒年代不详。现在有史可查的是他从公元1295年起做过六年的旌德（今安徽）县尹，并于公元1300年调任永丰（今江西广丰）县尹。

王祯撰写的《农书》分为3大部分，第一部分是“农桑通诀”，包括农业史和主要耕作技术，比较全面、系统地论述了农业的各方面问题，并且对南北农事进行了分析比较；第二部分是“百谷谱”，分别介绍了各种谷物、蔬菜、瓜果、竹木、麻、棉、茶等农作物的起源、性能和栽培方法；第三部分是“农器图谱”，主要介绍农业生产工具、农业器械，绘图280多幅，并附有简要的文字说明，介绍这些农器的构造、来源、演变和用法。

王祯不仅是一位卓越的农学家，还是杰出的机械制造设计家。他将一些失传已久的古代机械恢复了原貌并加以改进运用，还设计了多种农业和手工业用的机械。他的最大贡献是改进了活字印刷技术——用木活字代替毕昇的胶泥活字，他还独具匠心地创造了“转轮拣字盘”，极大地提高了排字的速度。《农书》中有关印刷技术的篇章，是印刷技术乃至中国科技史上的珍贵文献。

◆谁号称元曲“状元”？

马致远，元代著名的杂剧家，大都人，晚号“东篱”。马致远年轻时热衷功名，有治国安邦的政治抱负，但一直没能实现，在经过了20年漂泊生涯之后，他终于看透了人生的宠辱，于是产生了退隐山林的念头，晚年过着“林间友”、“世外客”的闲适生活。马致远早年即参加了杂剧创作，加入过“书会”，与当时文士王伯成、李时中及艺人花李郎、红字李二都有交往。

马致远从事杂剧创作的时间很长，名气也很大，有“曲状元”之誉。在马致远生活的年代，元朝统治者开始注意到“遵用汉法”和任用汉族文人，却又未能普遍实行，这给汉族文人带来一丝幻想的同时，也带来了更多的失望。所以，马致远写得最多的是“神仙道化”剧。这些剧作宣扬人生如梦，要人们正心诚意、修心养性、归隐山林、弃绝欲念、学仙修道。他的作品见于记载的有16种，今存《汉宫秋》《荐福碑》《岳阳楼》《青衫泪》《陈抟高卧》《任风子》6种，另有《黄粱梦》是他和几位艺人合作而成的。但是，马致远写的小令最为有名。

◆元曲是如何产生的？

在元朝，读书人的地位比较低。但是，文化本身是永远不会没落的，元代知识分子把他们的悲愤融入文字之中，塑造了“元曲”这种艺术形式，放射出极为夺目的光彩。元曲类似于诗词，有固定的曲牌，有些像宋词，但是对文字的约束比宋词要少，有利于作者表达思想。元曲还可以用来编写戏剧，称为“杂剧”。元代的曲作家和剧作家以关汉卿、郑光祖、马致远和白朴四位大师最为著名，称为“元曲四大家”。

◆元仁宗靠什么治理国家？

元武宗海山即位之初，便册立同母弟爱育黎拔力八达为“皇太弟”，从而将其皇储地位确定下来。公元1311年年初，年仅31岁的海山于玉德殿去世。爱育黎拔力八达顺理成章地以监国者身份总揽朝政，等候即位登基。爱育黎拔力八达早就对吏弊深恶痛绝，主张以儒学“治天下”“振纪纲，重名器”，来不及等到登上皇帝宝座，便开始他的亲政活动。他以“变乱旧章，流毒百姓”的罪名首先铲除了武宗朝尚书省“蠹国乱政”的主要势力，并且组建起自己的施政团队，着手清理被武宗朝搞乱的制度和机构。爱育黎拔力八达完成了这一系列步骤后，于同年三月正式即皇帝位，是为元仁宗。仁宗即位后努力改变武宗施政时的混乱局面。他本人亦精通儒术，在持政期间大力推行科举，任用儒家学派的高明人士为朝中大臣，很有儒家风范。他再尊儒术的做法受到儒臣和后世史家的高度赞扬，故《元史》称赞他：“其孜孜为治，一遵世祖诚宪云。”

◆“千里马”王冕以什么为生？

王冕，字元章，浙江诸暨人，是元末文坛极具影响力的诗人，也是画坛上以画墨梅开创写意新风的花鸟画家。王冕周岁就会说话，3岁就能对答自如，到五六岁时，认知能力要比一般儿童高，8岁入学，成绩优良，人们大为惊奇，把他视为神童，称赞他为“千里马”。

王冕8岁时，父亲去世，母亲靠做针线活供他到村学堂里去读书，生活非常困难。后来，王冕不得不辍学替别人放牛，但他依然坚持勤奋读书。平时母亲给他的零钱，他都攒起来，到村子里的学堂里买几本旧书，一边放牛一边学习。

有一年的黄梅季节，一阵大雨过后，王冕出去放牛。乌云散去，温暖的日光照耀得满湖通红。湖边山上、树枝上都像水洗过一番似的，绿得可爱。他坐在草地上，只见湖里有十几朵荷花，花苞上清水滴滴，荷叶上水珠滚来滚去。王冕看着景色，心里想：古人说，“人在画中”，真是一点不错。可惜这里没有一个画师，不然也好把这美景画下来。可转念又一想：天下没有学不会的事，我为什么不能自己学着画画呢？

于是，王冕托人买了一些画画用的东西，开始学画荷花。一开始，他画得不好，但他天天练习、坚持不懈。练了三个月之后，他画的荷花就已经像从湖里刚摘下来的那样栩栩如生了。当时绍兴城里有个老先生，听说王冕如此好学，就收王冕为弟子，教他读书。王冕到20岁的时候，已把许多天文、地理、历史的书籍和经书读得滚瓜烂熟。而且，他的绘画技艺也更加纯熟，尤以墨梅闻名。

◆陶宗仪的主要著作是什么？

陶宗仪（1329年—约1412年）入赘松江都漕运粮万户费雄家，与妻元珍客居泗泾南村，筑草堂以居，开馆授课。从此弃科举，谢绝浙帅泰不华、南台御史丑闾、太尉张士诚荐举。课余垦田躬耕，被誉为“立身之洁，始终弗渝，真天下节义之士”。教学之暇，与弟子谈今论古，随有所得，即录树叶，贮于瓮，埋树下，10年积数十瓮。至正二十六年（1366），整理成《南村辍耕录》30卷，记载了元代的典章制度、艺文逸事、戏曲诗词、风俗民情、农民起义等史料，反映了宋元时期的政治、经济、社会、文化等各个方面的风貌，对元朝政治黑暗的现实与官吏贪赃枉法的行为作了深刻揭露，成为后人研究宋元时期历史的重要资料。除《南村辍耕录》外，陶宗仪还著有研究书法理论史的《书史会要》9卷。

◆人们如何评价《宋》《辽》《金》三史？

公元1343年，元朝重开史局，宋、

辽、金皆定为正统，各为一史，元顺帝妥欢帖睦尔命丞相脱脱为都总裁，铁木儿塔识、贺惟一、张起岩、欧阳玄、揭傒斯等为总裁官。编写时，由史官撰成初稿，然后由总裁官笔削定稿。公元1344年，《辽史》《金史》先成；次年，《宋史》修成。

宋代的史官制度最为完备，有史馆修纪传体《国史》，有实录院修编年体《实录》，有文件汇编《会要》，还有记皇帝宗室支派的《玉牒》等，每一类史料都体系完备、堆积如山，修一部完备的宋史应该不是难事。然而，《宋史》却修得错漏百出，这个罪状主要记在元人头上。

《宋史》共496卷，上起公元960年，下至公元1279年，记载了两宋320年的历史，详细反映了当时的政治、军事、经济、文化各方面的情况，其中有不少珍贵的史料。但这样一部巨作在短短的两年半时间内写成，过于仓促，来不及仔细考证研究，不仅有许多记事的错误，甚至编次混乱，出现一人两传、一文数见、次序颠倒等低级错误。因此，历代对《宋史》的批评是最多的。

《辽史》116卷也写得比较粗疏，但135卷的《金史》却获得了最佳官修正史的美誉。金亡时，元将张柔攻下汴京，“独入史馆取金实录并秘府图书”。才子元好问听说实录在张柔家，曾打算到张家当仆人，以读实录撰国史，后来被朋友劝止。当时，金左右司郎中王鹗有被杀的危险，张柔听说他很有才，便将他救下，车载回家。因而，王鹗得遍观金实录与辽史。在元世祖时，王鹗当上翰林学士，兼领国史院。王鹗曾上疏请修辽金史，拟有修金史大纲，并亲笔撰史，已初具规模。元末修成的《金史》便主要抄自王鹗旧稿及元好问等所作野史。清代文学家赵翼说：“是书叙事最详核，迥出《宋史》《辽史》之上。”

◆什么原因拉开了元末农民大起义的序幕？

元朝末年，河南、山东境内的黄河段多次决口成灾。公元1351年春，元朝政府召集汴梁、大名（汴梁是今河南开封，大名是今河北大名）等13路15万民工修治黄河，而且限定民工们四月动工，七月就要完工。

限期如此紧迫，治河又是特别繁重的体力活。民工们没日没夜地拼命干活，可朝廷拨下来的那一点点开河经费，却让治河的官吏克扣下去。民工们连饭也吃不饱，肚子饿得咕咕叫。

当时，深得民众信仰的白莲教首领韩山童、刘福通看到这种情况，就一起商量，决定抓住这个机会，发动群众造反。他们了解到挖河道要经过黄陵岗这个地方，就一面偷偷地凿了个一只眼的石头人，在石头人的背上刻上“莫道石人一只眼，此物一出天下反”这14个字，然后把它预先埋在黄陵岗的地下；一面又派几百个白莲教的会徒去做挑河民工，在工地上传播这首歌谣：“莫道石人一只眼，挑动黄河天下反。”

当开河开到了黄陵岗，有几个民工忽然挖出一个石人来。大家好奇地聚拢来一瞧，只见石人脸上正是一只眼，后面有字，正是那首歌谣。韩山童、刘福通借机煽动说：“大数已定，老天让反，佛祖让反，咱们不反等待何时？”开河民工纷纷被鼓动起来，群情振奋。

于是，韩山童、刘福通挑选个日子，聚集了一批人，杀了一匹白马、一头黑牛祭告天地。然后，大家推举韩山童做领袖，号称“明王”，并约定日子，在颍州颍上起义，用红巾裹头作为起义军的标记。正在歃血立誓时，就听外面有人大喊：“不要放走了韩山童！”大家一看，原来是县衙派来的官兵已经把他们包围了。刘福通膂力过人，率领部分弟兄杀开一条血路，终于突出重围。韩山童不幸被官兵抓去，押到县衙门口杀了。

刘福通逃出包围后，辗转回到家乡颍州，把约定起义的农民召集起来，攻占了颍州等一些据点。原来在黄陵岗开河的民工得到消息，也杀了河官，投奔刘福通的队伍。因为起义兵士头上裹着红巾，当时的百姓把他们称作红巾军。不到十天，红巾军已经发展到十多万人。过了一个月，刘福通的红巾军又连续攻下了一批城池。江淮一带的农民早就受到白莲教的影响，听到刘福通起义，纷纷响应，像蕲水（今湖北浠水）的徐寿辉，濠州（今安徽凤阳）的郭子兴，都打起红巾军的旗号起义。由此，红巾军起义揭开了元末天下反的农民大起义序幕。

◆画界“元四家”之首是谁？

黄公望、倪瓒、王蒙和吴镇，被称为“元四家”，都是醉心于山水创作并卓有成就的文人画家。多以江南山川风物为题材，画风、技法各有特色，形成了各不相同的意境和艺术语言，都能自成一家：黄公望的画意超迈苍秀，疏松苍逸；倪瓒的画格简淡冷寂，荒寒清旷；王蒙的画韵深秀苍茫，繁茂浑厚；吴镇的画风则沉郁清俊，朴茂温润。四家中以黄公望最年长，成就最高，对后世特别是明、清文人画影响最大，被称为“元四家之冠”。

黄公望，平江常熟（在今江苏）人。他雅好书画、音律和散曲，尤以山水画冠绝一时，取董源、巨然的“平淡天真”，又得赵孟頫之“古意”，在晚年卓然成一大家。今传有《富春山居图》卷、《天池石壁图》轴、《九峰雪霁图》轴和《玉树丹崖图》轴等，以《富春山居图》卷最为著称。《富春山居图》绘了数年，是黄公望水墨山水画的杰作。

◆朱元璋是如何崛起于江淮的？

公元1355年，郭子兴病死，韩林儿任命郭子兴的儿子郭天叙为都元帅，部将张天祐为右副元帅，朱元璋为左副元帅。这年九月，在攻打集庆的时候，郭天叙、张天祐被元军杀害，这么一来，朱元璋当了都元帅，郭子兴的部队全部归他指挥。

当时江淮一带还有徐寿辉、张士诚、双刀赵和李扒头等好几支红巾军，大家都想扩大自己的地盘，增强自己的力量，因此有时也互相算计、互相争斗，朱元璋当了左副元帅后，想从和州（在今安徽）渡江攻打采石、太平（在今安徽），然后进攻集庆。于是，朱元璋吞并了双刀赵和李扒头经营了好几年的巢湖水军。由此，朱元璋势力大增，把进军矛头指向集庆。

公元1356年，朱元璋进行了充分的准备之后，亲自指挥攻城。起义军水陆大军几十万人云集集庆，浩浩荡荡，旌旗招展，气势非常壮观。吓得元朝守将福寿紧闭城门，不敢出战。最后，起义军攻破集庆，福寿来不及逃跑，被乱刀砍死。朱元璋进入集庆，把集庆改为应天府，表“上应天命”之意。

朱元璋善于利用别人来保护和发展自己。当北方刘福通力量很强时，他接受了小明王韩林儿的任命，承认宋政权的龙凤年号，处处打着宋政权的旗号办事，使自己既能受到刘福通红巾军的保护，又能保持相对独立，不受别人节制。刘福通大举北伐时，朱元璋抓住时机攻占了集庆，以这里为中心建立自己的根据地。在以后的3年里，他又逐步占领常州、宁国（今宣城）、扬州、处州（今丽水）等地，势力遍及江淮，到后来，连退守安丰的刘福通和韩林儿也不得不向朱元璋求助了。

◆是谁终结了元朝的历史?

公元1367年，朱元璋公布了北伐檄文，在檄文里宣称，元朝气数已尽，上天派他来拯救黎民，重建汉人政权。随后，他委任徐达为征虏大将军，常遇春任副将军，统领25万大军，向元朝发动总攻。

徐达没费多大劲就收复了山东、河南，元朝的军队不是逃跑就是投降，根本无法阻挡北伐军的进攻。公元1368年，朱元璋在应天登基即位，定国号明，建元洪武。明朝正式建立了。

此时，明军已攻取了潼关，大都（今北京）已经很危急了。但是，扩郭帖木儿却将军队驻扎在太原，不援救大都。李思齐与张良弼见明朝的军队如此厉害，便带着残兵败将向西逃跑了。这年七月，各路明军在山东德州会师，然后分水陆两路沿着运河北伐，几十万大军杀奔大都。一路连奏凯歌，先攻下了长芦、青州，然后攻破直沽。直沽失守的消息传到宫中，元顺帝吓得寝食不安。很快，通州又失守了。通州是大都的最后一道屏障，通州易主，大都就成了明军的囊中之物。

元顺帝询问文武大臣们的意见，一个叫伯颜不花的太监哭着说："大都是世祖留下的京城，陛下应该死守！我们愿意率领禁卫军去城外抵抗明军，请求陛下固守京城！"元顺帝略想一下，叹了声气，说："局势发展到这种地步，怎么能像宋朝的徽宗和钦宗让人家俘虏呢！"一天夜里，元顺帝带领后妃、太子和文武大臣一百多人，自建德门奔出了大都，逃向北方茫茫的草原。

几日之后，明军攻克了大都，元朝灭亡。朱元璋将大都改称北平，明朝取代了元朝。元朝自成吉思汗建国，至元顺帝北逃，共存在了162年。

第十二卷

一个平民建立的王朝

辉煌的大明王朝

这是一个平民建立的王朝，这是中国封建社会的一个辉煌时期，《三国志通俗演义》、解缙编《永乐大典》、三宝太监下西洋、李时珍论药著书、徐光启学贯中西……可这辉煌终究随着明朝的衰亡而渐行渐远……

◆朱元璋登基后有哪些举动？

公元1368年，朱元璋在应天（今南京）称帝，定国号为明，年号洪武。朱元璋仿效刘邦治国的方法，把儿子封王，把功臣封公封侯。跟随朱元璋打天下的功臣实在太多，这些功臣中被封公的有7人，魏国公徐达、鄂国公常遇春、韩国公李善长、曹国公李文忠、宋国公冯国胜、信国公汤和、卫国公邓愈。这些人和朱元璋出生入死，历经千难万险，封公也是应该的。但刘伯温的功劳亦不在这些人之下，朱元璋亦很欣赏刘伯温，准备封他为公。可是刘伯温坚辞不受，而是恳请皇帝放他回老家安享晚年。朱元璋于是给了他许多钱财。朱元璋又封了28位侯，这些人也都立过赫赫战功。

朱元璋封公封侯后，很不放心，便设立特务机关“锦衣卫”来监视大臣活动，锦衣卫可直接向皇帝报告。朱元璋还采取了一系列缓和阶级矛盾、稳定社会秩序、发展农业生产的政策。这些措施使人民得以安养生息，促成了明初经济的恢复和发展。

◆朱元璋为什么火烧功臣楼？

据说朱元璋登基以后，忌惮功臣。

于是，他决定干脆把他们统统杀掉。朱元璋先是下令建造一座功臣楼。跟随朱元璋南征北战、打下江山的功臣们无不深受感动，称赞皇上英明。刘伯温知道朱元璋的心事，他来到皇宫，恳求朱元璋说："如今帝业已成，臣责已尽，但愿辞官归田。"朱元璋再三挽留不得，便取出许多金银送给刘伯温。刘伯温出了皇宫，来到徐达府上辞行。临别，刘伯温握着徐达的手说："有一句话望你牢牢记住：功臣楼上若开庆功宴，你要紧随皇上，寸步不可离开。"

等功臣楼建成了，朱元璋择定日子，邀请在京握有实权的功臣前来赴宴。酒宴大开，热闹非凡。徐达平日酒量不小，当天却怎么也不敢多喝，一直盯着朱元璋的一举一动。酒正喝到兴头上，朱元璋忽然站起身来，向门边走去。徐达连忙紧随其后。朱元璋发觉身后有人，回头一看，见是徐达，便问："丞相为何离席？"徐达说："特来保驾。"朱元璋说："不必，丞相请回。"徐达哀戚地说："皇上真的一个也不留吗？"他俩刚走出几百步，突然，"轰隆隆"一声巨响，功臣楼瓦飞砖腾，火光冲天，可怜满楼功臣，全部葬身火海。

◆明朝的文字狱是怎么回事？

古时的人很注重出身。朱元璋虽然当了皇帝，但他的出身并不好。他小时候给人放过牛，当过和尚，后来又参加过农民起义。他很忌讳人们提起这些事，认为这和自已的皇帝身份不相配。明初，每当逢年过节，皇帝过生日、册封皇后和嗣立太子时，朝廷内外的官员都要进献《贺表》。有一天，杭州府学教授徐一夔替杭州知府写《贺表》，里面有"光天之下，天生圣人，为世作则"的词句。这本来都是颂扬皇帝的好话，不料，朱元璋读后却勃然大怒，大骂道："这个穷酸儒生竟敢侮辱我！"朱元璋把《贺表》摔给大臣们看，大臣们看后面面相觑，谁也看不出究竟是什么地方出了毛病。朱元璋对他们解释说："'光'，就是'秃'，这是在骂我是个秃和尚；'生'就是'僧'，这也是在讥讽我当过和尚；'则'和'贼'的读音相近，这是在骂我参加过农民起义，当过贼。你们说，这样的人该不该杀？"大臣们听后个个惊得说不出话来。朱元璋传出一道命令，将徐一夔斩首示众。

这样的文字狱实在是防不胜防，不少大臣都是因为几个字而相继送命。有一个怀庆（在今河南）府学训导

（教师），因为写了“遥瞻帝扉”四个字而被杀。“扉”和“匪”字同音，也被怀疑是在讥刺皇帝。这一来官员们都害怕了：字义相同的要杀头，字音相近的也要杀头！后来，掌管礼仪的大臣向朱元璋建议说：“陛下，臣子们都很愚昧无知，不知道什么字应该避讳，您能否制定一个固定的格式，让臣子们都来遵守？”朱元璋采纳了他的意见。公元1396年，朱元璋命人撰写了贺表的格式，颁布天下。官吏们如遇到庆贺谢恩的事，照贺表的格式抄写一份就行了。但文字狱并没有因此停止。山东兖州有个名叫卢熊的知州，给朱元璋上了一道奏书。不知是卢熊大意，还是书吏抄写时粗心，竟把“兖”字误写成“衮”字。朱元璋看罢，恶狠狠地骂道：“这奸贼无法无天，竟然叫我滚蛋！”就这样，一个州官的脑袋又搬了家。

◆谁设计了天安门？

蒯祥，人称蒯鲁班，苏州府吴县香山人，大约生于洪武年间。公元1417年，蒯祥同大批工匠一道被征召到北京，承担皇家建筑的施工任务，由于他年富力强，身手不凡，不久被任命为“营缮所丞”，相当于今天的设计师兼工程师和施工员的工作。

明成祖朱棣在营建北京时，为了标榜自己的正统，要求工程建设一律遵循南京旧制。不但要求按南京的“奉天”“华盖”“谨身”三殿建好外朝三大殿，还要按南京宫城的形制，午门前设端门，端门前设承天门。其中的承天门就是现在的天安门，承天门的主要图样正是出自蒯祥之手。在这些营建活动中，蒯祥技艺高超，发挥了骨干作用，而且他的绘图能力极强。他不但能够迅速完成设计任务，也能较好地贯彻朱棣的意图，因此得到朱棣信任。他后来升到工部侍郎，食从一品俸，地位是很高的。

公元1465年，明宪宗“命工部尚书白圭董造承天门”。此时蒯祥已是80岁左右的老人了，但他仍“执技供奉”。明宪宗见了他，还是以“蒯鲁班”相称。他在这次维修承天门中起了指导和顾问作用。蒯祥死后，承天门又经过了多次的维修。到了公元1651年，清世祖爱新觉罗·福临将承天门改名为天安门，这个名字一直沿用到今天。

◆明朝从何时起停止了海运？

公元1410年，明政府扩大漕运规模，由岁运250万石增至300万石，以足国用。为此，明成祖朱棣特令江、浙、湖广三省布政使和都指挥使必须亲自负责督运。为适应漕运规模的扩大，从公元1411年起，又开始大规模整治贯穿南北的大运河之关键地段——会通河。洪武年间因河岸冲决，河道淤塞已达三分之一，故只好陆运，沿途设八个递运所，每处用民丁3000人、车200辆接力转输。久之，给人民带来巨大困难。六月，会通河开浚完工。

公元1416年，朱棣在淮安府清河、福兴及徐州府沽头、金钩和山东省谷城、鲁桥诸闸分别置以闸官，加强管理，以确保漕船顺利直达通州。至此，漕运河道全部疏通。疏通漕运后，明朝就停止了海运。

◆**郑和下西洋有何历史意义？**

1405年7月11日，明成祖朱棣命郑和率领二百四十多艘海船、二万七千四百名士兵和船员组成的远航船队，访问了许多个在西太平洋和印度洋的国家和地区，加深了中国同东南亚、东非的友好关系。郑和下西洋多是由苏州刘家港出发，一直到1433年（明宣德八年），郑和一共远航了七次之多，最后一次回程到古里时，郑和在船上因病过逝。

郑和曾到达过爪哇、苏门答腊、苏禄、彭亨、真腊、古里、暹罗、阿丹、天方（阿拉伯国家）、左法尔、忽鲁谟斯、木骨都束等三十多个国家，最远曾达非洲东海岸，红海、麦加（伊斯兰教圣地），并有可能到过今天的澳大利亚。郑和下西洋展示了明朝前期中国国力的强盛，加强了中国明朝政府与海外各国的联系，给南洋、西洋各国带来了经济实惠。这是中国古代历史上最后一件世界性的盛举，从此，郑和之后，再无郑和。

◆**北平是何时改名为北京的？**

公元1406年，有意迁都北平的明成祖朱棣下诏兴建北平宫殿；次年，正式开始修建北平城。朝廷调集了工匠30万人，民夫近百万，云集北平。这个工程十分浩大，所有的建筑材料来自全国各地。其中木材来自湖广、江西、山西等省；汉白玉石料来自北平房山；五色虎皮石来自蓟县的盘山；花岗石采自曲阳县。宫殿内墁地的方砖，烧制在苏州；砌墙用砖是山东临清所烧。宫殿墙壁所用的红色颜料，原料产自山东鲁山，加工在博山；室内墙壁上的杏黄色颜料则产自河北宣化的烟筒山。

公元1420年，建都的工程竣工。次年，做好迁都准备后，朱棣及文武百官正式迁都北平，并改北平为北京。新京城以皇宫为中心，以前门、午门、景山、钟楼为中轴线，官衙、民居、商铺分布四周，通衢宽广，街巷整齐，气势雄伟，体现了中国传统的城市建筑思想，是世界建筑史上的杰作。

◆《永乐大典》是如何编著而成的？

解缙，字大绅，吉水（在今江西）人，幼年聪颖好学、才思敏捷。后来，解缙考中进士，任庶吉士。明成祖朱棣登基后，他和胡广等人均被提拔为翰林学士，担任皇帝的顾问。朱棣让解缙主持编写《永乐大典》，他从各处调来多人，开始了编纂大典工作。一年多后，他们编成一部书，呈给朱棣。朱棣给书题了书名叫《文献大成》，对包括解缙在内的多位编书人都赏给钞银。但朱棣还嫌这部书简略，又让太子少师姚广孝（即道衍和尚）和刑部侍郎刘季协助解缙在原书的基础上，加以增补，务使一切典籍都包罗在内，无一遗漏。

姚广孝是朱棣的亲信，因此他要钱要人谁也不敢驳回。朱棣在文阁设立了编书馆，让礼部拣派有文才的官吏和四方老儒来担任纂修，选派一些书法好的国子监学员和一些外府县学中的生员担任抄写工作，前后竟动员了3000多人，由光禄寺供给伙食。这次花了将近3年时间才将全书编成。朱棣根据自己的年号，把这部书命名为《永乐大典》，还亲自写了序言。

《永乐大典》共计22937卷，装订成11095册，总计37000多万字，全部用工整的蝇头小楷写成。朱棣在迁都时，用船将《永乐大典》运到北京宫中，藏到宫中的“文楼”里，成为稀世国宝。

◆宣宗为什么作《纪农》一文？

公元1430年，宣宗朱瞻基陪同皇太后拜谒长陵回宫后，作《纪农》一篇给文武大臣传阅，勉励群臣要明白世事的艰难，吏治之得失，体恤百姓之疾苦。

《纪农》一文中的题材来自宣宗从长陵归来时的所见所闻，是以与农夫对答的形式表现了农民四季劳作的艰辛。如问：你们每天辛勤劳作，为什么要这样呢？答：勤劳是我的本职。问：有休息的时候吗？答：农民耕田，春、夏、秋、冬各有所忙，啥时也不能疏忽大意而休息，稍有懈怠，一年内就有可能要受饥寒之苦。冬天是有农暇，但又要去做县衙的劳役，是少有休息时间的。问农夫平日见闻，农夫说起自己见过的两任县官，一任尽心民事，勤劳不懈，后虽升迁而去，百姓仍念念不忘；一任不问民之劳苦，百姓视其为陌生人。宣宗听完农夫的一席话后，深受感动，除作《纪农》一文外，还厚赏了农夫。

◆况钟为什么又叫“况青天”？

况钟字伯律，江西人，曾在尚书吕震属下当小吏，因为有奇才，为吕震所重视，推荐他为仪制司主事。公元1430年，有大臣说苏州的豪强污吏相互勾结利用，百姓赋税繁重。于是，宣宗朱瞻基就派况钟去治理苏州府。

况钟深知苏州的官吏和土豪劣绅狼狈为奸，对这些人不能硬拼，只能智取。到任后，他假装什么都不懂，手下说怎么办就怎么办。群吏们都很高兴，私下以为这位新任太守容易欺负。几天后，况钟召集手下宣布说：“前几天某件事是应该做的，是某某不让我做；某件事是不应该做的，是某某强迫我做的！你们有些人长期以来玩弄这种手段，罪当死！”于是将罪大恶极的数人处以死刑，并训斥那些贪虐庸懦的官吏。从此，全府大震，上下都奉法职守。

况钟在苏州任期10年满了以后，当地官民2万多人请求留任况钟，得到皇帝的钦准。长期的操劳使况钟积劳成疾，60岁时，死在任上，这时他已做了13年的苏州知府了。况钟死后，很多人为他哭泣，悲痛不已，建立祠堂纪念他，把他称为“况青天”。

◆土木堡之变是怎么发生的？

公元1449年，北方蒙古族瓦剌首领也先派3000使者到北京，向明朝进贡一些马匹以后，要明朝给他赏金。王振接见了瓦剌使者，发现也先谎报人数，就减少了赏金，降低了马价。也先为他儿子向明朝求婚也遭到了王振的拒绝。也先派使者来明朝，本来就是挑衅，这样一来，也先恼羞成怒，亲自率兵进攻明朝的大同。大同守将向朝廷发出告急文书，请求派军支援。

收到边报后，权倾朝野的王振提议明英宗御驾亲征，而兵部尚书邝埜、兵部侍郎于谦、吏部尚书王直等一干大臣认为，敌兵有备而来，朝廷草草招集人马，准备得不够充分，英宗不能亲征，因而竭力谏阻。英宗想亲自体味一下祖宗戎马倥偬、横扫四方的感觉。所以，英宗朱祁镇把朝政交给弟弟郕王朱祁钰，让于谦留守北京，自己率领王振、邝埜等官员及50万军兵，于七月十六日从北京出发，直奔大同。

由于是仓促发兵，军队的纪律十

分涣散。好不容易赶到大同附近，士气已十分低落。探马回报没有发现瓦剌部的一兵一卒，王振以为敌人迫于明军威势，已望风而逃。他正要发令继续追击，探马来报：也先率领的兵力十分雄厚，而且都是骁勇善战的骑兵。王振感到事态严重，下令退兵回朝。但由于错误指挥，耽搁了退兵时间，殿后的部队被瓦剌军追赶上，被打得大败。

明朝几十万大军在抵抗中退到了土木堡时，天还没有黑，王振却下令就地宿营。第二天拂晓，瓦剌的追兵便赶来了，他们把明军紧紧地包围起来，并发动了攻击。混战中，英国公张辅、驸马都尉井源、兵部尚书邝埜、户部尚书王佐、内阁学士曹鼐、张益与侍郎丁铭、王永和等重臣五十多人战死。护卫将军樊忠面对惨败，恨透了瞎指挥的王振，说："我替天下的百姓杀死你这个奸贼。"抡起手中的大锤，捶死了他。英宗在卫兵的保护下乘马突围，左冲右突也出不去。无奈，英宗跳下马来，盘腿而坐，听天由命。瓦剌军冲过来，俘虏了英宗。史上称这次事件为"土木堡之变"。

◆"弘治中兴"指哪一段历史？

公元1487年，明宪宗朱见深去世。九月初六，明宪宗第三子朱祐樘即皇帝位，是为明孝宗，大赦天下，以第二年为弘治元年。

朱祐樘即位后，励精图治，开始着手清理朝政，贬逐宪宗一朝的奸佞：逮捕宦官梁芳、佞人李孜省，还罢遣禅师、真人等240多人；西番法王、佛子、国师等700余名僧人被遣回本土，并追夺诰敕、印章和仪仗等物。宪宗一朝的奸佞大多被清除。朱祐樘统治时期，由于他任用贤能、广开言路、勤于朝政、恭俭爱民，史称"弘治中兴"。

◆"吴中四才子"为何人？

明朝成化、正德年间，江南出现了"吴中四才子"，在文学艺术上取得了非凡的成就，他们就是唐寅、徐祯卿、文徵明、祝允明，又称为"江南四大才子"。

唐寅字子畏，号伯虎，又号六如居士、桃花庵主，性情狂放不羁，自称"江南第一风流才子"。他潜心研究书画，擅长画山水、人物、花鸟。

徐祯卿记忆力很强，能过目不忘，被称为"吴中诗人之冠"；但他33岁就死了，是四人中年纪最小、寿命最短的。

四人中活得最长的是文徵明。文

徵明的小楷特别精细，法度谨严、笔锋劲秀、体态端庄、风格俊雅，他所有的作品都笔笔工整，即使是快到90岁时也是如此，这在我国书法家中是极为少见的。

与唐寅最投缘的是祝允明。祝允明字希哲，因为他有一只手多长了根手指，便自号枝山。祝允明5岁时就能作一尺见方的大字，读书一目数行，9岁时已经能作诗。33岁，祝允明参加乡试考中举人，主考官王鏊对他的文章很赞赏。谁知，祝允明以后七试礼部都未成功。

◆王守仁为什么能自创心学？

王守仁（1472年—1529年），浙江余姚人。字伯安，号阳明子，世称阳明先生，故又称王阳明，中国明代最著名的思想家、哲学家、文学家和军事家。王守仁年轻时学习过道家的学说，又学习过佛家的禅理，接着学习了朱熹的学说。朱熹认为只要默默地思考事物的道理，就能获得知识。王守仁就照着朱熹的话，搬了椅子静静地坐在竹子面前，苦苦思考竹子的道理。可是一连三天也没有想出一丝道理来，反而生了场大病。从此，他对朱熹的学说起了怀疑。

在龙场这既安静又困难的环境里，王守仁终于领悟到：真理本来就在人的心中，人心中本来就有真理，只是被不正确的杂念遮掩罢了。他认为，做学问最重要的是纠正心中不正的念头，恢复求真向善的本性。一旦明白自己心中本来存在的良知，就找到了真理，成为圣人了，这就是“心学”。

◆明廷大礼议之争是怎么发生的？

武宗朱厚照驾崩，因为没有后嗣，其堂弟朱厚熜即位，是为世宗。世宗以亲王的身份入承大统后，明廷中发生了著名的“大礼议”事件。

世宗的父亲受封兴献王，他们那一脉是朱家的小宗。根据儒家的规定，小宗入继大宗，应以大宗为主。世宗虽不可能成为武宗的儿子，却必须做孝宗（朱厚照的父亲）的儿子，即所谓“继嗣不继统”。世宗应称伯父孝宗为父亲，称孝宗的皇后为母亲；而改称自己的父亲为叔父，改称自己的母亲为叔母。但世宗继承堂兄的皇位后，决意推崇私亲，自立皇系，追封自己的生父为明朝的正宗皇帝。新科进士张璁是个极善揣摩圣意的人，他说世宗是继承堂兄的帝位，不是继承伯父的帝位；是入继帝统，不是入继大宗。孝宗有自己的儿子，如果一定要大宗不绝的话，不应该为孝宗立后，而应该为武宗立后。所以，世宗不应改变称呼。这就是与宰相杨廷和等人的主张针锋相对的“继统不继嗣”论。杨廷和得知后大怒，把张璁贬到了南京。恰巧此时宫中发生火灾，杨廷和乘机指出这是老天爷对违反礼教之徒的一种惩罚。世宗母子只好遵照礼教行事。

不久后，世宗又坚持追封。杨廷和提出辞官，世宗立即批准，并把张璁召回北京。朝中重臣纷纷上奏章攻击张璁，但世宗反而擢升张璁为宰相。公元1524年，世宗正式下令：伯父仍称伯父，父亲仍称父亲。于是，包括各部尚书在内的朝廷重臣数百人一齐集合在左顺门外匍伏跪下，大喊朱元璋和朱祐樘的帝王称号。世宗丝毫不为所动，下令逮捕官员134人，投入锦衣卫诏狱。此后，再无人敢在世宗面前提起“统嗣之争”。这场围绕继统和继嗣的礼仪形式所进行的政治论争，史称“大礼议”之争。

◆严嵩是怎么倒台的？

明世宗朱厚熜迷信道教，大学士严嵩因为善于起草祭神的文书，迎合世宗，逐步取得了内阁首辅的地位。严嵩只知道拍马奉承，讨得世宗欢心。他当上首辅后，和他儿子严世蕃一起结党营私、贪赃枉法、为非作歹、卖国求荣。这引起了一些正直大臣的愤慨，特别是兵部员外郎杨继盛更是义愤填膺。

杨继盛，保定人。杨继盛为人正直，看不下严嵩的行为，就向世宗上奏章弹劾严嵩，揭发严嵩十大罪状，条条都有真凭实据。严嵩气急败坏，在世宗面前反咬一口，诬陷杨继盛。世宗大怒，把杨继盛关进大牢。后来，严嵩撺掇世宗把杨继盛杀了。

严嵩掌权期间，作恶多端。御史邹应龙经过周密考虑，决定先从弹劾严世蕃下手。世宗看了邹应龙弹劾严世蕃的奏章后，下令把严世蕃办罪，充军到雷州，并勒令严嵩退休。严世蕃和他的同党还没到雷州，就偷偷溜回老家，收容了一批江洋大盗，还勾结倭寇，准备逃到日本。这件事又被另一个御史林润揭发。世宗看了这份奏章，也大为震惊，立即下令把严世蕃和他的同党处死，把严嵩革职为民。明朝最大的奸臣到此便彻底倒台了。

◆民族英雄戚继光有怎样的传奇经历？

戚继光出身将门，自幼喜读兵书，勤奋习武，立志疆场，曾挥笔写下“封侯非我意，但愿海波平”的名句。

17岁时袭父职任登州卫指挥佥事。25岁时，实授都指挥佥事，领山东登州、文登、即墨三营24卫所兵马，操练水军，整顿军备，抗击入侵山东沿海的倭寇。

公元1559年，戚继光在义乌招募农民、矿工3000多名，编组训练成戚家军，成为抗倭主力。后来，戚继光针对明军兵器装备种类繁多、沿海地形多沼泽、倭寇小股分散的特点，创立攻防兼宜的“鸳鸯阵”，以12人为1队，长短兵器迭用，刺卫兼顾，因敌因地变换阵形，屡败倭寇。利用作战训练间隙，撰成《纪效新书》，阐述选兵、编伍、操练、出征等理论和方法，并以此训练戚家军，使戚家军闻名于世。

公元1563年，明廷命俞大猷、戚继光为福建正副总兵，率兵进剿倭寇，戚家军再次进入福建。明朝军队在平海与倭寇战斗，戚继光率军队率先登城，俞大猷、刘灏相继杀敌2200余人，并救出被掠人口3000余人。公元1564年，倭寇又纠集余党万余，围攻仙游，戚继光先败之于城下，继而又追击余寇，歼灭大量倭寇。其后，戚继光又在福宁大败倭寇，并与俞大猷一起最后扫清了福建境内的倭寇。在福建境内的倭寇被驱逐后，广东倭患严重，俞大猷奉命平定了广东的倭寇。至此，东南沿海的倭患被最后荡平。

◆海瑞是怎么备棺上书的？

海瑞字汝贤，回族人。青年时的海瑞通过乡试中了举人，被派到南平（今福建南平）当教谕。他执教严格，把学校办得井井有条。4年以后，海瑞被擢升为淳安知县。淳安山多地少，百姓十分贫困。海瑞上任之后，先整顿吏治，定了许多条规。县丞、主簿、教谕、胥吏都要守职尽责，薪俸之外如有一分一文贪污，便严加惩办；紧缩县里一切开支，尽量减少对百姓的征派，取消一切不合理的需索。即使是上司的额外摊派，海瑞也敢顶着不办。百姓称他为“海青天”。

后来，海瑞被调到北京，担任户部主事。他看到明世宗朱厚熜整天求神斋醮，又难过又气愤，冒死写了一封《治安疏》的奏折，措辞强硬。然后，他把后事安排了一下，就到通政使司递交了奏折。

世宗接到海瑞的奏折，一看内容，竟是激烈指责自己的话：“如今朝廷‘君道不正，臣职不明’。皇上二十多年不理朝政，法纪松弛，吏治败坏，财政崩溃，弄得国贫民穷。所以人都说，嘉者家也，靖者净也，嘉靖，就是家家都净，穷到啥也没有的地步了！皇上不关心太子成长，缺乏父子之情；因为别人的诽谤和自己的猜疑辱杀臣子，缺少君臣之情；长住西苑敬神吃药以求长生，不回宫室，是无夫妻之情，这都是信道斋醮的错误。……皇上的错误实在太多，请陛下改弦更张……”世宗越看越生气：这哪里是上书，简直是历数我的罪状！他狠狠把海瑞的奏折摔在地上，拍着桌子大喊：“快把海瑞给我抓起来！”宦官黄锦在一旁说：“启禀万岁，海瑞上书前就买好了棺材，现正在朝房待罪！”世宗听了一愣，自语道：“这家伙想当比干，我可不是纣王！”就把海瑞一直关着，不定罪。由于数十年没人敢对世宗直言，因此海瑞备棺上书的事，很快传遍了朝廷内外，天下都知道有个不怕死的“海主事”。

◆李时珍的医学成就有多大？

李时珍，字东璧，号濒湖，湖北蕲州（今湖北蕲春）人，世代行医。他的祖父是悬壶济世的郎中，留下不少民间秘方（含偏方单方），他的父亲李言闻对医学也很有研究。

李时珍 14 岁时中秀才。在 17 岁后，他参加武昌府试，屡试不中，遂无心求取功名。从此，李时珍跟随父亲左右抄写药方或上山采草药。公元 1545 年，蕲州一带洪水泛滥成灾，灾后瘟疫流行，人民无钱求医。李时珍有志学医，又体恤民众疾苦，借此机遇临床实践，治好了许多病人。由于勤奋钻研，37 岁的李时珍已成为荆楚一带的名医，“千里求药于门”者络绎不绝。他在行医中发现古代药典几百年未修，其中错误百出，有人往往因错投药石而误了性命，李时珍决心重修药典。

李时珍 61 岁时，终于编成著名的医药著作《本草纲目》一书。在这本书里，一共记录了 1892 种药，收集了 11091 个药方，详尽地讲述了各种药材的产地、形态、栽培、采集等，还说明了炮制方法。本书被誉为“东方医药巨典”。令人遗憾的是，76 岁的李时珍即将瞑目之时，也未见有人愿意刊刻这部药学巨著。直至李时珍逝世 3 年后，初版方才问世。又过了十年，即传入日本、朝鲜。尔后又陆续被译为拉丁文、法文、俄文、德文等多种文字，流布于世界各地。

◆徐渭为何半生落魄？

徐渭是明末水墨写意花鸟画的鼻祖，明代草书浪漫派的杰出书画家、诗人以及剧作家。徐渭出生在一个衰落的小官僚家庭之中，他的母亲为继室，因此他就是“庶出”子。徐渭出生百日父卒，家境日益败落。徐渭从小聪颖，20 岁就中了秀才，但是直到 41 岁，21 年之间的 8 次乡试都落第了，终生不得志于“功名”。

后来，徐渭在浙闽总督胡宗宪麾下做了幕僚，常布衣小帽出入胡府，流露出艺术家不拘常法、为人狷介的个性。由于抗倭有功，受到了当地百姓的爱戴，于是民间里流传着许多关于徐渭的传奇。朝中的权臣严嵩失宠，胡宗宪被捕并在狱中自尽。那时传闻朝廷要肃杀胡氏的余党，徐谓闻讯之后终日恐慌，几乎精神失常，想自杀却没死成。之后终于因为误杀后妻被判下狱。出狱之时已有 52 岁，徐渭就以卖画为生，性情更加放达。他彻夜狂饮，轻视权贵，并且以极其清贫的生活方式迎来了自己创作生涯的高峰期。

经历了数次的世变、家变和政变的徐渭，在晚年创作了他水墨写意杂花蔬果的代表作《水墨葡萄图》，并且在画的上面题了诗作：“半生落魂已成翁，独立书斋啸晚风。笔底明珠无处卖，闲抛闲掷野藤中。”诉尽了徐渭悲凄的心曲。徐渭死后，由于身无分文，被草席裹尸弃于荒野。

◆“三言二拍”出自何人之手？

宋朝时，随着城市经济的发展，出现了“勾栏瓦舍”（类似于今天的茶馆、娱乐城和夜总会的混合物）。在勾栏瓦舍里，有些说书人讲书评史，卖艺为生。他们讲的大多是三国时的故事，也有一些世人生活或者妖魔鬼怪的故事。到了明世宗时，城市经济繁荣，市民阶层社会生活日益丰富，从而促进了文艺创作水平的提高。不仅说书人能说的故事越来越多了，而且还有人把他们编辑成书，出版贩卖。其中，以冯梦龙写的《喻世明言》《警世通言》《醒世恒言》三部书和凌濛初写的《初刻拍案惊奇》《二刻拍案惊奇》最为有名，人们通常把冯梦龙的书简称“三言”，把凌濛初的书简称为“二拍”。“三言二拍”代表了明代短篇白话小说的最高成就。

◆《西游记》有哪些特点？

《西游记》中的故事有许多早在民间流传，吴承恩在说书艺人和无名作者创作的基础上，进行了再创作，融入自己对现实生活的感觉，撰写了这部伟大的、具有现实意义的长篇小说。《西游记》的艺术成就非常高，它应用神性、人性和物性（自然性）三者合一的方式来塑造人物。孙悟空的形象在中国文学史上更是独具特色，有神的威力却闪现着现实社会中人与动物的习性，在古代同类小说中十分罕见。小说通过丰富大胆的艺术想象，创造了一个充满神奇色彩的神话世界，故事情节曲折生动，精彩紧凑，充满了浓厚的艺术魅力。小说的语言是在口语的基础上加工提炼而成，生动而流畅，极富表现力。人物语言个性鲜明，有很强的生活气息，具有幽默诙谐性。在结构上，小说以取经人物的活动为主线，逐次展开情节，枝干分明，颇具匠心。

◆徐光启的科学贡献有哪些？

我国的历法经过历代科学家的研究改进，到宋元时代已经相当完备，但还不够精确。明朝主管历法的官员因循守旧，不肯继续修订。1629 年 5 月 5 日发生了一次日食，钦天监（掌管天文的最高官员）依照当时的历法推算，预报的时刻跟实际不相符合，而徐光启运用西法推算，结果跟实际非常接近。朝廷于是成立了西法历局，由徐光启主持修订历法。徐光启一面研究我国古代的历法，一面参照西方科学，经过 3 年的辛勤劳动，终于编成了《新历法书》74 卷。我国沿用到现在的农历，就是在《新历法书》的基础上编成的。

徐光启对农业科学也进行了大量深入的研究。他对农业科学的贡献，集中表现在他晚年写成的一部农业科学方面著作——《农政全书》里。徐光启 63 岁才动手写这部书，经过 4 年的努力，完成了初稿。这部书共有 60 卷，50 多万字，分为农本、田制、农事、水利、农器、树艺、蚕桑、蚕桑广类、种植、牧养、制造、荒政等 12 章。因内容广泛和丰富，时人称为农业百科全书。

◆谁被称为“布衣王爷”？

明太祖朱元璋的九世孙朱载堉从小就勤奋好学，他的舅祖何瑭也是个有学问的大臣，懂得音乐、数学与天文历法。何瑭告老还乡后，非常赏识朱载堉的天资，就将自己所有学问全部教给了他。

朱载堉 15 岁时，他父亲被皇帝无辜关进凤阳城囚禁起来，他同情父亲，就不再住在王府里，而在关他父亲的宫墙外搭个小土屋住了 19 年。在这里，他深入研究他喜欢的乐律、数学和历学，撰写了大量学术著作。后来，父亲的冤情被昭雪，按规定，朱载堉应该继承父亲的王位。可他对做王爷没兴趣，连续7次上表请求放弃王位。明神宗朱翊钧同意了他的请求，但批准他与儿子一起终身享受世子、世孙的俸禄。是故，人们都称他为“布衣王爷”。

◆汤显祖是怎样坚持戏剧之梦的？

汤显祖是江西临川人，出生在书香门第的家庭。他5岁时就能作对联，12岁就会作诗。他的伯父酷爱戏曲，还从事过戏曲演出，汤显祖从小也对戏曲产生了兴趣。汤显祖34岁时才中了进士，他几次拒绝大官僚们的笼络，被安排到南京当了个闲官，但他疾恶如仇，常常对时事大发议论。有一回他向朝廷上书，指责执政者，还牵扯到皇帝，因此被贬到偏远的地方做了一个县官。可汤显祖并没有消沉，他把县城治理得井井有条，后来反对他的人依然要罢他的官，汤显祖也早就对官场厌倦了，就辞官回到了江西临川老家，开始了他的戏曲创作历程。

汤显祖在临川城内香楠峰下建造了一座新房子，取名为“玉茗堂”。在这里，汤显祖一心一意地创作剧本，还亲自导演排练。尽管汤显祖晚年生活贫困，可他从戏剧创作中得到了无穷无尽的乐趣。汤显祖流传下来的戏剧主要有《紫钗记》《牡丹亭》《邯郸记》《南柯记》，因为这些戏的内容都和梦有关系，又被称为“临川四梦”。“临川四梦”在明末影响极大，不少戏剧家都学习他的风格，在明末形成了戏剧史上的“临川派”。

◆东林党是怎么形成的？

公元1594年，明神宗朱翊钧准备立郑贵妃所生子朱常洵为太子，而吏部侍郎顾宪成依据“无嫡立长”的原则，认为应该立皇长子朱常洛为太子，触犯神宗，被革职还乡。

顾宪成，无锡人，家乡有东林书院，原为宋代杨时讲道的场所。被革职后，顾宪成与其弟顾允成将东林书院重新整修，集合志同道合的朋友高攀龙、钱一本、薛敷教、史孟麟、于孔兼等在这里讲学，“每岁一大会，每月一小会”。当时一些被谪黜的士大夫或世不能容而退居山野者，知道这个消息后，全都来响应归附。他们讽议时政，裁量人物。朝内官员也遥相应和。东林书院渐成气候，时人称为东林党，顾宪成也被尊称为“东林先生”。顾宪成曾言：“官辇毂，志不在君父；官封疆，志不在民生；居水边林下，志不在世道，君子无取焉。”所以虽然是在书院讲学，却还经常讽议时政。其后，孙丕扬、邹元标、赵南星等正直君子，被朝廷所黜，亦赴东林相继讲学。他们自负气节，与朝廷相抗，这便是东林党议之始。

◆努尔哈赤是怎样建立后金的？

努尔哈赤在葬了他的祖父、父亲之后，于公元1583年以父、祖遗甲13副起兵，逐渐统一建州各部，表面上对明朝极为恭顺，实际暗自扩张势力。后来，努尔哈赤击败海西女真叶赫、哈达等九部3万联军，统一了海西女真扈伦四部和东海女真的大部分。在文化建设上，努尔哈赤令额尔德尼和噶盖用蒙文字母标注满语语音，创制了满文。公元1601年，努尔哈赤开创了八旗制度，八旗制度由女真人的牛录制扩充而来。1牛录为300人，25牛录为一固山，首领称“固山额真”（汉译“都统”）。每一固山有自己颜色的旗帜，当时满洲军共有4个固山，分红、黄、蓝、白4种颜色的旗帜。公元1615年，满洲军建制扩大，又增设镶黄、镶白、镶红、镶蓝4个固山，共有8个固山，6万人。“固山”即满语“旗”的意思，8固山建立，亦称“八旗制度”。努尔哈赤则高居八旗主之上，为八旗的首领。

公元1608年，努尔哈赤停止向明政府朝贡。公元1616年，他认为时机已经成熟，在八旗贵族拥护下，在赫图阿拉称汗，国号大金，改元天命，公然反叛明朝。为了与金朝区别开来，史称“后金”。

◆明朝后期发生了哪三宗疑案？

明朝后期，围绕着皇帝宝座的争夺发生了3个疑案。这3个案子分别发生在神宗朱翊钧、光宗朱常洛和熹宗朱由校3个皇帝在位期间，3个疑案就是“梃击案”、“红丸案”和“移宫案”。

神宗的长子朱常洛是他和一个姓王的宫女生的。后来，他把这个王姓宫女封为恭妃，但他不喜欢王恭妃，当然也就连带着不喜欢大儿子朱常洛了。他最宠爱的是郑妃，而郑妃生的三儿子朱常洵也因此受到他的偏爱。所以，朱常洛20岁才被立为太子。公元1615年，发生了一件怪事。一个中年汉子手拿一根木棍，跌跌撞撞打入太子的慈庆宫。这个汉子见人就打，一直往里闯，眼看就要进入太子的房间，幸亏门卫报警及时，大批卫士将这个中年汉子捆绑起来，押在牢里。闯太子宫，这还了得，而且还手拿凶器。神宗十分重视，立即命令刑部官员严刑拷问，这个汉子熬刑不过，只得招供:“我真名叫张五儿，是无业游民。这次闯慈庆宫不是我自己要干，是庞保、刘成两位公公让我干的，并说事后给我重赏。”张五儿的供词送到神宗那里，他知道庞保和刘成都是郑妃宫里的太监，显然此事定与郑妃有关。神宗宠爱郑妃，没忍心处分她。第二天上朝，神宗在百官面前说:“我立长子常洛为太子是古今公理。现在却有人想谋害太子，我坚决不允许。”接着他就把张五儿、庞保、刘成三个人都杀了。这就是“梃击案”，“梃”是棍棒的意思。

光宗朱常洛继位时也快40岁了，只当了一个月的皇帝就死了。他这么早死，还得从“红丸案”这个谜案说起。一天晚上，光宗忽然肚子疼，头痛。一个名叫李可灼的官员手捧红丸进献皇帝，称这是祖传秘方，百病皆除。光宗不管三七二十一，先吃下去再说。第二天，光宗果然精神倍增，红光满面。他十分高兴，不仅大大称赞李可灼的忠心，并让他再献一颗。当晚，光宗吃完第二颗红丸后，却一命呜呼了。谁也搞不清皇帝怎么会忽然暴病死去，这个神秘的“红丸案”也就成为了千古之谜。

光宗一死，他16岁的儿子朱由校登上皇位，这就是熹宗。熹宗登基不久，又发生了著名的“移宫案”。这个“移宫案”是由光宗原来四个选侍之一李选侍引起的。光宗正妃郭妃病死，没有正宫皇后。熹宗登基，这个李选侍就想当太后。她在乾明宫中哭哭啼啼拖着小皇帝，一定要小皇帝封她为太后。乾明宫是皇帝的寝宫，李选侍依仗自己是先皇妃子，赖在乾明宫中不走，这该怎么办呢？熹宗身边有个太监叫王安，躬身跪倒说道:“皇上，可不能再这样下去，陛下可立即下诏，逼迫李娘娘搬出乾明宫。”熹宗沉思一阵，说:“好，朕马上下诏。这件事由你去办，办好了朕有重赏。”圣旨的威力果然巨大，李选侍只好灰溜溜搬出乾明宫，回到宫女住的地方，再也没出头之日了。这就是明史上的“移宫案”。

◆谁被称为“木匠皇帝”？

光宗朱常洛即位后，不关心儿子学业。大臣们劝他给太子朱由校找个老师，他却说不着急，过两天再说。结果，还没过几天，他就死了，朱由校当了皇帝，是为明熹宗。熹宗读书不多，却有一门好手艺，那就是做木工，而且堪称天才。

当时工匠们造出来的床都极为笨

重，要十几个人才能搬动，样式也极普通。熹宗就亲自设计图样，动手锯木钉板，立刻就做出一张新床。这床极其精巧，床架上镂刻着各种花纹，床板还能折叠，便于移动携带，连那些老工匠都赞叹不已。

◆谁被称为世界溶洞学的鼻祖？

徐霞客，名弘祖，字振之，被誉为世界溶洞学鼻祖。从22岁起，徐霞客手提竹杖，头戴峨冠出游，历其终生，34年间未曾辍步，足迹遍及大半个中国。徐霞客到处考察山川河流，溶洞地貌，风土人情，写下了几百万字的游记。经后人将其存世部分整理成书，成为中国古典地貌学、也是世界溶洞学名著——《徐霞客游记》。

徐霞客考察了中国大西南的一百多个洞穴，做了详细考察记录。以其对广西桂林普陀山西侧的七星岩的考察为例，其所记各项数据虽是目测步量，却与20世纪50年代中国科学院地理研究所以科学仪器测量的结果大体相符。同时，他对溶洞、石笋、钟乳形成原因的解释，也是与近代科学相一致的。其科学态度可见一斑。

徐霞客在溶岩学上做出了杰出的贡献，在水文研究上也有重大成就。徐霞客著有《江源考》，对自古以来长江导源于四川岷山的说法提出疑问，并论证说长江的源流来自于金沙江，而其流程不会比黄河短。与当代对长江科学考察的数据基本一致。

◆皇太极为建立清朝做了哪些准备？

努尔哈赤死后，第八子皇太极势力最强，被拥立为汗，改元天聪。政权沿袭原来的原始军事民主制，由皇太极和其兄代善、阿敏、莽古尔泰四大贝勒共同主持军政大事。皇太极改易族名为满洲，并进行了一系列改革：削弱贝勒权力；设立文馆及内三院；重用汉官、汉将及汉族文人；设立汉军八旗、蒙古八旗，编制和满洲八旗相同，直接听命于汗，扩大了兵源，增强了战斗力；重新编庄；加强法制。

在进行了一系列改革后，后金在军事上节节胜利，经济逐渐繁荣，政治日益安定。皇太极地位日尊，遂于公元1636年在盛京称帝，改国号为清，改元崇德。

◆明末农民起义为什么愈演愈烈？

公元1627年，陕西白水县农民王二率领数百农民杀死知县张斗耀，揭开了明末农民战争的序幕。陕北巡抚得报后，因怕受到朝廷怪罪，充耳不闻，起义队伍乘机迅速扩大，起义风暴很快就席卷陕北和陕中。王嘉胤、王大梁、高迎祥和王左挂等纷纷起兵响应；张献忠在陕西米脂十八寨起义，自称“八大王”；李自成也杀死贪官造了反，在陕西安塞人高迎祥领导的起义军中当“闯将”。起义军的主要成分是贫苦农民，也有失业的驿卒、哗变的士兵和手工业工人等。斗争的烈火迅速蔓延到甘肃、山西。

公元1635年，明朝派陕西三边总督洪承畴、山东巡抚朱大典两面夹攻起义军。在洪承畴血腥镇压了陕西起义军后，明廷即调兵前往山西，围剿起义军。山西各部义军以诈降冲破明军包围，进入河南西部地区。斗争的实践教育了起义军，他们深深感到，只有联合作战才有力量。于是，共13家72营起义军会师于河南荥阳，在一起共商对敌之策。李自成提出联合作战、分兵出击的方案，受到大家的支持。公元1636年，农民起义的杰出领袖高迎祥不幸被俘，英勇就义。起义军把“闯王”这个英雄称号推让给屡建战功、声望很高的李自成。从此，李自成做了“闯王”，领导着起义军继续和明朝作战，成为中国史上一位杰出的农民领袖。

◆《天工开物》是一本什么书？

宋应星，字长庚，南昌府奉新县（在今江西）人。自幼酷爱科技。29岁时，与胞兄同科中举。后来，5次进京应试，却不得中。这五次从江南到河北的数万里行程，他获得了原先在书本上见所未见、闻所未闻的大量工农科学技术知识。他虽未能得中朝廷的进士，却为他成为中国科技史的权威人物打下了基础。

宋应星49岁时出任江西省分宜县教谕，后又任福建汀州推官、南京亳州知府等职。在教谕三年任期内，宋应星利用授课余暇，对古典科学进行了系统总结，写下了《天工开物》，这年宋应星51岁。公元1637年，其巨著刚刚写完，就在友人帮助下雕版付印了。这年是明崇祯十年，故《天工开物》的初版又叫崇祯版。后来，历史上对宋应星在51岁后的事迹就记之甚少了。

《天工开物》共分18卷，内容浩瀚，包括谷麦豆麻的栽培与加工，蚕丝棉苎的纺织与染色，制盐、制糖、榨油、铸铜、冶炼、开矿以及制作砖瓦、陶瓷、器具、车船、石灰、硫磺、白矾、兵器、火药、纸、蜡等各种生产技艺。书中对各种产品从原料到加工的全部工序、方法等都有较详细的说明。书中还绘有123幅精美的插图，所绘插图结构准确、比例恰当，立体感很强。依其图样与数据，即可将所绘的各种机械、设备重新制造出来。其中所绘提花机、钻井设备、轧甘蔗机、大型浇铸和锤锻千斤锚、阶梯式瓷窑、玉石加工磨床等都是世界最早的科技图录，在科学史上有很高的价值。

《天工开物》不仅注重总结传统的科学技术，对当朝的新技术也注意研究。比如其中就记述了当时世界上最先进的炼锌技术。该书的这一记述早已引起欧美化学家的注意，凡化学文献论述到金属锌的最初冶炼时，通常都要提及《天工开物》。

◆ "冲冠一怒为红颜"讲的是谁？

"冲冠一怒为红颜"的故事与吴三桂和陈圆圆有关。公元1644年年初，李自成率领大顺军已逼近北京，明廷诏令吴三桂与蓟镇总兵唐通率兵入卫京师。三月十一日，大顺军进抵居庸关，唐通投降。这时，吴三桂率辽东明军进关，镇守山海关一带。李自成于是命唐通率本部兵马，带着银两和财物，到山海关去招降吴三桂和山海关总兵高第。吴三桂和高第均接受投降。唐通接管山海关防务，吴三桂带领部众向北京进发，准备朝见李自成，接受新的任命。但走到河北玉田时，吴三桂听说父亲吴襄被抓，家产被抄，而他最宠爱的陈圆圆也被李自成手下的大将刘宗敏抢走，于是怒发冲冠，率部直奔山海关，向唐通发动突然袭击，夺占了山海关。

第十三卷 从顺治祭孔到紫禁城黯然退位

日薄西山的大清王朝

从公元1644年顺治皇帝在北京明皇宫登基坐殿，到公元1912年小皇帝宣统紫禁城黯然退位，走过了268个年头的大清王朝就如一个步履蹒跚的老人走在了夕阳西下的光晕里。

◆明朝最后一支起义军结局如何?

清军入关，给李自成农民军以沉重打击。公元1645年，李自成牺牲后，主力部队由李自成的侄子李锦和高一功（李自成夫人高氏的弟弟）率领，开到湖南；另一支部队由郝摇旗、刘体纯等人率领先后进入湖南、河北一带，他们决定和明军联合一致抗清。当时，南明隆武政权正受到清军的威胁，看到农民军能征善战，就去招抚这支农民军，将李锦、高一功的部队命名为忠贞营，将郝摇旗、刘体纯的部队整编为十三营。不久，隆武帝遇难，永历政权建立，农民军又归顺了永历政权。后来，李锦病死，高一功率领部队离开永历政权，开到贵州。高一功在一次战斗中牺牲，李锦的义子李来亨成了这支队伍的首领。他带领人马来到四川湖北交界的夔东，同郝摇旗部队会合。

公元1663年春天，康熙派湖广总督张长庚率军进攻茅麓山，被李来亨设计杀死杀伤清军一万多。张长庚见势不妙，夹着尾巴溜了。

于是，康熙又调集重兵围攻夔东。后来，刘体纯、郝摇旗在与清军作战中英勇牺牲了，农民军只剩下了李来亨这一支。李来亨率领几万战士坚守在茅麓山，多次打退了清军的进攻。但由于长期作战，没时间种田，积蓄的粮食就要吃完了。清军从一个叛徒口中得知农民军的粮食已尽，又得知山上地势和军事的情况，就派兵绕到后山，趁着大雾弥漫，费了九牛二虎之力，爬上了通梁山岭，占据了要塞。

李来亨听说通梁失守，意识到决战的时刻到了，从容地指挥战士们突围。战士们奋勇拼搏，与清军展开了一场殊死的战斗。他们手持长矛利剑，拼命厮杀，喊杀声响彻茅麓山，清军无不胆战心惊。清军仗着人多，援兵又源源不断，终于攻破了山寨。李来亨见将士们越来越少，知道大势已去，就让自己的妻子儿女坐在一间屋子里，亲自放了把火，然后自己也上吊死了。茅麓山一役后，明末农民起义军的最后一支被清军镇压下去了。

◆哪本书号称古代文言文典范？

《聊斋志异》是中国文言短篇之冠，集有故事491篇。《聊斋志异》为清初蒲松龄所作。蒲松龄，字留仙，一字剑臣，别号柳泉居士，其书屋名“聊斋”，故世亦称其为聊斋先生，淄川（在今山东）人。今淄川东有庄名“满井”，因庄东有井，井水常满而溢，故得是名。井水溢流而成小溪，垂柳夹岸，故又有“柳泉”之称。蒲松龄所著除《聊斋志异》这一名扬四海的巨著外，还有诗一千余首，词一百多首，散文四百多篇，俚曲十四篇，杂剧三本，以及多种杂书。

蒲松龄为著《聊斋志异》一书，曾于满井设茶摊，过路人口渴，免费供给茶水，不要他酬，只要饮者讲一故事，或轶闻异事。久而久之，四方异闻怪事盛集于他手，“四方同人又以邮筒相继”。然而，各地素材良莠不一、杂芜不齐，一经蒲松龄神笔，则文采四溢，妙趣横生。《聊斋志异》虽以文言写成，却不枯涩难读，其语言既典雅工丽，又清新活泼。

◆“墨点无多泪点多”的典故与谁有关？

“墨点无多泪点多”的典故和“八大山人”朱耷有关。有一年，康熙到江南去巡视，沿途要召见一些官吏，通知召见的时间是五更，但是有的人二更就在门口等候了。朱耷为了讽刺这些阿谀奉承的官吏，特意画了一幅《牡丹孔雀图》。《牡丹孔雀图》的下半部分画着一块上大底小，看起来极不稳当的石头，石头上蹲着两只孔雀。本来十分美丽的孔雀，被朱耷画得十分丑陋——短而秃的嘴，本来应该最美丽的尾巴部分只有三根极其难看的翎毛留存着，发直的双眼贪婪地看着前方，一副恨不得把自己都卖出去的谄媚相。

在《牡丹孔雀图》的上半部分，朱耷画着乱石，乱石堆里懒散地耷拉着几根竹子和几株开放的牡丹花；在空白处，朱耷用刚劲有力的字体题诗二首，在诗中把奴颜媚骨的人称为“三耳”，因为只有奴才的耳朵最为灵敏，就像长了三只耳朵一样。而孔雀尾巴上的三根毛则象征着清朝官员头顶上那一顶带着三根翎的官帽。后来，郑板桥看了《牡丹孔雀图》，评价说：“横涂竖抹千千幅，墨点无多泪点多。”

◆吴敬梓是如何讽刺清政的？

清朝小说家吴敬梓用辛辣的笔锋，尖锐地写出了中国第一部长篇讽刺小说《儒林外史》。在吴敬梓笔下，大致有这样三类士人：第一类是以科举仕进为人生唯一目标的科举迷；第二类是一群已经考取功名的士人，搜刮民财、残害百姓；第三类是科场败北、功名失意却又不甘寂寞、以风流名士自居的人物。作品通过描写他们附庸风雅、招摇撞骗的行径，侧面反映了科举对文人精神状态的毒害和带来的不良社会后果。作品自如地安排各色人等，组织情节，从而广泛地反映了社会生活。《儒林外史》以其高度的思想艺术成就奠定了我国古典讽刺小说的基础，对晚清谴责小说及现代讽刺文学都有深远影响。

◆雍正是怎么设谋夺皇位的？

相传，公元1722年年底，康熙的病越来越重，经常昏迷。这一天，他稍稍清醒点，便想起十四皇子，知道自己恐怕见不到十四皇子了，就想留下遗旨，让众位皇子做一个见证，也可以让他们退出皇位之争，便强打精神说：“召诸皇子晋见！”可隆科多故意装作听错，高喊道：“皇帝宣四皇子晋见！”康熙本想解释，但已经没有气力说话了，他意识到胤禛和隆科多已串通好了，一气之下，康熙离开了人世。

隆科多一见康熙驾崩，立即让其他皇子进来。隆科多见诸皇子哭得十分伤心，便清清嗓音，高声说：“诸位皇子，节哀，听我宣读圣上遗诏！”大家听说父亲有遗诏，都止住哭声，尤其是想夺取皇位的几位都竖起了耳朵，他们最关心皇位的事了。隆科多从袖中拿出早已篡改好的圣旨，读道：“朕决定传位于四皇子，着继朕登基。”原来隆科多把“十”字上边加了一横，下边又加了一个勾，便成了“于”字。

三皇子胤祉和胤礽是一母所生，但他为人厚道，对皇位也不感兴趣，一听说父亲有遗旨，让四皇子继位，第一个跪倒叩拜。其他皇子心里虽有不服，也没办法，只好跟着跪拜。胤禛就这样夺取了皇位，改元为雍正，是为雍正帝。

◆雍正年间的文人为什么谈字色变？

雍正年间，“文字狱”风波更加严重，可谓到了谈字色变的程度。1726年，江西科举考官查嗣庭出了一道试题“维民所止”。试题一出，即有人密告雍正，说查嗣庭出的试题有影射皇上断头之意。雍正不解。这人解释，“维”字是去了头的“雍”字，“止”字是去了头的“正”字。“雍正”是皇上的年号，去了头成“维止”，岂不意味陛下断头之意吗？雍正立即下旨把查嗣庭押解进京，下狱问罪。查嗣庭说：“我出的试题乃是《诗经·商颂·玄鸟》里的话：邦畿千里，维民所止。这是歌颂皇上的圣德，何来反逆之意？”雍正马上差人找来《诗经》，见果真有“维民所止”一语，顿时语塞；但他硬说“维民所止”就是犯上。查嗣庭无辜遭祸，含冤死于狱中。还有一次，翰林官徐骏在奏章里把“陛下”的“陛”字错写成“狴”字，雍正见了，马上把徐骏革职。后来再派人一查，在徐骏的诗集里找出了两句诗：“清风不识字，何事乱翻书？”无端挑剔说这“清风”二字就是指清朝。这一来，徐骏犯了诽谤朝廷的罪，把自己的性命也白白地送掉了。

◆郑板桥名列“扬州八怪”之一吗？

郑板桥晚年以画竹为生。他一生只画兰、竹、石，认为兰四时不谢、竹百节长青、石万古不败，正好与他倔强不驯的性格相合。有一次，他画了一幅被风雨吹淋的竹子，并题诗道：衙斋卧听萧萧竹，疑是民间疾苦声。然而，凭借他一个人的力量，怎能解除民间疾苦呢？于是，他写下“难得糊涂”的横幅，表达了自己的无奈。当时的扬州汇聚了不少富于正义感的知识分子，他们对腐败的清朝官场和奸商的巧取豪夺强烈不满，同情贫苦民众的苦难生活，有着相似的狂放不拘的艺术风格和艺术追求。郑板桥和金农、黄慎、罗聘、李方膺、李鱓、高翔、边寿民等八个人是其中的代表，因为他们提倡的画风和思想观念与正统思想格格不入，被称为“扬州八怪”。

◆乾隆为何拒绝英国平等外交的提议？

公元1793年，一支以“狮子号”战舰为首的英国船队在英国勋爵乔治·马戛尔尼的率领下，停泊在澳门港外万山群岛的珠克珠岛，抛锚等候朝见乾隆帝。乾隆帝得知消息，立刻派遣钦差大臣接英国使团来北京。随后英国使团直奔承德避暑山庄，参加乾隆皇帝82岁的寿辰庆典。

马戛尔尼是和其他进贡的中国属国一起被接见的，而且被排在光着脚、带着鼻环的缅甸使臣的后面。英国人带来了许多礼品，比如天体运行仪、地球仪、战舰模型、枪炮武器以及一套大型图册，代表了当时英国最先进的科技水平。可乾隆参观了这些礼品之后，笑着对大臣们说：“这些可以给小孩子当玩具。”马戛尔尼递上了英国国王乔治三世的国书，乾隆却对一个拉着马戛尔尼衣服后摆的英国小孩子产生了兴趣，他把这个可爱的孩子叫到面前和他交谈。这个孩子是英国副使乔治·斯当东的儿子亚当斯。小亚当斯已经学会了一些中国话，乾隆对他得体的回答非常满意，亲手解下自己腰间的荷包赐给了他。

但当英国国王的国书翻译成中文，乾隆知道原来英国是要求派人常驻北京，建立平等的外交关系，立刻予以拒绝。随即，他以皇帝向天下臣民颁发的谕旨形式给英王回了一封信，交给马戛尔尼带回。

47年后，亚当斯在英国下院慷慨陈词，在他的支持下，议会以微弱的多数，决定对中国发起一场战争——鸦片战争。

◆曹雪芹为什么要写《红楼梦》？

乾隆帝即位后，连年用兵，军费花费很大；他又六次巡游江南，十分铺张浪费。加上下面的官吏贪污浪费成风，腐败透顶，弄得国家渐渐地衰弱下来。

就在这个时期，在京城流传着一本小说，叫《红楼梦》。开始，人们还弄不清作者是谁，后来经过研究，才知道写书的作者叫曹雪芹。

曹雪芹原来是一个贵族家庭的子弟。他的曾祖曹玺曾经得到康熙帝的宠信，被派到南方当江宁织造。“织造”是皇帝在江南的耳目，还负有了解江南的政治情况、结交汉族名士等使命，只有皇帝最信任的人才能得到这一职位。曹家同清皇室有着特殊关系，曹玺的妻子是清圣祖玄烨的奶妈，曹寅小时即跟玄烨一起“伴读”。康熙时期，曹家三代都受着优厚的待遇和特殊信任，康熙五次“南巡”，有四次以织造府为行宫，曹家于是成为气焰熏天的“百年望族”。曹玺死后，曹雪芹的祖父曹寅、父亲曹頫接替了这个差使，曹氏一家三代前后做了六七十年织造官，成了豪门。

雍正帝即位后，因为皇室内部的纠纷，牵连到曹家，雍正帝认为曹家反对过他，不但革了曹頫的职，还下令查抄了他们的家。那时候，曹雪芹是个十岁的孩子，已经懂事，看到家庭遭到这样大的灾难，幼小的心灵受到很大打击。

父亲丢了官，回到北京老家，生活越来越穷，家庭的灾难又接二连三发生。到后来，父亲曹頫也死了。曹雪芹的生活更加困难，他只好搬到北京西郊，在几间简陋的屋子里读书。有时候，连粮食也不够吃，只好喝点薄粥充饥。后来，他决心根据他的亲身体验写出一部反映当时社会生活的小说，这就是《红楼梦》。

曹雪芹在《红楼梦》里，写了一个贵族大家庭贾家从兴盛到衰落的故事。在那个贵族家庭里，大多是一些挥霍享受，专讲吃喝玩乐、放债收租的寄生虫。有些人表面上道貌岸然，内心却十分肮脏刻薄。小说的主人公，贾家的公子贾宝玉和他的表妹林黛玉是一对嫌恶贵族习气、反对封建礼教的青年。在那个环境里，他们想摆脱封建旧礼教的束缚，但也没有出路。结果林黛玉受尽歧视，害病死去，贾宝玉离家出走。而那个贵族大家庭，在享尽荣华富贵之后，也像腐朽的大厦一样，忽喇喇地倒坍了。曹雪芹用深切同情的笔调写了这一对青年男女的恋情和一些受压迫凌辱的婢女的遭遇，又满怀气愤揭露了封建统治阶级的腐朽和罪恶。在《红楼梦》里，有一段“护官符”的故事，就是专门揭露这些官僚和豪门怎样相互勾结起来欺压百姓的。

曹雪芹“披阅十载、增删五次”，在北京西郊写这部小说，辛劳和疾病把他折磨得十分衰弱。当他写完八十回的时候，他的一个心爱的孩子得病夭折。曹雪芹受不了这个沉重的打击，终于放下了他没有完成的著作，离开了人世。

曹雪芹死后，他的小说稿本经过朋友们传抄，渐渐流传开来。许多人读了这本小说，又是赞赏，又是感动。但是对这样杰出的一部著作没有全部完成，总觉得是一件太可惜的事。后来，又有一个文学家高鹗续写了四十回，使《红楼梦》成了一部结构完整的小说。

小说《红楼梦》经过一再传抄、翻印，越传越广。一直到现代，大家公认它是我国古代最杰出的长篇小说之一。人们不但欣赏它高超的艺术成就，而且还从那里了解到我国封建社会快要没落的历史和社会状况。直到现在，从国内到世界各国，有许多学者研究、考证这部伟大著作，人们把这门学问称做“红学”。

《红楼梦》这部伟大的现实主义作品问世以后，所引起的广泛深远影响，在中国文学史上是前所未有的。《红楼梦》问世后，人们对它进行评论、研究所达广泛深入的程度，更是文学史上的突出现象。这部小说有很多带评语、批语的本子，除“脂评”本外，还有护花主人、大某山民评本、妙复轩评本等。另外还有很多对小说的评论、专论、读书笔记，形成了“红学”这一专门学问。五四运动以后，“红学”更成了显学，而且形成了不同的学说和学派。目前对“红学”的研究更是出现了新的高潮，专论、专著、专刊纷纷行世，而且方兴未艾，日趋发展。《红楼梦》的影响更远及国外，在1842年就有一部分被译成英文。此后，英文、俄文、德文、法文、意文、日文、越南文、荷兰文等外文译本陆续出现，不下一二十种，并且出现了俄文、日文等全译本。除翻译原著外，还有很多有关《红楼梦》的外文论著。《红楼梦》正在世界范围内产生越来越广泛的影响，享有着世界文学名著的崇高声誉。

◆和珅如何成为清朝第一贪？

和珅生性贪婪，擅长敛财。为了扩大财源，他绞尽脑汁，千方百计地进行盘剥与搜刮。不出几年的功夫，他就扭转了内务府的亏空。因此，乾隆越发觉得和珅聪颖、能干，是他得力的助手，更是值得他信赖的人。和珅打着皇帝的旗号，在敛财的过程中，拼命地贪污。和珅当权时，气势熏天，自恃有乾隆撑腰，为非作歹。每年四方进贡乾隆的珍品，都要经过和珅的挑选。上等的，和珅留下；次等的，送到皇宫。那时候，皇宫里有的，和珅家里有；皇宫里没有的，和珅家里也有。

嘉庆帝即位后，和珅常常以太上皇乾隆之名，中饱私囊，继续耀武扬威。公元1799年，和珅被逮捕下刑部大狱，接着被抄家没产后用御赐的白练自裁身亡。经查抄，和珅的家产简直多得让人难以置信，总价值非常巨大。如玉器珠宝、玛瑙、瓷器、西洋奇器等宝物数不胜数，有些珍品比皇宫的还要好。因此，有民间谚语说："和珅跌倒，嘉庆吃饱。"

和珅贪污款项之大，可谓"清朝第一贪"。

◆清朝最大的一次宗教起义是什么？

天理教是白莲教的一支，又称八卦教。教徒在河北、河南、山东、山西、北京等地都有，分布很广。北京的首领叫作林清。林清是北京大兴人，幼年做过武将家的小僮，学得一身好武艺，他住在北京郊区宋家庄的姐姐家里，为人仗义，见识又广，而且慷慨大方，不爱钱财，很受当地人敬仰。林清口才很好，善于鼓动群众，吸引了许多人入教，答应为日后起义作内应，帮助起义军攻进皇宫。

公元1813年，嘉庆皇帝离开北京前往避暑山庄。于是，林清就联系河南天理教首领李文成、山东天理教首领冯克善，约定三地在中秋节同时起义，推翻清朝暴政。到了中秋节那一天，林清按早就规划好的，把攻打皇宫的人分作两队：一队从东华门进攻皇宫，一队从西华门进攻皇宫。义军首领摇晃着小旗，指挥义军搭人梯爬墙。形势十分紧迫，这时镇国公奕灏带着1000多人赶来了，义军与他们展开了激烈的战斗，无奈寡不敌众，逐渐败下去了。这一夜，皇宫中乱成一片，王公、妃嫔、太监、宫女都哭哭啼啼地缩在屋子的角落里，心惊胆战。天亮时，有几个突围的义军欲赶紧报告给等候消息的林清。没想到庄亲王绵课已探知林清的情况，抢先一步，用计把林清抓走了。在北京起义的天理教徒，至此失败。

◆清朝的哪位平民曾刺杀嘉庆帝？

清廷横征暴敛，引起了贫民百姓的极大怨愤，阶级矛盾日益尖锐。当时，就发生了贫困百姓陈德谋刺嘉庆帝的事件。

公元1803年年初的一天，北京平民陈德、陈禄父子俩一前一后来到紫禁城的神武门内的西厢房南山墙后面，以待嘉庆帝的到来。陈德此举，是要行刺嘉庆帝。因为他以前为人服役时，曾多次进进出出过紫禁城，所以对这里的路径、护卫情况以及皇帝行踪等情况有所熟悉。几天前，他看见街上黄土垫道，便知皇帝将于今日进宫斋戒。于是，他精心策划，打算在今天行刺嘉庆。一会，皇帝銮舆进入神武门，又前呼后拥地向顺贞门走去。这时，陈德迅速沿墙根弓身蛇行，突然向嘉庆的銮舆冲过去，手持一把明晃晃匕首奋力刺向轿内！这突如其来的刺客，令众侍卫、太监们大吃一惊。当时，有的吓得赶紧躲得远远的，大喊大叫；有的站在那里呆立不动，犹如木桩；仅仅有御前侍卫扎克塔尔、珠尔杭阿、丹巴多尔济、桑吉斯塔尔以及定亲王绵恩、固伦额驸拉旺多尔济6人敢于手操兵器上前阻拦、捉拿刺客。嘉庆一见陈德被手下护卫拦住，在贴身侍卫的搀扶下急忙下轿，脱身而逃。陈德一见嘉庆逃走，心中焦急万分，奋力挥动匕首刺伤了冲在前面的丹巴多尔济，向顺贞门追过去。但因寡不敌众，陈德被擒获。

后来，嘉庆传旨将陈德处以凌迟之刑。陈德之所以只身一人行刺皇帝，皆因官逼民反民不得不反之故。像陈德这样的平民在皇宫附近刺杀皇帝，在中国史上，也是唯一一例，可谓空前绝后！

◆林则徐是怎样彻底禁烟的？

1839年3月，林则徐受清廷委派，到广州督查禁烟事务。在充分掌握广东方面有关鸦片的情况后，林则徐下令查封了广州所有烟馆。并向外商发布告示，勒令他们在一定期限之内，将趸船上所有鸦片全部造册登记，呈官点清，验明毁化，并声明以后永不再夹带鸦片。英国侵略者为保持罪恶的鸦片贸易，在英驻中国商务监督查理·义律的策划下，企图破坏这场正义的禁烟运动，有所准备的林则徐粉碎了他们的阴谋。到四月初九，林则徐实际收缴鸦片21306箱。林则徐将缴获的鸦片临时贮存在虎门镇口，同时陆续破获了数百起大小烟贩的贩烟活动。林则徐为彻底销毁鸦片做了充分准备，过去用火烧毁鸦片，鸦片油流落地下，渗入土中，仍可挖出熬炼成烟膏；林则徐经过调查访问，决定用石灰和盐卤来销毁鸦片。

6月3日，连雨初晴，虎门海滩庄严而又热闹。林则徐登上礼台，只听一声炮响，销烟活动在隆隆的炮声和人们的欢呼声中开始了。一队队精神抖擞的士兵把一担担石灰、一袋袋海盐倒入池中。黑色鸦片在池里上下翻滚，冒出的浓浓白烟在虎门海滩徐徐升起。不久，池子里停止了沸腾，烟雾消散在空中，池子通海的涵闸被打开，满池被销毁的鸦片渣沫“哗哗”地泻进了茫茫大海。前来观看销烟的人络绎不绝，大家都高声欢呼、拍手称快。林则徐虎门销烟，壮我国威，名垂青史。销烟活动进行了 23 天，共有 230 多万斤鸦片被销毁。

◆ 18 世纪“睁眼看世界”的第一人是谁？

魏源和林则徐是好友。后来，林则徐被清廷撤职，充军新疆，而琦善之类的卖国贼却被重用。魏源亲赴镇江为路过的林则徐送行，二人长谈了一夜。临走时，林则徐打开一个布包，捧出一大捆文件，交给魏源说：“这是我在广东主持翻译的《四洲志》和从西人报纸上摘编的各国情况。我想把它们合写成一本书，启蒙百姓，老兄你代我完成这个心愿吧！”魏源爽快地答应了。人们知道魏源编书的消息后，纷纷出手相助，还有人将在台湾俘虏的英军所画英国地图寄给他。在朋友的鼓励下，魏源仅花半年就完成了 50 卷，到公元 1847 年，终于完成了 60 卷的巨著，取名《海国图志》。这本书是近代第一部由中国人编的介绍世界各国国情的著作。因此之故，魏源被称为 18 世纪中国知识分子中“睁眼看世界”的第一人。

◆太平天国政权是如何建立的？

公元 1851 年 1 月 11 日，在广西桂平县金田村的广场上，一队队汉、壮、瑶族起义军战士头包红巾、手持大刀长矛精神抖擞地排成方阵。洪秀全威武地站在一面杏黄大旗下，杨秀清、萧朝贵、冯云山、韦昌辉和石达开分别站在两边。四周围，无数的妇女儿童手拿彩旗，兴高采烈。洪秀全望着整齐的队伍，挥起拳头，庄严地宣布：“拜上帝教今天正式起义了！我们的目标就是推翻腐败的朝廷，斩尽一切害人妖魔，让天下老百姓过上太平日子。我们的国号就叫‘太平天国’。”战士们和周围的妇女儿童也一起欢呼起来。“一定要斩尽清妖！”嘹亮的口号声在山谷间回应着……

太平天国的起义军从金田出发，转战广西，连连获胜，并且一举攻下了永安城（今广西蒙山）。在这里，洪秀全把日益壮大的队伍进行整编。洪秀全自称天王，封杨秀清为东王，萧朝贵为西王，冯云山为南王，韦昌辉为北王，石达开为翼王。在各王中，东王权力最大，仅次于天王，并且直接负责军事指挥。在占领武昌后，太平军人数已达 20 多万。

此后，太平军分水陆两路，沿长江直攻南京。太平军以排山倒海的气势，吓得清军节节败退，最后一举攻占了南京。洪秀全进入南京后，把南京改名为天京，正式建立了太平天国政权。

◆谁是中国唯一的女状元？

公元1857年，洪宣娇建议其兄洪秀全开科取士，求取武功文治人才，并设立女子科举制。洪秀全十分赞赏她的独特见地，“令女官举女子应试”，委命洪宣娇为女科主事。洪宣娇为了抨击男尊女卑，以经义题《唯女子与小人难养也》来考才女的胆识和学识。应试300多名女子中，唯金陵妙龄才女傅善祥博古通今，她列举历代巾帼英雄的丰功伟绩，有力批驳了“女子难养”的谬论。这份卓有见识的试卷，博得洪氏兄妹的称赞。经评议，傅善祥成为太平天国，也是中国史上第一位也是唯一的女状元。

◆第二次鸦片战争的经过怎样？

公元1854年，英国要求清廷全面修改《南京条约》，以进一步扩大其在鸦片战争中的所得权益，此举得到法国和美国的支持。清廷拒绝了修约的要求。于是，英、法两国各自寻找发动对华战争的借口。

公元1856年，英国制造了“亚罗号事件”，派额尔金率英国军舰悍然闯入虎门海口，挑起战争。同时，法国也借口“马神甫事件”，派葛罗为全权专使，率军来华协同英军行动。第二次鸦片战争开始。

公元1857年12月28日，英法联军炮轰广州，登陆攻城，广州失陷。随后，英法联军北上。1858年5月，联军轰击天津大沽口炮台，各台守兵奋起还击，打死敌军一百余人。但由于清朝官吏临阵逃跑，后路清军没有及时增援，致使炮台守军孤军奋战，最后各炮台全部失守。清廷立即派出大学士桂良等人前往天津议和。次年6月，中英《天津条约》和中法《天津条约》分别签订，英法联军退出天津。

1859年，英国派普鲁斯为公使到中国赴任和换约。普鲁斯和法国公使布尔布隆带领舰队和海陆战队开到大沽口外。普鲁斯提出要清廷拆除白河防御，英军可乘舰带兵入京的无理要求，遭到清廷拒绝。这年6月25日，英国舰队突袭大沽口炮台。守军奋起反击，激战一昼夜，击沉、击伤英法军舰十余艘，毙伤侵略军600多人。联军受此挫败，狼狈逃出大沽口。

英法联军在大沽口战败，使英法政府大为恼怒。额尔金、葛罗再次成为全权代表，分率英军和法军杀向中国。1860年9月，英法军舰在北塘登陆，占据了大沽口炮台，并乘胜占领了天津。清廷立即派人至天津乞和。英法联军不予理睬，进逼北京。咸丰帝令其弟恭亲王奕䜣留守北京，负责求和事宜，自己则从圆明园仓皇逃往热河。英法联军进攻北京时，俄使伊格纳季耶夫向英、法提供了北京防卫的情况。10 月 6 日，英法联军闯入圆明园，在大肆抢劫之后将其付之一炬。不久，清廷分别与英、法、俄签订了割地赔款的《北京条约》。至此，第二次鸦片战争结束。

◆圆明园是哪两国军队烧掉的？

公元 1709 年，圆明园开始兴建。历时 150 多年后基本建成，占地 340 余公顷，建筑面积 16 万平方米，造园艺术堪称世界之最，被誉为“万园之园”。圆明园还是一座珍宝馆，里面藏有名人字画、秘府典籍、钟鼎宝器、金银珠宝和稀世文物，集中了中国古代文化精华。

公元 1860 年，英法联军占领北京后，进占圆明园，大肆抢掠。英法联军经过 4 天抢劫、破坏后，英使额尔金为了掩盖其强盗丑行，也为了给清朝皇帝以公开侮辱，派英军第一师纵火焚烧圆明园，堪称人类文化宝库的世界名园至此化成一片废墟。

◆辛酉政变是怎么发生的？

咸丰帝生前，怡亲王载垣、郑亲王端华、协办大学士户部尚书肃顺等受信任，他们与咸丰的弟弟恭亲王奕䜣等人产生了矛盾。1861 年 8 月 22 日，当了 11 年皇帝的咸丰病死热河（今承德）行宫，遗留诏书命肃顺、端华、载垣、景寿、穆荫、匡源、杜翰、焦祐瀛等八人为“赞襄政务王大臣”（简称“八大臣”）总管朝政，辅佐年幼的皇太子载淳为帝，定明年改年号为祺祥。载淳的生母叶赫那拉氏，由贵妃而被尊为皇太后，不久又加封“慈禧”徽号。由于慈禧经常住在皇宫的西边，因此人们习惯上称她为“西太后”。慈禧想取得清朝的最高统治权，指使人上奏章，请皇太后“垂帘听政”，遭到载垣、端华、肃顺等人反对。慈禧又鼓动东宫慈安太后与“八大臣”争权，并暗中联络在京城的奕䜣帮助。9 月中旬，得到外国势力支持的奕䜣不顾八大臣反对，奔丧热河，与两宫皇太后密谋政变之策，奕䜣旋即返京布置。奕䜣在京争取到朝中大学士贾祯、周祖培、户部尚书沈兆霖、刑部尚书赵光以及握有兵权的僧格林沁、胜保等人的支持。

12 月 26 日，两宫太后偕幼帝载

淳启驾回京，肃顺护送咸丰帝灵柩随后行。慈禧等抵京，立即召奕䜣和其他亲信大臣，次日发动政变，将载垣等八位大臣解职。数日后，慈禧下令将载垣、端华、肃顺处死，其余五位大臣或革职或流放，是为辛酉政变。

◆“垂帘听政”是怎么回事？

西太后慈禧发动辛酉政变后，一步登天，掌握了国家大权。她宣布，由她自已和慈安太后垂帘听政。垂帘听政就是在小皇帝的座位后面挂一个珠帘，两位太后坐在帘子后面处理国家大事。慈禧给小皇帝起了个年号，叫“同治”，意思是由两位太后共同治理国家。而实际上，国家一切权力都掌握在她一个人的手中。从此，慈禧掌握清朝最高统治权达40余年，把中国带入灾难的深渊。

◆为什么说洋务运动不洋务？

公元1860年以后，在中外反动派联合镇压太平天国运动过程中，清廷中逐渐形成了一批具有买办性的官僚军阀。他们认为清廷与外国侵略者的矛盾可以相互调和，与之共同镇压国内人民的反抗，而且还可以采用一些资本主义生产技术，以达到维护摇摇欲坠的封建统治的目的。这部分人当中有总理各国事务衙门大臣奕䜣，还有在地方握有实权的大官僚曾国藩、李鸿章、左宗棠、张之洞等人。而他们所采取的一系列变革，史称为“洋务运动”。洋务运动旧称“同光新政”。

洋务运动涉及军事、政治、经济、外交等方面，但由于洋务运动兴办的军事工业基本上是封建性近代工业，民用工业基本上是以利润、市场为基础的资本主义企业。结果是近代的生产力跟腐朽的封建式经营管理制度不配套，特别受制于封建体制的束缚和侵略势力的压迫，使洋务运动举步维艰，可谓洋务运动不洋务！

◆火烧望海楼教堂是怎么回事？

公元1870年初夏，天津流行瘟疫。几乎每天晚上都有一些人扛着几具木匣，慌慌张张地走出望海楼教堂到乱葬岗去，把木匣埋下，掩上一层浮土，又匆匆离去。白天，当地人在那里发现成群的野狗撕咬着幼童尸体的胳膊和大腿，真是惨不忍睹。官府一调查，抓到了一个人贩子，人贩子招供说是望海楼教堂的洋教士指使他拐卖幼童的。这个消息不胫而走，立刻轰动了天津城，积聚在市民心中对洋人的不满爆发了。夏至那天，官员带人贩子去教堂对证。许多市民出于义愤，不约而同地聚集在望海楼前，要求严惩凶手，可教堂里的法国传教士却手执洋枪、棍棒向市民扑来。市民们忍无可忍，拣起砖头石块打得他们落荒而逃。法国驻天津领事闻讯，当即让北洋大臣崇厚派兵镇压，又带着秘书气势汹汹地闯进衙门，朝崇厚连开了两枪，但都没打中。

法国领事枪击中国官吏的消息传开了，几千愤愤不平的市民聚集在街头，准备与他评理。这时，恰巧天津知县刘杰带着下属迎面走来，法国领事不由分说对着刘杰就是一枪，子弹击中了下属高升。市民们发怒了，一拥而上，抡起拳头打死了两个法国恶棍。当天午后，天津市民又鸣锣聚众，高举火把，把望海楼教堂、法国领事馆和4所英国教堂、2所美国教堂统统焚毁，打死了十几个外国人。法国、英国、美国、俄国、德国、比利时、西班牙等7个国家的领事狼狈为奸，共同向清廷施压。英、美、法三国还调集军舰，进驻烟台和天津海口示威，扬言如果不接受他们的条件，就要把天津城化为一片焦土。

软弱的清廷立即派直隶总督曾国藩到天津去督办。为了平息事态，曾国藩不得不向法国人谢罪、赔款，重建教堂，还处死了16个无辜市民。对天津教案的处理，使曾国藩的声望一落千丈。

◆哪家报纸堪称中国大众传媒的先驱？

晚清时，各类报刊纷纷发行。其中影响最大、历史最久的就是上海《申报》，它是中国近代第一份商业性报纸。1872年，英国商人美查等4人在上海合资创办《申报》。《申报》开始用油光纸以铅字排印，隔日出版一张。4个月以后，由于销路逐渐看好，改为日报。当时的办报宗旨是“为闾阎申疾苦，为大局切维图”，编辑和经理也都聘请中国人担任，时事政治、社会新闻、商业信息等无所不载，涵盖了社会生活的各个方面。《申报》主要行销上海，也向各通商口岸发行。

公元1909年，由于营业额下降，发行不景气，被该报华人经理买办席裕福（子佩）收买，从此，《申报》为中国人所有。到1912年，席裕福将《申报》转让给史量才等人。史量才等人接办后，使《申报》成为著名大报。1949年5月上海解放时，该报停刊。《申报》的办报形式大都为后来的报纸所继承，《申报》是中国大众传播媒体的先驱。

◆促成华人留美的第一人是谁？

容闳是毕业于美国名牌大学的第一个中国人。还在念大学四年级的时候，他就开始酝酿一个宏伟计划：劝说清廷向美国派遣留学生，让更多的中国青少年能像自己一样到美国接受教育。为了实施自己的"留学计划"，容闳奔走了将近10年工夫，清廷才同意派遣留学生。

在招收留学生时，计划规定学生年龄为13岁到15岁，因为到了国外几乎要从小学开始读起，所以把学程定为15年。共分四批出国，每年每批30人。可人们都把到外国去当作流放，还要签生死状，许多家长都不愿意冒这个风险。容闳在上海想尽办法，最后不得不南下香港招生，费了好大劲才凑满30个学生，大多数是穷人家的子弟。公元1872年，中国第一批公派留学生从上海搭船前往美国，开启了近代中国留学生运动的先河。

◆谁曾挪用军费庆寿？

公元1894年，中日甲午战争爆发，日本发动侵华战争。国难当头的关键时刻，卖国贼慈禧竟有闲情逸致，让手下人积极筹备自己六十大寿的"万寿庆典"，下令从海军军费中抽拨大量银子来筹办自己的庆祝寿典。中日甲午战争爆发后，以慈禧为首的实权派就定下"退让求和"的方针，以图苟安。慈禧示意李鸿章从速议和，以免耽误寿庆。但由于战事不断扩大，以光绪帝为首的主战派同主和派的慈禧一伙矛盾加剧。主战派一片呼声，要求停修颐和园，停办庆寿"点景"，停止挪用军费。慈禧对没有实权的光绪帝大发脾气："今日谁叫我不痛快，我将叫他一辈子不痛快！"慈禧硬要挪用军费修建颐和园，作为皇帝的光绪对这位太后也无可奈何。

◆《马关条约》签订在什么时候？

1895年4月17日，李鸿章和日本首相伊藤博文签订了卖国的《马关条约》。其主要内容有：清廷承认朝鲜的"独立自主"，实际上是承认日本对朝鲜的控制；清廷割让辽东半岛、台湾全岛及澎湖列岛给日本；清廷赔偿日本军费2亿两白银；开放沙市、重庆、苏州、杭州为通商口岸；日本人可以在通商口岸投资设厂。条约签订后，由于俄、德、法三国不满日本独占辽东半岛，强迫它退还给清廷，为此，清廷又付给日本"报酬"3000万两白银。

《马关条约》是一个划时代的不平等条约，特别是允许日本人在中国开办工厂，为帝国主义对中国实现资本输出开了先例。从此，列强掀起了瓜分中国的狂潮。它给中国人民套上了新的枷锁，日本则通过条约获得巨额钱财，迅速发展成为亚洲强国。

◆谁发动了“公车上书”？

公元1895年，聚集在北京参加考试的各省举人听到李鸿章与日本签订了丧权辱国的《马关条约》后，议论纷纷。于是，康有为组织广东的举人联名上书，梁启超组织湖南的举人联名上书，要求清廷拒绝签约，与日本侵略者生死一搏。康、梁的举动引起了各省举人的纷纷响应，其他各省的举人也都联名上书。康有为决定联合18个省的举人共同上万言书。康有为在万言书中分析了签约的严重后果，紧接着又提出了“拒约、迁都、变法”的主张，以实现“富国、富民”的目标。康有为的万言书引起了各省举人的关注，这些忧国忧民的举人纷纷签名，短短的时间里有1300多人签名。历史上把这件事称为“公车上书”，“公车”是应试举人的代称。但腐朽的清廷根本不把这些人的建议当成一回事，对其不理不睬。

◆中国第一家银行名称是什么？

1897年5月27日，中国自办的第一家银行——中国通商银行，由太常寺少卿、全国督办铁路事务大臣盛宣怀“奉特旨开设”，总行在上海。在该行250万两实收资本中，由招商局和电报局分别投资80万两和20万两；盛宣怀名下包括他本人和代其他官僚出面投资的达73万两；另有户部拨存、分5年还清的生息存款100万两。

其后，20世纪初，清政府又在法律上承认民营银行的开设。在短短的十几年间，各地先后建立了十余家银行，即户部银行（1905年、1908年改称大清银行，北京）、浚川源银行（1905年，成都）、信成银行（1906年，北京）、信义银行（1906年，镇江）、浙江兴业银行（1907年，总行原在杭州，旋移上海）、交通银行（1908年，北京）、四明商业储蓄银行（1908年，上海）、直隶省银行（1910年，天津，由直隶省银号改组而成）、殖业银行（1911年，天津）、福建银行（1911年，福州）、四川银行（1911年，成都）。

◆戊戌变法发生在什么时候？

1898年6月11日，光绪帝在颐和园勤政殿直接召见康有为，封他为总理衙门章京（清代办理文书的官员），主持变法具体事务。其他维新派人物如梁启超、谭嗣同、杨锐、刘光第、林旭等人也都受封，参与变法。根据康有为等人的建议，光绪帝向全国发布了许多法令。其中有学习西方先进的科学技术，发展清朝的工商业；改革清廷法律陈旧腐败的条款，允许官民向皇帝上书、提建议；废除八股考试制度，在北京设立京师大学堂，在全国普遍设小学堂；等等。因为这一年是中国农历戊戌年，历史上把这次变法运动称为“戊戌变法”；又因为变法一共进行了103天，又将它叫作“百日维新”。

◆电影是怎么风靡全中国的？

1896年秋，上海徐园内的“又一村”放映了“西洋影戏”，这是中国第一次放映电影。1897年秋，美国电影放映商雍松来到上海，先后在天华茶园、奇园、同庆茶园等处放映电影。1899年，西班牙商人加伦百克来上海放映电影。

1902年，北京也开始放映电影。当时，有一个外国人携带影片、放映机及发电机来到北京，在前门打磨厂租借福寿堂映演。影片内容多为“美人首旋转微笑，或着花衣作蝴蝶舞”以及“黑人吃西瓜”“脚踏赛跑车”等。1903年，中国商人林祝三从欧美携带影片、放映机等返国，也在打磨厂借天乐茶园放映。这是中国人自运外国影片在国内放映的开始。1904年，慈禧70寿辰时，英国驻北京公使曾进献放映机一架和影片数套祝寿，影片在宫内上映时，放映了3本，发电机就发生炸裂，慈禧认为不吉利，清宫内从此不准放映电影。1905年，清廷派五位大臣出国考察，五位大臣之一的端方在回国时也曾带回放映机一架，并在次年宴请载泽时，“演电影自娱”，还令通判何朝桦在旁边作解说员，但演至中途，猝然爆炸，何朝桦等人均被炸死。

1905年，北京丰泰照相馆拍摄了中国最早的一部戏曲片《定军山》，这也是中国人自己摄制的第一部影片。1906年以后，北京城内电影放映逐渐多起来，如北京西单市场内的文明茶园便开始放映有故事情节的侦探滑稽短片。在香港，大约在1904年至1905年间，第一家电影院比照影画院在中环的云咸街建成。在上海，意大利商人A.雷玛斯经营电影放映，赢利颇丰，并在1908年建起了一座可容纳250人的虹口大戏院，这是上海第一家正式修建的电影院。此后，电影放映在中国就逐渐遍及南北，深入内地了。

◆严复最有名的翻译是哪本著作?

严复是晚清的著名学者，曾翻译过大量的西方近代理论著作。其中，他在戊戌变法前后翻译出版的《天演论》一书影响最大。《天演论》的原名叫《进化学与伦理学》，是英国生物学家赫胥黎的论文集。严复选择了其中的前两篇，简称为《天演论》，意思就是进化论。从此，进化论引进了中国，震动了古老的神州大地。

严复的《天演论》并不是简单地翻译原文，而是有选择、有取舍、有评论、有改造的。他通过序言和大量的按语来阐发自己的见解，并结合当时的实际情况，把原书的理论改造成中国人可以用来反侵略的进步学说。他说:“欧洲国家之所以胆敢侵略中国，就是因为他们能不断自强。美洲、澳洲的土著居民之所以一天天衰落，就是因为他们糊里糊涂、浑浑噩噩。”因此，他奉劝国人应当老老实实地承认:侵略中国的正是“优者”，被侵略的清廷正是“劣者”。在国际生存竞争中，如今的清廷正处于亡国的危险关头!这些真知灼见敲响了民族危亡的警钟!

◆中国第一所大学是什么?

中国第一所大学是北京大学，北京大学的前身是京师大学堂，京师大学堂的部分前身是京师同文馆。

公元 1862 年 8 月，同治帝正式批准成立京师同文馆。学员除学习汉文外，主要学习外文。京师同文馆主修外国语言，后增设有关自然科学科目，并延请外国人担任教习，具中等专科学校性质。外籍教师丁韪良于公元 1863 年起在校任教，公元 1869 年起任总教习，总管教务达 30 年。同文馆学生最多时达 120 人。毕业生大多任清政府译员、外交官员和其他洋务机构官员。公元 1873 年，同文馆附设印刷所负责编辑出版事务，采用适当鼓励的方法鼓励译书，曾经翻译并印刷了《万国公法》及数理化和文史等方面书籍。

公元 1898 年，光绪帝下诏变法，强调要开办京师大学堂，后由梁启超草拟大学堂章程。7 月，光绪帝正式下令批准设立京师大学堂。12 月正式开学，有学生近百人。京师同文馆于公元 1902 年正式并入京师大学堂。京师大学堂初以“广育人材，讲求实务”为宗旨，公元 1900 年八国联军入侵北京后，京师大学堂遭破坏，停办。

公元1907年，京师大学堂复校，张百熙任管学大臣，设预备、速成两科。预备科又分政、艺两科；速成科分为仕学馆及师范馆。公元1908年，增设进士馆、译学馆及医学馆，同时办分科大学。公元1910年，改设经、法、文、格致、农、工、商、医等8科46门。京师大学堂是中国近代最早的国立大学。

辛亥革命推翻清朝后，1912年，京师大学堂正式改名为北京大学，首任校长严复。1917年，著名学者、教育家、民主主义革命家蔡元培出任校长，推行“思想自由、兼容并包”的方针，对学校进行了整顿和革新，设文、理、法3科14个系，并成立了文、理、法3个研究所。先后聘请陈独秀、李大钊、鲁迅、钱玄同、胡适、刘半农等具革新精神和丰富学识的著名学者到校任教，学校的学术空气为之一新。

◆戊戌变法为什么会失败？

1898年光绪维新变法后，慈禧感到自己的权力受到威胁，便密谋反扑。她一面派贴身太监严密监视光绪的一举一动，使光绪的活动受制。一面下密诏给直隶总督荣禄，让其上书请光绪到天津阅兵，以便逼光绪就范。对此，维新派有所觉察，9月16日，光绪帝在颐和园召见统率北洋新军的直隶按察使袁世凯，面谈后升任他为侍郎候补，以稳其心。9月18日，谭嗣同夜访袁世凯，向其透露皇上希望他在荣禄有所动作的时候，以起兵勤王为名，诛杀荣禄及包围慈禧太后住的颐和园。袁世凯假惺惺地表示先回天津除掉荣禄，然后率兵入京。袁世凯20日晚赶回天津后，立刻向荣禄告密，荣禄随即密报慈禧。9月21日，慈禧太后突然回宫，宣布戒严，火车停驶；并幽禁光绪于瀛台，将支持光绪维新的珍妃打入冷宫。随后，大肆搜捕杀害维新党人，废除除京师大学堂（即现北京大学）外所有新政，进行了103天的变法运动宣告失败，使戊戌变法变成了“戊戌政变”。

维新党人中，康有为此前已离开北京，梁启超逃入日本使馆。其他数十人被捕，谭嗣同、杨锐、林旭、刘光第、杨深秀、康广仁等6人惨遭杀害（史称“戊戌六君子”）。

◆近代最杰出的花卉写意大师是谁？

吴昌硕，名俊卿（一名俊），字昌硕（一作仓石），号缶庐、吾铁，晚号大聋，浙江安吉人。他自幼受到家庭熏陶，成年后刻意求学，30岁方从任颐学画。在任颐的指点下，他博采众家之长，终于在绘画史上独树一帜，成为近代最杰出的花卉写意大师。

吴昌硕爱画梅、菊、兰、竹、牡丹、水仙等，寓意清高超逸，章法结构突兀，左右互相穿插交叉，紧密而得对角之势。吴昌硕作画参悟篆法、草书的笔意，篆刻的行笔、运刀及章法体势促成大气磅礴、颇具金石味的独特画风。比如画梅即脱胎于篆隶之法，所谓“蝌蚪老苔隶枝干”；写葡萄、紫藤则有狂草的奔放笔致，所谓“草书作葡萄，动笔走蛟龙”。敷色方面，吴昌硕打破了明清以来文人写意画的陈旧格调，喜用西洋红，有时画花就大胆地把这种红色（或大红）堆上去；画叶子又用很浓的绿、黄及焦墨，这是吸取了民间画用色的特点。画面上的色彩浑厚复杂，对比强烈，而又显得凝重含蓄，冲突中有和谐。

◆谁让甲骨文重见天日？

1899 年秋天，国子监祭酒王懿荣得了疟疾，用了许多药也不见效。有位老中医给他开了一剂药方，其中有一味药叫“龙骨”，其实就是古代脊椎动物骨头的化石，可以治疗虚弱和破伤，一般出产在河南安阳。王懿荣看了看药方，也没有太留意。

王懿荣是北京城里有名的金石学家，加之他人品好，不少名流学士都愿意与他打交道，谁得了什么宝物，都想请他给鉴定。过了几天，有个同乡的文物商人从河南搜求了几样宝物，请王懿荣来鉴定，其中就有一些“龙骨”，不同的是上面有一些刻痕。王懿荣把这些“龙骨”拼拼凑凑，觉得有些像乌龟的壳。忽然，他头脑中灵光一闪，意识到那些刻痕并不是随意刻上去的，很可能是古代的文字！他激动得坐不住了，意识到这些刻有古代文字的龟甲兽骨是珍贵的文物。为了收集到更多的“龙骨”，他决定出高价收购。

王懿荣开出按字论价收购的办法，每 1 字付 2 两银子。古董商人一看发财机会来了，把能找到的“龙骨”都送到王懿荣家中。王懿荣经过仔细研究，令人信服地作出进一步的断定，这是商代专门用作占卜用的甲骨，上面的文字是商代的文字——甲骨文。

◆哪部条约让中国沦为半殖民地半封建国家？

1901 年 9 月 7 日，奕劻、李鸿章代表清朝和英、俄、日、法、德、美、意、奥、比、西、荷 11 国公使签订了《辛丑条约》。这个条约是自鸦片战争以来丧权辱国最为严重的不平等条约。条约规定：派亲王、大臣到德国、日本赔罪；赔偿军费45000万两（沙俄分赃最丰，高达13000万两以上），39年还清，本息合计98000万两；东交民巷为使馆界，由各国驻兵守卫，中国人不准入内；拆毁从北京到大沽口沿途的所有炮台，各国有权在北京至山海关的12个城镇驻兵；对那些反对外国人的清政府官员革职查办，永不得再用；严惩拳匪，永远禁止中国人成立或加入任何反帝组织；修改通商口岸行船条例，可以自由进入各通商口岸；改总理衙门为外务部，专门负责办理外事……

《辛丑条约》签订后不久，慈禧从西安又回到了北京。自此，清廷成为洋人统治中国的工具。《辛丑条约》的签订标志着中国彻底沦为半殖民地半封建社会，它给中国社会带来了严重影响。

◆谴责清朝政治的是哪三部著名小说？

三大谴责清朝政治的小说指的是《官场现形记》《二十年目睹之怪现状》《孽海花》。

《官场现形记》的作者是李伯元。李伯元，清末谴责小说代表作家，名宝嘉，江苏武进人，曾办过多种报刊杂志。《官场现形记》是他的长篇小说，共60回，描写了晚清官场贪污勒索、迫害人民和投靠帝国主义的种种现象，思想上表现出改良主义的倾向。

《二十年目睹之怪现状》的作者是吴沃尧。吴沃尧，清末谴责小说代表作家，亦名趼人，广东南海人。其所著《二十年目睹之怪现状》为108回长篇小说，以描写官场为主线，涉及商场和洋场，在一定程度上暴露了晚清政治的腐败和社会的黑暗，表现出改良主义的倾向。

《孽海花》的作者是曾朴。曾朴，谴责小说作家，笔名东亚病夫，江苏常熟人。1904年，曾朴创办小说林书店，并着手写作《孽海花》。该书以金雯青、傅彩云的故事为线索，描写当时一些官僚和文士的活动，暴露了清末政治的腐败，对维新派抱有幻想。

◆商务印书馆经历过什么样的变迁？

1897年，夏瑞芳、高凤池、鲍咸恩等人创办商务印书馆，初期主要从事商业簿册报表之印刷业务。1902年，张元济进入上海商务印书馆，改变该馆业务范围，从印刷业走向出版业。1904年，商务印书馆出版中国第一套科目齐全的中小学教科书——《最新教科书》，为开办新式学堂提供了启蒙课本。从此，出版教科书成为商务印书馆的传统。而且，印刷出版的范围更加广泛，遍及大、中、小学教科书及自然科学、社会科学、应用技术、工具书、儿童读物、古籍、文学艺术等书籍，并且发行期刊。上海商务印书馆影响越来越大，在香港、新加坡等地设有分馆。1905 年，该馆与日商合股，改组为股份有限公司。

1932 年，在“一·二八”事变中，该馆大部分遭日军炮火焚毁，后部分恢复。1954 年，总馆迁址北京。

◆《革命军》的作者是谁?

1903 年 3 月，清政府赴日留学监督姚文甫对邹容等人的革命言行横加指责，邹容等人便将其痛打一顿，然后又剪掉了他的辫子。清政府驻日公使以邹容犯上作乱罪，照会日本外务省索办邹容等人。邹容被迫离开日本，寄居于上海爱国学社。此间，他与章炳麟结为忘年交，互以倡言革命相激励，并很快写出了令清廷闻之胆寒的《革命军》一书。署名为“革命军中马前卒”，章炳麟为之作序。该书为资产阶级民主革命吹响了号角，成为一篇名符其实的反帝檄文。1903 年 5 月，《革命军》在上海出版问世后立刻风行于海内外，成为中国第一部系统鼓吹资产阶级民主革命、宣传资产阶级共和国的著作。

◆中国人设计的第一条铁路是什么?

晚清铁路设计专家詹天佑最杰出的贡献是主持并建成了联结北京和张家口的京张铁路，这是一条完全由中国人自己筹资，运用中国自己的工程技术力量，自行勘测、设计并利用中国自己的工匠施工建成的铁路。在京张铁路的工作中，充分体现了这位科学家的爱国情怀，他曾对参加勘测的工程人员说:“全世界的眼睛都在望着我们，必须成功……不论成功或失败，决不是我们自己的成功和失败，而是我们的国家!”

在设计最艰难的关沟路段时，詹天佑经过仔细测量，使隧道长度比原来英国工程师金达设计的方案减少了 2000 米。为了减少线路的坡度和山洞长度，他在青龙桥东沟采取了“人”字型爬坡路线，并且用两台大马力机车调头互相推挽的方法，解决了坡度大机车牵引力不足的问题。这些都是他在设计过程中的独创。施工中，詹天佑还因地制宜，就地取材，用自造的水泥和当地的石料建成了一些石桥以代替铁桥，使线路的成本大为降低。

◆秋瑾为什么会英勇就义？

1906年初，为了抗议清廷与日本政府相互勾结，禁止学生在日的革命活动，许多留学生罢学回国。回国后，秋瑾和徐锡麟先后来到浙江绍兴的大通学堂，把这里作为培养革命人才的基地，为进行武装起义做准备。

不久，徐锡麟去了安徽，并取得了安徽巡抚恩铭的信任，做了安庆巡警学堂的会办。通过他的争取，学堂中有好多学员成为革命党人。于是他与秋瑾商定，要在1907年同时举行安庆起义和绍兴起义。

原来计划是7月6日起义，后改为19日。但7月6日，徐锡麟在安庆起义失败，徐锡麟之弟徐伟在供词中将秋瑾供出。此时，得到消息的革命同志劝秋瑾先离开绍兴，但被秋瑾拒绝，她表示“革命要流血才会成功”。7月14日下午，清军包围大通学堂，秋瑾被捕。在清军的刑讯逼供面前，秋瑾一言不发，只是写下了“秋风秋雨愁煞人”的诗句。7月15日凌晨，秋瑾在绍兴轩亭口就义，年仅31岁。

◆慈禧临死是怎么杀光绪的？

1908年，元宵之夜，慈禧率众嫔妃到北海观看焰火，本来年纪已大，劳累过度，且又着了风寒，遂染疾病，并有日趋恶化之势。袁世凯、李莲英等见状首先慌了神。他们知道慈禧这个靠山一倒，光绪一旦复辟，决不会放过他们，于是都迫不及待地希望光绪早一天死。这些人沆瀣一气，决心置光绪于死地而后快。因为众所周知，戊戌变法失败、六君子被杀、光绪帝被囚禁孤岛瀛台，完全是袁世凯叛变出卖的结果。他出卖了光绪，一旦慈禧这座靠山倒了，他的下场也就不言而喻了。因此，在幕僚杨士骧、杨士琦兄弟二人的策议下，袁世凯以巨款贿赂和自己命运相连的李莲英，交予他一瓶无味无色的毒药水。

次日清晨，李莲英到了瀛台岛，表现出对光绪格外“关心”的样子，向光绪问寒问暖。光绪非常诧异，但转念一想，认为李莲英是怕慈禧死了之后，自己会收拾他，特意来献殷勤买好的，就没起疑心。过了一会儿，李莲英令小太监给皇帝端了一杯“西洋茶”服下。李莲英离开瀛台不久，光绪病情陡然加重，只觉腹中隐隐作痛。被速传而来的外省名医屈桂庭诊断后，觉得光绪的病情很蹊跷，怕卷到这场危机四伏的漩涡里去，于是开了方子，匆匆退出涵元殿。光绪帝病重的消息不胫而走，一时传遍六宫。

10月20日上午，隆裕皇后来看光绪，但他仅微微睁眼看了一看，便又昏了过去，似乎已神志不清。这时候，李莲英拿着一件簇新的龙袍匆匆而入，奉慈禧之命让光绪着一身新龙袍"大行"。太监王商替光绪换龙袍时，光绪倒清醒了，使劲挣扎拒绝。王商不忍心再折腾光绪，跟李莲英商量：此事是否可以暂缓行事。可李莲英却不管这一套，只求光绪速死才好回去交差，亲自动手给光绪换龙袍。

10月21日晚5时许，光绪驾崩，时年仅38岁。按清室惯例，皇帝病重，太医院要事先抄录药方、脉案，用以通报各部门。这叫"发抄"。然而，光绪死前却并无"发抄"这一程序。此外，皇帝死了，要用"万年吉祥轿""请"遗体，这也省略了。太监们只将光绪遗体悄悄从瀛台移到宫内了事，这前后的处理，都是由已升任军机大臣的袁世凯一手指挥，由李莲英具体安排的。光绪死时，慈禧亦病入膏肓。神志尚清醒时，召见王公大臣，传下一道懿旨让溥仪继位。

◆清末帝溥仪登基时发生了什么闹剧？

1908年，光绪"驾崩"两个时辰后，醇亲王载沣被慈禧请进皇宫。慈禧对载沣说："光绪晏驾，我又在病重之中。现国家有难，朝廷不可一日无君，我决定立你的长子溥仪为嗣，继承皇位，赐你为监国摄政王！明天，你将溥仪带进宫，举行登基仪式。"第二天，一群太监将溥仪带入皇宫，第三天，慈禧便一命呜呼了。又过了半个多月，也就是十二月初二，举行了隆重的皇帝登基大典。

登基大典开始时，不满3周岁的溥仪，坐在皇帝的龙床宝座上竟哇哇大哭起来。他父亲觉得在这样的盛典上，皇帝却哭闹不止，太不像话，心中一急，不由脱口而出，叫道："就快完了！就快完了！一完就回老家了！"话一出口，文武官员们不由得窃窃私语："怎么说是'快完了'呢？说要'回老家'是什么意思呢？"末代皇帝溥仪的登基仪式就这样在一片混乱中结束了。

◆武昌起义是怎么爆发的？

1911年（农历辛亥年）9月24日，文学社与共进会在武昌举行联席会议，推举蒋翊武为临时总司令、孙武为参谋长，制定了起义计划，预定10月6日发动起义，后因故改期于10月9日。同时派人到上海请同盟会领导人黄兴、谭人凤、宋教仁来鄂主持大计。9日上午8时，孙武等在位于汉口俄租界宝善里的共进会机关总部试制炸弹，因失慎爆炸，孙武受伤被送往医院，文件全被俄国巡捕搜走，机关暴露。

蒋翊武得知此消息，立即召集紧急会议，决定当晚12时起义。但因命令未能及时送到，起义没有实现。湖广总督瑞澂下令搜捕革命党人，武昌机关遭到破坏，革命党30余人或被捕、或被杀害，蒋翊武乘混乱之机逃离武昌。10月10日，瑞澂继续按所获名册搜捕革命党人，武昌形势异常紧张。在此危难关头，新军中的革命党人认为“与其束手就擒，不如奋起反击”。当晚7时过后，工程第八营革命党的总代表熊秉坤领导该营首先打响了第一枪，他率领十多名革命士兵直奔楚望台军械库，守库的本营左队士兵鸣枪配合，顺利地占领了楚望台，一场轰轰烈烈的武昌起义由此爆发。

◆共和政体是怎么取代清廷的？

1912年1月30日，隆裕太后在“御前会议”上，同意清帝退位，接受共和政体。2月3日，授权袁世凯与南京临时政府商订退位条件。2月9日，南北议和代表达成《关于大清皇帝辞位后之优待条件》《关于清皇族待遇之条件》《关于满蒙回藏各族优待之条件》。对清帝及皇室的优待条件包括：清帝尊号不变，民国待之以外国君主之礼；每年由民国政府拨付经费400万两；清帝仍暂居皇宫，以后移居颐和园；原有私产由民国政府保护，等等。2月12日，清廷颁布了6岁的末代君主爱新觉罗·溥仪的退位诏书。至此，统治中国260多年的清朝宣告终结。